U0145795

閩海人物年譜叢書

徐興公年譜長編

陳慶元 著

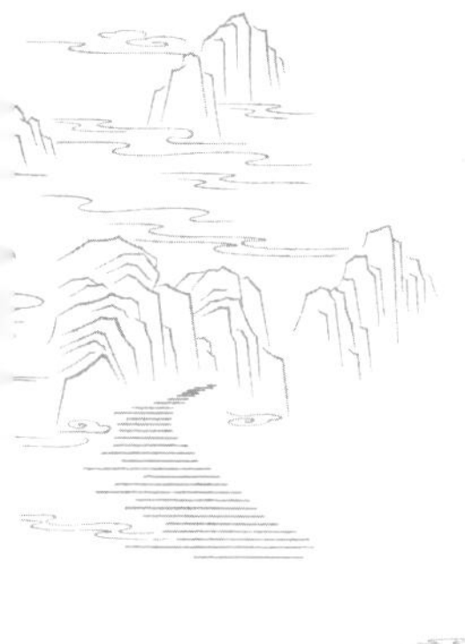

廣陵書社
江蘇 揚州

萬曆三十四年丙午（一六〇六） 三十七歲

謝肇淛四十歲，曹學佺三十三歲，林古度二十七歲，徐陸十七歲

正月，元日，客武林，訪錢塘張蔚然，爲蔚然題《從野堂〈論語〉講義》；有詩柬曹學佺等。人日，同吴充、吴兆、胡潛、曹學佺、林古度過海潮禪院訪廣詢上人。朱太沖携酒過玄元閣，同曹及渠、曹汝載、潘致虚、沈完真、王敬之、張穉通夜集。過湖州，登飛英塔，重遊天聖寺、報恩觀。題《五湖漁隱》贈周叔隱。過吴，謁梁鴻墓，過沈野所居。同沈野夜訪范汭，值黄風傳、戚不磷夜集。與舊友集，訪遥山寺皎然故居；訪范汭，范贈以《唐甫里先生集》。過句容，遊崇明寺。至金陵。于金陵客舍爲謝肇淛《謝在杭書〈太平廣記〉十一段》題記。

題《從野堂〈論語〉講義》：『錢塘張君維成，余友曹能始京闈所取士也。維成居常教授弟子甚衆，講論心性之學，不專習爲功令。余於丙午元日訪維成之廬，見其諸弟子頫首投拜雲集，維成款余園林，稍稍謝諸弟子之拜。談論移日，皆出入經史，旁求山川，無一俚言。因出《從野堂〈論語〉講義》相示，蓋與諸弟子日所講究，輯著成編者［也］。維成善積書，見異本即鈔録，與余癖合。噫，今之孝廉科如維成者鮮矣。』（馬泰來整理《新輯紅雨樓題記　徐氏家藏書目》，第七一—七二頁）

按：《從野堂〈論語〉講義》，明張蔚然撰。

又按：張蔚然，字維成（又作誠），號青林，仁和（今杭州）人。萬曆二十五年（一五九七）舉人，曹學佺所取士。歷平湖廣文、長溪(福安)知縣、湖廣漢陽府通判。維成端精理窟，加意民瘼。卒年六十三。曾刻謝翱《晞髮集》，徐𤊹爲之序。有《長溪彙草》《岳遊譜》。

作《丙午元日，客武林，柬能始、茂之、謨伯》(《鼇峰集》卷十六)。

曹學佺有《元旦旅懷武林有客兒亭》：『薄宦歲復歲，浮生三十三。雁歸幾行北，花發一枝南。謝客久相傍，嵇康多不堪。踟躕何所適，負却是驂驔。』(《武林稿》)

林古度有《元旦寓雲居寺同吳非熊作》：『新回曙色到禪關，寂歷梅花一徑間。坐對石房清客思，行隨香殿入僧班。林中細雨寒成雪，天外重雲暗着山。莫怨他鄉共寥落，春光多在武林間。』(《林茂之詩選》卷上)

作《人日，同德符、非熊、能始、茂之過海潮禪院訪廣詢上人丙午》(《鼇峰集》卷十一)。

曹學佺有《人日同吳非熊、吳德符、胡仲修、徐興公、宗上人、林茂之過訪若公蘭若》：『客居傍僧舍，相過意偏清。欲究無人相，空知此日名。海雲流講席，山月照經聲。迢遞年華去，春江何限情。』(《武林稿》)

作《普陀寺訪志若上人，因出哀挽先兄詩，感而賦答》(《鼇峰集》卷十六)。

作《朱太沖携酒過玄元閣，同曹及渠、汝載、潘致虛、沈完真、王敬之、張穉通夜集》(《鼇峰集》卷十一)。

按：曹及渠(一五五三—一六一三)，學佺父，侯官人。曾與同里翁正春同筆硯，棄儒從商。

作《吳興飛英塔，同潘致虛登》(《鼇峰集》卷十一)。

作《重遊天聖寺，懷謝在杭、顧長卿、世卿》(《鼇峰集》卷十一)。

按：談鑰(嘉泰)《吴興志》卷十三《寺院》：『天聖禪院，在子城北。唐中和二年，郡人吴言捨宅建。』

作《重宿吴興報恩觀》(《鼇峰集》卷十一)。

按：談鑰(嘉泰)《吴興志》卷十三《寺院》：『報恩光孝禪寺，在子城北。陳永定三年，章皇后捨宅建。』

作《贈章元禮吏部》《題〈五湖漁隱〉贈周叔隱》(《鼇峰集》卷十六)。

作《梁鴻墓》(《鼇峰集》卷十六)。

按：李賢《大明一統志》卷八《南直隸·蘇州府》『梁鴻墓』條：『在要離塚(府城西四里)北。鴻與其妻孟光依皋伯通，及卒，伯通求葬地於吴要離塚旁。曰：「要離烈士，而鴻清高，可令相近。」』

作《過沈從先所居》：『名山託興雲雙屐，陋巷安貧水一瓢。』(《鼇峰集》卷十六)

按：沈從先，即沈野，所居在蘇州。於萬曆二十年(一五九二)曾過訪。徐熥《沈從先詩序》：『辛卯歲……明年仲弟興公入吴，始得造從先之廬而禮焉。歸識其處，曰某鄉某巷，圭竇蓽門，有廡下風氣者是已。今年余復過吴閶，日已崦嵫，入尋從先所居，則鄰人云已徙去。』(《幔亭集》卷十六)

作《諧賞園訪顧世卿，時長卿以前一日發舟入閩矣，悵然有懷》(《鼇峰集》卷十一)。

作《同沈從先夜訪范東生，值黄風傳、戚不磷夜集有作》（《鼇峰集》卷十一）。

按：范汭，字東生，范應期侄，烏程（今浙江湖州）人，徙居吴門。太學生，輯《全唐詩》千餘卷。卒年四十四。有《范東生集》。

作《遥山寺皎然故居》（《鼇峰集》卷二十五）。

按：遥山寺，在蘇州吴江縣（今蘇州市吴江區）。

又按：皎然，唐代詩人。

作《重遊震澤普照寺》（《鼇峰集》卷二十五）。

按：震澤普照寺，在蘇州吴江。

題《唐甫里先生集》：『萬曆丙午春，范東生見貽。興公。』（馬泰來整理《新輯紅雨樓題記　徐氏家藏書目》，第一二六頁）

按：《唐甫里先生集》，唐陸龜蒙撰，萬曆刊本。此本爲范汭贈。

作《遊句容崇明寺，寺爲西晋司徒遐捨宅，梁昭明題額義和，寺宋太平興國賜今名》（《鼇峰集》卷十一）。

按：李賢《大明一統志》卷六《南直隸・應天府》『句容縣』條：『在府東九十里，漢置，屬丹陽郡，以縣有句曲山，故名……宋屬建康府，元仍舊。本朝因之。』

作《句曲道中望茅山》（《鼇峰集》卷十一）。

按：李賢《大明一統志》卷六《南直隸・應天府》『茅山』條：『在句容縣東南四十五里。山形如句字，初名句曲山，後因茅君得道於此，更今名。道書爲第八洞天，第一福地。』

題《謝在杭書〈太平廣記〉十一段》：『子敬書名震天壤，而侍兒桃葉能作小詩數句，後世侈談之，然未聞其乞主翁八法爲珍玩也。在杭工詞翰，而愛姬桃葉能占四聲，親彤管，又時時出縑素請揮毫，寶逾珠翠，誰謂古今人不相及耶？在杭書此卷時，正爲東郡李官，方騎馬逐紅塵中，猶乘暇對粉黛作小字滿紙，恐子敬風流，未能勝此。萬曆丙午初春，書于秦淮客舍。』（沈文倬《紅雨樓序跋》卷二，第八七頁）

按：《謝在杭書〈太平廣記〉十一段》，明謝肇淛書。

作《丹陽道中》：『丹陽郭外早春時，垂柳親栽幾萬枝。』（《鼇峰集》卷二十五）

按：李賢《大明一統志》卷十一《南直隸·鎮江府》『丹陽縣』條：『在府城東六十四里，本秦雲陽縣……（唐）天寶初改名丹陽縣，宋、元仍舊。本朝因之。』

二月，至金陵，居鷲峰寺。訪謝肇淛、訪洪都。遊金陵故宮。與汪道會、梅蕃祚、胡長白、胡宗信、曾鯨、呂心魯、周千里、殳質甫、謝肇淛、郭天中、郭天親、洪寬、林懋招集雨花臺。又同謝肇淛、汪道會等燕集木末亭。陳幼謙携酒同葛一龍、周千里、郭天中、郭天親、余公傳集姚伯弢園林。同僧如愚、郭天中、林懋等登謝公墩。遊棲霞寺。永慶寺訪郭天親。同郭天中過天界寺，訪釋如愚。集雨花臺，送梅蕃祚之任山東滋陽縣丞。訪郭天中。葛一龍見訪鷲峰寺。洪都招同唐世濟、汪道會、郭天親集城北竹園。二十六日，同汪道會、梅蕃祚、謝肇淛、洪寬、殳質甫、吴夢暘、曾鯨、胡宗信、呂心魯、林懋、顧孝敷集木末亭，臧懋循至。二十七日清明，葛一龍招同張後之、張民表、陳幼謙、顏任夫、周千秋、郭天中、郭天親、郭聖真遊安隱寺慈雲上人房。二月十九日，同張民表、王野、郭天中、葛一龍等聚寶庵放生。

作《留都訪謝在杭刑部，見其幼子，喜贈》（《鼇峰集》卷十六）。

按：《中奉大夫廣西左布政使武林謝公行狀》：『間道過家，爲天池先生稱七十觴。尋轉南京兵部職方司主事。』（謝肇淛《小草齋文集》附録）

作《訪洪子崖水部》（《鼇峰集》卷十六）。

按：子崖，洪都字。

作《金陵春望》（《鼇峰集》卷十六）。

作《金陵故宫》（《鼇峰集》卷十六）。

作《初至金陵汪仲嘉、梅子馬、胡長白、胡可復、曾波臣、吕心魯、周喬卿、殳質甫、謝在杭、郭聖僕、聖胎、洪仲韋、林子丘招集雨花臺，分得十蒸》（《鼇峰集》卷十六）。

按：汪仲嘉，即汪道會。詳隆慶四年（一五七〇）。

又按：胡宗信，字可復，宗仁之弟，南京人。工山水畫。

又按：郭聖僕，即郭天中。詳隆慶四年（一五七〇）。

又按：郭天親，字聖胎，天中弟。萬曆間國子監生。在莆田與柯世憲、陳玄藻等組織頤社。縱遊湖海，晚始歸里。

又按：謝肇淛有《殳質甫像贊》：『爾非鶴，胡其癯？爾被褐，胡而儒？烱然目，皤然鬚。時而解衣盤礴自如，時而抵掌咳唾爲珠之人也。非曼倩，非侏儒，非酒人，非畫師，吾則以爲無懷葛天

之徒，殳乎殳乎？』（《小草齋文集》卷二十三）

按：洪寬，字仲韋，莆田人。萬曆間布衣。姚旅《露書》卷三《韻篇》上：『洪仲韋詩如名優戲單，擅場有數。』

又按：謝氏《像贊》作年不詳，録以備考。

又按：李賢《大明一統志》卷六《南直隸·應天府》『雨花臺』條：『在府南三里，據岡阜最高處。梁武帝時有雲光法師講經於此，感天雨花。』

謝肇淛有《春日，同汪仲嘉諸君木末亭燕集，喜徐興公至，分得青字》：『故人踪跡尚飄萍，載酒閑登郭外亭。山色遥當雙樹見，鐘聲時隔數峰聽。紫韁遊子春浮白，翠袖佳人醉踏青。萬壑風和新柳細，相逢那肯獨爲醒。』（《小草齋集》卷二十一）

作《陳幼謙携酒集姚伯弢園林，同葛震父、周喬卿、郭聖僕、聖胎、余公傳諸君，賦得梅下調鶴，分得無字》（《鼇峰集》卷十一）。

按：《答劉鍾孺將軍》：『憶丙午之春，薄遊白門，陳幼謙携酒于姚伯弢園中，分賦《梅下調鶴》詩，爾時尊公先生與郭聖僕兄弟、葛震甫、余公傳、周喬卿，并不佞九人，良會勝友。』（《文集》册六，《上圖稿本》第四三册，第四三二一—四三四頁）據此，賦《梅下調鶴》共九人，詩題連同興公共八人，加上劉鍾孺父，九人。

作《同聖僕、子丘過永慶寺訪藴璞上人》（《鼇峰集》卷十一）。

按：如愚，字藴璞，江夏人。金陵石頭庵僧。有《石頭庵寶善堂詩集》，曹學佺爲之序，云：『愚公詩古體有氣力，五言律奇而險，顧多慷慨悲憤之句，不作禪語，所以爲佳。僧家詩苦入禪語，是猶縉紳家有富貴氣、秀才有舉業氣也。』(《石頭庵集序》，《石倉文稿》卷一)

作《同藴璞、聖僕、子丘登謝公墩》(《鼇峰集》卷十一)。

按：謝公墩，在南京朝天宫後。《大明一統志》卷六《南直隸·應天府》：『謝公墩，在今朝天宫後，晉太傅謝安與右軍王羲之同登此。』

陳勳有《謝公墩和徐興公》：『謝傅遺蹤寄冶城，草荒墩在亦空名。疏烟一帶寒山出，落日千家野水明。此地賓朋還勝集，昔年絲竹已銷聲。林間寂寞莓苔緑，猶想風流着屐行。』(《陳元凱集》卷五)

按：集謝公墩詩僅此一首，陳勳所或當即此篇。

作《棲霞寺》(《鼇峰集》卷十一)。

按：李賢《大明一統志》卷六《南直隸·應天府》『棲霞寺』條：『在攝山，齊時建寺。有隋文帝葬舍利塔。後有天開巖。』

作《訪郭聖胎讀書永慶寺》(《鼇峰集》卷十一)。

作《雙樹庵爲郭三賦》(《鼇峰集》卷十一)。

按：郭三，即郭聖真，聖僕(天中)、聖胎(親中)弟。三兄弟稱莆中『三郭』。《寄葛震甫司理》：『清明招我於安隱寺，同河南二張、莆中三郭，飽啖麵餅。』(《文集》册八，《上圖稿本》第四四册，第一六九頁)

作《同林宗震父、聖僕、聖胎訪後之寓園，移酌花下》(《鼇峰集》卷十一)。

作《同郭聖僕過天界寺》(《鼇峰集》卷十一)。

按：天界寺，即大天界寺。李賢《大明一統志》卷六《南直隸·應天府》『大天界寺』條：『在聚寶門外。晋建，元文宗改爲龍翔寺，在會同橋北。本朝洪武中徙建于此，賜今名。』

作《無題調郭聖僕》(《鼇峰集》卷十六)。

作《唐硯歌，爲郭聖僕賦》(《鼇峰集》卷八)。

按：此詩當與《無題調郭聖僕》等詩前後作。

作《集雨花臺送梅子馬丞滋陽》(《鼇峰集》卷十六)。

作《孝陵》(《鼇峰集》卷十六)。

按：孝陵，明太祖朱元璋陵墓。李賢《大明一統志》卷六《南直隸·應天府》『孝陵』條：『在外城内、鍾山之陽。懿文陵附於其側。』

作《廻文閨思》《訪郭聖僕》(《鼇峰集》卷十六)。

作《葛震父見訪鷲峰寺》(《鼇峰集》卷十六)。

按：《江南通志》卷四十三《輿地志·寺觀》『江寧府』：『鷲峰寺，在府城中鈔庫街。南齊爲東府城，梁爲江總宅，唐乾元中刺史顔魯公置放生池。東接青溪，北通運瀆。宋淳熙間待制史正志移於青溪之曲，明天順間即其地建寺，賜額曰「鷲峰」。』

作《再次葉少宰韻》《洪子崖水部招同唐美承侍御、汪仲嘉、郭聖胎集城北竹園，寓目鍾山》(《鼇峰集》卷十六)。

作《遊靈谷寺》(《鼇峰集》卷十六)。

謝肇淛《春日遊靈谷寺》:『郭外春陰散上方,寒松十里鬱蒼蒼。谷聲長作琵琶響,塔影時開舍利光。科斗碑殘空有座,龍蛇殿古尚無梁。秖今一片鍾山月,猶逐西風照講堂。』(《小草齋集》卷二十一)

按:李賢《大明一統志》卷六《南直隸·應天府》『靈谷寺』條:『在鍾山東南,晉建。宋改太平興國寺。本朝洪武初徙建於此。殿堂之後立寶公塔。』

作《清明前一日,同汪仲嘉、梅子馬、謝在杭、洪仲韋、殳質甫、吴允兆、曾波臣、胡可復、吕心魯、林子丘、顧孝敷集木末亭,喜臧晋叔至,同用八庚》(《鼇峰集》卷十六)。

按:清明前一日,二月十七日。

又按:吴夢暘,字允兆,歸安(今浙江湖州)人。山人。好吟詩,苦思刻鍊。晚游金陵,徵歌顧曲。有《射堂詩鈔》。

又按:臧懋循(一五五〇—一六二〇或一六二一),字晋叔,號顧渚,長興(今屬浙江)人。萬曆八年(一五八〇)進士。官南國子博士。與王世貞、湯顯祖友善;風流任誕。有《負苞堂詩選》,又編選《元曲選》《詩所》《唐詩所》。

謝肇淛有《清明前一日,同諸君木末亭燕集,作得明字》:『和風吹柳近清明,淺草新花九陌平。郭外行厨初改火,水邊立馬乍聞鶯。江光隔樹摇殘日,山色浮烟覆禁城。十里香塵人盡醉,歸鞭時唱踏莎行。』(《小草齋集》卷二十一)

作《清明日,葛震父招遊安隱寺慈雲上人房,同張後之、張林宗、陳幼謙、顏任夫、周喬卿、郭聖僕、聖胎、聖真分賦》（《鼇峰集》卷十六）。

按：清明，二月十八日。

又按：張民表（一五七〇—一六四二），字林宗，中牟（今屬河南）人。萬曆十九年（一五九一）舉於鄉，十上不第。有《原圃集》。

作《二月十九日，大士初度，同張林宗、王太古、郭聖僕、葛震甫諸君聚寶庵放生》（《鼇峰集》卷十六）。

按：王野，字太古，歙縣（今屬安徽）人。山人。遊于金陵，不輕謁人。有《覺非齋詩》《爨餘稾》。

又按：葛震甫，即葛一龍。詳隆慶四年（一五七〇）。

謝兆申有《二月十九日，同諸社丈湖中放生》：『蘭時欣法侶，蓮社託西湖。眷言禮瓔珞，乘願憫三塗。三塗誰苦艱，戕殺與刳屠。白刃割靈根，紅爐灼肌膚。惻惻仁者心，解網離庖厨，念彼無爲力。放爾出樊篊，飛潛順變幻。墐蟄任昭蘇。羈雌逐舊侶，迷鳥狎新雛。驚絃舒鎩翮，離繳復唧蘆。遠追濠上樂，近免肆中枯。雲涌琴高鯉，波飛張翰鱸。入海開龍藏，凌霄揭赤珠。隨心觀自在，毋令泡影拘。』（《謝耳伯先生全集》卷二）

按：大士初度，有放生之俗。謝詩當作於閩中。

作《美人早起》《美人夜行》《美人晝眠》《美人春病》（《鼇峰集》卷十六）。

三月，與郭天中閒遊鷲峰寺。此月或稍後，又遊金陵桃葉渡、白門、莫愁湖、邀笛步、烏衣巷、朱雀橋、卞壺墓諸名勝。與郭天中、曹汝載、林古度登鷄鳴寺憑虛閣，訪瓦棺寺真全上人，訪鷲峰寺。曹學佺轉官户部郎，贈詩。林古度、吴明遠過宿鷲峰寺。晦日，送曹汝載還閩。

作《鷲峰寺閒步，同郭聖僕作》二首，其一：『最好東風三月暮，滿空飛絮曉鶯啼。』（《鼇峰集》卷二十五）

作《桃葉渡》（《鼇峰集》卷二十五）。

按：李賢《大明一統志》卷六《南直隸·應天府》『桃葉渡』條：『在秦淮口。晋王獻之愛妾名桃葉，其妹曰「桃根」，獻之嘗臨此作詩，歌以送之……後人因以名「渡」。』

作《白門》：『青山圍繞白門斜，六代興亡舊帝家。』（《鼇峰集》卷二十五）

按：李賢《大明一統志》卷六《南直隸·應天府》『白下城』條：『在府治西北一十四里。齊武帝置縣。陳亡，縣廢。』

作《莫愁湖》（《鼇峰集》卷二十五）。

按：曹學佺《大明一統名勝志·南直隸》卷一《應天府·江寧縣》：『《志》云：三山門外石頭城西有莫愁湖。廣可二頃，中植芰荷。引《古樂府》「莫愁家在石城西」之名。』

作《邀笛步》（《鼇峰集》卷二十五）。

按：李賢《大明一統志》卷六《南直隸·應天府》『邀笛步』條：『在青溪橋右，乃晋王徽之邀桓伊吹笛處。』

作《烏衣巷》《朱雀橋》（《鼇峰集》卷二十五）。

按：李賢《大明一統志》卷六《南直隸·應天府》『烏衣巷』條：『在府南，晋王導、謝安居此巷。其子弟皆烏衣，因名。巷口有朱雀橋。』

作《卞壺墓》(《鼇峰集》卷二十五)。

按:李賢《大明一統志》卷六《南直隸·應天府》『卞壺墓』條:『在冶城。盜嘗開壺墓,面如生,手拳爪達于手背。』

作《送戚不磷之内黄》(《鼇峰集》卷十六)。

謝肇淛有《送戚不磷之内黄》:『秦淮夜雨起微波,此日逢君奈别何?江上落花春事盡,馬頭殘月雁聲多。山當沙麓雲連樹,路出金堤柳夾河。知有逢迎賢地主,不須惆悵怨離歌。』(《小草齋集》卷二十一)

作《送于文若納言擢太僕少卿》(《鼇峰集》卷十六)。

謝肇淛有《送納言于文若遷太僕北上二首》,其一:『銀臺清切步從容,司馭歸朝拜紫封。濟水雲檣新乳燕,漢家天廐舊飛龍。行經吴苑黄梅雨,卧對燕山碧落峰。如問閑曹留滯客,白雲秋色冷芙蓉。』其二:『撲面楊花鶯亂啼,春風送客石城西。登壇久已盟牛耳,奉駕時應數馬蹄。蒼玉佩齊朝待警,黄金韂冷夜聞嘶。酒泉亭障蒲桃熟,贏得新詩醉裏題。』(《小草齋集》卷二十一)

作《鷄鳴寺》(《鼇峰集》卷四)。

按:李賢《大明一統志》卷六《南直隸·應天府》『鷄鳴寺』條:『在鷄鳴山。洪武二十年建,置寶公塔於寺後山頂。』

作《登鷄鳴寺憑虚閣》(《鼇峰集》卷十六)。

作《同郭聖僕、曹汝載、林茂之過瓦棺寺訪真全上人》(《鼇峰集》卷十六)。

按：曹汝載，曹學佺之叔，候官人。

又按：瓦棺寺，又作瓦官寺。《景定建康志》卷四十六《祠祀志》三：『晉哀帝興寧二年，詔移陶官於淮水北，遂以南岸窑地施僧慧力造瓦官寺。』

作《訪胡可復淮上居》《余鵬先見訪鷲峰寺，匆匆别去，走筆奉答》(《鼇峰集》卷十六)。

作《曹能始轉官户部郎，重至金陵，有贈》：『十載爲官但飲冰，冷曹依舊轉金陵。文來薄俸都供客，留得餘錢半施僧。』(《鼇峰集》卷十六)

曹學佺有《入京見鍾山，柬諸知己》：『京中有知己，到日定相尋。未若鍾山色，先過十里陰。』(《金陵集》中丙午)

謝肇淛有《能始以還計部重入金陵，時余將之燕，賦贈二首》，其一：『拙宦身如燕，秋歸春復來。猶參鴛鷺伴，重上鳳凰臺。宫閣青縑冷，除書白牒催。相看仍欲别，去住兩難裁。』其二：『忽得移官報，仍迴漢使槎。江聲三月雨，客夢六橋花。粉壁仙郎署，青溪小婦家。白門春已老，相對惜年華。』(《小草齋集》卷十四)

陳邦瞻有《送曹尊生北上考計》：『曹生弱冠樹赤幟，海内文章一高視。挾書早上金馬門，漢廷錯愕異人至。有才不解貯木天，坐令金匱少奇字。持籌書獄兩絶儔，功名無乃非其意。流俗偏憎白眼人，陸沉那識青雲器。世態風波故不常，男兒肝膽差堪恃。五斗還輕萬户侯，寸心自愛千秋事。誰能碌碌向貴人，乍可悠悠稱傲吏。去年探奇武夷山，千疊烟霞生篋笥。今年上計長安道，萬里風雲擁征轡。南北浮沉何不可，英雄肯自深憔悴。君不見文皇宣室感鬼神，夜半御床前賈誼。』(《陳

氏荷華山房詩稿》卷五）

作《雨夜林茂之、吴明遠過宿鷲峰寺》（《鼇峰集》卷十一）。

林古度有《過宿鷲峰禪房與興公言别》：『對此空林客，依然故國人。孤燈延静夜，一雨送殘春。分榻何曾寐，聞鐘易及辰。獨愁芳草色，幾日促征輪。』（《林茂之詩選》卷上）

作《送曹汝載還家》（《鼇峰集》卷十一）。

曹學佺有《三月晦日，送汝載叔還家》：『生事一官拙，家山千里深。幾回離别泪，揔是倦遊心。嶺月隨春盡，江雲入夏陰。何時愜初志，相見竹成林。』（《金陵集》中丙午）

林古度有《送曹汝載還閩》：『歲莫同爲客，春殘獨自歸。秦淮一握手，閩海夢相依。荔子還家熟，楊花滿路飛。斜暉不相待，岐路易沾衣。』（《林茂之詩選》卷上）

四月，客金陵，寓鷲峰寺。同汝南張後之及汪道會、謝肇淛、林懋、林古度集曹學佺署中。同胡宗仁、曹學佺、林懋、林古度集張後之卧遊樓。初八日，同梅蕃祚、曹學佺、林懋、林古度、雙林、滿堂、續賢過金陵西華門慈光寺看浴佛。汪道會創《金陵懷古》詩，分咏吴、宋、齊、梁、陳，與謝肇淛、曹學佺、謝廷諒、林古度等分别和之，其他作者甚衆，爲一時之盛。同胡宗仁遊後湖。曹學佺過鷲峰寺夜譚，汪道會、林古度在座。汪道會、臧懋循、梅蕃祚、吴士良、謝肇淛、曹學佺城南臨泛。與梅蕃祚、曹學佺、林古度遊鍾山，同咏一人泉。吴士良邀同臧懋循、梅蕃祚、曹學佺、謝肇淛、林古度秦淮泛舟。從焦竑處借得沈亞之《唐沈下賢文集》，抄録之，並作題跋。

作《同汝南張後之集曹能始署中，分賦汝南山川人物各一首》：其一《汝水》；其二《黄憲》。（《鼇峰集》卷五）。

按：張後之，汝南人。

曹學佺有《同張後之、汪仲嘉、徐興公、謝在杭、林子丘、茂之分賦汝南山川人物二首》，其一《蔡城》：『日暮登荒城，千里成蔓草。少年事遊獵，不識功名好。所以李斯嘆，悠悠東門道。』其二《孟嘉》：『孟嘉樂閑曠，所寄惟散曠。龍山九日會，群僚事登陟。秋風落帽時，此意亦何極。』（《金陵集》中丙午）

作《同胡長白、曹能始、林子丘、茂之集張後之卧遊樓，雨後晚望分韻》（《鼇峰集》卷十一）。

按：胡宗仁，字彭舉，又字長白，上元（今南京江寧）人。隱於冶城山下。有《知載齋稿》《韻詩》。

曹學佺有《同胡彭舉、興公、子丘、茂之雨後過張後之樓上晚眺，得寒字》：『引眺逢新霽，言過接舊歡。遥天雲色斷，深竹雨聲殘。淮水獨流暮，鍾山相對寒。不禁爲客思，聊復此盤桓。』（《金陵集》中丙午）

林古度有《雨後登張後之閣上晚眺，分得河字》：『閣迥雲連構，人來雨乍過。霽容回野遍，暮色入城多。鐘阜出平樹，秦淮生遠波。欲隨張博望，乘此犯星河。』（《林茂之詩選》卷上）

作《寄王永啓讀書北雍》（《鼇峰集》卷十一）。

作《四月八日，同子馬、能始過金陵慈光寺看浴佛》（《鼇峰集》卷十二）。

曹學佺有《四月八日，同梅子馬、興公、子丘、茂之、雙林、滿堂、續賢三上人過西華門寺》：『大地鄰清切，居然隔世氛。鍾聲宫漏應，樹色禁林分。賜出皆龍藏，齋時共鳥群。寶枝交耀日，香焰雜

成雲。降誕稱文佛，中天祝聖君。微躬切瞻仰，瑞色自氤氳。』(《金陵集》中丙午)

林古度有《初夏同梅子馬、曹能始、徐興公過西華門慈光寺觀浴佛，分賦》：『地接皇居肅，林依御苑開。莊嚴真法界，清净絶塵埃。文佛今辰降，龍華昔會來。慈雲翔玉闕，香水湛蓮臺。瞻禮生空想，追遊引上才。禁鐘與禪磬，日莫並相催。』(《林茂之詩選》卷上)

作《後金陵懷古》六首(《鼇峰集》卷十六)。

按：詠吴、晋、宋、齊、梁、陳。

曹學佺《金陵懷古六首》並《引》。《引》云：『夫六朝佳麗，自昔稱之矣。但吴有建業，難昧開先，隋都汴水，未可取盈。則談者往往不察焉。儲太祝之《臨江詠序》，標五世劉刺史之生公堂，旁及外郡，詞則膾炙人口，而體未爲純備也。友人汪仲嘉創爲《金陵懷古》詩，自吴至陳，體限七言，代分一首。予郡徐興公、謝在杭諸子，乃屬和之，抽思既新，徵實燦然矣。予謂時代變遷，豪華頓盡，而文人韻士，風流如見，則夫山川古跡之得，以不至澌滅者，豈偶然也哉！故於篇末各用此意結之，殊乏變化，使後人知所重云爾。』(《金陵集》卷中丙午)

林古度有《秣陵懷古詩叙》：『予自童年徙居秣陵，爲長養之地，山川名勝無不登臨，往往遊目興懷，可勝感慨。萬曆丙午，考之古今逸史，取六朝遺事與曹能始民部倡爲六朝懷古詩。吴、晋、宋、齊、梁、陳，各賦七言律，和者雲集。每朝或以地、以人、以事各任憑弔，至今四方以爲傳誦，正思再廣諸勝不可多得。今覽區永叔此編，先得我心，喜而不寐。編凡十四題，題有小引，如箋釋，如志記，而感慨系之。詩不一，體各隨其所宜，聽其意之所到，而發爲詠嘆之聲，不執不拘。錢、劉吊古諸人。直可無前，何但勝吾輩舊作？叔永有諸集行世，風雅爲之大振，此特山水古今中聊寓其抑揚譏諷與夫悲感牢騷之懷而已。近奉明詔纂修志，乘金陵猶未竣事，執筆者得叔永是編，當爲藝文一助厥功懋哉。』（《林茂之文草》）

謝肇淛有《金陵懷古六首》（《小草齋集》卷二十一）。

謝廷諒有《金陵懷古六首》（《薄遊草》卷十）。

林古度有《六朝懷古》六首（《林茂之詩選》卷上）。

按：以上諸詩，爲先後所作，一並列於此。

作《送謝在杭賫捧徽號表文入京》（《鼇峰集》卷十二）。

陳勳有《送謝在杭比部入賀徽號》：『寶册濯龍開，星軺賀燕催。人推爽鳩署，騎發鳳凰臺。遠樹雲中辨，澄江練色迴。工歌聞杕杜，官闕向蓬萊。應地重闈慶，呼嵩萬國陪。堯雲瞻日表，周露湛天杯。仗裏含香入，花間錫宴回。致詞仍獻頌，知爾掞天才。』（《陳元凱集》卷五）

曹學佺有《送謝在杭比部賫徽號表入京，得微字》：『肅命趨丹陛，傾都餞赭圻。爽鳩充使者，駟覃率土，宸慶溢慈闈。樂對鈞天奏，歌承湛露歸。榮哉此行役，千載奉垂衣。』（《金陵集》中丙午）

牡動光輝。江水連沙迥，山烟帶日微。人依芳草別，路入紫雲飛。關柳行無盡，宮鶯聽稍稀。皇恩

作《後湖塔影和胡彭舉》（《鼇峰集》卷十二）。

按：後湖，即玄武湖。李賢《大明一統志》卷六《南直隸·應天府》『玄武湖』條：『在太平門外，周廻四十里。晋名北湖，劉宋元嘉末有黑龍見，故改名，今稱後湖。湖中有洲。』

曹學佺有《後湖塔影六韻》：『湖光何渺渺，塔影自層層。稍與雲無定，還因水共澄。春芳拂魚藻，歲晚上蚪冰。七級空能涌，千花若不勝。銷沉幾秋雁，變幻六朝僧。欲問烟波外，輕舟未可乘。』（《金陵集》中丙午）

作《放鵲詩》，其《序》云：『曹能始署園偶墜彈鵲，稚子拾而豢之。值月潭上人至，解其樊籠，放之飛去，示慈向也。能始徵諸子賦詩，余得五微。』（《鼇峰集》卷十二）

曹學佺有《放鵲詩得陽字》，其《序》云：『署後小園偶落彈雀，兒輩拾之，豢爲嬉戲。月潭上人勅令放去，示好生也。因與諸子共賦云爾。』詩云：『雪嶺曾棲釋，雕陵乍感莊。雖無迎歲患，其奈失時傷。施命慈悲大，言歸道路長。春風一巢裏，夜月幾枝傍。翮異支公養，機應海客忘。若填河漢上，應自得津梁。』（《金陵集》中丙午）

作《能始過鷲峰寺夜譚，同仲嘉、茂之，分得吟字》（《鼇峰集》卷十一）。

曹學佺有《夜過鷲峰訪仲嘉、興公，與茂之同賦》：『日中乍延晤，入夜復來尋。寂靜坐僧舍，蹉跎爲客心。疎鍾山月色，垂柳寺門陰。未忍云歸去，燈前相對吟。』（《金陵集》中丙午）

作《城南臨泛同汪仲嘉、臧晋叔、梅子馬、吴皋倩、謝在杭、曹能始共用南字》（《鼇峰集》卷十二）。

按：吴士良，字皋倩，國倫子，武昌府兴国州（今属湖北阳新县）人。萬曆中太學生，詩文有父風。著有《定閣詩選》。

曹學佺有《夏日城南泛舟，共得十三覃韻》：『朱明當夏首，清泛歷城南。津雨虹初飲，山櫻鳥半含。潮痕移淺岸，塔影倒空潭。草樹不分緑，江天相映藍。未成河朔會，聊接洛川談。斜日乘歸

棹，千峰生夕嵐。』（《金陵集》中丙午）

作《咏鍾山一人泉，同子馬、能始、茂之》：『涓涓有勺水，乃在蔣山陲。清碧浮深坎，澄泓注小池。後先人獨酌，冷暖客皆知。何必逢廉士，終當一歃之。』（《鼇峰集》卷十一）

按：李賢《大明一統志》卷六《南直隸·應天府》『一人泉』條：『在鍾山高峰絶頂，僅容一勺，挹之不竭。實山之勝處也。宋王安石詩「蹇淺一人泉」。』

曹學佺有《咏一人泉》：『白雲自怡悦，世事不相宜。況此山中水，幾人能酌之。非貪照影日，即是掛瓢時。怪殺林猿飲，還牽三兩兒。』（《金陵集》中丙午）

作《吴皋倩邀同晋叔、子馬、能始、在杭、茂之諸子秦淮泛舟，共用十蒸》（《鼇峰集》卷八）。

謝肇淛有《吴皋倩招泛秦淮，同臧晋叔諸子，即席作》：『冶城四月火雲弁，夜雨新漲淮流增。落日蒼茫照京國，孤舟蕩漾隨所乘。夾岸人家舞白苧，中流女兒歌采菱。鶯聲柳色情不極，酒來不厭多如澠。』（《小草齋集》卷二十一）

曹學佺有《夏日秦淮泛舟，臧晋叔、謝在杭、徐興公、吴皋倩、梅子馬、林茂之限刻成詩》：『秦淮水流自瀰漫，鍾阜雲起何崚嶒。昔時歌舞已陳跡，此日臺榭紛相仍。石榴庭中集翠羽，楊柳樹下開漁罾。誰能文酒徵雅會，江山名勝空金陵。』（《金陵集》中丙午）

林古度有《吴皋倩招泛秦淮，拈韻同體》：『淮水乍滿舟初乘，鍾山壓波翠欲凝。羅衣度風香冉冉，雕闌倒影花層層。昔時歌舞今更續，何人覽古愁能勝。溪橋凉起日陰薄，幾處烟沙漁夜燈。』（《林茂之詩選》卷上）

作《和陳太史閣試春鳥隔花聲六韻》（《鼇峰集》卷十二）。

曹學佺有《和陳太史閣試春鳥隔花聲》：『禁地神仙侶，晨趨花鳥叢。百花分麗日，一鳥囀春風。近似疎簾隔，虚疑密霧通。能言桃李下，深障管弦中。香入嬌歌切，聲隨綺葉工，應無攀折處，詎畏曲難終。』（《金陵集》中丙午）

作《送劉京兆公請告暫還光山覲省》（《鼇峰集》卷十二）。

作《咏虹同能始、茂之，限賦》（《鼇峰集》卷十二）。

曹學佺有《咏虹六韻與興公、茂之，立刻限成》：『長虹庭際落，彩色自重重。美女遥疑見，王師未可從。成時因雨足，見始遍春容。寫漢無分水，乘雲欲作峰。翬飛看似鳥，氣射望如龍。倘借爲橋去，神仙此路逢。』（《金陵集》中丁未上）

按：曹學佺將此詩編入《金陵集》中丁未上，誤。證別詳《曹譜》。

題《沈下賢文集》：『按晁氏序稱亞之爲福建都團練副使，本集中有《閩城開新池記》並《文祝延》，皆宦閩時所作。考《八閩通志》「歷官」無亞之之名，《通志》掛漏，合當添入。此本借之焦太史，命工抄録，然其中訛舛難以指摘，聊備一集而已。萬曆丙午初夏，閩徐𤊹書于白門之鷲峰禪室。』（馬泰來整理《新輯紅雨樓題記　徐氏家藏書目》，第一二四頁）

按：《沈下賢文集》，唐沈亞之撰，抄本。此條叙從友人處借書命工抄録。

又按：焦太史，即焦竑。

又按：《四庫全書總目提要》卷一百五十：『《池北偶談》又記末有萬曆丙午徐𤊹跋，此本無之。』

五月，五日，同吴夢暘、臧懋循、謝廷諒、湯之相、馬熍如、王野、梅蕃祚、吴稼竳、吴士良、王思任、曹學佺、洪寬、林懋、林古度、吴明遠、葉尹德集秦淮水閣，送張萱歸羅浮。偶於舊肆購得馬歡《瀛涯勝覽》。從郭天中處借唐李群玉《李文山詩集》，命童子抄之，作題識。又與曹能始、林茂之兄弟同觀《黄庭經》搨本，並作題記；又經由汪道會借得焦竑所藏宋趙明誠《金石録》，披覽、鈔録，並作題記。

作《端陽日，同吴允兆、臧晋叔、謝友可、湯惟尹、馬彸叔、王太古、梅子馬、吴翁晋、吴皋倩、王季重、曹能始、洪仲韋、林子丘、林茂之、吴明遠、葉尹德集秦淮水閣，送張孟奇奉使歸羅浮，分得令字》（《鼇峰集》卷五）。

按：湯之相，字惟尹，號樗存，廣濟（今湖北武穴市）人。萬曆中舉人。官南京刑部郎中，陞太守。有《金陵集》。

又按：馬熍如，字彸叔，號蒼麓，雲南府昆明人。萬曆舉人。有《落花咏》。

又按：吴稼竳，字翁晋，自號大滌山人，維岳子，孝豐（今浙江湖州）人。以父任爲郎，官至雲南通判。弱冠稱詩。有《玄蓋副草》。

又按：吴明遠，莆田人。

又按：張萱，字孟奇，號九岳，博羅（今屬廣東）人。萬曆十年（一五八二）舉人。歷官户部郎中、雲南知府。有《西園全集》。

曹學佺有《端午日集秦淮，兼送張孟奇民部奉使歸東粤》：『今日良宴會，有客俱戾止。西北浮雲來，東南長風起。圓景在天中，表立群所指。丹華吐若榴，素馨發蘭芷。鬱鬱鍾山色，悠悠秦淮水。

佳麗自昔然，臨泛何能已。之子遠行邁，須臾隔千里。羊城滄海上，羅浮洞天裏。道路既以殊，會晤難預擬。願勿忘此辰，離憂保終始。』（《金陵集》中丙午）

題《瀛涯勝覽》：『偶於秣陵舊肆購之，抄寫精工，二百餘年物也。藏之以俟博雅君子，備彙書之一種耳。萬曆丙午夏仲，徐惟起書於白下旅次。』（馬泰來整理《新輯紅雨樓題記　徐氏家藏書目》，第九〇頁）

按：《瀛涯勝覽》，明馬歡撰。明初抄本。此本購於金陵舊肆。

又按：馬歡，字宗道，號會稽山樵，回族，浙江會稽（今浙江紹興）人，回教徒。明永樂、宣德間通事（翻譯官），三次隨鄭和下西洋。

題《李文山詩集》：『今歲偶遊白門，同社各賦懷古詩，譚及群玉之作。而郭聖僕家藏此本，出以相示。細爲校讀，警句層出，遂令童子録之。群玉，澧州人，版刻澧州，亦甚漫漶，今不知存否耳。萬曆丙午仲夏，徐興公書于秦淮客舍。』（馬泰來整理《新輯紅雨樓題記　徐氏家藏書目》，第一二五頁）

按：《李文山詩集》，唐李群玉撰。徐𤊹校，抄本。此本從友人家藏借出抄録。

又按：『賦懷古詩』，即《金陵懷古》，詳四月。

題《黄庭經》：『秣陵甘暘，掘土得石函，蓋稍損而字獨完好。余初睹焦太史跋語，已嘆其奇，及余與甘生交，遂得借觀……甘生得此帖，乃刻意學拓，紙墨必極精妙，不付俗工之手，貽余一通，拓稍不匀。斯本又是皖城李晰見贈者，裝池（當作潢）大佳，時與曹能始、林茂之兄弟同觀，因記其末。萬曆丙午夏五，榕城徐惟起書于白下旅次。』（沈文倬《紅雨樓序跋》卷二，第六五—六六頁）

按：《黄庭經》，明甘暘拓本。

又按：《寄張九岳太守》：『憶自萬曆丙午之夏，台翁奉使過家，道經秣陵，不肖㶿方客曹能始署中，招中社雅集秦淮，幸識荆州，賦詩爲别。』（《文集》册八，《上圖稿本》，第四四册，第二四七頁）

徐𤊹題《黄庭經》：『《黄庭經》押縫有「書印」二字，米元章辯其爲唐鍾紹京之印。按：紹京，虔州贛人，以善書直鳳閣。武后時，置諸宫殿明堂及銘九鼎，皆其筆也。紹京嗜書畫，如王羲之、獻之、褚遂良真蹟藏家者，至數十百卷。但「書印」二字，元章不知從何辨其爲京物耳。元章博物君子，必有所本。』（《幔亭集》卷十九）

按：徐𤊹所題爲另一搨本。

題《金石録》：『是歲薄（暮）遊秣陵，聞焦弱侯太史向于秘府抄出全本，因托新安汪仲嘉借以抄録……明誠好古士也，其人與骨安在，其二千卷之藏安在，而今所傳者但有斯録，信乎所重在此而不在彼矣。萬曆丙午仲夏，晋安徐惟起書于秦淮客舍。』（馬泰來整理《新輯紅雨樓題記　徐氏家藏書目》，第九一頁）

按：《金石録》，宋趙明誠撰。此本徐㶿托新安汪仲嘉從焦竑抄本轉抄。

五、六月間，客金陵，寓鷲峰寺。同林懋、林古度過朝天宫。作『四祠』詩，四祠祀鄭俠、方孝儒、黄觀、東湖樵夫；清凉寺謁宋閩人鄭俠祠，聚寶山謁方孝儒祠墓，謁黄觀祠、樵夫祠。同湯之相、謝廷諒、馬呰叔、臧懋循、謝肇淛、曹學佺、梅蕃祚、李國祥、汪道會、周千秋、洪寬、吴明遠集秦淮水閣。秦鍾震、滕惟遠招飲避暑。故太子少保户部尚書張孟男卒，爲作挽歌。過石頭庵，懷蘊璞上人。同臧懋循、梅蕃祚、胡潛、諸德祖、曹學佺、林古度避暑天界寺。訪胡宗信。遊弘濟寺。同謝肇淛、曹學佺集陳勳署中。

作《同子丘、茂之過朝天宫是古冶城地》(《鼇峰集》卷十一)。

作《湯惟尹、謝友可二比部招同馬玭叔兵部、臧晋叔國博、謝在杭比部、曹能始户部、梅子馬少府、李休徵别駕、汪仲嘉、周喬卿、洪仲韋、吴明遠集秦淮水閣》(《鼇峰集》卷十一)。

按：李國祥，字休徵，南昌(今屬江西)人。通判。有《松門山房稿》。

作《秦伯起、滕惟遠招飲避暑》(《鼇峰集》卷十一)。

按：秦鍾震，字伯起，晋江人。萬曆三十二年(一六〇四)進士。

作《夏日客舍寄惟揚弟》《寄題廬山》(《鼇峰集》卷十一)。

作《故太子少保户部尚書中牟張公挽歌》(《鼇峰集》卷十一)。

按：張孟男(一五三四—一六〇六)，字元嗣，中牟(今屬河南)人。嘉靖四十四年(一五六五)進士，授廣平推官，官至南京户部尚書。卒，贈太子太保。

作《金陵大内恭述十章》《石頭庵懷蘊璞上人》(《鼇峰集》卷十一)。

作《同臧晋叔、梅子馬、胡仲修、諸德祖、曹能始、林茂之避暑天界寺》(《鼇峰集》卷十一)。

按：據曹學佺《題諸德祖畫》(《金陵集》卷上)，諸德祖能畫。

作《訪胡彭舉幽居》《别吴允兆》(《鼇峰集》卷十一)。

作《弘濟寺》(《鼇峰集》卷十一)。

按：李賢《大明一統志》卷六《南直隸·應天府》『弘濟寺』條：『在府東北四十五里。』

作《同謝在杭、曹能始集陳元凱署中》：『爲官已三徙，不離舊京華。農部嚴搜粟，公庭喜種花。交情盡鄉曲，談笑總烟霞。一片鍾山色，飛來映晚衙。』（《鼇峰集》卷十一）

按：『交情盡鄉曲』，徐、謝、曹、陳都是福州人，故云。

曹學佺有《和陳元愷夏至宿齋見柬六韻》：『襆被趨公署，爲郎屬度支。非堪一醉日，正是坐忘時。方澤草俱積，陪京禮可思。月臨御溝上，雲傍蔣山陲。拂曙鷄鳴急，登秋蟬噪遲。還聞白雪調，不覺有炎曦。』（《金陵集》中丙午）

作《送湯惟尹比部奉使歸蘄州》（《鼇峰集》卷十六）。

曹學佺有《送湯比部之黄州》：『夏雲奕奕浮朱霞，若榴纍纍雜槿花。石頭城下江流滿，木陵關外夕陽斜。長風吹帆渺烟樹，一片愁心與之赴。何時高卧紫霄峰，因君更問黄梅路。』（《金陵集》中丙午）

作《清凉寺謁一拂鄭先生祠》（《鼇峰集》卷十六）。

按：清凉寺，即清凉報恩寺。李賢《大明一統志》卷六《南直隸·應天府》『清凉報恩寺』條：『在石頭城。楊吴名興教寺，南唐名石城清凉寺。本朝洪武中重建，易今名。』

又按：鄭俠（一〇四一—一一一九），字介夫，號一拂，福清人。宋治平四年（一〇六七）進士。以進《流民圖》著名。有《西塘集》。

曹學佺有《四祠詩有序》，其《序》：『金陵有四祠焉。介公，予閩人，祠在清凉臺之麓，其讀書處也。

熙寧間忤王安石，歸，囊惟一拂而已，故名。方正學祠在石子岡，其墓所也。黄侍中祠有二，其一在通濟門外，爲侍中家人浮屍處，一在秦淮東岸，故青溪小姑庵，而今易之云。東湖樵夫，不知姓名，與正學同爲天台人，因附其後。正學已下，俱死於靖難者。四祠光復，一時之盛。予不敏，竊繫之以詩。』(《金陵集》中丙午)

曹學佺有《四祠詩·鄭一拂先生》：『清風寂寂嘆誰如，客到荒林問所居。白屋尚聞新法苦，青山寧與故人疎。石頭雨濕孤城暮，寺口江寒落月初。今日正逢明盛世，因君翻爲一躊躇。』(《金陵集》中丙午)

作《聚寶山謁方正學先生祠墓》二首(《鼇峰集》卷十六)。

按：李賢《大明一統志》卷六《南直隸·應天府》『聚寶山』條：『在府南聚寶門外雨花臺側。上多細瑪瑙石，因名。』

又按：方孝儒，字希直，又字希古。寧海(今屬浙江)人。人稱『正學先生』。死於靖難。

曹學佺有《四祠詩·方正學先生》：『岡頭古塚自纍纍，魂氣微茫何所之。清露不曾沾宿草，白雲長自護南枝。越城跡廢江流外，杜宇聲哀春暮時。幾度遊人歌舞散，獨將雙淚吊荒祠。』(《金陵集》中丙午)

作《黄侍中祠》(《鼇峰集》卷十六)。

按：黄觀，字伯瀾，一字尚賓，貴池人。纍官禮部右侍郎，死于靖難。東湖樵夫，不知姓名，寧海人。

曹學佺有《四祠詩·黄侍中先生》：『燕歌聞變隔江聲，赴難王師尚幾程。故國河山空下淚，孤舟

風雨忽收兵。城崩不待梁妻哭，家廢寧傳蔡女名。日暮淮流遺廟在，行人感激爲誰情。』（《金陵集》中丙午）

作《樵夫祠》（《鼇峰集》卷十六）。

按：樵夫，據曹學佺詩，即東湖樵夫。

曹學佺有《四祠詩·東湖樵夫》：『一片東湖望裏分，樵夫日日下斜曛。時人未必知名姓，孤影惟堪傍水雲。屈子歌兮終自溺，之推隱矣不須文。却憐麋鹿山中侶，猶媿麒麟閣上勳。』（《金陵集》中丙午）

林古度《四祠詩》今僅存《黄侍中祠》一首：『南北江山起亂離，誰臨大節欲匡時。吴天夜黑悲移主，皖水波寒惜罷師。妻女盡從泉下見，聲名應得世間知。却憐一片秦淮月，長有清光照古祠。』（《林茂之詩選》卷上）

按：徐𤊹詩雖無『四祠』之名，所咏與曹學佺同，爲同時所作。

夏，林古度贈《偶記》，題之。

題《偶記》：『□□□□［夏］寓金陵，林茂之見惠。』（馬泰來整理《新輯紅雨樓題記　徐氏家藏書目》，第一〇七頁）

按：《偶記》，明池州佘翹撰。抄本。此本林古度贈。

又按：所缺四字疑爲『萬曆丙午』。重裝此書在天啓三年（一六二三），參見該歲，此前徐𤊹夏寓金陵只有萬曆三十四年丙午。徐𤊹此歲入金陵，與古度交往甚密。

七月，二日，于金陵曹學佺户部公署題唐張鷟《龍筋鳳髓判》。許獬訃至，代人作祭文。與曹學佺、林古度宿普德寺。同周千秋、心魯、謝肇淛月夜坐燕子磯。登鎮江金山寺、北固山。過治平寺。

題《龍筋鳳髓判》：『張鷟，字文成，唐調露中進士，自號浮休子。唐史稱其早慧絶倫，以文章瑞朝廷，屬文章筆下輒成……愚謂此書全重詞藻駢麗，故實飽滿，不重蔽罪議法，蓋判與律不同。如容齋之論，則律也，非判也。因考其事跡，漫題於後。萬曆丙午初秋二日，書於金陵曹能始户部公署。』（馬泰來整理《新輯紅雨樓題記　徐氏家藏書目》，第一一五頁）

按：《龍筋鳳髓判》，唐張鷟撰。

作《祭許子遜太史文代》：『大輪名山，嵯峨拔秀，毓産喆人，才高德懋。先生挺出，幼稟淵姿，駿發之器，深沉之思。當世修文，乍離乍合，摽竊餖飣，味如嚼蠟。先生落筆，爾雅不群，鏡花水月，流水行雲。早赴公車，禮闈首薦，上苑看花，瓊林賜宴。明廷大對，名姓臚傳。蜚英史館，振藻木天。臺閣篇章，詞林句法，譽滿皇都，聲騰魏闕。石渠金馬，方侍操觚，上書請告，晝錦里閭。天靳才賢，夭壽不貳，正當策勳，忽爾遐棄。明珠照乘，俄墜重淵，寶劍藏匣，化不踰年。嗟乎先生！雕龍繡虎，每讀遺文，曷勝凄楚。某於往歲，振鐸同魚，十年往復，情好如初。聞訃傷情，薄修一奠，三嘆臨風，精靈如見。尚享！』（《文集》册十，《上圖稿本》第四五册，第一五—一六頁）

按：許獬（一五七〇——一六〇六），字子遜，一字鍾斗。同安後浦（今金門縣）人。生於隆慶四年，與徐𤊹同年生。九歲能文，十三歲淹貫經史。萬曆二十五年（一五九七）舉於鄉，二十九年會元，廷試第二，授庶起士，尋授編修。病卒。有《叢青軒集》。

作《同能始宿普德寺禪堂》(《鼇峰集》卷十六)。

曹學佺有《宿普德寺傷懷》:『客散僧俱寂,月斜風正來。蟲聲入衣袂,凉意出林苔。縱是邀秋駕,何能到夜臺。觀空尚如此,離思信難裁。』(《金陵集》卷上)

按:李賢《大明一統志》卷六《南直隸·應天府》『普德寺』條:『在府南。』

林古度有《普德寺前松嶺坐月》:『向晚出山寺,還登山上頭。嶺雲歸乍净,松月坐生幽。客思澹如水,僧言空似秋。下方鐘磬發,清宿正堪投。』(《林茂之詩選》卷上)

作《月夜坐燕子磯,同喬卿、心魯、在杭,共用潮字》(《鼇峰集》卷十六)。

按:曹學佺《大明一統名勝志·南直隸》卷一《應天府·江寧縣》:『自江中望之如神山,與弘濟寺對岸相望,翻江石壁,勢欲飛動者,燕子磯也。俱大江中極勝處。』

謝肇淛有《月夜坐燕子磯,同喬卿、興公,共用潮字》:『傍水危峰氣泬寥,孤舟坐對可憐宵。梧桐影裹新秋月,蘆荻聲中半夜潮。凉露乍生羅帶冷,微波初動練光摇。千尋鎖斷空磯老,惟有寒江似六朝。』(《小草齋集》卷二十一)

作《登金山寺》(《鼇峰集》卷十一)。

按:李賢《大明一統志》卷十一《南直隸·鎮江府》『金山寺』條:『在金山,舊名澤心。梁武帝嘗臨寺設水陸會。唐改今名,宋改龍游寺。』

謝肇淛《宿金山寺同興公賦》:『獨宿孤峰上,秋來更爽然。浪生潮壓寺,僧去月隨船。山外全無地,江中别有天。憑高看兩岸,南北各風烟。』(《小草齋集》卷十五)

作《登北固山》(《巃峰集》卷十一)。

按：李賢《大明一統志》卷十一《南直隸·鎮江府》『北固山』條：『在府治北，下臨長江，其勢險固。梁武帝嘗登此山。又名北顧山。』

作《治平寺》(《巃峰集》卷十一)。

謝肇淛《過治平寺》：『偶到藤蘿外，諸天日月閑。松陰全覆寺，水氣欲沉山。雨過苔封路，僧眠鶴閉關。五湖雲片片，時逐夜鍾還。』(《小草齋集》卷十五)

七、八月間，啓程還閩，吴稼竳有詩送之。過吴，與王人鑑聚於閶門舟中，王囑其作《知希齋詩》。遊觀音庵。于姑蘇病瘧，支床淹纏，王穉登招飲松堂，以病不赴。題潘之恪小像。

吴稼竳有《送徐興公還晋安》：『何意逢君即送君，紅亭載酒不成醺。傷心岸草披涼露，滿目江波蕩白雲。大雅音亡誰復振，布衣權在世空聞。尺書遠道能相憶，莫謂南中少鴈群。』(《玄蓋副草》卷十八)

作《題王德操知希齋》：『吴門有畸人，結廬遠城市。庭際露青山，階前繞流水。俗軌不至門，塵事不入耳。行扶緑玉笻，坐隱烏皮几。長齋禮繡佛，讀騷繼名士。幽意托閑曠，高情企無始。莫言知者希，老聃有深旨。』(《巃峰集》卷五)

按：《寄王德操·序》：『丙午秋，再於閶門舟中聚首，屬予作《知希齋詩》，甚歡也。』(鈔本《巃峰集》)參見崇禎七年(一六三四)。

作《觀音庵有石橋、石洞之勝》(《巃峰集》卷十一)。

按：范成大《吴郡志》卷三十二《郭外寺》：『觀音禪院，在報恩山，亦曰支硎山寺。』

作《王百穀招飲松堂，病不能赴，口占奉謝》（《鼇峰集》卷十一）。

按：病瘧，詳次歲《寄居田叔》書。

作《題潘穉恭小像》（《鼇峰集》卷十一）。

按：潘之恪，字穉恭，景升弟，新安（今安徽黄山市）人。曹學佺序其詩。

九月，同謝肇淛、吴兆、方子公、范汭楞伽山遊上方寺望太湖。范汭招同謝肇淛、周千秋、吕心魯、沈野、吴兆、方子公、何璧泛舟石湖。過湖州，與謝肇淛、章元禮等遊峴山。歸雲庵，訪孫太初故居，謁孫太初墓。出龍江關，與同安陳基虞别。

作《楞伽山上方寺望太湖，同方子公、范東生》（《鼇峰集》卷十六）。

按：王鏊《姑蘇志》卷九『楞伽山』條：『一名上方山。在吴山東北，其頂有浮圖。』

又按：李賢《大明一統志》卷八《南直隸·蘇州府》『太湖』條：『在府城西南五十里。《禹貢》謂之「震澤」。《周官》《爾雅》謂之「具區」。《史記》《國語》謂之「五湖」……其地跨蘇、常、嘉、湖四府界。』

謝肇淛有《范東生招同吴非熊、方子公、沈從先、徐興公登上方寺望太湖》：『古木雲房翠作屏，五湖殘雨晝冥冥。連天高浪吞吴會，隔水微峰見洞庭。廊下苔碑文半蝕，松間香積户長扃。上方日落寒鐘動，處處菱歌月裏聽。』（《小草齋集》卷二十一）

作《范東生招同謝在杭、周喬卿、吕心魯、沈從先、吴非熊、方子公、何玉長石湖泛舟》（《鼇峰集》卷八）。

按：何璧，字玉長，福清人。聚里黨輕俠少年，有事一呼而集，上官捕之，踰墻走清流王若家，盡讀其藏書。游金陵，張濤延爲上客。有《逋客集》。

又按：李賢《大明一統志》卷八《南直隸·蘇州府》『石湖』條：『在府城西南一十二里，連越來溪。《舊志》云：范蠡所從入五湖者。宋參政范成大隨高下爲亭，觀湖山勝絶，繪圖以傳。孝宗書「石湖」二字賜之。』

作《李歸安招遊峴山，同謝在杭、章元禮作》（《鼇峰集》卷十六）。

謝肇淛有《重遊峴山》：『西風吹浪雁聲稀，遠寺寒鐘隔翠微。苔壁獨留殘墨在，松雲猶逐老僧歸。一官牢落人依舊，十載風塵事半非。俛仰相看已陳跡，峴山今古一沾衣。』（《小草齋集》卷二十一）

作《歸雲庵孫太初故居》（《鼇峰集》卷十六）。

按：曹學佺《大明一統名勝志·浙江》卷三《湖州府·歸安縣》：『歸雲庵者，取僧皎然《寄閻士和詩》「相思一日在孤舟，空見歸雲兩三片」語也。明山人孫一元掛瓢堂在焉。』

謝肇淛有《歸雲庵拜孫太初墓》：『斯人不復作，地下亦吾師。海内尋遺字，人間有舊詩。寒郊山鬼語，古墓老僧知。千載歸雲寺，猶存十字碑。』（《小草齋集》卷十三）

作《出龍江關與陳志華廷尉別》：『朝出龍江關，秋風吹我衣。遊子憶故土，秣馬空言歸。』（《鼇峰集》卷五）

按：陳基虞（一五六五—一六四二），字志華，號賓門，同安浯嶼（今金門縣）人。萬曆十七年（一

萬曆三十四年丙午（一六〇六）　三十七歲

五八九）進士，官南刑部郎中，進中憲大夫。

作《寄遠》（《鼇峰集》卷十六）。

十月，歸家。題《晋文春秋》；又與陳价夫、馬欻觀謝肇淛所藏《鮮于伯幾、趙子昂、張伯雨書卷》，題之。

從南都歸。二十三日，與王崑仲訪張燮；二十四日，陪張燮訪謝肇淛。

題《鮮于伯幾、趙子昂、張伯雨書卷》：『張羽士伯雨，雖晚出私淑，妙得書家上乘，使其與二公同堂比肩，安知其不爲魯衛之政乎？在杭合三家書爲一卷，片鱗隻羽，自是奇珍。萬曆丙午冬日，與陳伯儒、馬季聲同觀。二君俱善書，咸嘖嘖嘆賞，信知名下無虚者也。徐惟起題。』（沈文倬《紅雨樓序跋》卷二，第八三頁）

按：《鮮于伯幾、趙子昂、張伯雨書卷》，元鮮于樞、趙孟頫、張雨書。

又按：鮮于樞（一二四六—一三〇二），字伯機，號困學山民，生於汴梁（今河南開封）。書法家，寓居揚州、杭州。大德六年（一三〇二）任太常寺典簿。

又按：趙子昂，即趙孟頫，見萬曆二十三年（一五九五）。

又按：張雨（一二八三—一三五〇），字伯雨，本名澤之，道名嗣真，錢塘（浙江杭州）人。詞曲家、書畫家。年二十棄家爲道士，居茅山。

題《晋文春秋》：『胡元瑞《四部正訛》謂，吾衍雜取《左》《國》《説苑》中論文、莊二伯事，節約略成篇者，並《晋乘》《楚檮杌》，皆疑衍作。余謂前代無其目，而突出于元季，宋景濂、胡元瑞博洽冠世，其言足徵也。丙午冬日，徐（𤊹）［惟起］題。』（馬泰來整理《新輯紅雨樓題記　徐氏家藏書目》，第七

七頁）

按：辨證《晋文春秋》爲僞書。

又按：宋濂（一三一〇—一三八一），字景濂。胡應麟，字元瑞，詳隆慶四年（一五七〇）。

又按：張燮《偕徐鳴卿北上至渡江遊記》：『（孟冬）念二日渡峡入榕城。念三日徐興公、王玉生二山人來訪。念四偕二山人過謝武部在杭。謝甫讀禮，麻衣如雪，然風範自佳。』（《霏雲居集》卷三十一）

十二月，初六日，林應聘餉唐歐陽詢《藝文類聚》一册，全書遂齊，作題記；又題陸雲《陸士龍文集》；除夕前三日，又題宋版《松陵集》。夏子陽、王士楨出使琉球返回登岸閩地，送其還朝。送黄應恩之金陵，送曾熙丙北上。

題《藝文類聚》：『此書一百卷，余家所藏者缺四册，每有查考，輒恨其摧殘非完書也。數年前偶於官賢坊内小書鋪中見有數册，混入雜書之内，將爲糊壁覆瓿之需，予以數十錢易之，正可補予之缺，然尚欠六十卷至六十六卷也。俟之數年，無從覓補。今歲余偶從南都歸，林志尹乃拾一册見餉，遂成全書。篝燈把玩，喜而不寐，因重加裝訂，收之篋中。曾憶陸儼山先生有云：「殘書亦收，以冀他日之偶全。」正謂此也。八十四卷有「田壽夫印」，不知何許人，尚俟他考。萬曆丙午臘月六日，徐惟起書。』（馬泰來整理《新輯紅雨樓題記　徐氏家藏書目》第一一四頁）

按：《藝文類聚》，唐歐陽詢輯。

又按：此條言家藏有缺，多年尋覓，終于補全。説明『殘書亦收』爲藏書家原則之一。

又按：林應聘耽書，嘗有販書之役，㶿《送林志尹之吴越販書》：『白髮不辭讎亥豕，黄金寧惜買蠹魚。借將竹簡勤抄録，挾得芸編任卷舒。』（《鼇峰集》卷十五）

題《陸士龍文集》：『張幼于曾以小陸抄本貽先兄，繕寫明朗。此乃都玄敬與吴士陸元大校刻者。卷末乃留宋人名字，依宋版也。讎對無差，勝今坊間所梓者多矣。萬曆丙午冬杪，徐興公識。』（馬泰來整理《新輯紅雨樓題記　徐氏家藏書目》第一一八頁）

按：《陸士龍文集》，晋陸雲撰，正德刊本。

又按：張幼于，即張獻翼。徐熥題《陸士龍集》紀獻翼貽書經過：『辛卯秋北上，道經吴閶，客張幼于曲水草堂，臨别，幼于出此爲贈。今坊間二陸已有善本，但此寫本尤所難得，又爲張君手披之物，誠爲可珍。况是歲余覆舟吕梁，所載書俱爲波臣所得，獨期集既已溺去，旋撈得之，不至磨滅，尤奇也。并識。』（《幔亭集》卷十九）

又按：徐㶿所題之本非張獻翼贈熥寫本。惟不知熥卒後寫本是否歸㶿所有。

題《松陵集》：『去歲過吴門，范東生以陸魯望《甫里集》爲贈。蓋淞人新刻。此乃皮、陸倡和之作，名《松陵集》，爲吾鄉先輩郭文學家藏，實宋版也。紙色蒼古可愛。郭公久作泉下客，子孫不文，此書流落市肆，余收得之。每卷首尾俱損壞，余令豚子抄補成書，置之齋中。宋版書不易得，後之子孫，毋若郭氏，幸耳！萬曆丙午除夕前三日，徐惟起題于梅花樹下。』（馬泰來整理《新輯紅雨樓題記　徐氏家藏書目》，第一六五頁）

按：《松陵集》，唐皮日休、陸龜蒙撰，宋刊本。

又按：郭文學，疑爲郭文涓。文涓，字穉源，古田人。嘉靖十六年（一五三七）鄉貢，歷官保寧府同知。著作甚富，有《亨帚集》。賞其詩，以爲可與『晚唐劉、許輩頡頏藝林』。劉曰暘爲古令。修《縣志》，不爲郭氏立傳，陳价夫力争無果，見《榕陰新檢》卷十六《詩話》引《竹窗雜録》。郭氏子孫或已不顯。

作《送黄伯寵之秣陵》（《鼇峰集》卷五）。

按：林昌彝《射鷹樓詩話》卷六：『昌彝按：興公詩風骨入古，得漢魏樂府之遺，可謂讀破萬卷，不著一字，余最喜其《送黄伯寵之秣陵》云：「我從白門歸，君從白門去。去轍與歸輪，相逢不相聚。窮冬百卉腓，遊子遵長路。黯黯鍾山雲，蕭蕭秣陵樹。峨峨石頭城，渺渺秦淮渡。千里涉風波，孤身犯霜露。送子感昔遊，勝事今成故。離情不可諼，慎毋乖尺素。」』

作《送夏給諫、王大行册封琉球還朝》（《鼇峰集》十一）。

按：王士楨，字葵陽，山東泗水人，萬曆二十六年（一五九八）進士。二十八年（一六〇〇）爲册封琉球副使。

作《送曾用晦北上，兼寄王永啓、陳伯全》（《鼇峰集》十一）。

按：陳五昌，字伯全，福清（一作侯官）人。萬曆三十二年（一六〇四）進士，選庶起士，授翰林院檢討，蔚有文名。萬曆三十八年（一六一〇）五昌卒，徐𤊹作《哭陳伯全檢討》（《鼇峰集》卷十八）。

作《訪黄黄叔尊生館》（《鼇峰集》十六）。

作《送夏給事册封琉球還朝》（《鼇峰集》十六）。

萬曆三十四年丙午（一六〇六）　三十七歲

謝肇淛有《送夏黄門使琉球還朝》:『金函寶册出蓬萊,滄海茫茫一鏡開。使節疑從天上下,仙槎應拂斗間迴。射空鼈眼看如日,薄浪鯨鬐聽若雷。萬里風波君莫嘆,清時須爾濟川才。』(《小草齋集》卷二十一)

作《送王行人册封琉球還朝》(《鼇峰集》十六)。

謝肇淛有《送王大行使琉球還朝》:『衮衣擁傳古皇華,萬里扶桑浪作花。詔灑夷王天外露,裝輕使者海中霞。龍迎玉節衝波起,雁引牙檣帶雨斜。自有越裳隨獻雉,豈同博望遠乘槎?』(《小草齋集》卷二十一)

作《丙午除夕》(《鼇峰集》十六)。

是歲,客遊金陵,携《唐歐陽先生文集》謀與曹學佺梓之,致書歐陽觀察,作《〈唐歐陽先生文集〉附録》一卷;又于謝肇淛案上見宋程大昌《演繁露》。

作《寄歐陽觀察》:『客歲携入秣陵,謀諸同志捐薄遊資斧,殺青行世。於是,南都宦遊諸公助工有差,咸謂四門之文一經刊布,若揭日月于中天者也。附録一卷,乃不肖某採掇諸書,實有關于四門行誼之大者,但耳目未周,多有掛漏。』(《文集》册六,《上圖稿本》第四三册,第三九五頁)參見萬曆三十五年(一六〇七)。

按:歐陽觀察,即歐陽柏,潛江人。隆慶二年(一五六八)進士,福建左參議。

又按:此條言别集刊刻附録之搜集,還應包括碑刻題咏、廟記、後裔家傳諸作等,方成全書。

曹學佺《〈唐歐陽先生文集〉序》:『癸卯冬,予再遊温陵之石室,友人徐興公偕焉。石室爲歐陽行周先生讀書處也。越三年，興公携先生集于金陵，謀更梓之……予友興公編次先生文，自貞元五年《曲江池記》至十五年《韓城縣西尉廳記》止，歷歷有徵，並宋祁《文藝傳》已下，附録于左，使觀者審焉。萬曆丙午曹學佺序。(原本無此八字，據嘉慶本《緯略》。)』(《石倉文稿》卷一)

按：『萬曆丙午曹學佺序』，《石倉文稿》原本無此八字，據嘉慶本《緯略》補。

又按：題《程氏演繁露》：『丙午客遊金陵，見謝在杭案上有此本，詢之。乃曹能始得之山陰張浙門，張得之焦漪園，蓋抄之秘閣者也。』(馬泰來整理《新輯紅雨樓題記　徐氏家藏書目》，第一〇七頁)

又按：參見萬曆三十五年(一六〇七)。

作《題錢舜舉鼠嚙筍圖》《自作紙帳戲題》(《鼇峰集》卷二十五)。

作《過王履吉石湖故莊》(《鼇峰集》卷二十五)。

謝肇淛有《過王履吉故莊》：『一片雲林帶草堂，居人遥指石湖莊。精靈異代歸何處，滿目西風棗葉黄。』(《小草齋集》卷二十八)

作《雁來紅》(《鼇峰集》卷二十五)。

謝肇淛有《雁來紅》：『西風一夜落關榆，少婦樓頭鴈正呼。何事遼陽書不到，年年血淚灑蘼蕪。』(《小草齋集》卷二十八)

是歲冬，姊丈謝汝韶卒，作《祭謝天池文代》。

作《祭謝天池文代》：『福縣行敦，貴以德懋。既萃於躬，復熾於後。於維太翁，江田巨宗……有子承家，明時良璞。固嗣彪才，歆傳向學。爽鳩法署，肺石無冤。躬逢明聖，親荷覃恩。奉使還家，方娛萊服。造化忌盈，公忽不禄。某叨里閈，久沐春和。重以婚媾，松附絲蘿。聞訃彷徨，淒傷曷已。得全全昌，公不愧矣。薄陳一奠，束帛箋箋。靈如不昧，幸冀鑒焉。尚享！』（《文集》册十，《上圖稿本》第四五册，第五八—五九頁）

曹學佺有《謝天池太公挽詩六韻》：『謝公返初服，世網已超然。白首功逾苦，青山道自堅。平生究墳典，此日棄林泉。楚國思猶在，閩天訃已傳。烏衣懷舊巷，馬鬣待新阡。自媿葭莩末，徒吟薤露篇。』（《金陵集》卷中丁未上）

謝肇淛有《先考奉政大夫吉府左長史天池府君行狀》：『府君以嘉靖丁酉五月三日生，卒于萬曆丙午十月之五日，享壽七十，以肇淛司理考滿進階奉政大夫。』（《小草齋文集》卷十七）丁酉，嘉靖十六年（一五三七）。

按：謝汝韶，字天池，肇淛父，長樂江田人。世居會城。嘉靖三十七年（一五五八）舉於鄉，兩上春官不第，四十一年（一五六二）授錢塘廣文，官至吉府左長史。輯有《碎金》八十八卷（今佚），其遺文由肇淛編爲《天池存稿》（《先大夫〈存稿〉序》見《小草齋文集》卷五），謝世南編《東嵐謝氏明詩略》録其詩若干首（《賭棋山莊全集》本）。

又按：徐㶿長姊爲汝韶繼室。參見崇禎四年（一六三一）。

是歲，《榕陰新檢》刊行，吴騰蛟爲之序。

吴騰蛟有《〈榕陰新檢〉序》：『閩友興公，余邑侯戚里好也。神姿高朗，襟懷磊落，灑灑然風塵之表，俯仰委蛇，汪洋自得，且其捫虱雄譚，揮毫賡和，如珠璣萬斛，瀉瀉霏霏不既。余見而契之，相與歡甚也，因出其《新檢》一册示之。大都組織紀載、搜羅事實，巨若忠孝節義，關世教者揭其綱；細細群書所未録、口耳所不逮，靡不綺錯繡聯，色色而陳布之。真有以家天地、綜人物、攬華夷、包動植，不必盡覽典墳，遍涉甸裔，自可洞今而博古，燭邇而照遐，斯誠文人之慧業，博士之要詮哉！遂命吾兒洵美考核校正，授之殺青，懸之書市，以公同好。中郎之秘，則吾豈敢？第君家閩粤，載閩事獨詳所異。四方博雅之君子，各以聞見補其所弗及聞且是者，此述者意也，亦鐫者意也。「榕陰」者何？閩有古榕木，其大庇數畦，科頭箕裾其下，可以傲世，可以著書，騷人墨客之所憩而不能舍之。萬曆丙午季秋望日，新都吴騰蛟雲將父書于卧雲山房。』（萬曆三十四年本卷首）

按：興公自序作于萬曆三十二年（一六〇四）。詳該歲。

是歲，始與張陽生定交。

按：《筆精》卷四『張陽生』條：『張陽生者，名復亨，郡諸生也。能詩，而名不顯。丙午歲，始與予定交，一再執臂。』

按：陽生後以疫死，年未三十，有《北征》一集。

是歲，與張民表定交于白下，酬倡詳前。

按：與張民表别後，有詩寄之，詳次歲。

是歲，屠隆卒。

萬曆三十五年丁未（一六〇七） 三十八歲

謝肇淛四十一歲，曹學佺三十四歲，林古度二十八歲，徐陸十八歲

正月，送顧長卿使京。送謝吉卿遊登州。題明皇甫汸《解頤新語》；又題顧正誼《顧仲方〈華陽洞庭圖〉》；又題文彭《文國子真跡卷》；又題《石經左氏傳》；又跋黄之璧《黄白仲草書卷》；又題元錢良佑《錢翼之書卷》。

作《丁未元日》（《鼇峰集》卷十六）。

作《賦得靈光殿，送顧長卿使京》（《鼇峰集》卷十六）。

作《送憲司知事顧長卿使京序》：『使者咏《皇華》，望干旄之孑孑；故人添别恨，嘆楊柳之依依。碧水丹山，送君千里；紅亭緑酒，分手三春。黯爾消魂，凄然送目。』（《文集》册一，《上圖稿本》第四二册，第一〇三頁）

作《送謝修之遊登州》（《鼇峰集》卷十六）。

題《解頤新語》：『皇甫先生文章綺麗，如西川美錦，讀其全集，真徐、庾之後一人而已。《解頤新語》之作，發明六義，語足千古，文成一家。屠田叔拔其俊語爲《詩言五至》，此則舊本全文也。春日閑坐，麗春盛開，漫覽一過，遂書末簡。丁未春日，徐惟起。』（馬泰來整理《新輯紅雨樓題記 徐氏家藏書目》，第一七四頁）

按：《解頤新語》，明皇甫汸撰。參見本歲七月。

題《顧仲方〈華陽洞庭圖〉》：『近代善畫名手，華亭爲盛。莫貢士廷韓、董太史玄宰，窮工極變，譽擅一時。今觀此圖，可謂鼎足而立。在杭以爲然否？丁未春日，書於鏡瀾閣。』（沈文倬《紅雨樓序跋》卷二，第七二頁）

按：《顧仲方〈華陽洞庭圖〉》，明顧正誼畫。

按：顧正誼，字仲方，號亭林，華亭（今上海松江）人。萬曆間由國子生任中書舍人，善畫山水，能詩。有《顧仲方百咏圖譜》《筆花樓新聲》《顧氏詩史》。

又按：莫是龍（一五三七—一五八七），字雲卿，更字廷翰，雲間（今上海松江）人。科考不利，以貢生終。善書畫。有《畫説》《石秀齋集》等。

又按：董其昌（一五五五—一六三六），字玄宰，號思白、香光居士，松江華亭（今上海）人。萬曆十七年（一五八九）進士，授翰林院編修，官至南京禮部尚書。謚『文敏』。有《容臺集》。

題《文國子真跡卷》：『斯卷前一幀乃官國學時所選講章，後一幀乃頌胡中丞武功，雖草稿不經意，而未嘗失書家矩矱也。在杭廣蓄法書，斯卷亦鐵中錚錚者。但可自怡悦，不堪與俗人見耳。萬曆丁未春日，東海徐惟起識。』（沈文倬《紅雨樓序跋》卷二，第八五頁）

按：《文國子真跡卷》，明文彭書。

又按：文國子，即文彭。彭曾官國子助教，故稱。參見萬曆二十九年（一六〇一）。

題《石經左氏傳》：『先兄惟和向曾購之蔣子才，藏諸齋頭者十餘禩，後伯兄不禄，仍歸子才，子才復

持以贈在杭謝君，予乃爲之考核始末，以俟博雅者鑒定。萬曆丁未初春，徐惟起書。』（沈文倬《紅雨樓序跋》卷一，第四頁）

題《黄白仲草書卷》：『白仲善書，頗自珍重，不輕與人。而余交白仲十年，未嘗得其數紙。憶余在吴興時，正與白仲相值，遂爲在杭書此卷，龍飛鳳舞之態，横逸筆端，偶爾展閲，不勝山陽之愴。丁未初春，徐惟起跋。』（沈文倬《紅雨樓序跋》卷二，第九〇頁）

按：《黄白仲草書卷》，明黄之璧書。

又按：黄白仲，即黄之璧。詳萬曆二十三年（一五九五）。

謝肇淛有《黄白仲書卷跋》：『白仲，才士也。其書此卷，運肘如飛，頃刻龍蛇滿紙，大叫自詫，以爲奇絶。余書每苦遲見之，爽然自失，後來一經展閲，髣髴見鬚眉也。』（《小草齋文集》卷二十四）

題《錢翼之書卷》：『吴郡錢翼之名良佑，博學工詩，尤精篆隸。文宗時嘗被旨書《農桑撮要》《大學衍義》……在杭此卷爲臧晋叔所貽，筆勢所至，天機自來，使吴興公見之，亦當避竄而煬者也。萬曆丁未元夕書。』（沈文倬《紅雨樓序跋》卷二，第八九頁）

按：《錢翼之書卷》，元錢良佑撰。

又按：錢良佑（一二七八—一三四四），字翼之，晚自號江村民，平江（今屬湖南）人。元至正間以書學名家，行書高朗卓越，不讓鮮于樞。

作《送鄭汝潤入洛丁未》《觀書》《煮茶》《焚香》《洗硯》（《鼇峰集》卷十一）。

二月，謝肇淛跋徐熥舊藏《吴中二十家詩畫》，叙及此卷八十年間輾轉收藏情况，其中言及熥子齊周質錢于蔣子才。參見下月興公題此卷。花朝，題唐韋莊《浣花集》。

謝肇淛有《吴中二十家詩畫跋》：『嘉靖戊子，姑蘇盧思陳職方典江右試歸朝，吴中一時名士爲分賦江右諸勝，而陸叔平繪廬山弁其首，凡二十家，種種精絶，洵可寶也。此卷後爲吾郡王懋復太史所得，太史没，卷歸徐唯和孝廉。無何，孝廉亦逝，子齊周以質錢于蔣子才。子才復轉質于倪茂才柯古。丁未春仲，余始贖得之，蓋八十年間不知幾易主，其爲尤物不下巫臣妻矣。要以楚弓而楚得之，太史、孝廉差足瞑目地下。』（《小草齋文集》卷二十四）

按：此本八十年間幾易其手，由吴而入王應鍾手，先後又歸徐熥、蔣子才、倪范，最後由謝肇淛贖回。

題《浣花集》：『韋莊詩，《百家》未收，但於《鼓吹》中見其七言近體及諸家所選數首而已。偶入秣陵，友人郭聖僕出韋詩一帙見示，乃宋版也。遂命工抄録，以備觀閲。時謝在杭方爲比部郎，亦喜其詩調新逸，亦寫一帙而去。萬曆丙午花朝，東海徐惟起記。』（馬泰來整理《新輯紅雨樓題記　徐氏家藏書目》，第一二七頁）

按：《浣花集》，韋莊撰，據宋版抄。

又按：此條叙與謝肇淛同時抄録一書。

三月，題仇英《仇實父〈笠簑美人圖〉》；又題《吴門二十家書畫》；又題李東陽《擬古樂府》；又題鄭善夫《雜著》；又題宋林逋《省心録》；又題楊德政《楊太史〈延津八咏〉》；又題趙孟頫《趙松雪〈天冠山二十八咏〉真跡》。

題《仇實父〈笠篌美人圖〉》：『畫家人物最難，而美人爲尤難。綺羅珠翠，寫入丹青易俗，故鮮有此技名其家者。吴中惟仇實父、唐子畏擅長。實父作笠篌美人，淡妝濃抹，無纖毫脂粉氣。且文壽承書其後，筆工詞麗，譬之苕華琰琬，各成其美矣。萬曆丁未上巳，東海徐惟起。』（沈文倬《紅雨樓序跋》卷二，第七二頁）

按：《仇實父〈笠篌美人圖〉》，明仇英畫。

又按：仇實父，即仇英。英，字實父，號十洲，太倉（今屬江蘇）人，後移居吴縣（今蘇州）。約生於嘉靖間畫家。有《漢宫春曉圖》《桃源仙境圖》等畫傳世。

謝肇淛有《仇實父〈笠篌美人圖〉跋》：『仇實父作《笠篌美人圖》，瀟灑出塵，絶無繪藻烟粉俗態。文壽承草書花下吟其後，書法、詩法皆入妙品。先輩風流文采，猶可想見。此卷舊爲徐唯和家藏，自玉樹夭折，人琴俱亡，武庫緗縹，盡作青蚨飛去。比余歸來，則墓草已宿。昔時所爲共對把玩者，百無一矣。是卷偶爲一友人所得，亟解杖頭千文易之，歸與興公展閱未竟，悲喜交集，凄然不勝河山之感。』（《小草齋文集》卷二十四）

題《吴門二十家書畫》：『世宗朝，吴中翰墨甲天下，此卷得二十家，一時雲集，可謂玄圃積玉、種種奇珍矣。汝南兄弟不工書，其一出祝京兆之筆，其一出文太史之筆，而蔡九逵一篇，又似王履吉代録者，誠希世之寶也。向屬先兄惟和所藏，失去者八九載，今展轉而歸在杭，不惟諸公得異代之知己，而先兄亦可以少慰于九原也。萬曆丁未上巳，徐惟起書。』（沈文倬《紅雨樓序跋》卷二，第八〇頁）

按：參見上月謝肇淛跋此卷。

題《擬古樂府》：『先君子極喜西涯先生《擬古樂府》……邇來雖博覽群籍，年齒既壯，隨覽隨忘，不如少時用志不分耳。此乃二十年前事，思之愴然。今以此本授之陸兒，令其日閱一首，庶幾不爲章句腐儒矣。萬曆丁未清明前一日，徐仲子興公書。』（馬泰來整理《新輯紅雨樓題記 徐氏家藏書目》，第一五五頁）

按：《擬古樂府》，明李東陽撰。

又按：李東陽（一四四七—一五一六），字賓之，號西涯。茶陵（今屬湖南）人。茶陵派代表詩人。天順八年（一四六四）進士，官至吏部尚書、華蓋殿大學士。卒，贈太師，謚文正。有《懷麓堂全集》。

又按：參見萬曆十六年（一五八八）。

題《雜著》：『鄭少谷先生以詩名于正、嘉之際，海内知鄭先生者詩耳，不知先生之精于理數之學也。此編自易數、河洛、洪範、田制、算法、禽遁、車服，無不究心，又手自抄定。先生之學，豈尋常口耳章句乎哉！惟和兄向收得之，寶若拱璧。俯仰又逾十年，春日和暢，偶與謝在杭翻檢，遂求在杭跋其後，而余亦記數語，永寶藏之！萬曆丁未三月，東海徐惟起。』（馬泰來整理《新輯紅雨樓題記 徐氏家藏書目》，第一五六頁）

按：《雜著》，明鄭善夫撰。手稿。

又按：此書已有徐𤊹題跋（詳下），興公又與謝肇淛隨其後。興公題跋之書甚多，與兄共題一書較少見。

又按：此條可證徐熥卒後藏書歸興公所有。

徐熥題《鄭繼之手録雜著》：『一日偶於市肆見廢書數册，皆蟲鼠之餘。余偶索觀，其人謂將用覆瓿，不足觀也。强之，始得觀，則此編在焉。此編出鄭繼之吏部手書無疑，以印章考之，知爲高宗吕家所藏。首《易論》《河圖》《洛書》，次《洪範數補叙》及《洪範論》，次《田制論》，次《九章乘除法》，次《演禽法》，次《奇門遁甲法》，終以衣冠車□之制。皆探賾索隱，鈎深致遠，非世儒所能窺測者。先生于學，可謂博而精矣。先生殁且七十餘年，其書片楮數行，人皆珍惜。況此編蠅頭萬計，又關理數之微，尤可寶也。然不縻爛於醯鷄者如綫哉！因重加補緝，秘之帳中。其《洪範補叙》一篇，非先生真蹟，並存之。』（《幔亭集》卷十九）

謝肇淛有《鄭繼之手録〈雜著〉跋》：『吾郡鄭繼之先生天資絶世，於書無不讀，亦無不究極其致。今觀此册所書，首《易論》，次《洪範論》，次《田制論》，次《九章乘除法》，次《演禽法》，次《奇門遁甲法》，皆理數精微，人所忽而不講者。先生一一手自抄録，且字畫精謹，酷類聖教。其留心討論若此，假令不死而得行其志，其所經論石畫必有大過人者。用之未究，齎志以没，徒令後之人寶其殘簡遺墨而已也。悲夫！雖然，是書獲逢識者而不果終蠹魚之腹也，則又不幸中之大幸矣。爲興公題。』（《小草齋文集》卷二十四）

題《省心録》：『和靖《省心銓要》，宋景濂嘗考《朱子語録》第四十卷云：「《省心録》乃沈道原作，非林和靖也。」天順間景隆序，正德間黄清跋，二公爲縉紳巨公，俱未嘗考定其人，遞相沿襲，則道原之名幾晦矣。朱子闡之于前，宋公辯之于後，若揭日月，後[有]梓者，當録朱子、宋公之言于簡末，庶

幾不泯作者之意耳。丁未暮春，徐𤊹題。』（馬泰來整理《新輯紅雨樓題記 徐氏家藏書目》，第九四頁）

按：《省心録》，舊題宋林逋撰。天順、正德間刊本。

又按：《筆精》卷六「省心録」條亦有類似表述。

題《楊太史〈延津八咏〉》：『楊太史叔向以翰林編修外補閩省少參，請告家居，十年復起爲參知政事，兩駐節劍州，嘗賦《延津八咏》，手書勒石。太史詩類錢、劉，字法羲、獻，不佞于己亥歲侍先生于延津，先生忘分下交，周旋數載，《八咏詩》曾屬余爲和。兹先生下世又數載，每一翻閲，不勝西州之感。余生平以詩文受知于楊先生最深，此帖當世世寶之。萬曆丁未送春日，東海徐𤊹興公跋。』（沈文倬《紅雨樓序跋》卷二，第八六頁）

按：《延津八咏》，明楊德政撰並書。

按：據曹學佺《延津八咏和楊太史》（《石倉詩稿·玉華篇》），八咏爲：《九峰月朗》《三寺雲深》《龍津春浪》《猿洞秋風》《中峰瀑布》《黯淡洪濤》《梅山朝旭》《演麓晴霞》。

題《趙松雪〈天冠山二十八咏〉真跡》：『此卷乃遊信州鬼谷洞天，《二十八咏》始爲提舉時所作也。道士守中至京師，當是庚戌之歲也。卷中詞翰絶代，信如仁宗所稱高古玄微者焉。守中能知愛重，乞書爲仙館清玩，此與山陰籠鵝何異哉！余見吴興小草，贋本什九，惟陳履吉《二體千文》、謝在杭《與上人二劄》爲最。此雖稍遜陳、謝所藏，亦猶西蜀之視吴魏耳。林道燕、道魯嚴于鑒賞，定不以吾言爲疑也。萬曆丁未暮春晦日，東海徐惟起書于緑玉山房。』（沈文倬《紅雨樓序跋》卷二，第八二頁）

按：《天冠山二十八咏》，元趙松雪孟頫撰並書。

春，出《家藏扇面手卷》，與謝肇淛共展閲，因憶兄徐熥。謝肇淛爲之跋。作祭高賢祠文。代謝肇淛作《開元寺華嚴完滿禮懺奉誦募緣疏》。

謝肇淛有《徐興公家藏扇面手卷跋》：『萬曆丁未春，余宅艱，家居。興公出此卷共賞，末讀其跋語，爲之嘆惋良久……』（《小草齋文集》卷二十四）。參見本歲《熥譜》。

作《丁未春祭高賢祠文》：『六經不作，風雅無音。諸賢飆起，馳騁藝林。雕章綺句，刻意匠心。立言不朽，振古耀今。同堂合祀，後學希歆。兹當春祭，敬薦芳馨。吟魂有在，庶幾來歆。』（《文集》册二，《上圖稿本》第四二册，第二四〇頁）

作《開元寺華嚴完滿禮懺奉誦募緣疏》：『經從西竺馱來，塵飛白馬；詔自中宫頒出，雲捧金龍……寔惟我藏主禪師真燦，及住持衲僧如容。利生接物，運智興悲。結納有情，契乎明德。集如風和，諸似雷鳴。共發菩提之心，大宣《華嚴》之典。辰年啓藏，春月開壇。刻立長期，盟繙九會。始終八十一卷之品，周迴十兆九萬之文。秘密門開，白晝每來怖鴿；圓通聲徹，清宵時聽頻迦，經行與禪誦交勤，暮鼓及晨鐘繼響。禪燈奪月，寶篆凝烟。香積不寒，蒲龕自暖。迄兹三周願滿，未曾一夕功虧。細思粒米浩恩，難報十方厚德。顧法輪長轉，詎當止息之時……三年已復三年，一地定超一地。果殊有漏，福靡唐捐。伏惟善士宰官，檀那施主，護持佛法，成就慧身。堅不退之盟，去貪去吝；開方便之路，爲法爲僧。則功侔七佛，以前盡加讚嘆；德迨五宗，而下悉見稱揚。聊掇鄙言，用成短疏。仰於大德，重賜標題。謹疏。』自注：『在杭刻。』（《文集》册十，《上圖稿本》第四五册，第一一九—一

二一頁）

按：『辰年』，即萬曆三十二年甲辰（一六〇四）。『三周』之後，即是歲。

又按：此文又見《小草齋文集》卷二十二，故知代謝肇淛作。

又按：王應山《閩都記》卷八《郡城東北隅》『開元寺』條：『在芝山之南。其地舊隸懷安，今屬閩縣。梁太清二年，建寺曰「靈山」，尋改大雲。唐初更隆興，開元二十三年更今名。』

四月，謝兆申送還《文心雕龍》，爲作題記；又跋《謝在杭〈千字文〉草帖》；又題高棅《嘯臺集》；又題顧大典《顧道行畫卷》。

題《謝在杭〈千字文〉草帖》：『《千文》草帖，起於懷素、智永，後有趙子昂、文徵仲、王履吉各傳拓本，書則同文，筆實異運。在杭爲性冲書此卷，雖參用前人草訣，而筆格一以鍾、王爲宗，信如美色之不同貌，名花各有其態者也。近時好事家往往高價市縑素，展轉乞貴人書；貴人亦不自知其醜，肆爲塗鴉，群傖咸耳食，視爲珍玩，可發一笑。性冲意頗異。是故余喜爲之跋，蓋兩重之也。萬曆丁未夏日，徐惟起。』（沈文倬《紅雨樓序跋》卷二，第八六—八七頁）

按：《謝在杭〈千字文〉草帖》，明謝肇淛書。

題《文心雕龍》：『此書脱誤甚多。諸刻本皆傳訛就梓，無有詳爲校定者。偶得升庵校本，初謂極精。辛丑之冬，携入樵川，友人謝伯元借去讎校，多有懸解，越七年，始付還。余反覆諷誦，每一篇必誦數過，又校出脱誤若干，合升庵、伯元之校，尤爲嚴密。然更有疑而未穩，不敢妄肆雌黄，尚俟同志博雅者商略。丁未夏日，徐惟起。』（馬泰來整理《新輯紅雨樓題記　徐氏家藏書目》，第一七〇頁）

按：《文心雕龍》，梁劉勰撰，此本明楊慎校。

又按：楊慎（一四八八—一五五九），字用修，號升庵，楊廷和之子。新都（今四川成都新都區）人。正德六年（一五一一）狀元及第，授翰林院修撰，充任經筵講官。卒，追贈光禄寺少卿。謚『文憲』。著述四百餘種，有《楊升庵集》。

又按：此條言謝兆申借《文心雕龍》長達七年之久，又言讎校甘苦。

按：參見萬曆二十九年（一六〇一）。

題《嘯臺集》：『龍門高廷禮先生以詩鳴于洪、永間，所著有《嘯臺集》《木天清氣集》，而《木天》諸詩，先正黄襄敏公刻之家塾，與王安中《白雲樵唱》共行于世，雖年遠鮮傳，而積書家或有藏者。至于《嘯臺集》，乃襄敏公先爲授梓，版今不存，後學之士，無從得觀。余兄弟求之十年，始得之張海城廣文。海城得之林碧田茂才，縻爛醯鷄，不絶如綫。原分八卷，此帙失去五七言古風，惟存五七言律及絶句而已。友人高景倩喜收前輩遺言，又篤同姓之誼，遂借鈔録，手自校定，自是廷禮先生之詩將絶而不絶矣。第未知何日有好事者再爲録梓永其傳也。昔袁舍人、馬參軍彙刻《閩中十子詩》，收廷禮所作，亦甚寥寥，此集雖瑕瑜相半，然有可采者。景倩書成，余因爲之引其端，庶後人知景倩用心之勤，其功德不在袁、馬二公下耳。萬曆丁未浴佛日，後學徐𤊹題。』（馬泰來整理《新輯紅雨樓題記　徐氏家藏書目》，第一四九頁）

按：《嘯臺集》，明高棅撰，高景抄本。

又按：黄鎬，字叔高，侯官人。正統十年（一四四五）進士，官至南京户部尚書，卒，謚襄敏。

又按：參見萬曆四十五年（一六一七）。

題《顧道行詩書畫卷》：『顧道行詩書畫在吳中稱三絶，挂冠歸田，一意翰墨。余于壬辰歲謁先生于諧賞園，先生亦謂孺子可教，款于園中，文酒朝夕。乙未復遇先生于苕溪，既而來往姑蘇，必造先生廬。此卷乃先生見贈者，未幾先生下世，殘山剩水，令人興酒壚之悲。先生有子慶恩世其業，米有元暉，趙有仲穆，先生曾追踪于昔人矣。位不滿德，吾不爲先生惜也。萬曆丁未夏朔旦，徐惟起題。』（沈文倬《紅雨樓序跋》卷二，第八〇—八一頁）

按：《顧道行畫卷》，明顧大典畫。

又按：顧道行，即顧大典。詳隆慶四年（一五七〇）。

作《爲謝在杭題顧道行山水》（《鼇峰集》卷八）。

謝肇淛有《顧道行山水跋》：『道行先生畫，從北苑仲圭來，而出以大雅，盡脱丹青家蹊徑。余與唯和爲先生最得意士，而得先生畫各不數紙。今閲此幅神氣鬱勃飛動，與余所得及質甫許者仿佛相肖，非復可以形容筋骨相也。憶丁亥歲與唯和初執經事先生，迄今僅二十年，而先生中道萎謝，即唯和墓木亦且拱矣。與興公展閲未竟，爲之一慟。』（《小草齋文集》卷二十四）

五月，張燮過會城，與謝肇淛留飲；遇大雨，謝肇淛留燮，燮不駐。五日，題趙用方《林塘幽趣卷》。二十八日夏至，題宋張耒《張文潛文集》。

張燮有《晉安過謝武部在杭，招徐興公同坐小酌而別，同用深字》：『停策投君翰墨林，軒開乍轉徑深深。坐依翠幌翻瑤軸，人是朱門韻索琴。疏檻流雲花自媚，小□斜日柳初陰。不妨信宿雕胡

飯，只爲飄零戀故岑。』（《霏雲居集》卷十）

張燮又有《出榕城大雨，追悔謝在杭宅留宿不駐二首》（《霏雲居集》卷十五）。

題《林塘幽趣卷》：『洪武間，吾鄉趙用方、用弘兄弟，居城南臺江之陽，背山臨流，有《考槃》《碩人》之志。所居扁曰「林塘幽趣」，同時如鄭助教定、王檢討偁、王修撰褒、周禮部玄、陳太守中、唐參知泰，繪圖賦詩，皆萃一時名筆。正統間，用方之子聲道又乞陳副使輝、林布政憲續題之。趙氏之潛德孝思，藹然可覩矣。方氏先世贅于趙，未復故姓，字曰用方，不忘本也。聲道舉宣德四年鄉薦，裔孫日葵，幼而儒書，壯而學佛，薙髮爲僧，更名如盡，瓢笠所致，則携此卷以隨。智永之寶《蘭亭》，無以尚之。夏日，上人過余山齋，出此展玩，因慨夫世之縉紳學士付先世遺墨于蟲鼠而不知惜者。萬曆丁未端陽日，邑人徐惟起。』（沈文倬《紅雨樓序跋》卷二，第七五頁）

按：《林塘幽趣卷》，明趙用方畫，裔孫方日葵藏。

又按：趙用方，閩縣人。洪武間布衣，畫家。

謝肇淛有《趙用方林塘幽趣卷跋》：『遺子孫以田宅，能五世者，鮮矣；遺之書籍，能三世者，鮮矣；遺之畫圖玩具，能一二世者，鮮矣。夫其得之綦難而失之綦易，此無它故，則堂構易承而風雅難嗣也。趙用方卜築考槃，丐諸名筆題繪，其子若孫世世守之，不啻和氏之璧，至於老嫗易簣之一言，猶能返故物于有力者之手，斯不亦奇哉？予又聞陳隆蟹圖爲一學子竊取，展轉入染繒肆中幾五十年，復爲方氏子孫得之，至今上下隱隱猶有絳色，則又疑神物實訶護之。二百年來手澤猶新，非偶也。予不識日葵，徐興公、陳惟秦時爲予言，其人大雅不群，近且祝髮修净業。是卷也，不獨先世

箕裘，且作南宗衣鉢矣。』（《小草齋文集》卷二十四）

題《張文潛文集》：『張文潛有集名「柯山」，蘭溪胡元瑞素稱積書，然未之見也。曾于臨安一見抄本，旋遭祝融之禍，詳《筆叢》中。此集僅十三卷，非全集也……即此八十餘篇可以不朽，豈世無孫支鼎盛，陳言纍牘，令人厭觀者，竟與草木漸腐耳。文潛又不幸中之幸也。萬曆丁未夏至日，徐惟起題。』（馬泰來整理《新輯紅雨樓題記　徐氏家藏書目》，第一二九頁）

按：《張文潛文集》，張耒撰。嘉靖刊本。

又按：夏至，五月二十八日。

又按：參見次歲。

夏，題鄭善夫《鄭少谷詩卷》。

題《鄭少谷詩卷》：『倪柯古收少谷先生墨迹數幀，似是高、傅二家故物，合而成卷。最後林納言跋語，實從他處移入，所謂集翠爲裘者也。《愍竹賦》及大田《讀黃伯固詩》，皆嘉靖癸未秋所書者……先生化且百年，斷金殘璧，爲世所珍。語曰：「人生非金石，榮名以爲寶。」其先生之謂乎！萬曆丁巳夏，徐惟起跋。』（沈文倬《紅雨樓序跋》卷二，第八三頁）

按：《鄭少谷詩卷》，鄭善夫撰並書。

夏、秋間，歸閩，行至姑蘇，忽得瘧疾，伏枕支床，淹緾半歲。

按：詳下《復顧長卿憲幕》《寄顧世卿》二書。此間活動及作品甚少，疑與苦病有關。

七月，孫大壯任福州知州，過南都，代人作《啓》送之。題别本《解頤新語》；作《題兒陸書軒》；又爲謝在杭題《朱文公城南二十咏》。

題《解頤新語》：『林志尹以此本貽謝在杭。在杭性好潔，不喜用筆勘書，因張幼于批點縱横，遂易余藏善本以去。余又愛幼于筆跡，如對故人，尤加珍惜耳。萬曆丁未初秋九月[一]，徐惟起書于汗竹齋。』（馬泰來整理《新輯紅雨樓題記　徐氏家藏書目》，第一七五頁）

按：别本《解頤新語》，明皇甫汸撰，張獻翼手批本。參見本年正月。

作《賀福州孫郡公啓代》：『伏以皂蓋朱幡，五馬乘春……辭西省之仙曹，守南荒之首郡。福星初照，甘雨隨濡。恭惟臺下，楚國名流，郢都絶調。金閨通籍，訬易學於心□；粉署祥刑，辨民冤于肺石。題漢廷之姓字，風流誰繼田郎；續晋代之微言，名理人推孫綽。吴江敝邑，曾沾九里餘波；閩嶺巍闕，遥望千重紫氣。』（《文集》册二，《上圖稿本》第四二册，第一五五—一五六頁）

按：孫大壯，黄岡（今屬湖北）人。萬曆二十三年（一五九五）進士。福州知州。

又按：『吴江敝邑』，所代者爲吴江人。

曹學佺有《送孫福州》：『使君欲發日，終朝雨淋漓。定是隨車去，其蘇閩海涯。三山得所主，九邑無怨咨。虞願著清節，常袞重文詞。良哉二千石，千載若相期。予雖嘆鷄肋，魂夢恒歸時。』（《金陵集》中丁未上）

按：曹學佺此詩作于萬曆三十五年（一六〇七）七月，詳《曹譜》。

[一] 此處既云『初秋』，又云『九月』，疑『九月』爲『九日』形近致誤。

題《題兒陸書軒》：『菲飲食，惡衣服。減自奉，買書讀。積廿年，堆滿屋。手有較，編有目。無牙籤，無玉軸。置小齋，名汗竹。博非厨，記非簏。將老矣，覽不熟。青箱業，教兒陸。繼書香，爾當勖。萬曆丁未秋日，徐興公書。』（沈文倬《紅雨樓序跋》卷一，第六三頁）

題《朱文公城南二十咏》：『考亭夫子恒兄事南軒先生。南軒構城南書院于潭州，嘗賦二十咏，考亭爲之跋云：「久聞敬夫城南景物之勝，未得往遊其間。今讀此詩，便覺風篁水月，去人不遠。及乾道三年丁亥八月，始訪南軒于潭州，留長沙者閱月，遍遊城南諸勝，道中所得詩二百餘首，名《東歸亂稿》。」則二十咏正此時作也。南軒墨蹟不復見，楊廉夫爲補書之。二公倡和喁于，追踪風雅，似不專以心性相砥礪也。數百年間，卷易幾家，而歸在杭，可謂得其所主矣……前哲詞翰，不敢措語，僭爲窺其年歲，考其異同，以質在杭焉。萬曆丁未孟秋，晋安徐𤊹敬題。』（沈文倬《紅雨樓序跋》卷二，第八一頁）

按：《朱文公城南二十咏》，宋朱熹、張栻撰，朱熹書，楊維楨補書。

又按：張栻（一一三三—一一八〇），字敬夫，改字欽夫，號南軒，謚曰『宣』，後世稱張宣公。南宋綿竹（今屬四川）人，張浚之子。乾道元年（一一六五），主管嶽麓書院，奠定了湖湘學派。遷右文殿修撰。有《南軒先生文集》。

又按：楊維楨（一二九六—一三七〇），字廉夫，號鐵崖。諸暨州（今屬浙江）人。泰定四年（一三二七）中進士，官至江西儒學提舉。元末避亂居富春山，後還居錢塘（今杭州）。有《鐵崖古樂府》等。

八月，致書顧長卿，言擬與馬歘望後有潮州之行。有詩懷張民表。致書顧世卿，並扇頭詩。又致屠本畯，寄屠本畯《歐陽先生文集》。又致張民表並詩。有書致歐陽柏。與馬歘往粵東訪歸善令君。有詩别謝肇淛。於義溪别陳价夫、陳薦夫。途經楓亭驛、洛陽橋，至泉州，訪何喬遠。過虎渡橋，看古碑；宿臨漳驛舍，與馬歘懷康彦登、徐熥；漳州訪張燮，燮留酌薇蘅榭，陳翼飛、朱完在座。訪林德芬不遇。出漳州，過木棉庵。

作《懷顧世卿題扇頭》（詩佚，題筆者所擬）。

按：詳下條。

作《寄顧世卿》：『客歲此時，正與仁兄梅下對飲，恨卒卒爲别。未罄十年離索之懷。秋仲再過垂虹，與謝法曹起居尊太夫人，而仁兄方有滸墅之役，不獲瞻晤顔色，恨可知已。令兄長公宦閩週歲，弟作客初歸。把臂之期，僅僅數月，然苦病什七，苦冗什三……奉懷小詩二首，録之扇頭，求正。』（《文集》册六，《上圖稿本》第四三册，第三九〇—三九一頁）

按：徐𤊹萬曆二十年（一五九二）八月，遊吴，晤顧長卿、世卿，故曰『客歲此時』。顧長卿去歲正月離吴宦閩。參見各歲。

作《寄屠田叔》：『乙巳之冬，曹封君歸自甬東，拜明公手書之惠，千里迢遥，恍若面質。某去歲有金陵之行，羈留半載，擬渡錢唐時則乘一葦過山陰道上，直抵四明，一以踐明公鷄黍之約，一以拜楊觀察公宿草也。不意歸至姑蘇，忽得瘧疾，伏枕支床，淹緾半歲，幸得不死，以故貴鄉之遊，徒托空言……外《歐陽文集》一部侑緘。』（《文集》册六，《上圖稿本》第四三册，第三九二—三九三頁）

按：《歐陽文集》，即《歐陽先生文集》，去歲刻于金陵。

作《寄張林宗》：『曹郎慎許可，事君如事兄。阮公急知己，重君如重盟。我固善二子，因之識君名。今年入建業，見君同生平。』（《鼇峰集》卷五）

按：周亮工《書徐氏所藏張林宗先生舊稿》：『吾師林宗張先生，當丙午時與三山徐興公定交于白下。』（《賴古堂集》卷二十一）興公由阮自華而結識張民表。

又按：參見崇禎八年（一六三五）、順治五年（一六四八）。

又按：周亮工《張林宗先生傳》：『先生諱民表，字法幢，一字林宗，一字塞庵，大梁之中牟人。』（《賴古堂集》卷十八）

作《寄張林宗》：『仰止高風，積有年歲，白門邂逅，遂定范張之交。不佞生平求友如足下者，真醉心悅服，不獨鄙吝之心都盡也……阮堅之一旦掛吏議，曹能始十年不遷官，堪爲短氣。不佞才益鈍，家益貧，足下得無共憐之耶？閩海、洛陽相距萬里，音耗難通，兹有友人鄭汝潤，有中牟之行，附此奉候。鄭生少年有華藻者，幸進而教之。外小詩題扇頭，奉求教正。』（《文集》册六，《上圖稿本》第四三册，第三九三—三九四頁）

按：『小詩』，即上條《寄張林宗》詩。

又按：萬曆二十五年（一五九七），曹學佺授户部主事，至今十一年。十年，取其成數。

作《寄歐陽觀察》：『不肖某，晋安小豎子耳。幼習父師之訓，即知貞元間有歐陽四門先生，爲吾閩文章鼻祖，既而得誦四門之文若賦若詩，則興景仰于百代之上。家藏遺集，不啻拱璧寶之。然梨棗漫淲，傳者尠少。客歲携入秣陵，謀諸同志捐薄遊資斧，殺青行世。於是，南都宦遊諸公助工有差，咸謂四門之文一經刊布，若揭日月于中天者也。附録一卷，乃不肖某採掇諸書，實有關于四門行誼之大者，但耳目未周，多有掛漏。往歲經遊清源石室，見咏題滿壁，匆冗未獲抄録，且老先生重爲修葺，必有祠堂記文及家傳諸作，幸乞一一録示，附梓集末，以成全書，不獨爲七閩增色已也。』（《文集》册六，《上圖稿本》第四三册，第三九四—三九五頁）

作《題扇頭寄虞長卿憲幕》（詩佚，題筆者所擬）。

按：詳下條。

作《復顧長卿憲幕》：『前歲弟在新安，聞老公祖有敝省之擢，私心喜極，冀可少日周旋也。愧弟栖泊風塵，歸而淹纏末疾，雖曰半歲相逢，而晤語之日殆無幾焉。及台車遠征，弟不出郭祖送者，謂夏秋之交又可把臂握手，領教有期，詎意一覩邸報，乃知有王門之轉，弟拊膺嘆息者久之……弟擬月望後與馬季聲有東粤之行，亦以口腹驅出，岑寂之況，無足爲故人道者。』（《文集》册六，《上圖稿本》第四三册，第四〇一—四〇二頁）

按：長卿正月使京，興公有《賦得靈光殿，送顧長卿使京》《送憲司知事顧長卿使京序》送之。詳正月。

又按：望後有東粤之行，此書當作於月初。

作《復顧世卿》：『長公過家，冗中作疏厓略，未盡所懷。尚擬秋間仁兄并轡入閩，一續舊歡，詎意長公遂有王門之轉……足下結搆名園，叠石曲水，何減輞川、濠濮之勝。今值長公歸田，碩篪迭奏，即此亦是天倫至樂，必不以仕止爲念而減池草之興也。弟飢來驅出，今將爲羅浮五嶺之遊。』（《文集》冊六，《上圖稿本》第四三冊，第四〇二—四〇三頁）

按：此書與《復顧長卿憲幕》同時作。

作《懷張林宗》：『睽離歷年歲，隔越成參商。候蟲倏夜語，哀雁方南翔。』（《鼇峰集》卷四）

按：興公與張民表結識於去歲，别後至今已隔歲。

作《離合詩》（《鼇峰集》卷五）。

按：離合『東海徐惟起』五字。

作《送康季鷹之秣陵，兼寄諸舊遊》（《鼇峰集》卷十六）。

按：康彦揚，字季鷹，彦登弟，莆田籍，侯官人。入趙世顯芝社。萬曆間布衣，有《孤吟稿》，陳薦夫爲之序。

又按：是歲所作七律，此詩之前僅録《丁未元日》等二首。

作《之粤别謝在杭，次韻》（《鼇峰集》卷十六）。

謝肇淛有《送徐興公、馬季聲之嶺南》：『謝女江邊歌送君，尉陀城下月紛紛。蠻村銜馬黄茅瘴，海店蒸人碧荔雲。四百亂峰天際出，三千驛路嶺頭分。莫耽行樂歸期晚，歲暮鴻聲不可聞。』（《小草齋集》卷二十二）

按：《寄張九岳太守》：『不肖訪歸善令君，客惠陽者數月。』（《文集》冊八，《上圖稿本》第四四冊，第二四七頁）

作《義溪别伯孺、幼孺已下十九首俱與馬季聲同行之作》(《鼇峰集》卷十一)。

按：是歲所作五律，此詩之前僅存《送鄭汝潤入洛》《觀書》《煮茶》《焚香》《洗硯》五首，見前。馬欻有《楓亭驛》：『行行百里盡，望望萬山深。古道楓亭晚，斜陽荔葉陰。海腥魚入市，野燒火穿林。夜半砧敲月，淒凉碎客心。』(《漱六齋集》，《石倉十二代詩選》之《社集》)

按：楓亭驛，在仙遊縣，爲福州往泉州必經之驛站。徐熥或有詩，佚。

作《洛陽橋》《同黄季重、馬季聲、翁鼎卿集丁亨文吏部寄閣》(《鼇峰集》卷十六)。

作《將之粤東，道經温陵訪何稚孝儀部丙房，同莊伯暉、黄季重、馬季聲夜集賦别，因送季重還莆，分得人字》(《鼇峰集》卷十六)。

何喬遠有《閩縣馬季聲、徐興公將遊惠州見過丙房，即席賦别，兼送季重還莆》：『清詩久向人間讀，濁酒歡爲席上吟。秋雨驟來遲去客，嶺雲雙望接遥心。朱明洞遠行應到，白鶴峰高跡可尋。更有故人莆口别，東瞻西送悵離襟。』(《萬曆集》卷十一)

作《曉發温陵，蔡調中携燈載酒來送》(《鼇峰集》卷十一)。

作《虎渡橋看古碑》(《鼇峰集》卷二十五)。

按：《筆精》卷七『虎渡橋碑』條：『漳州江東驛虎渡橋左，有碑巍然，是宋淳祐中狀元黄朴撰文并書。字法全類柳誠懸，石材完好，惟篆首缺墜耳。』

作《宿臨漳驛舍，與季聲夜坐同憶元龍、惟和，次韻》(《鼇峰集》卷十六)。

按：楊正泰《〈明會典〉所載驛考·福建》：『〔臨漳馬驛〕屬漳州府漳浦縣。元站，明改驛。在

今福建漳浦縣城内。』（《明代驛站考》二）

張燮有《徐興公、馬季聲以客粵入漳見訪留酌薇蘅榭，陳元朋、朱季美後至，同用歌字》：『夙昔相逢倚浩歌，忽移屐齒破纖蘿。遊同禽向從來遠，徑許羊求盡日過。小院風聲催雁急，閒庭木葉帶烟多。逢人指點遊僊路，丹竈羅浮近若何。』（《霏雲居集》卷十一）

按：朱完（一五五八—一六一七），字季美，南海九江鄉人。性好遊，兩度遊漳。與順德歐必元、番禺韓上桂、新會林支喬、從化劉克治結詩社。有《白嶽山人全集》。

作《木棉庵》（《鼇峰集》卷十六）。

按：李賢《大明一統志》卷七十八《福建·漳州府》『木綿庵』條：『在府城南。宋賈似道自建寧移謫循州卒於此。先有人贈以詩曰：「循州不似台州好，何不當初早入山。」』

九月，往潮州，度白鶴嶺、盤陀嶺，至漳浦縣。過雲霄，謁吴侍郎墓；阻雨。經南詔（詔安）至潮州，謁韓愈廟、陸秀夫祠。九日，同馬欸韓山登高。出潮州，溯鱷江（韓江）而上，過松口驛，遇鄉人；舟次程江縣，經攬潭驛、長樂故城、通衢驛，舟次龍川縣，於藍口驛登獨石山亭。自義合驛抵河源縣。過苦竹派，至歸善縣水東驛。

作《度白鶴嶺至漳浦縣》（《鼇峰集》卷二十五）。

按：曹學佺《大明一統名勝志·福建》卷六《漳州府·漳浦縣》：『距縣二十里曰「摩頂山」，爲西北諸山之宗……山左爲白鶴嶺。』

作《曉望梁山》（《鼇峰集》卷二十五）。

按：〔萬曆癸丑〕《漳州府志》卷二《輿地志》中：『梁山，亦稱梁岳，在〔漳浦〕縣南稍西三十里。高千仞，盤亘百里，有九十九峰。』

作《答季聲夢家之作》（《鼇峰集》卷二十五）。

作《甘棠驛》（《鼇峰集》卷十一）。

按：楊正泰《〈明會典〉所載驛考·福建》：『〔甘棠驛〕屬漳州府龍谿縣。元站，明改驛。在今福建龍海縣東南蓮花。』（《明代驛站考》二）

作《盤陀嶺》（《鼇峰集》卷十一）。

按：曹學佺《大明一統名勝志·福建》卷六《漳州府·漳浦縣》：『盤陀嶺，在梁山之西，叢薄崎峻，盤桓可十里，《癸酉志》云，即宋葵崗，漢南越蒲葵關也。』

作《曉發臨漳，因訪林德芬淹留半刻，季聲先度盤陀嶺，追趁不及》（《鼇峰集》卷二十二）。

作《至雲霄驛輿馬未便，停旅社一日，有作》（《鼇峰集》卷十一）。

按：因阻雨，故『輿馬未便』。詳馬欻詩。

按：楊正泰《〈明會典〉所載驛考·福建》：『〔雲霄驛〕屬漳州府漳浦縣。成化十年（一四七四）爲漳水所侵，尋復建。在今福建雲霄城縣内。』（《明代驛站考》二）

馬欻有《雲霄驛阻雨》：『粤土看將近，閩關阻未行。驛荒山外路，地僻海邊城。暮役無商旅，秋防有戍兵。羈棲逢此處，百感嘆勞生。』（《漱六齋集》，《石倉十二代詩選》之《社集》）

作《雲霄里吳侍郎墓，觀李文正神道碑》（《鼇峰集》卷十一）。

作《曉發雲霄道中即事》、《黄岡道中次季聲韻》二首、《彦溪夜泊》（《鼇峰集》卷十一）。

作《南詔道中》（《鼇峰集》卷二十五）。

按：詔安縣，本漳浦縣南詔地。〔萬曆癸丑〕《漳州府志》卷一《輿地志》上：『詔安縣，在府南二百餘里，本漳浦縣南詔地……析漳浦縣三、四、五都爲縣，敕名縣曰「詔安」，取南詔安靖之義。』

作《韓文公祠》（《鼇峰集》卷十六）。

按：李賢《大明一統志》卷八十《廣東·潮州府》『韓文公廟』條：『舊在金山，宋遷韓山，封文公爲昌黎伯，賜額「忠佑」。』

作《宋陸丞相祠》（《鼇峰集》卷十六）。

按：陸丞相，即陸秀夫。惠州有陸秀夫墓。

作《九日，韓山登高同馬季聲》（《鼇峰集》卷十六）。

按：李賢《大明一統志》卷八十《廣東·潮州府》『韓山』條：『在府治東。唐韓愈嘗登覽，植木其上，邦人因呼爲「韓木」。凡科第多寡，則以其花之繁稀卜焉。有無亦如之。』

作《宿韓江憶曹能始》（《鼇峰集》卷十六）。

按：曹學佺《大明一統名勝志·廣東》卷五《潮州府·海陽縣》：『韓江，在韓山下，源出汀贛，會于三河。合産溪、九河、鳳水，過鳳棲峽，經鱷溪至于江，徑老鴉洲，分流爲三入海。』

作《旅泊有懷》《寄田參戎》《秋閨夜次韻》《蘆花》（《鼇峰集》卷十六）。

作《哭劉季德》（《鼇峰集》卷十六）。

按：劉季德，即劉克治。詳萬曆十九年（一五九一）。

作《白雁》《將軍石》（《鼇峰集》卷十六）。

作《訪陳道育明府，兼慰其喪内》（《鼇峰集》卷十六）。

按：陳道育，即陳陽和。福清人。詳萬曆二十一年（一五九三）。

作《寄鄧道鳴總戎》（《鼇峰集》卷十六）。

作《寄鄧總戎》：『一從霓旌鎮粵，忽忽十换春秋。不肖家難頻仍，伯氏溘先朝露，無繇修候興居，可勝悵結。側聞翁丈開府瓊崖，威權萬里……不佞竄伏草茅，所跂望爲同社之光，匪淺也。廻憶曩時，薇垣聽漏，仙觀飛觴，雅望高風，猶厪夢寐，不意俯仰之間，舊遊凋謝，汝大、汝高、元龍、無競、平夫、子真先後喪逝。廷愉、觀徵，踪跡杳然，往日文酒過從者，僅不佞與能始兩人在也。浮生石火，念之淒然。翁丈亦同此懷否？舊歲偶客秣陵，得侍令兄先生教……兹者浪迹惠陽，爲羅浮四百峰之遊，遥望滄溟渺然天末，敬勒寸楮。』（《文集》册六，《上圖稿本》第四三册，第四一五—四一六頁）

按：萬曆二十四年（一五九六）鄧道鳴參戎粵東，興公作《送鄧將軍之東粵》、徐熥作《送鄧道鳴參戎東粵》，參見該歲。『十换春秋』，取其成數。

又按：此書言及逝者年份爲：陳椿（汝大）、徐熥，以上萬曆二十七年（一五九九）；康彦登（元龍）、鄧原岳（汝高）、林光宇（子真）、袁敬烈（無競），以上萬曆三十二年（一六〇四）；陳邦注（平夫）當卒於萬曆三十二至三十四年（一六〇六）之間。

作《松口驛逢鄉人寄家訊》（《鼇峰集》卷二十五）。

按：松口驛，在程鄉縣（今梅州東）。

作《夕次程江》：『雁鶩争鳴秋，牛羊自歸夕。』（《鼇峰集》卷五）

按：程江縣，治今廣東梅縣。楊正泰《〈明會典〉所載驛考·廣東》：『〔程江驛〕屬潮州府程鄉縣。洪武三年（一三七〇）置。原在今廣東梅縣南程江，洪武十八年（一三八五）移置今梅縣城東。』（《明代驛站考》二）

作《隔岸聞歌》《逆旅聞泉聲》《韓木》（《鼇峰集》卷二十五）。

作《攬潭驛見古榕》（《鼇峰集》卷二十五）。

按：楊正泰《〈明會典〉所載驛考·廣東》：『〔攬潭水驛〕屬潮州府程鄉縣。在今廣東梅縣西南梅南附近。』（《明代驛站考》二）

作《經長樂城懷張叔弢》（《鼇峰集》卷十一）。

按：長樂縣，今廢，在廣東興寧、龍川一帶。李賢《大明一統志》卷八十《廣東·惠州府》『長樂縣』條：『在府城東北四百八十里。本晋興寧縣地。隋唐屬循州……本朝廢循州，以縣隸府。』長樂縣，今廣東五華縣。

又按：張大光（叔弢）曾任羅浮知縣。馬欻有《經長樂縣，是張叔弢向令處》：『嵓邑傍山阿，輕舟帶霧過。初陽嵐變紫，落木水微波。地僻輸蕉少，沙平種竹多。風流爲政好，猶聽雨岐歌。』（《漱六齋集》，《石倉十二代詩選》之《社集》）

作《通衢驛嘲季聲》(《鼇峰集》卷十一)。

按:通衢驛,在今廣東龍川縣東。

作《官梅閣》(《鼇峰集》卷十一)。

作《道傍古墓》(卷二十五)。

作《龍川舟中》(卷二十五)。

按:李賢《大明一統志》卷八十《廣東·惠州府》『龍川縣』條:『在府城東北四百里,秦始置,漢屬南海郡。有龍穿地而出,即穴流泉,因名……紹興初復爲龍川縣,元乃舊。』

作《藍口驛登獨石山亭》(《鼇峰集》卷十一)。

按:藍田口,在今龍川縣南。

作《自義合驛抵河源舟中作》(《鼇峰集》卷十六)。

按:楊正泰《〈明會典〉所載驛考·廣東》:『(義合水驛)屬惠州府河源縣。洪武六年(一三七三)置。在今廣東河源縣東北義合。』(《明代驛站考》二)

作《苦竹派》(《鼇峰集》卷二十五)。

按:苦竹派,在廣東河源縣南。

作《莫村驛》(《鼇峰集》卷十一)。

按:楊正泰《〈明會典〉所載驛考·廣東》:『(莫村水驛)屬惠州府博羅縣。洪武元年(一三六八)設。在今廣東惠陽縣東北水口。』(《明代驛站考》二)

作《水東驛》（《鼇峰集》卷二十五）。

按：楊正泰《〈明會典〉所載驛考·廣東》：『〔水東水驛〕屬惠州府歸善縣。洪武元年（一三六八）置。在今廣東上紫金縣西南水東。』（《明代驛站考》二）

馬欻有《水東驛》：『幾樹木棉秋色殘，荔陰疎處竹陰寒。蓬蒿滿徑行人少，池上秋深養鴨欄。』（《漱六齋集》，《石倉十二代詩選》之《社集》）

作《客粤憶秋日山園花木》十首（《鼇峰集》卷二十二）。

按：細目：《醉芙蓉》《朱橘》《美人蕉》《菊》《秋海棠》《蘭》《秋葵》《桂》《玉簪》《鴈來紅》。

秋，題王恭《草澤狂歌》。題程大昌《程氏〈演繁露〉》。

題《草澤狂歌》：『王安中詩刻《十子》中，《草澤狂歌》又是一部。余向借張海城先生抄本録之，而林志尹爲畢其工。甲辰秋，高景倩侍親宿州，携去重録，用綿紙楷書，中復校正。是詩年來又傳二部於人間矣。萬曆丁未秋，謝在杭借抄一部藏於家。徐興公題。』（馬泰來整理《新輯紅雨樓題記 徐氏家藏書目》，第一四九—一五〇頁）

按：《草澤狂歌》，明王恭撰，萬曆間高景抄本。

又按：參見萬曆三十年（一六〇二）。

題《程氏〈演繁露〉》：『程氏《演繁露》，包羅名物，博極群書。余久知其書，每以未見爲恨……丙午客遊金陵，見謝在杭案上有此本，詢之，乃曹能始得之山陰張浙門，張得之焦漪園，蓋抄之秘閣者也。未幾能始索歸，在杭不無怏怏。余適主能始署中，遂以授余。余舉以質陳賓門大理，陳云其家有刻

本，於中訛舛，可藉而校之也。丁未秋日，徐興公題於汗竹軒。』（馬泰來整理《新輯紅雨樓題記　徐氏家藏書目》，第一〇七頁）

按：《程氏〈演繁露〉》，宋程大昌撰，抄本，謝肇淛批、徐𤊹校。

又按：此條叙徐、謝、曹三人書事往來趣事。

又按：參見萬曆三十四年（一六〇六）。

十月，次子隆生。

按：缺名《徐興公元配高孺人文墓誌銘》：『男二，長曰陸……次曰隆，生甫四十日，母以之卒。』（《荆山徐氏譜·詩文集》）高氏卒於十二月朔（詳下），逆推四十日，則在十月。

十、十一月間，在廣東惠州，題蘇公井、蘇公棋盤石，謁蘇東坡祠。過東新橋，徐珍伯招遊惠州西湖。同徐麗甫遊豐山永福寺，同徐珍伯遊玄妙觀。登野吏亭。惠陽江口别馬欻，馬氏前往端州。題《自書〈普門品救苦經〉》。

作《和蘇公鑿井詩》，《小序》云：『長公於白鶴山新居鑿井四十尺，遇盤石，石盡乃得泉。歲久湮塞。近年土人于舊坎處重浚之，泉味清洌。余吸而嘗之。因次蘇公原韻。』（《鼇峰集》卷五）

按：蘇長公，即蘇軾。按：李賢《大明一統志》卷八十《廣東·惠州府》『白鶴峰』條：『在府城東五里。宋蘇軾詩：「已買白鶴峰，規作終老計。長江在北户，雪浪舞吾砌。」』

作《蘇公棋盤石》，《小序》云：『白鶴峰故居有棋枰石。公不善弈，乃公次子過與客對局者。今石半損，以墻護之。尚存「枰」字一字，公手書也。』（《鼇峰集》卷五）

作《蘇長公祠》(《鼇峰集》卷十六)。

按:李賢《大明一統志》卷八十《廣東·惠州府》『蘇文忠公祠』條:『在白鶴峰上。有碑。』

作《和蘇長公江郊四言》,《序》云:『歸善治北數百步,抵江,有盤石小潭。蘇公謂「可垂釣」,作《江郊四言》詩六韻。余尋其故址,臨眺,次韻追和。』(《鼇峰集》卷三)

作《東新橋》(《鼇峰集》卷十六)。

按:李賢《大明一統志》卷八十《廣東·惠州府》『東新橋』條:『在府城東雙江合流處。初緄竹爲橋,水漲則潰。宋紹聖初,羅浮道士鄧守安以四十舟爲浮橋,隨水漲落。蘇軾損犀帶助,後復爲詩以紀勝。』

作《惠陽江口與季聲別》二首(《鼇峰集》卷十一)。

按:馬欻往端州。

作《訪徐麗甫所居有贈》《朝雲墓》(《鼇峰集》卷十六)。

作《徐珍伯招遊惠州西湖,得西字》(《鼇峰集》卷十六)。

按:西湖,即豐湖。李賢《大明一統志》卷八十《廣東·惠州府》『豐湖』條:『在府城西。廣袤一十里。中有漱玉灘、點翠洲、明月灣、花島、披雲島、歸雲洞在焉。宋陳偁領州事築隄防,創亭館,其勝概一郡之最。』

作《遊豐山永福寺,同徐麗甫作》(《鼇峰集》卷十一)。

按:李賢《大明一統志》卷八十《廣東·惠州府》『永福寺』條:『在西湖上。宋建,本朝洪武中重修。』

作《過豐湖玄妙觀，同徐耀伯》（《鼇峰集》卷十一）。

作《王御史祠》（《鼇峰集》卷十六）。

作《登野吏亭》（《鼇峰集》卷十六）。

按：李賢《大明一統志》卷八十《廣東·惠州府》『野吏亭』條：『在府治東，宋守陳堯佐建。題詩云：「野吏厭公堂，開軒出郡墻。殘花炎帝國，斜日尉佗鄉。壘巘分諸粵，重城截大荒。耕桑蠻聚落，烟火漢封疆。梅雨千林暮，春風百草香。人家浮浩淼，鳥道没青蒼。爽塏吟魂健，虚明夏景凉。他年重回首，牢落愧甘棠。」』

題《自書〈普門品救苦經〉》：『𤊹方有惠陽之遊，禮拜間獲瞻莊嚴妙相，謹發誠心，手寫《普門品救苦經》共一軸，納之肚臟，誓了弘願，匪求福田。時冬十一月二十一日，南瞻部洲福建福州府閩縣善男子徐𤊹薰沐和南書。』（沈文倬《紅雨樓序跋》卷二，第九二頁）

按：《普門品救苦經》，徐𤊹手寫本。

十一月，十五日長至，惠州客舍懷馬欻，馬欻在廣州有詩懷興公。又懷謝肇淛。尋唐庚故居。謁吴潛墓。同徐麗甫過嘉祐寺故址。遊羅浮山。出惠州，別曾惠宗、葉世任二秀才。

作《長至，客惠陽旅舍，懷季聲在端州》《送蘊上人刻檀香大士像迎歸金山》《集玉蘭歌姬館，送李肖凡歸羊城》（《鼇峰集》卷十六）。

馬欻有《五羊城下懷徐興公》：『西風蕭瑟到栟櫚，海涌珠光月上初。白鳴峰頭人不見，五羊烟艇

八行書。』（《漱六齋集》，《石倉十二代詩選》之《社集》）

作《惠陽旅夜懷在杭》《同麗甫再過西湖》（《鼇峰集》卷十一）。

作《過嘉祐寺故址，同麗甫賦》《和季聲聞鴈之作》（《鼇峰集》卷二十五）。

作《羅浮山》（《鼇峰集》卷十六）。

按：長至，十一月十五日。

又按：李賢《大明一統志》卷八十《廣東·惠州府》『羅浮山』條：『在博羅縣西北三十里，即道書十大洞天之一。昔有山浮海而來，博於羅山，合而爲一，故曰「羅浮」，又曰「博羅」……大小二石樓，登之，可望滄海。樓前一石門，方廣可容几席。二山相接處，有石磴狀如橋梁，名曰「鐵橋」，橋端兩石柱亦曰「鐵柱」，人跡罕到。』

作《翟賢里》（《鼇峰集》卷二十五）。

作《唐子西故居》（《鼇峰集》卷二十五）。

按：《〈唐眉山集〉序》：『有宋唐子西先生，産于眉山。紹聖中，登進士第。政和之際，爲官拓落，謫粤之惠陽者七年，而詩文什九謫居時著者。予以萬曆丁未歲遊惠，既拜東坡于白鶴峰，因詢子西遺跡，有客導予至其故居。荒坂一區，絶無屋宇，僅存舊碑一通，字多蘚剥，後人呼其地爲「子西嶺」云。予爲詩曰……今歲抵清漳，晤何元子給諫，家有抄本二十卷，遂録之……庚辰閏正月徐𤊹題。』（馬泰來整理《新輯紅雨樓題記　徐氏家藏書目》，第一三〇頁）

又按：唐子西，即唐庚（一〇七〇—一一二〇），字子西，人稱魯國先生。眉州丹棱（今四川眉山）

人。紹聖元年(一〇九四)進士,曾任宗子博士,貶謫惠州。遇赦北歸。

又按:徐㘭題識序跋叙事往往甚略,此則稍詳。

又按:『爲詩』,指《唐子西故居》一詩。

又按:李賢《大明一統志》卷八十《廣東·惠州府》『唐庚故居』條:『在府城南沙子步。宋政和間,庚謫惠州,築室以居。廬曰「寄傲」,室曰「易安」,取陶淵明語,自爲之《記》。』

作《宋丞相吴潛墓》(《鼇峰集》卷二十五)。

按:吴潛(一一九五—一二六二),字毅夫,號履齋,宣州寧國(今屬安徽)人。嘉定十年(一二一七)進士第一,授承事郎,淳祐十一年(一二五一)爲參知政事,拜右丞相兼樞密使,封崇國公。後謫建昌軍,徙潮州、循州。爲賈似道黨羽所害。

又按:李賢《大明一統志》卷八十《廣東·惠州府》『吴潛』條:『忤賈似道,謫循州……潛在循預知死日,語人曰:「吾將逝矣,夜必雷風大作。」已而果然。作詩頌,端坐而逝。』

作《題羅浮道士所居》《出惠陽,别曾惠宗、葉世任二秀才》(《鼇峰集》卷十六)。

按:李賢《大明一統志》卷八十《廣東·惠州府》『玄妙觀』條:『在府城内。宋建,名「天慶」,元改今名。本朝洪武中重修。』

十二月,朔,配高氏(名德莊)卒。至興寧縣。歸善縣合江門,與興寧知縣盧于獻同舟至龍川縣。興寧水口巡司别興寧知縣盧于獻。經漳浦訪林茂桂。歲盡到家。

作《寄王永啓》:『五嶺乏雁鴻,百粤饒瘴癘。天長鄉國遥,音問杳莫致。徼君盟歲寒,終期樂衡泌。』

（《鼇峰集》卷五）

作《老龍公館小憩》《興寧縣城晚望》（《鼇峰集》卷十一）。

作《歸善合江門，與盧興寧同舟至龍川作》（《鼇峰集》卷十一）。

按：盧興寧，即興寧知縣盧于獻。

又按：李賢《大明一統志》卷八十《廣東·惠州府》『歸善縣』條：『附郭，本漢南海郡博羅縣地，東晋爲欣樂縣，陳貞明中改歸善縣。隋唐皆爲循州治，宋惠州治此，元仍舊，本朝因之。』

按：李賢《大明一統志》卷八十《廣東·惠州府》『興寧縣』條：『在府城東北五百五十里，本漢龍川縣地，東晋始置興寧縣。』

又按：楊正泰《〈明會典〉所載驛考·廣東》：『〔興寧水馬驛〕屬惠州府長樂縣。原在今廣東興寧縣城內，洪武間移入今廣東五華縣西北華城。』（《明代驛站考》二）

作《興寧水口巡司別盧于獻明府》（《鼇峰集》卷十一）。

按：興寧水口巡司別興寧知縣盧于獻。

作《至漳浦，宿林德芬夜話》（《鼇峰集》卷十一）。

作《客中除夕聞鐘》二首（《鼇峰集》卷二十二）。

作《丁未除夕是冬有妻喪》（《鼇峰集》卷十六）。

按：謝肇淛等《祭高孺人文》：『維萬曆三十五年歲次丁未十二月癸丑朔，越二十九日丁亥甥肇淛、肇湘、肇潼，甥婿陳勘、鄭邦祥謹以清酌庶饈之儀致奠……』（《荆山徐氏譜·詩文集》，按：

此文《小草齋文集》失載。）

缺名《徐興公元配高孺人墓誌銘》：『高碩媛者名德莊，吾友徐惟起元配，處士高節女也……碩媛生於隆慶丁卯，卒于萬曆戊申，得年四十有一……媛之卒也，惟起方稼于羅浮。』（《荆山徐氏譜・詩文集》）戊申，萬曆三十六年（一六〇八）。丁卯，隆慶元年（一五六七），至萬曆丁未，卒年四十一；若至戊申，則卒年四十二。高氏卒於歲末，疑傳抄有誤。高氏卒於是歲，證據尚有四：一、《亡兒行狀》：『丁未，兒年十八，予方粤東遊，室人高氏忽棄世。』（《荆山徐氏譜・詩文集》）二、《祭酒嶺造墳記》：『丁未，余有先妻高氏之變。』（《文集》册九，《上圖稿本》第四四册，第四〇三頁）三、《祭謝氏姊文》：『丁未、戊申，弟婦高、生母林又相繼逝矣。』（《文集》册十，《上圖稿本》第四五册，第一〇三頁）四、㸌《丁未除夕是冬有妻喪》：『嶺表歸來歲盡時，不成歡樂反成悲。舞鸞鏡破傷殘黛，别鶴聲殘泣斷絲。灑淚罷開堂上酒，驚心先夢臼中炊。壁間遺袿香猶在，愁絶安仁哭婦詩。』（《鼇峰集》卷十六）

按：《荆山徐氏譜・世系考》記高氏『生嘉靖四十二年癸亥十二月初十日亥時，卒萬曆四十八年庚申正月二十七日子時，壽五十八』，亦不可信。

是歲，丁啓濬爲銓曹，賀之。

作《賀丁銓部啓》：『表辭主爵之司，恩給寧親之假。萱花侵雪，色映黄髮以婆娑；桂子噴秋，香釀金莖而霮䨴。飛龍御極，謝公此日詔起東山；神鳥銜箋，王母今朝書來瑶圃。九如獻頌，寧論啓事山濤；百歲稱觴，不數拍浮畢卓。』（《文集》册十一，《上圖稿本》第四五册，第二二二—二二三頁）

按：今秋遊粤過泉州，晤丁啓濬；啓濬起爲銓部當在此歲。

是歲，潘雲樞至閩，定交，並贈《詩韻輯略》。

按：題《詩韻輯略》：『上海潘汝一，名雲樞，恭定公之孫。以(壬)〔任〕子官東昌别駕，謫閩按察經歷。萬曆丁未至閩，與余訂交，往還甚密。《詩韻輯略》，汝一所貽也。』(馬泰來整理《新輯紅雨樓題記　徐氏家藏書目》，第七五頁)

又按：潘雲樞，名汝一，上海人。其祖潘恩(一四九六—一五八二)，嘉靖二年(一五二三)進士。官左都御史，謚恭定。

又按：參見天啓四年(一六二四)。

是歲，謝肇淛購得趙迪《鳴秋集》，興公喜其集未絶於人間也。

按：《〈鳴秋集〉序》：『萬曆丁未，謝在杭以職方郎宅艱家居，於舊肆中購得前輩隨筆抄録詩文十餘帙，而鳴秋之詩在焉。予竊喜先生著□未嘗終絶於人間也。』(馬泰來整理《新輯紅雨樓題記　徐氏家藏書目》，第一五一頁)

又按：參見崇禎三年(一六三〇)。

是歲，友人陳鳴鶴撰、趙世顯訂正《東越文苑傳》梓行，卷六有《徐熥傳》。

趙世顯《〈東越文苑傳〉序》作于本年仲春朔日，王穉登《〈東越文苑傳〉序》作于本年五月夏至日(《東越文苑傳》卷首)。

萬曆三十六年戊申（一六〇八） 三十九歲

謝肇淛四十二歲，曹學佺三十五歲，林古度二十九歲，徐陸十九歲

正月，上元日，康彦揚載酒與謝肇淛、王崑仲、陳仲溱、馬欻、王毓德、周千秋、吴雨、鄭邦祥集西湖鏡瀾閣。得程大約書，答之並詩。題别本《鶴年詩集》；又，偶過謝在杭齋中，於冗書中檢得宋鄧肅《栟櫚集》首帙，合于舊藏，成完璧，作題記。又，王毓德（粹夫）贈楊樞撰《言史慎餘》，作題記。

作《戊申元日》（《鼇峰集》卷十七）。

作《上元日，康季鷹載酒鏡瀾閣，同王玉生、陳惟秦、馬季聲、王粹夫、周喬卿、謝在杭、吴元化、鄭孟麟同賦》（詩佚，題筆者所擬）。

謝肇淛有《上元日康季鷹載酒鏡瀾閣，同王玉生、陳惟秦、馬季聲、王粹夫、周喬卿、徐興公、吴元化、鄭孟麟同賦，分得横字》：『新柳香風春滿城，朱欄斜倚晚峰横。板橋流水潮初上，遠樹籠烟月未生。穠李妝殘游女醉，踏莎聲斷少年行。非君意氣憐同病，辜負繁華故國情。』（《小草齋集》卷二十二）

作《得程君房書却寄》（《鼇峰集》卷十七）。

作《寄程君房典客》：『不佞東越草衣，無所比數。輕弄藻翰，知我者希。乃門下不棄菅蒯，濫收鄙作于《墨苑》，不猶拾瓦礫而雜瓊瑶乎？貴役遠來，辱承珍刻，兼拜琅函……不佞前歲遊天都者數月，屢過鄭鄉，值文旆久客燕臺，不及問字玄亭。訪戴緣孤，題門興盡……外詩扇一執，拙刻一種求正。』（《文集》册六，《上圖稿本》第四三册，第四〇三—四〇四頁）

按：程大約，字幼博，又字君房、士芳。巖寺（今屬安徽）人。製墨家。《墨苑》，即《程氏墨苑》，墨模雕刻譜集，程大約輯刻。

又按：『前歲遊天都數月』，萬曆三十四年（一六〇六）遊金陵，參見該年。

又按：『詩扇一執』所題之詩，即上條《得程君房書却寄》。

題《鶴年詩集》：『余向家藏《丁鶴年詩》三卷，乃永樂間刻版，後有廬陵楊文貞士奇跋語，紙墨古潔，余珍惜之。斯本爲元版，亦分三卷，簡首有高惟一印章。惟一，國初人，有孝行，事詳郡志。二本俱善，因合藏之。萬曆丁未春正月三日，徐興公題。』（馬泰來整理《新輯紅雨樓題記　徐氏家藏書目》，第一四二頁）

按：《鶴年詩集》，元丁鶴年撰，元刊本。

又按：參見萬曆二十六年（一五九八）。

題《栟櫚集》：『余舊有《栟櫚集》，闕首帙，藏之數年，每以爲恨。今歲元旦，偶過謝在杭齋中，于冗書中檢得首帙，正可補余之闕，遂乞而合訂之，版雖不同，而于全編略無遺漏。余生平不厭斷簡，往往[掇]拾成部，此書以無意求之，乃成完璧，亦可喜也。萬曆戊申正月十三日，徐興公識。』（馬泰來整理《新輯紅雨樓題記　徐氏家藏書目》，第一三一頁）

按：《栟櫚集》，宋鄧肅撰。

又按：此條言平生搜書、藏書不厭斷簡。題《言史慎餘》：『偶過王粹夫，見案上《言史慎餘》二卷，乃華亭楊樞所作，而粹夫尊人懋宣先生所批點也。中有數條，立論超卓，可備論史家一種，粹夫遂以授余。余喜蓄書，又喜前輩人批點，以發吾覆。懋宣以先子同筆硯三十年，先子所畏，品可知矣。萬曆戊申春日，㶿識。』（馬泰來整理《新輯紅雨樓題記　徐氏家藏書目》，第九二頁）

按：《言史慎餘》，明楊樞撰。王應山批點本。

又按：王應山（一五二一—），字懋（又作茂）宣，號静軒，毓德父，侯官人。嘉靖中諸生。又按：此條言友人王毓德贈書，書有其先人批點。興公喜藏前人批點之書。

春，致書鄧道鳴，言去冬有嶺南之行。又致丁啓濬，言粤遊歸來室人先以旬日卒。又致田兆祥，言婦卒後，日惟掩關習静。又致張大光並詩，言子陸婚期在即；大光時爲饒州府通判，署景德鎮。又致鄭四如廣文，薦吴文潛。

作《寄鄧道鳴總戎》：『去歲之冬，浪跡嶺表，曾修尺楮及拙咏奉懷……不佞除夕抵家，忽罹鼓盆之戚，百苦攻骨，神理頓傷。邇聞長公先生之訃，呼天痛悼者久之……兹有舍親蔣柏，有瓊臺之遊，附此修候。蔣君喜交遊，重然諾，又有茂先博物之鑒，貴鄉周象林、洪穆庵、丁哲初諸公，咸敬禮之。』（《文集》册六，《上圖稿本》第四三册，第三二七—三二八頁）

按：『拙咏奉懷』，即惠州道中所作《寄鄧道鳴總戎》詩，參見去歲。

作《寄丁銓部》：『客秋過温陵，極荷眄睞，躧屣名園，飛觴寄閣……不肖浪跡羅浮，風塵碌碌，承賜三函，懷中磨滅者幾月，增城公路遠莫致，潮法曹行部五羊往返相左，惟便道興寧，辱盧令公盛情有加。初任倥傯，公門如水，僅留一夕，即解維東歸，雖不肖窮骨應爾，但有負山公啓事之惓惓耳。既不得志于彈鋏，又復罹變于鼓盆。歲除抵舍，而室人先以旬日溘然朝露，洊攖家難，命也……前有二扇，求大筆揮灑。若尚在几案，仰祈惠教。』（《文集》册六，《上圖稿本》第四三册，第四一一—四一三頁）

按：此書言去歲粵東之行，原擬往依增城、潮州諸公，而道相左，興寧盧知縣則公門如水，不得已而東歸。

作《寄田兆祥將軍》：『春首，貴役行，草草附候起居，想此時季聲丈馬首東矣。粵水閩山，迢遥千里，伐木之誼，何日忘之！不佞自臼炊入夢之後，百苦攻骨，日惟掩關習静，懶與世接……兹因蔣子梁之便，附此再候。蔣君交于不佞最密。王永啓已爲先容，想仁丈篤予桑梓之私，必有爲之提挈者。』（《文集》册六，《上圖稿本》第四三册，第三二九頁）

按：馬欻去歲與興公同往粵東，興公先歸，馬欻是春歸。

又按：蔣子梁，即蔣柏。

作《寄張叔弢别駕》：『陳汝翔之過饒陽也，不肖方苦瘧疾枕上。與汝翔别，未及作書奉候；及蔣子才行，又在郊外刈獲，都不省其行期……不肖屢丁家難，去歲陽月薄遊羅浮，客中有炊臼之夢，及臘盡抵家，而賤室溘先朝露。貧病連年，百苦攻骨，生計蕭然，徒恨有生之累，擬偕蔣子梁彈短鋏于饒陽，又爲兒子娶婦之期在邇，未能出門……蔣君行，草草奉候。』（《文集》册六，《上圖稿本》第四三册，第三三三—三三五頁）

按：興公婦高氏卒於去歲十二月。參見去歲。

作《寄張叔弢別駕分署景德鎮》：『莫問故人生事少，門前春雨長蓬蒿。』（《鼇峰集》卷十七）

作《寄張叔弢別駕》：『邇蔣子才入饒陽，草草修一緘并小詩奉寄……莆友吳元翰友於愚兄弟二十年，在山中者强半，詩日益工，而貧日益甚，兹出山爲終老之計。謝在杭削牘薦之門下，以元翰與叔度交莫逆，海内有「二子」之稱。仁丈固善叔度者，知念所篤，必倒中郎之屣。』（《文集》册六，《上圖稿本》第四三册，第三九八頁）

作《寄鄭四如廣文》：『去秋文旌之入苕溪也，弟以同遊者催就道且急，遂先作嶺表之役……歲暮還家，而荆婦先半月告逝……偶莆友吳元翰有吳興訪章吏部之行，附此奉候。吳君清標逸韻，繡句絺詞，仁兄横經之暇，與之授簡分題，不獨應□之才獻酬敬禮而已。』（《文集》册六，《上圖稿本》第四三册，第三九九頁）

作《吳元翰廬墓》《送潘汝一奉使入京，便道過家》（《鼇峰集》卷十七）。

作《送林肩吾還吳，兼寄令郎若撫》（《鼇峰集》卷十七）。

按：林雲鳳（一五九八—？），字若撫，長洲（今蘇州）人。天啓、崇禎間，以詩名吳中，詩格在中晚唐間。不爲鍾、譚所移。論詩尤精，年八十餘卒。有《自可編》《紅樹吟》。又按：毛晋《丁亥六月望日若撫七十初度，敬次原韻奉祝》（《和友人詩卷》），順治四年丁亥（一六四七），雲鳳年七十，逆推，生於萬曆二十六年（一五九八）。

作《答林若撫》：『不佞往返吳門幾二十載，不及識足下面孔，良爲缺然。乃足下何從耳。徐生微名，先枉尺素而定金石之交，海上野人，何厚幸哉！然挹尊公長才盛德，則知謝朏得父之膏腴耳。扇頭長篇如長江大河，一瀉千里，讀之齒頰生香，不獨懷袖間凉風習習也。尊公東還，漫賦小詩爲送，兼求足下郢斤，并致雜刻求正。春夏之交，擬作留都之行，當過鄭鄉圖一握手。』（《文集》册六，《上圖稿本》第四三册，第四〇〇頁）

按：徐𤊹萬曆二十年（一五九二）遊吴，至今十七載。二十，取其成數。

又按：送雲鳳父詩，即《送林肩吾還吴，兼寄令郎若撫》。

又按：『留都之行』，徐𤊹延至九月方成行；然至浦城即返。

四月，賀謝肇淛得子。齋中與謝肇淛、吴雨、鄭邦祥、陳仲溱、周千秋試武夷新茶。於園中古梅樹下掘坎得泉，因名『梅泉』。

作《謝在杭得子，走筆爲賀》（《鼇峰集》卷十七）。

作《送林叔賓之金陵》（《鼇峰集》卷十七）。

按：興公有致郭天中書托林叔賓携至金陵。參見五、六月間《寄郭聖僕》。

又按：《林叔賓贊》：『彼君子兮，知名早；詩畫雙清，字狂草。與爾玄譚輒傾倒。數載交歡若鳧藻，無忝風流之叔寶。』（《文集》册十二，《上圖稿本》第四五册，第三〇一頁）

又按：此《像贊》作年不詳，附於此。

作《贈吴肅卿理問》（《鼇峰集》卷十七）。

作《初夏酷熱，在杭、元化、孟麟見過，惟秦、喬卿尋至，試武夷新茶，作建餘體》（《鼇峰集》卷五）。

作《梅泉》，《小序》云：『小圃屒鼇峰之麓，抱甕灌畦，苦乏泉脈。先君曾浚井數仞，無泉而止，胥棄二十餘載。戊申初夏，芟治蔬町，偶相古梅樹下一穴，可井。命工掘坎，不踰二尋，有泉出焉。既甘且冽，色白如乳。山高源活，亦堪煮茶，不獨供灌溉而已。因名曰「梅泉」，詩以紀之。』（《鼇峰集》卷五）

五月，端陽日同諸子西湖觀競渡。送陳陽和之任湖州別駕。與謝肇淛、馬欻、陳价夫等結紅雲社，作《紅雲社約》；謝肇淛作《餐荔約》。本月至七月所作荔枝詩甚夥，别詳五月至七月條。

作《端陽日同諸子西湖觀競渡，次在杭韻》（《鼇峰集》卷十二）。

作《送陳道育别駕之任嘉興》（《鼇峰集》卷十七）。

作《紅雲社約》：『《清異録》云：劉鋹每年于荔支熟時設紅雲宴。余恒想其風致。吾閩荔子甲于嶺南、巴蜀，今歲雨暘時，若荔子花頭甚繁，樹梢結果纍纍欲紅。自夏至以及中秋，隨早晚有佳品。今約諸君作餐荔支會，善啖者許入，不喜食者毋請相溷。先定勝地、名品，以告同志：平遠臺、法雲寺，白、密二樹，異品也，必先半月向主僧買其樹，熟時往食——本宗上人主之。西禪中冠，甲於城内外，馬恭敏賜葬之所，極繁，極美——馬季聲主之。尚幹滿林香，香倍衆品，唯林氏有三五樹，非至親往求，不得入城，陳伯孺居與林氏至近——伯孺主之。磨盤，大如鷄子，高景倩東山别業有此種，今歲生尤繁盛——景倩主之。凰岡中冠，爲福州第一品，必至其地始得選食，但路隔一水，非舟楫莫至——謝在杭主之。勝畫，出長樂六都，更有一種鷄引子，亦出六都，同時而出——在杭長樂産也，再主之。緑玉齋前新植一株，楓亭種也，今歲結實不甚多，食畢，足以他品——余主之。楓亭荔子名甲天下，核小香濃，一日一夜可達會城，色香未變——周喬卿，莆人也，主之。桂林一種，味極甘美，淩晨皆于萬壽橋頭貨鬻，間有挑入城者——吴元化、鄭孟麟主之。會只七八人，太多則語喧；荔約二千顆，太少則不飽。會設清酒、白飯、苦茗及肴核數器而已。不得沉緬濫觴，混淆腸胃。每會必覓清凉之地，分題賦詩，盡一日之遊。願同志者守之。萬曆戊申夏至前十日，徐𤊹興公題。』（鄧慶寀《荔支譜》三，鄧慶寀《閩中荔支通譜》卷十一；又《文集》册十二，《上圖稿本》第四五册，第三八六—三八七頁，題作『荔會約』；末二句作『萬曆戊申夏至日，徐惟起書』。）

謝肇淛有《餐荔約》：『余自壬辰離閩，丙午始返，十有五年未獲噉故園荔子，每一思之，常津津齒咽間也。迨丁未夏無荔，即有一二，僅慰足音，未能果腹。越歲戊申，荔始大有年，而社中諸子鱗次比集，因思晋安此品甲於宇内，幸而生長其地，又幸而十七載始逢其熟也。河清難俟，髮且種種，明年之馬首北矣，可虚此日月乎？於是社中諸子唱爲餐荔會，而不佞復條所未盡者如左，以與同志者共守焉。』（《小草齋文集》卷二十七，鄧慶寀《荔支譜》作《紅雲續約》）

作《請荔社啓》：『鳳岡荔錦，當暑月以重紅；鼇石松篁，值熏風而奏響。追竹林之高韻，數合七人；踵蓮社之芳踪，詩吟五字。人生行樂，爾須富貴。何時英雄安在哉，惟良醖可戀。共拼燕賞，毋負鷗盟。』（《文集》册二，《上圖稿本》第四二册，第一七五頁；又《文集》册十一，《上圖稿本》第四五册，第二四八頁）

按：此篇當與《紅雲社約》前後而作。

五、六月間，致郭天中書，叙陳薦夫病目求醫事。

作《寄郭聖僕》：『夏初林叔寶之白門，附八行問足下無恙，并致閩刻一二種，想不浮沉。溽暑困人……幼孺丈托足秦淮，仁兄向云有眼醫如神，曾爲致之否？能于客邸醫視，差勝邀之入閩耳。友生鄭性沖久客三山，依在杭以居，兹將遊新安，并過白下，弟有書薦于能始處……秋氣微凉，弟即束裝遠遊，相見不遠。鄙人惡況，有鄭君齒牙在，非楮生所能罄耳。』(《文集》册六，《上圖稿本》第四三册，第四〇四—四〇五頁)

按：陳薦夫時病目，至金陵求治，最終無效而目盲。

六月，過千佛殿。作荔會《啓》。題范欽《麻衣先生易髓》，協雪堂鄧慶寀出莫是龍《莫廷翰詞翰》，題之，並觀董其昌、黄之璧書法。伏日，題别本唐李翺《李文公集》。雨後，謝肇淛、鄭邦祥諸君見過汗竹巢，試武夷、鼓山、支提、太姥、清源諸茶。

作《暮過千佛殿憩磐石上，待月得雲字戊申》：『覓得清凉界，團焦坐暮雲。松風同客受，苔石與僧分。』(《鼇峰集》卷十一)

作《請荔會啓》：『序屬朱明，荔生丹顆。趁十八娘之妖冶，約三五客以過泛。買樹計林，選色香味之奇品；披圖按譜，徵黄緑紫之異名。宴續「紅雲」，炎歊於六月；詞賡《白雪》，傳勝事於千秋。凡我同盟，無嫌入社。謹啓。』(《文集》册十一，《上圖稿本》第四五册，第二五五頁)

按：五月創紅雲社，有《請荔社啓》。六月繼續社集，再次邀請諸君與會。

題《麻衣先生易髓》：『《麻衣正〈易心法〉》一卷，馬、鄭諸家載之，四明范司馬刻而傳之。此本題曰《麻衣先生易髓》，分上下二卷，列六十四卦，各有論説，不及《繫辭》，而「彖象」之後，加以納甲、正副本命、功名富貴，不知何義。且馬、鄭諸家及焦太史《國史經籍志》俱無此目，豈山巖屋壁之［藏］，金匱所未（藏）睹耶……按麻衣五代周時人，歷數百年而人不知有《易髓》之傳於人世間，信乎《三墳》《汲冢》之出於後代也。萬曆戊申季夏二十一日，閩三山徐𤊹惟起。』（馬泰來整理《新輯紅雨樓題記　徐氏家藏書目》，第一〇二頁）

按：《麻衣先生易髓》，明范欽撰，鈔本。

又按：范司馬，即范欽。欽（一五〇六—一五八五），字堯卿，號東明，鄞縣（今屬浙江寧波）人。嘉靖十一年（一五三二）進士。官至兵部右侍郎。天一閣藏書樓樓主。

又按：參見萬曆二十三年（一五九五）。

題《莫廷翰詞翰》：『廷翰書法俊逸，都從米襄陽中來。吴人貴其尺幅，無論纍牘也。廷翰年不永，而筆力精到，晚歲尤工，前後詩札，微有同異，信乎筆隨年老者矣。偶過鄧道協雪堂，出此并董玄宰、黄白仲二家書同觀，足稱鼎峙。戊申季夏，徐惟起題。』（沈文倬《紅雨樓序跋》卷二，第八九頁）

按：《莫廷翰詞翰》，明莫是龍撰並書。

又按：莫廷翰，即莫是龍。詳萬曆三十五年（一六〇七）。

又按：鄧慶寀，字道協，原岳子，閩縣人。天啓間國子生。有《還山草》《閩中荔支通譜》。

又按：《鄧道協像贊》：『目如巖電之閃，神似玉壺之清。揮毫而千人俱廢，高論而四座皆驚。竹林諸賢，皆有僞子。以君之風流文雅，真無忝于汝高先生。』（《文集》册十二，《上圖稿本》第四五頁，第二八三頁）

又按：謝肇淛有《鄧道協像贊》：『烱爾瞳，睟爾容，羅載籍於爾胸，是爲素風。嗣大雅於而翁，

是爲亢宗。吾將求爾於形骸之外，而豈盡爾於圖繪之中？』(《小草齋文集》卷二十三)

又按：以上兩篇《像贊》作年不詳，附於此。

題《李文公集》：『《李文公集》十八卷，景祐三年歐陽文忠序之，又爲之跋。余家藏有舊本，序次稍異，乃邵武郡守馮師虞所梓，版存郡齋。此本首無歐序，而更以(王)［玉］融、何方伯宜序，刻在景泰乙亥；邵武本刻在成化乙未：互有魚魯之誤，因兩存之。萬曆戊申伏日，徐𤊹記。』(馬泰來整理《新輯紅雨樓題記　徐氏家藏書目》，第一二三頁)

按：《李文公集》，唐李翱撰。明刊本。

又按：參見萬曆三十三年乙巳(一六〇五)。

作《咏龍蝦》(《鼇峰集》卷十七)。

作《雨後，在杭、孟麟諸君見過汗竹巢，試武夷、鼓山、支提、太姥、清源諸茶，分得林字》二首(《鼇峰集》卷十七)。

謝肇淛有《雨後集徐興公汗竹齋，烹武夷、太姥、支提、鼓山、清源諸茗，各賦二首》，其一：『踈篁過雨午陰濃，添得旗槍翠幾重。稚子分番誇茗戰，主人次第啓囊封。五峰雲向杯中瀉，百和香應舌上逢。畢竟品題誰第一，喊泉亭畔緑芙蓉。』其二：『候湯初沸瀉蘭芬，先試清源一片雲。石鼓水簾香不定，龍墩鶴嶺色難分。春雷聲動同時采，晴雪濤飛幾處聞。佳味閩南收拾盡，松蘿顧渚總輸君。』(《小草齋集》二十二)

夏日，題宋羅願《羅鄂州小集》。

題《羅鄂州小集》：『《宋史》云：「羅願治鄂州，以父汝楫故，不敢入岳廟，願曰『吾有善績。』竟入謁。甫拜，遂卒於像前。」集中載願墓志及諸序，悉未言及斯事，因識之。戊申夏日，興公。』又：『羅願知鄂州有治績，以父汝楫故，不敢入岳廟。一日，自念吾政善，姑往祀之。甫拜，遂卒於像前。事見《宋史》。而弟頎作墓志，但云以疾卒於郡，諱之也。徐興公題。』（馬泰來整理《新輯紅雨樓題記　徐氏家藏書目》，第一三二頁）

按：馬泰來曰：『徐氏至少有三本《羅鄂州小集》。』（馬泰來整理《新輯紅雨樓題記　徐氏家藏書目》，第一三三頁）

五月至七月初，作食荔諸詩。

作《夏日同惟秦、喬卿、景倩、伯孺、元化、孟麟集在杭鏡瀾閣，各賦卦名詩》（《鼇峰集》卷十二）。

按：謝肇淛園林有鏡瀾閣。

謝肇淛有《夏日避暑積芳亭，同陳惟秦、徐興公、鄭孟麟賦卦名二十二韻共用四十五卦》：『坎坷逃名日，炎蒸困客時。蹔將葵扇解，復借藕風吹。石鼎烹茶沸，松床剥蘚滋。有花皆覆井，無樹不臨池。漸覺塵囂遠，還驚節序移。蝸升黏柳葉，魚躍損荷枝。閲世乾坤老，離群日月私。鶯啼嬌比竹，雀噪萃疎籬。水渙鷗鳧渡，雲屯雁鶩陂。葛巾需漉酒，革舃坐彈棊。遯跡聊叢桂，同人且杖藜。敬通終偃蹇，小邴益棲遲。落魄巫咸問，冥心子晋期。睽違華髮改，老大壯懷衰。往事悲吹蠱，高談付解頤。簟鋪豐草卧，觴置碧筒隨。蝶小過墻戲，蘿蒙向壁披。日昏鐘度觀，雷震雨催詩。蕙帶恒愁結，蓮舟未濟危。形骸真逆旅，痛飲是吾師。上客紓珠履，家人倒屈巵。身名何日泰，歡豫轉成

悲。』(《小草齋集》卷十六)

按：謝肇淛園林有積芳亭。

作《五月十日在杭積芳亭，初食火山荔枝》(《鼇峰集》卷五)。

按：火山，荔枝品種名。

謝肇淛有《五月十日初嘗火山荔支，大僅如栗而味亦不甚酢，每十枚三錢，同陳惟秦、徐興公、鄭孟麟賦》：『五月猶未半，輕紅已出市。磊磊朱葳蕤，乍疑晨星墜。雖無膏腴肪，已勝醇酪味。碧玉初破瓜，珠胎尚含淚。穠薄不禁風，肌細還愁穉。跫然空谷音，始知希者貴。』(《小草齋集》卷五)

按：據《紅雲社約》『分題賦詩』，五月十日，興公當有詩，《鼇峰集》不載。

謝肇淛有《集鄧道協所，啗中觀荔支，色尚青而酢甚，同陳伯孺、周喬卿、徐興公賦》：『火山出未久，中觀繼其後。裛露蔕猶青，緑衫裼紅袖。齒頰有餘酸，膏腴尚未厚。措大性所宜，拏攫不停手。琴瑟雖未調，亦已勝瓦缶。酸盡回微甘，佳境漸入口。岸幘發浩歌，孤月上高柳。』(《小草齋集》卷五)

按：據《紅雲社約》『分題賦詩』，集鄧道協所，興公當有詩，《鼇峰集》不載。

作《小園荔子垂熟，山鼠竊食殆半，作詩以惡之》(《鼇峰集》卷五)。

謝肇淛有《聞興公園荔爲山鼠所食，慰之》：『昔聞將軍樹，高者縱猿取。今君扶荔林，徒以飽碩鼠。此種出楓亭，移來百里許。十年一結實，時復困風雨。樹杪若殘星，不能盈筐筥。鼠患尚可除，蟲蟻不可去。佳人薄命多，寧獨江家女？緑珠隕高樓，明妃辱胡虜。榮悴自有時，東君那爲主？須待滿林香，爲君浮桂醑。』(《小草齋集》卷五)

作《再食火山荔支，同用王梅溪韻》（《鼇峰集》卷八）。

按：火山，荔枝品種名。

又按：王十朋《病中食火山荔枝》：『前年夔州食荔支，同僚共賦新紅詩。妃子名園世所貴，不似詩史堂前奇。去冬分符來南土，半月身行荔支圃。三州佳木皆眼見，更閲君謨向來譜。臨漳一種名火山，品雖云下熟則先。從今漸入荔佳境，陳江未擘先流涎。老病餘生怯嘉果，日啗那能三百顆。殷勤爲破絳紗囊，心火驚添火山火。』（《全宋詩》卷二〇四〇《王十朋》二六，北京大學出版社，一九九八年，第二二九一〇頁）

作《再次王梅溪前韻》（《鼇峰集》卷八）。

按：王十朋《諸公和詩再用前韻》：『屏間觀畫頤頻支，自注：州宅有屏風，畫荔支十六種。想像風味哦新詩。火山太早反遭罵，自注：諸公和詩多譏罵者。陳紫未顯誰稱奇。氣禀南方君子土，不近長安帝王圃。安排名字知何人，誤與牡丹同入譜。泉南老守思故山，荔熟我去誰後先。但願丁香一株熟，添入藥裹痊痰涎。平生夢寐南州果，瘦腹如蟬消幾顆。明年何處飣杯盤。雁蕩山前月流火。自注：永嘉七月方食荔枝。』（《全宋詩》卷二〇四〇《王十朋》二六，北京大學出版社，一九九八年，第二二九一〇—二二九一一頁）

作《馬季聲西禪荔子生蠹，簡來戲答次韻》（《閩中荔支通譜》卷八）。

作《五月十七日，同伯孺、在杭食中冠荔枝》（《鼇峰集》卷五，《閩中荔支通譜》卷八作《十七日，同伯孺、在杭集鄧道協新居，食中冠荔支》）。

按：中冠，荔枝品種名。

作《十九日，積芳亭食早紅，分得藥名體》（《鼇峰集》卷五）。

按：早紅，荔枝品種名。

謝肇淛有《積芳亭噉蚤紅荔支，分得藥名詩》：『祖卧桂枝林，紅雲實已美。酸漿猶殢人，餘甘遂溢齒。寒冰片片飛，丹液巨勝爾。殘香附筠籠，擲地黄間紫。劇談幸從容，天半夏雲起。預知佳味深，蚤當歸故里。』（《小草齋集》卷五）

作《五月念一日，集高景倩木山齋食荔枝，伯孺作〈水墨荔枝圖〉，各賦》（《鼇峰集》卷十七）。

陳价夫有《仲夏二十二日，集高景倩木山齋啖中冠荔支，因戲作〈水墨側生圖〉，同賦》：『避却炎歊入醉鄉，緑陰如幄午風凉。泉涵玉井珊瑚碎，日照金盤火齊光。乍見松烟飄素繭，恍疑霧縠換紅妝。同將看碧成朱眼，細認江家十八娘。』（《閩中荔支通譜》卷十三）

作《五月廿九日，高景倩齋中食礦玉荔子，賦得東漢人名詩》（《鼇峰集》卷五）。

按：礦玉，荔枝品種名。

謝肇淛有《集高景倩齋頭，噉礦玉荔支，賦得漢人名詩》：『夏季布華筵，礦玉陳蕃枝。輕黄香四座，殷朱浮青絲。出井丹液凉，雪竇融凝脂。楊盧植上苑，桃李廣西陂。未若三伏生，微寒朗侵肌。吾曹操彩筆，揮霍光陸離。餘甘寧可忘？向子長相思。』（《小草齋集》卷五）

作《五月晦日，芝山寺避暑，本宗上人以瓜荔作供，同賦十韻》（《鼇峰集》卷十二）。

謝肇淛有《五月晦日避暑芝山寺，本宗上人出荔子甘瓜作供，同賦十韻》：『逃暑期幽伴，尋鐘到上方。客心何住着，佛地自清凉。夏臘同僧結，炎歊與世忘。園葵烹露葉，石蜜割雲房。已出伊蒲供，還分玅果嘗。緑開霞散彩，紅劈玉浮香。色奪青門種，瓤凝紫府霜。有寒皆沁齒，無液不傾囊。碧草侵桃簟，閑花卧竹床。歸來山路晚，月落講經堂。』（《小草齋集》卷十六）

作《六月三日，集惟秦、伯孺、在杭、喬卿、性沖、景倩、元化、孟麟、本宗諸子九仙觀，避暑食荔，分得迴文》二首（《鼇峰集》卷十七）。

謝肇淛有《徐興公招集九仙觀，避暑啖荔支，賦得迴文二首》，其一：『蕭蕭落木古空壇，劇暑塵忘盡日歡。橋對寺門松繞碧，郭圍山殿石生寒。潮歸晚浦秋風遠，樹隔晴嵐夕照殘。消渴病知應漱玉，嬌枝荔顆萬藂丹。』其二：『春城野木紫藤枯，卧對閑僧一事無。馴鴿繞磚苔像古，老龍蟠柱石燈孤。人歸濕露摇珠樹，鶴夢驚風撼碧梧。塵界遠消初地凈，新松掛月夜啼烏。』（《小草齋集》卷二十二）

陳价夫有《季夏三日，九仙觀納凉食荔子，各賦迴文詩》：『輕雲淡日夏峰奇，古殿高枝荔子垂。驚鶴唳松聲謖謖，早蟬喧竹露離離。平堤柳色晴連市，静院花陰午聽碁。鳴玉噴香茶鼎沸，清歌郢和屬心知。』（《閩中荔支通譜》卷十三）

作《六月四日，鏡瀾閣食桂林荔枝》（《鼇峰集》卷十一）。

按：桂林，荔枝品種名。

作《六月六日，集鼇峰玉真院，限韻》（《鼇峰集》卷十七）。

陳价夫《集玉真宫啖荔，限依、微、歸、飛、暉五韻，各賦近體一首》：『數株丹荔鬬炎暉，少女風來暑氣微。古堞陰陰榕影亂，遥天片片島雲歸。自從赤鯉凌空去，不見紅塵撲面飛。莫羨丹丘尋羽服，高情全屬薜蘿衣。』（《閩中荔支通譜》卷十三）

作《六月七日，過在杭積芳亭，適伯孺送方山滿林香至，分得鐘字》（《鼇峰集》卷八）。

按：方山，又名五虎山。曹學佺《大明一統名勝志·福建·福州府·侯官縣》：『方山，與高蓋隔江相直。閩潘南望，端方如几；出城望之，則若五虎，又名「五虎山」。山多柑橘樹。唐天寶中，賜名「甘果山」。陸羽《茶經》「福州方山産茶」，即此。』

按：滿林香，荔枝品種名。

謝肇淛有《積芳亭噉瀛洲荔支，同賦八韻，得西字》：『見説瀛洲好，穠陰十里堤。香凝絲籠滿，葉簇錦丸齊。夾岸雲猶濕，浮江日未西。肌豐埋櫍核，襦薄裂輕綈。不分商山橘，還勝太谷梨。紅釘金屈戍，白乳玉玻瓈。絳雪丹堪餌，芳塵路不迷。會須乘興往，斗酒聽黄鸝。』（《小草齋集》卷十六）

按：瀛洲，福州福地名。

作《謝在杭亭上見小龜食殘荔，賦之》（《鼇峰集》卷十一）。

又按：同賦八韻，興公爲七言排律，在杭爲五言排律。

作《六月初八日，食鵲卵荔枝賦咏》（《鼇峰集》卷十七）。

按：鵲卵，荔枝品種名。

作《蓮花樓避暑》（《鼇峰集》卷十七）。

作《六月初九日，高景倩招集蓮花樓食荔，分得短歌行》（《鼇峰集》卷八）。

陳价夫有《六月九日，蓮花樓避暑噉荔同賦》：『驕陽肆炎酷，流汗且及地。握手城東南，招尋得幽致。巍樓控連郭，四牖浮野翠。遠渚敷白蓮，寒泉浥丹荔。新詩互彈駁，濁酒頻取醉。長嘯依白雲，披襟納涼吹。雖非紫芝客，頗免紅塵累。藹藹金蘭情，悠悠嵇阮誼。酒壚未云邈，且結區中轡。慚無庾亮吟，聊作高歡避。』（《閩中荔支通譜》卷十三）

作《咏荔枝膜，馬季聲雕龍館分賦》（《鼇峰集》卷十七）。

謝肇淛有《馬季聲招集雕龍館，各賦荔支一事，分得根》：『仙種應從閬苑傳，孤根百尺老龍眠。紅雲低映輪菌石，絕壁深蟠瘴癘烟。唐騎未能馳繡嶺，漢宮應得傍甘泉。春風容易朱顏換，閱盡枝頭幾歲年。』（《小草齋集》卷二十二）

陳价夫有《六月十日集馬季聲雕龍館分咏，得荔子漿》：『紅綃初卸吸精瑩，幾點甘泉齒頰生。漫向雲英求玉液，疑從漢武咽金莖。温柔未信鷄頭美，芳洌應兼馬乳清。一自瀘戎飛騎後，不須花露解餘酲。』（《閩中荔支通譜》卷十三）

作《馬季聲自嶺南歸，病起招集噉荔，用韻》（《閩中荔支通譜》卷八）。

按：此詩集不載。

馬欻有《社有餐荔約客歸，病未赴及，霍然而郭内諸品盡矣，呼奴過江覓之，招集賦此》：『歸來懶向郭西行，十八娘家空月明。枕上珊瑚頻入夢，盤中琥珀漫尋盟。盈盈一水紅雲隔，灼灼千枝絳雪横。此日文園消渴解，漢庭不用乞金莖。』（《閩中荔支通譜》卷十四）

按：餐荔客，馬欻自謂，參見下條謝肇淛詩。

謝肇淛有《季聲病起招啖茘支，賦和》：『雕龍館外曉風輕，猶勝西禪舊日盟。異種遠從江上覓，新詩初向病中成。承盤露比金莖潤，出水珠摇絳帳清。乍得相逢歡不足，松雲深處月華生。』（《小草齋集》卷二十二）

作《謝在杭買莆田陳家紫，一日夜直抵會城，同諸子集積芳亭，分得送字》（《鼇峰集》卷五）。

按：陳家紫，茘枝品種名。

謝肇淛有《六月十二日，買莆田陳家紫，一日夜直抵會城，招諸子同賦，分得五言古詩，得一屋》：『閩海茘若雲，逻沓布山谷。列品七十餘，陳紫擅其獨。末鋭廣兩肩，核焦埋深緑。此種出莆陽，秘書閉門鬻。寥寥五百載，接枝彌蕃育。在山豐年玉，出鄉荒年穀。六月火雲蒸，紅塵勞急足。朝採楓亭林，暮走馬江瀆。旦起日初高，葳蕤爛盈目。翠籠未開緘，流香已滿屋。飛燕雪中膚，太真風前浴。色味不可名，但知果吾腹。敗糯委芳草，遊蜂尋殘馥。中冠慚後塵，桂林甘雌伏。勝晝净江瓶，三分堪角逐。異品固不常，勝會亦難續。何時從九仙，飽啖壺山麓？』（《小草齋集》卷五）。據此詩，興公作於十二日。

作《十三日，鄭孟麟招集玉皇閣茘會，分得數名詩》（《鼇峰集》卷十二）。

謝肇淛《夏日，鄭孟麟招集九仙觀啖茘支，同賦數名詩》：『一騎塵飛日，層雲客上時。一龍盤宛轉，百雉控逶迤。三世燈猶照，諸天景乍移。四郊香稻熟，萬竈午烟炊。五色珠摇水，繁星玉滿枝。六時僧禮遍，獨樹鶴歸遲。七曜光先到，群峰秀欲窺。八牕松翠落，孤塔薜雲垂。九夏行將盡，經旬興未衰。十年歸始得，不醉復何爲？』（《小草齋集》卷十六）

作《六月十四夜，芝山禪室對月，同惟秦、在杭得青字》（《鼇峰集》卷十二）。

謝肇淛《六月十四夜同惟秦、伯孺、興公諸子芝山翫月賦，同用青字》：『此夜芝山月，閑來幾度經。風林凝露白，天闕動雲青。夏結依僧勝，凉多得地靈。光添三世火，節少一枝蓂。魄讓圓珠鏡，波摇凈水瓶。驚寒烏繞樹，疑曉鶴梳翎。寶篆香初爐，銀壺漏未停。相看渾不寐，斜漢落殘星。』（《小草齋集》卷十六）

作《六月十四日，過芝山寺噉荔枝，乘凉至夜》（《鼇峰集》卷十七）。

謝肇淛《過芝山寺噉荔支，乘凉至夜》：『閑來兩度扣禪房，分得松窗一日凉。採盡紅雲猶有宴，燒殘碧篆已無香。衰蟬咽露喧祇樹，馴鴿依燈宿講堂。四壁寒山滿床月，老僧更獻紫瓊霜。』（《小草齋集》卷二十二）

謝肇淛有《六月十五夜，過法海寺，荔陰坐月，分賦》：『羅山山下古琳宫，月色爐烟散遠空。嵐氣暮凝金闕紫，荔雲高映玉波紅。隔林殘靄微催雨，拂坐寒香暗度風。更到上頭磐石卧，萬家燈火漏聲中。』（《小草齋集》卷二十二）

按：《鼇峰集》無六月十五日詩。

作《六月十六日，積芳亭噉黄香荔枝》（《鼇峰集》卷十七）。

按：黄香，荔枝品種名。

謝肇淛有《積芳亭噉黄香荔支》：『紛紛紅紫鬭濃妝，正色猶存一樹芳。金屋正宜藏玉貌，緑衣何用怨黄裳。棲枝鶯語渾無辨，對酒鵝兒别有香。若待三秋摇落後，千頭羞殺洞庭霜。』（《小草齋集》

卷二十二）

作《六月十七日，饋在杭雙髻荔枝，同咏》（《鼇峰集》卷十七）。

謝肇淛有《徐興公見惠雙髻荔支，同賦》：『一幹斜分兩顆匀，却疑連璧是前身。緑雲鏡裏雙鬟小，紅粉叢中並蒂春。玉臉欲偎愁半就，同心已結媚横陳。當年若上驪山道，妬殺鴛鴦被底人。』（《小草齋集》卷二十二）

按：從五月十日至六月十六日，共三十七天，餐荔雅集十五次（考慮到詩人編輯詩集可能删汰，以及某些詩篇没有注明時間等原因，或許聚會還不止此數），差不多每兩天就有一次餐荔雅集。

作《爲玉峰上人題伯孺〈水墨荔支〉》（《閩中荔支通譜》卷八）。

按：伯孺《水墨荔支》，五月二十一日所畫。

作《賦得一騎紅塵妃子笑》（《鼇峰集》卷十七）。

謝肇淛有《賦得一騎紅塵妃子笑》：『炎天佳果貢殊方，正值華清罷曉妝。紅粉乍回新拜賜，玉顏初解暗聞香。千山瘴霧馳青絡，百媚春風對絳囊。最是劍門花落後，梧桐秋雨泣霓裳。』（《小草齋集》卷二十二）

作《題蕭翼賺〈蘭亭畫圖〉》（《鼇峰集》卷八）。

作《七月二日，蔣子良齋中荔會，分得宿名》（《鼇峰集》卷八）。

陳价夫有《七月二日，集蔣子才博古齋荔會，各賦宿名詩》：『亢陽初歇凉飆起，蓮房粉墜陂塘水。銅盤井洌揚清漪，荔實星星薦紅紫。緑槐高柳嘶殘蟬，斗酒喧呼動四筵。醉來岸幘且箕踞，唾壺擊碎心茫然。紛紛麈尾飧中落，曼衍玄虛兼善謔。危語何曾横迫人，鴟張那得談騎鶴。君不見秋墳鬼唱鮑家詩，長夜歌牛徒自悲。鵬翼寧須較籬鷃，女蘿何必依松枝。男兒安能事一室，壁立猶存腐毫筆。嗚嗚暮角起嚴城，百斛春醪萬緣畢。』（《閩中荔支通譜》卷十三）

作《七夕，積芳亭啖七夕紅荔枝》二首（《鼇峰集》卷二十五）。

按：五年之後，謝肇淛憶及紅雲之會，填製《臨江仙》（訂興公汝翔飡荔支）詞云：『憶昔紅雲花下宴，玉顏嬌映波羅。如今又是五年過。枝頭風雨少，林外露華多。一騎紅塵飛得到，天香已自消磨。鳳皇江上水微波。扁舟乘興去，勝會莫蹉跎。』（《小草齋集》卷三十）

夏，致書何喬遠；喬遠索要馬森奏疏、文集；興公則索要喬遠父何炯《温陵文獻》。

作《寄何稚孝儀部》：『殘秋匆匆對晤，恍若夢中。歲月催人，徒增悒快，及除夜抵舍，而室人先以半月溘然朝露。既失意于彈鋏，復罹禍于鼓盆，人生至此，天道寧論也。緬想丙房分韻，景況了不可得，日惟杜門鰥居，作頭陀行徑而已。仁翁養高川澤，爲政山林，不朽大業，垂範千秋，恨不肖隔越數舍，未能日侍筆硯，聆緒論之爲快也。馬季聲夏初粤歸，歸復善病。向承索恭敏公奏疏、文集，茲謹賫上，以備采擇。《温陵文獻》，不肖向未寓目，能損惠一部，重于南金。野人無所事事，惟與蠹魚爲伍，幸有以教之。草草修候，不盡所懷，臨楮藴結。』（《文集》冊六，第《上圖稿本》第四三冊，第三九六—三九七頁）

按：去歲與馬欻遊粤，過泉與何喬遠倡酬；歲盡歸家，婦高氏已卒。馬欻則在粤滯留到夏初。

又按：《温陵文獻》，即《清源文獻》，何炯輯。炯，喬遠父，晉江人。官靖江教諭。《清源文獻》

輯成于萬曆二十五年（一五九七），爲泉州一地歷代詩文之總集。

七月，題《謝在杭家藏〈王百穀尺牘〉》，憶及王穉登與徐、謝交情往來；又題黄之璧《黄白仲西湖放生頌》。

作《赤壁懷古》（《鼇峰集》卷十七）。

謝肇淛有《赤壁懷古》：『東風西望武昌城，山色蒼蒼共月明。春草不生征戰地，寒江猶咽亂離聲。甲光雨後穿沙壟，鬼火宵深照水營。霸業湮沉成異代，荻蘆千里暮雲平。』（《小草齋集》卷二十二）

題《謝在杭家藏〈王百穀尺牘〉》：『百穀先生以詞翰雄吴中，片楮隻字，人争寶惜。在杭壬辰成進士，初任爲吴興李官，隔姑蘇僅一衣帶水，牘來筒往，朝發夕至，以故在杭所得獨多。自壬辰以迄丁未，逾十有六載，詞壇氣誼，爾汝交情，每一披誦，宛然在目。且書中往往齒及不佞姓字，始知先生不獨篤軒冕之交而已。今先生年已近耄，來日苦短，後有飛鴻，嗣而續之可也。萬曆戊申秋日，徐惟起。』（沈文倬《紅雨樓序跋》卷二，第八四頁）

按：《謝在杭家藏〈王百穀尺牘〉》，王穉登撰，謝肇淛藏。

謝肇淛有《〈題王百穀尺牘〉跋》：『百穀先生詩文偈跋，種種擅長，而於尺牘遂幾絶代。學既宏肆，才復敏徤，信手拈來，如天花散落，色色殊妙。憶余從戊子冬與唯和計偕過吴門，初識先生，以後二十餘年，音書雜遝，未嘗斷絶。今觀此卷劄子中，闌及不肖者十七，即先生亦自言與徐、謝二君有宿世緣，信然哉！唯和地下修文已將十載，余及興公亦髪皆種種矣。先生今年七十有四，神猶王甚，作蠅頭細書逾少年時，則天固縱之，非獨其筆劄之工已也。』（《小草齋文集》卷二十四）

題《黄白仲西湖放生頌》：『憶乙未之歲……《西湖放生頌》正爾時所書，遒婉豐媚，神采焕發，汝高歎賞不已。越五年而白仲化，又五年而汝高化，墨蹟宛然，骨血安在，河山之感，不於酒壚而於緗素也。萬曆戊申秋朔日，徐惟起題。』（沈文倬《紅雨樓序跋》卷二，第九〇頁）

按：參見萬曆二十三年（一五九五）。

又按：黄之壁書法與董其昌齊名。

八月，與周千秋、謝肇淛、蔣子才及兒陸遊鼓山，五日，宿靈源洞。登大頂峰。晦日，陳五昌、陳仲溱往遊霍童、太姥，有詩送之。別王毓德、謝肇淛、馬欻。

作《宿鼓山寺方丈》（《鼇峰集》卷十七）。

謝肇淛有《雨中宿鼓山禪院，同徐興公、周喬卿、蔣子才》：『上方寂寂鎖蒼藤，門掩雙峰最上層。半嶺松濤千嶂雨，數行香篆一龕燈。寒潮應月喧殘寺，獨鶴眠雲伴老僧。塵夢欲醒鐘磬動，泠然心地證三乘。』（《小草齋集》卷二十二；又黄任《鼓山志》卷十二《藝文》）

謝肇淛有《戊申秋日登鼓山，宿白雲廨院，因憶舊遊呈徐興公》：『實地枕靈峰，閑雲逐户封。夜潮半江水，寒雨五更鐘。野色不到寺，秋聲多在松。風塵二十載，何意復相從？』（《小草齋集》卷十五）

作《戊申仲秋五日，同周喬卿、謝在杭、蔣子才宿靈源洞，時陸兒侍行》：『古洞重來禮石壇，舊時遊侶半凋殘。空林閣雨峰千疊，絶磴梯雲路百盤。澗底松泉隨客飲，壁間苔篆領兒看。數聲啼鳥秋烟外，瓦枕蘿茵午夢寒。』（黄任《鼓山志》卷十二《藝文》，《鼇峰集》卷十七題無『戊申』二字）

周千秋有《戊申仲秋五日，同徐興公、謝在杭、蔣子才宿靈源洞》：『涸澗迴環夾翠屏，松門斜對水雲亭。短橋客卧藤蘿月，小院僧翻貝葉經。洞口啼猿村樹曉，山腰過虎谷風腥。相將掃却巖頭石，莫使蒼苔没古銘。』（黄任《鼓山志》卷十二《藝文》）

謝肇淛有《靈源洞答興公》：『蹉鼇橋上雁聲哀，極目平蕪古殿灰。幽洞忽排山罅入，小庵斜倚石門開。題殘蒼蘚看難辨，喝後靈泉去不迴。十九年前曾宿處，佛燈猶照講經臺。』（《小草齋集》卷二十二；又黄任《鼓山志》卷十二《藝文》）

作《登大頂峰》（《鼇峰集》卷十七）。

按：大頂峰，又名屴崱峰。已見。

謝肇淛有《登大頂峰》：『咫尺清都近可攀，濤聲秋色老空山。蟻封隱見迷千雉，螺髻微茫指百蠻。絶壁刺天無鳥度，半巖採藥有僧還。東南霸業蕭條盡，流水荒臺石蘚斑。』（黄任《鼓山志》卷十二《藝文》）

作《次陳軒伯無題》（《鼇峰集》卷十七）。

作《經普度寺故址》（《鼇峰集》卷十七）。

按：陳鴻，字叔度，一字軒伯。

作《送陳伯全太史遊太姥》（《鼇峰集》卷十七）。

按：陳仲溱《遊太姥山記》：『萬曆戊申仲秋晦日，友人陳太史伯全招遊霍林、太姥。』（《太姥山全志》卷十六《遊記》）

作《別王粹夫次韻》（《鼇峰集》卷十七）。

作《別謝在杭次韻》（《鼇峰集》卷十七）。

謝肇淛有《送徐興公之金陵》：『風木歌殘恨未平，西風吹泪送君行。五更羸馬還家夢，半夜慈烏失母聲。鴻雁暮雲吳苑樹，魚龍秋浪白門城。江南處處傷心地，莫問秦淮舊月明。』（《小草齋集》卷二十二）

作《別馬季聲用韻》：『去歲同君旅粵鄉，今年送我賦河梁。』（《鼇峰集》卷十七）

按：去歲興公與馬欻同行往粵東。

九月，擬前往金陵訪曹學佺，由建溪逆流，行至甌寧，宿營頭公館。至建陽，訪朱願良齋頭，同魏君屏、丘惟直、鄭僑也、楊叔照、王士恒、李君實雅集。同丘惟直、江中（仲）譽、蕭鄴侯、鄭僑也、王士恒過寶山寺；又與丘惟直、王士恒福山寺看菊。行至浦城，得知曹學佺有蜀藩之命將離金陵，遂原路折回。

作《宿營頭公館，見吳仲聲壁間詩》：『瘦馬歇層巒，征夫到夜闌。危橋雙澗合，古壁一燈寒。扣月秋鐘斷，催星曉柝殘。故人題咏在，獨坐幾回看。』（《鼇峰集》卷十一）

按：營頭公館，在甌寧縣（今建甌市）營頭。

又按：吳仲聲，即吳爾施。詳萬曆三十一年（一六〇三）。

作《過建溪訪朱願良齋頭，同魏君屏、丘文舉、鄭僑也、楊叔照、王久亨、李君實分韻》（《鼇峰集》卷十七）。

按：王士恒，字久亨。

作《同丘文舉、江中譽、蕭鄴侯、鄭僑也、王久亨過寶山寺》(《鼇峰集》卷十一)。

按：江中譽，即江仲譽，建陽人。有《筆花》《波餘草》《火後稿》，興公爲之序。

作《同丘文舉、王久亨福山寺看菊》(《鼇峰集》卷十一)。

作《王久亨像贊名士恒》：『早識君于少年也，洵美且都。及友君于壯歲也，魁然丈夫。耽詩也，又善搦管；浮白也，更喜呼盧。工音律，而琴彈㠯嶧；精篆刻，而刀捉昆吾。雖可觀者小道，而芳名俠氣已滿於江湖。是爲王叔子之爲人乎！』(《文集》册十二，《上圖稿本》第四五册，第二九〇頁)

按：徐𤊹與王士恒交往，始于少年。然《像贊》之外的詩文，僅見於是歲秋，疑《像贊》作於此時。

作《題浦城主人樓壁》：『獨雁一聲秋欲盡，啼烏三匝夜初分。』(《鼇峰集》卷十七)

秋，再題宋張耒《張文潛文集》。

題《張文潛文集》：『頃從陳伯全太史借《内閣書目》，「宋集類」有《張文潛宛丘集》三十四卷。金匱石室猶幸存，第抄録無由，民間不得見也。戊申秋興公記。』(馬泰來整理《新輯紅雨樓題記　徐氏家藏書目》，第一二九頁)

按：《張文潛文集》，宋張耒撰。嘉靖刊本。此條言民間無由見内閣書籍。

十月，歸途經建安，適天恩法師開講芝山，賦贈。跋杜荀鶴《唐風集》。

作《送李子重、子俊還吴》(《鼇峰集》卷十七)。

作《天恩法師開講芝山賦贈》(《鼇峰集》卷十七)。

按：據前引謝肇淛詩，興公此行往金陵。金陵之行疑爲曹學佺之請。曹學佺是歲冬初，由金陵還西蜀。芝山寺，在建州（今建甌）。興公有《同吴元翰、陳惟秦、惟和兄遊芝山丹青閣》（《鼇峰集》卷十三，陳鳴鶴同時作《建州芝山寺觀佛牙》，見《泡庵詩選》卷三），此二詩芝山寺爲建州之寺；然興公又有《芝山寺過慧上人房》（《鼇峰集》卷十一），此詩芝山寺爲福州之寺。不論芝山寺是建州還是福州之寺，都可證興公到了浦城得知曹學佺有蜀中之命，遂不再前往金陵，折回福州。於是，在福州送曹學佺叔汝載往蜀，詳下。

跋《唐風集》：『顧雲序其集爲《唐風集》，開卷《宫詞》一首，歐陽公《詩話》謂是周朴作。按《幕府燕閑録》云：「荀鶴詩鄙俚近俗，惟《宫詞》爲唐第一。諺云：杜詩三百首，惟在一聯中。風暖鳥聲碎，日高花影重。」實非周朴也。然荀鶴之詩語太刻削，雖乏渾厚之體，而佳句甚多，何止一聯。絶句如「山雨溪風捲釣絲」一首，「暮天新雁起汀州」一首，泠泠有韻。區區《宫詞》，何能盡其平生哉。斯本建安楊文敏故物，抄録精善。首有楊氏印章，後歸建安丘文舉，文舉轉以贈余，因考其人而評其大略如此。萬曆戊申十月晦前，三山徐惟起跋。』（馬泰來整理《新輯紅雨樓題記 徐氏家藏書目》，第一二七頁）

按：《唐風集》，唐杜荀鶴撰。抄本。此本建安丘惟直贈。

又按：建安楊榮及後人藏書，[illegible]搜得甚多，此又一證。

十一、十二月間，家居。送曹汝載之蜀訪其侄學佺。

作《送曹汝載之蜀》：『萬里梁州莫計程，殘年風雪且孤征。』（《鼇峰集》卷十七）

按：曹學佺是歲參藩西蜀，十一、十二月間解纜金陵，『且孤征』，汝載由閩往蜀。

作《送陳永奉之南昌訪衛開府》(《鼇峰集》卷十七)。

十二月，朔，婦高氏卒周年。題宋周弼《箋注〈唐賢絶句三體詩法〉》。

作《先妻周年志哀二首》，其二：『分翼在中途，神傷日月徂。少兒生失母，塚婦到無姑。』(《鼇峰集》卷十一)

按：興公婦高氏卒于去歲臘月朔。

題《箋注〈唐賢絶句三體詩法〉》：『《唐三體詩》一册。先君云：「丙寅年在京師得之林天迪先生。中朱筆評駁者，天迪也。」迨萬曆癸未、甲申間，先兄初學時又加批點。既又爲謝在杭借去，亦品騭數則送歸。最後蒲友鄭性之復借覽，乃用墨筆塗抹，以己意彈射。十年前舍弟取觀，遂於題下小注地名。四十年來，已經五人之手，故開卷亂如塗鴉矣。然五人者皆少時事，未免謬悠，不爲中的。偶爾檢及，漫記其後，庶幾後之人見善本書，勿輕點污也。萬曆戊申冬十二月十二夜燈下，徐惟起興公書。』(馬泰來整理《新輯紅雨樓題記　徐氏家藏書目》，第一六六頁)

按：《箋注〈唐賢絶句唐三體詩法〉》，宋周弼輯，元釋圓至注。此條言善本書勿輕點污。

又按：參見萬曆十一年(一五八三)、二十七年(一五九九)。

作《戊申除夕是年有母喪》(《鼇峰集》卷十七)。

是歲，作《十二辰詩》，謝肇淛和之。作題《淵明五柳圖》《夷齊叩馬圖》《趙子昂畫馬》《買臣負薪圖》《蘇李泣别圖》。九鯉湖范夢鹿道士來訪，贈古刻《黄庭經》。

作《十二辰詩》(《鼇峰集》卷八)。

謝肇淛有《和徐興公感懷十二屬詩》：『倉中食鼠百不憂，市上土牛仍淹留。醉捋虎鬚仰天笑，兔園豎子空千秋。文章雕龍世所棄，手握靈虵向誰示？千里猶存老馬心，三珪豈易屠羊肆？沐猴紛紛安所如？支床鷄骨老蘧蒢。不須狗監稱知己，且作商丘隱牧猪。』（《小草齋集》卷十）

作《題〈淵明五柳圖〉》（《鼇峰集》卷二十五）。

謝肇淛有《淵明五柳圖》：『徑荒松菊室無烟，滿目山川又一天。唯有門前五株柳，栽時猶是義熙年。』（《小草齋集》卷二十八）

作《題〈夷齊叩馬圖〉》（《鼇峰集》卷二十五）。

作《九鯉湖范夢鹿道士來訪，以古刻〈黄庭經〉見貽，答贈》（《鼇峰集》卷二十五）。

作《題趙子昂畫馬》：『宋室王孫粉墨工，銀鞍金勒貌花驄。天閑十二真龍種，空自驕嘶向北風。』（《鼇峰集》卷二十五）

謝肇淛有《題趙承旨畫馬》：『玉蹄蹀躞五花驂，碧眼胡兒洗緑潭。苜蓿蒲稍終日飽，春風不復憶江南。』（《小草齋集》卷二十八）

按：謝肇淛《小草齋詩話》卷五：『趙子昂畫馬，題咏亦多，而佳者較少……徐處士𤏲云……雖含譏刺，而筋骨不露。』

又按：《徐氏筆精》卷五《詩談》：『趙子昂畫馬，近代題咏多含貶辭。國初楊文貞士奇云：「天閑第一渥洼姿，卓犖騰驤肯受羈。何不翻然絶韋鞚，踏雲追電看神奇。」黄方伯澤云：「黑髮王孫舊宋人，汴京回首已成塵。傷心忍見胡兒馬，何事臨池又寫真。」李文正東陽云：「宋家龍種墮燕山，猶在秋風十二閑。千載畫圖非舊價，任他評品落人間。」沈處士周云：「隅目晶熒耳竹披，江南流落乘黄姿。千金千里無人識，笑看胡兒買去騎。」又無名氏云：「塞馬肥時苜蓿枯，奚官早已著貂狐。可憐松雪當年筆，不識檀溪寫的盧。」釋古淵《題山水》云：「雪後潮痕上釣磯，江南天水一絲微。萋萋芳草迷禾黍，何事王孫尚不歸。」予有詩云：「宋室王孫粉墨工，銀鞍金勒貌花驄。天閑十二真龍種，空自驕嘶向北風。」』

作《兵書峽》（《鼇峰集》卷二十五）。

謝肇淛有《兵書峽》：『三分鼎足事何如？運去星沈恨有餘。鐵鎖已消銅雀冷，衹留丞相舊兵書。』（《小草齋集》卷二十八）

作《焚書坑》四首（《鼇峰集》卷二十五）。

謝肇淛有《焚書坑》：『驪山渭水起秋波，山下坑灰白骨多。諸子百家都禁却，却留圖籍與蕭何。』（《小草齋集》卷二十八）

作《買臣負薪圖》（《鼇峰集》卷二十五）。

謝肇淛有《題朱買臣負薪圖》：『青山浪跡且樵蘇，遇合寧論後有無。五馬歸來春已老，有人山上采蘼蕪。』（《小草齋集》卷二十八）

作《蘇李泣别圖》（《鼇峰集》卷二十五）。

謝肇淛有《蘇李泣别圖》：『紫塞胡風落節旄，鴈行飛斷碧雲高。莫將一掬臨岐泪，灑向單于賜錦袍。』（《小草齋集》卷二十八）

是歲，有書致鄧晦甫，言舍親薛允登兄弟，有粵城之遊，幸進而教之。

作《寄鄧晦甫》：『建溪兩覲丰采……荏苒韶光，俄經八載。羊城閩海，接壤鄰封……每過潭城，凡諸相知，莫不有去後之思……兹舍親薛允登兄弟，有粵城之遊，附問台福。薛君素慕高風，欲登龍門，幸進而教之。』（《文集》册六，《上圖稿本》第四三册，第四〇九—四一〇頁）

按：潭城，今建陽。萬曆二十八年（一六〇〇），𤊹於潭城作《題幔亭吏隱贈鄧晦父少尹》；次歲又遊潭城，别後至今歲八載。

是歲，作《蔡忠惠外紀》（即《蔡端明别紀》）。

按：題《蔡忠惠年譜》：『戊申歲，閑居寡歡，妄意接拾公之遺事作《外紀》。新安吴太學寓［寓］貲刻之武林。』（馬泰來整理《新輯紅雨樓題記　徐氏家藏書目》，第八二頁）

是歲，得黄用中《鼓山志》遺稿，討論之，助謝肇淛成《鼓山志》新稿。

謝肇淛《〈鼓山志〉小引》：『先輩黄用中讀書山下，感勝跡之寥絶，痛文獻之無徵，稍爲綴其崖略，欲成一家言，而力弗逮。舅氏徐興公得其遺稿，而次第討論之。日復一日，至戊申歲，余方宅艱多遐（當作暇），相與遐搜靈秘，博采蒭蕘，上溯草昧之初，中沿興廢之跡，而下益以耳目之所聽睹，其彙有八卷，列十二。』（《小草齋文集》卷十二）

按：參見萬曆二十九年（一六〇一）。

是歲，金魯爲言鱉異之事。

按：《筆精》卷八『鱉異』條：『錢塘張尚書曾孫某，典簿堯恩之子也。有塘棲吕氏饋張活鱉，張付烹炰，俄聞釜中有慨嘆聲，張異之，取視而鱉斃矣。剖其腹。中有人，長二寸，眉目口鼻肢體手足，無一不具，跏趺坐蓮花上。金中丞公子魯親見之，爲余言，時萬曆戊申年也。』

是歲，子陸成婚。

按：是春《寄張叔弢別駕》言及子陸婚期在即，不能遠門，陸成婚當在是歲。

是歲，生母林氏卒，年七十三。

按：《祭酒嶺造墳記》：『丁未，余有先妻高氏之變。戊申，又有生母林氏之喪。俱權厝祭酒嶺下。』（《文集》册九，《上圖稿本》第四四册，第四〇三頁）又《祭謝氏姊文》：『丁未、戊申，弟婦高、生母林又相繼逝矣。』（《文集》册十，《上圖稿本》第四五册，第一〇三頁）

謝肇淛有《祭徐門外庶祖母文》：『維靈英粹，藴玉青閨。含兹殊質，以待桐棲。歸我王父，下帷食苦。美並雙珠，家無二釜。柔克媚兹，靈克盡之。商瞿艱嗣，躬以祓匣。虹貫於日，鳳集於室。渥水遁分，河東堪匹。斷杼惜陰，荻教綦深。孕成豹質，名熚鷄林。伯氏先鳴，詞壇旗鼓。仲也吹篪，雕龍繡虎。季子恂恂，學不窺園。含英振藻，聲價騰騫。諸孫玉立，鳳毛五采。繞膝不凡，高閭可待。榆景難回，瑶籙倏開。烏號風木，猿嘯夜臺。翩翩白馬，千里來下。鶴化門賓，燕虚春社。小人有母，靈視如子。緊我舅甥，情同離裏。二十五年，操觚刻燭。畦畛盡忘，形骸無束。蕭蕭四壁，愛莫能助。方動驪歌，忽聞哀訃。嗚呼！七十有三，爾壽既臧。子姓振振，爾福既昌。笑歸黄土，何憾穹蒼。有酒如澠，有羹既戒。陰風素幃，彷佛環珮。』（《小草齋文集》卷二十六）

是歲，余翔卒。

張燮有《輓佘宗漢大令》：『中興崒嵂詞人起，虎視鳳觀照千里。先生斑管出東南，直向高壇禮牛耳。一官擲盾不受憐，燕雀安知鴻鵠騫……只今文苑最彫傷，思君喚作魯靈光。七十餘年亦太迅，一朝頓遺風流盡。』（《霏雲居集》卷三）

按：佘翔生於嘉靖十四年（一五三五），卒年七十四。

按：輿公輓詩作於萬曆三十八年（一六一〇）。參見該歲。

張燮有《六哀詩·佘大令宗漢》：『佘令故崎嶔，流風被巖藪。五斗不折腰，門間標五柳。折齒工放歌，埋照工誦酒。何論一世人，應無與應有。』（《霏雲居集》卷二）

是歲，沈野卒。

按：陳薦夫有《哭沈從先》《序》：『余以庚子歲與從先別，今年暮春，予附它舟至吴門，但從居人訪從先起居，皆云如故。逮至白下，始知予訪居人時，正從先屬纊日也。從先以方脈聞，常撰醫方，傳禁中。死之日，滿堂作蓮花氣，蓋修净土之驗云。』（《水明樓集》卷六）是歲薦夫遊吴門、白下。

又按：曹學佺作《哭沈從先》（《更生篇》下）。詳《學佺譜》。

王宇有《沈從先像贊》：『而貌翩然，而衷曠然，而奚人斯，而若然甘。犯時俗之笑，恥受世情之憐。苟大人之是依，雖名成而必捐。筆足以代其耕，何需乎桑海之田？其油乎偕也，彷彿不恭之惠；陶然放也，庶幾南宮之巔！而其野人乎哉？吾以知而之爲從先。』（《烏衣集》卷三）

按：此文作年不詳，附於此。

萬曆三十七年己酉(一六〇九) 四十歲

謝肇淛四十三歲,曹學佺三十六歲,林古度三十歲,徐陸二十歲

元月,元夕與謝肇淛倡和。有詩寄曹學佺參藩蜀中。自十三至十七日,與謝肇淛連續作《元夕詞》五首。

駁蔡達卿所出《蔡氏宗譜》八僞。爲謝肇淛題《蔡端明真跡》。

作《己酉元日》(《鼇峰集》卷十七)。

作《寄曹能始參藩蜀中》二首,其二:『萬里思君君不見,峨眉山月幾回新。』(《鼇峰集》卷十七)

按:去歲秋興公往金陵訪曹學佺,行至浦城,得知曹已有蜀命,遂返。

作《元夕詞》五首(《鼇峰集》卷十七)。

按:五首分詠十三、十四、十五、十六、十七日夜燈。

謝肇淛有『五夜』詩,《十三夜燈》:『千枝鳳蠟一時懸,共道元宵勝去年。人影漸隨香霧合,月輪還讓彩燈圓。虹橋乍起搖星斗,錦障初開試管弦。更説閩山香火勝,魚龍百戲列齋筵。』《十四夜燈》:『彩棚高結紫霞標,火樹銀花第二宵。兔魄却疑今已滿,燈華還比夜來饒。翠翹浮月盤龍動,玉勒嘶風寶馬驕。士女喧闐春似海,更祈圓滿到明朝。』《十五夜燈》:『舞鳳蟠龍百戲陳,寒空如水湧冰輪。三千世界團圞夕,十萬人家富貴春。碧海有天皆紫霧,錦城無地不紅塵。行遊漫道今宵永,漏咽銅龍夜又晨。』《十六夜燈》:『銀燭初開月漸遲,看來已減一痕絲。莫言燈市將殘夜，只當蟾光欲滿時。驄馬壁車尋舊路，紅牙檀板變新詞。春光一夕都衰謝，浪蝶遊蜂尚未知。』《十七夜燈》：『春色闌珊事漸非，賞心誰復惜芳菲。敲闌禁鼓月初上，踏遍殘燈人已稀。楊柳舞多凋緑綺，芙蓉焰少落紅衣。六街尚有餘香在，拾得遺簪信馬歸。』（《小草齋集》卷二十二）

按：謝肇淛《小草齋詩話》卷四全録二人五夜詩，云：『劉邦彦有《五夜元宵》詩……萬曆己酉，余在閩中，與徐興公各有此詩。』五夜指十三日夜至十七日夜。

題《蔡氏宗譜》：『茲譜紊亂扭捏，牽合扳援，如蔡齊建寧人，蔡襄興化人，蔡元定建陽人，三姓原非一族明甚，今乃合而一之，一僞也。五代宋初名臣蔡興宗，名見史册，今誤書「與宗」；蔡襄長子名匀，見歐陽墓志，今誤書「勾」；襄次子旬，娶福州劉異判官之女，生子傳，官朝奉郎，今誤作第三子旻之子，又不知其官爵，二僞也。黄庭堅所作蔡襄傳，全抄歐陽修墓志中語，無一句改頭換面，且字法全不似山谷，而山谷文集不載此文，三僞也。蔡襄敕一道，蔡洸敕一道，洸係襄之曾孫，一在慶曆三年，一在紹興六年，相去一百二十餘年，敕紙一式，無分毫之別，四僞也。其中印章，陰文者或以木石刻印之，而陽文者皆朱「油」描「摹」，全不類古人印式；間有作意糊塗，令人莫辨，五僞也。卷首托朱文公「家寶」二字，毫不似文公筆法，六僞也。余曾見王氏一譜，贋造與此無異，七僞也。後歐陽玄一跋，與王氏譜書出一手而文相同，八僞也。但從來已遠，非可輕棄，存之以備披閱，非傳家珍玩也。達卿丈出此相示，（余）因駁其大略如此。己酉仲春日，徐惟起識。』（馬泰來整理《新輯紅雨樓題記 徐氏家藏書目》，第八三頁）

按：此文辨《蔡氏宗譜》八僞，然其譜從來已遠，不可輕棄。

題《蔡端明真跡》：『宋人皆稱蔡忠惠書爲本朝第一，頗自珍惜，不妄與人，流傳五百餘年，得公真跡者不數家，王弇州最號博收，僅得《安樂》《扶護》二帖，秀水項氏亦廣蓄前代法書，亦只二帖，文太史臨刻《停雲館》，則公之真跡不啻龜鬚兔角矣。公，吾閩人，閩人得公書尤少。此帖草書二詩，神采筆鋒，一見奪魄，宋紙御印，觸手一新，即《停雲》所摹，遠不及也。歐、蘇二公意不可一世，而獨推轂君謨善書，載觀此帖，名下無虚，信哉！謝在杭多藏墨妙，此又爲謝家第一寶。萬曆己酉孟陬，徐惟起。』（沈文倬《紅雨樓序跋》卷二，第八一頁）

按：《蔡端明真跡》，宋蔡襄書，明謝肇淛藏。

正、二月，同陳鴻、吴雨、李漢卿等遊神光寺。

作《同陳叔度、吴元化、李漢卿至神光庵，因憶雲空上人己酉》：『落日春山寂，微風晚磬和。』（《鼇峰集》卷十一）

二月，謝肇淛、周千秋游太姥山、霍童山支提寺，有詩送之。致書謝吉卿、李元若，言前歲喪妻，去歲喪母。

作《送謝在杭遊霍林》：『踪跡從來遍九州，更尋第一洞天遊。雲邊兩屐三千嶂，天際雙童十二樓。藥臼霧蒸深澗曉，竹枝風掃古壇秋。名山久闕圖經久，還借如椽彩筆修。』（《鼇峰集》卷十七）

按：霍林，霍林洞天，即霍童山，又稱鶴林。《閩都記》卷三十三『郡東北福寧勝跡』：『霍童山，在十二都。神仙霍童所居，謂霍林洞天。天下三十六洞天第一也。唐司馬承禎修煉於兹山，跨鶴飛升，又名鶴林。天寶間改名仙遊，閩封爲東嶽。』

謝肇淛有《之霍童答同社諸子》：『屐爲尋山不蹔停，鶴林東望海冥冥。雲中絳節仙都宅，天上瑶函御賜經。碧洞桃花還獨采，霜鐘祇樹共誰聽？星壇丹竈勞相念，只恐紅塵夢未醒。』（《小草齋集》卷二十二）

按：謝肇淛《遊霍童記》：『己酉三月十日，偕周山人喬卿從太姥歸，鋭意取道霍童。』（《小草齋文集》卷九）

又按：據《小草齋集》卷二十二諸詩順序，謝與周亦先北上太姥，南還時方取道霍童。謝肇淛從福州出發時，當還在二月。

作《送周喬卿同謝在杭遊霍林》（《鼇峰集》卷十七）。

作《寄謝修之明府》：『台旆登萊之遊，忽忽兩易寒暑，近讀曹能始金陵新詩，始知吟屐去歲在白門，且久所履歷齊魯吴越之墟……不肖前歲□月有鼓盆之戚，去歲秋仲老母又復辭堂，鷄骨餘生，神理憒憒，此情此況，不足爲故人道也。尊册已付伯孺，久忘索取。兹在鄉間，容異日寄上。謝在杭近爲霍林、太姥之遊，北行之期，尚在初夏。』（《文集》册六，《上圖稿本》第四三册，第四〇七頁）

按：謝吉卿遊宦登州，詳萬曆三十五年（一六〇七）。

又按：謝肇淛北行在四月，詳下。

作《寄李明府》：『一自星軺之蒞虔州，野人奔馳南北……回首玉田署中，飛觴醉月，秉燭談心，宛如盧生一枕耳……不孝皇天示罰，洊遘憫凶。前歲喪妻，去歲喪母，鼓盆伏苫，兩載頻仍，有淚如河，亦枯且竭。鷄骨餘生，神理頓盡。安足爲故人道哉！舍親陳茹谷行便，草草修候。』（《文集》册六，《上

圖稿本》第四三册，第四〇七—四〇八頁）

按：劉明府，即李元若。時爲贛州府龍南知縣。

二月，鄰人吴雨園藤過墻，邀陳仲溱、高景、陳鴻、鄭邦祥共賞；又邀齋圃看二月菊爛熳，清明前連日風雨，與陳鴻、陳冲溱、高景兀坐小齋。廿三日，陳鴻携具神光庵，同陳鳴鶴、高景、吴雨、釋慶公尋烏石山冲天臺。題宋陳摶《圖南易數》。

作《吴元化後園藤蔓過墻，半垂余齋，花時邀惟秦、景倩、叔度、孟麟共賞分賦》：『古壁藤花合，春深歷亂開。』（《鼇峰集》卷十一）

作《小圃有一種晚菊立春開花，至二月中旬猶爛熳可愛，陳叔度以詩見贈，賦答一首》《陳惟秦、高景倩、鄭孟麟過小齋看二月菊，諸君有詩見貽，效長慶體答之》（《鼇峰集》卷十七）。

題《圖南易數》：『此書不載作者姓氏。近見友人處有《圖南河圖真數》一種，後自「乾」至「未濟」，卦各解釋，與此本同，但章末無詩，乃圖南之真本也。此本詩極鄙俗，决非圖南之筆，乃後人增之耳。圖南易理奥妙，安得作此兒戲語耶。《河圖真數》另有抄本，此又不與《真數》相蒙，分之爲是。萬曆己酉花朝，徐惟起題於汗竹（軒）［齋］。』（馬泰來整理《新輯紅雨樓題記　徐氏家藏書目》，第一〇一頁）

按：《圖南易數》，舊題宋陳摶撰。摶，字圖南。

作《清明日，約叔度、惟秦、景倩再上鄰霄臺觀石刻，值風雨連日，兀坐小齋有作，效長慶》（《鼇峰集》卷十七）。

按：清明，三月一日。

又按：此詩題言約陳鴻清明（三月一日）上鄰霄臺（詳下月），是清明之前之預約，作此詩時在清明前數日，風雨，故兀坐小齋。

作《二月廿三日，叔度携具神光庵，同汝翔、景倩、元化、慶公尋冲天臺，是唐崔干放鶴處》（《鼇峰集》卷十七）。

按：曹學佺《大明一統名勝志·福建》卷一《福州府·侯官縣》：『冲天臺，舊名放鶴臺。唐觀察使崔干得青田鶴置於此，忽冲天而去。』

三月，朔日，觀烏石山洪武中林子羽中秋玩月題名，過神光寺，見其殿廡頽毁，凄然有感。三日同陳仲溱、吴雨、陳鴻、高景，過仁王寺横山樓故址，尋得崇寧石刻於香積厨。七日，同陳仲溱、鄭震卿、吴雨、陳鴻、高景尋清泠臺宋史季温、王益祥、梁克家題名。十五日，同張集虚、陳鴻、吴雨、張陽生、高景尋天香臺並前後古刻。望後，同張集虚、張陽生、陳鴻、吴雨高景過九仙山。同陳鴻過南澗寺。題《趙承旨呂梁廟碑》。

作《暮春朔日，同叔度、元化、景倩觀烏石古刻洪武中林子羽中秋玩月題名，作隸體，因尋原作各次一首》：『靈跡應悠久，芳名未滅漫。後來二百載，追和愧詞壇。』（《鼇峰集》卷十二）

按：此日清明，登烏石山看石刻，上月月末與諸友有預約。參見上月。

又按：林鴻，字子羽，福清人。洪武國薦辟，授將樂訓導，官終膳部郎。爲『閩中十才子』之首。有《鳴盛集》。

又按：林鴻刻石，見郭柏蒼等《烏石山志》卷六《石刻》：『洪武庚申中秋日，江右藍仲晦、黄尚父，冶城陳則誠、林子羽、林子山，臨川黄公遠，山之僧圓極玩月於此。』

作《過神光寺，見其殿廡頹毁凄然有感》：『寶刹摧殘蔓草烟，居民争占古諸天。不看繁盛看消歇，恨我生遲二百年。』（《鼇峰集》卷二十五）

按：王應山《閩都記》卷十《郡城西南隅》『神光寺』條：『徐𤊹《過神光寺》云云。』

作《三月三日，同惟秦、元化、叔度、景倩過仁王寺横山樓故址，得崇寧石刻於香積厨，仍憩寺中汲泉烹茗，分得題字》（《鼇峰集》卷十二）。

按：横山樓，見黄仲昭《八閩通志》卷七十五《寺觀·福州府侯官縣》『仁王寺』條：『在神光寺之右……有雨花閣、横山樓，尋毁。天順七年重建。』

又按：據郭柏蒼等《烏石山志》卷三《寺觀》，横山閣（樓）萬曆間僧真慶重修。

又按：崇寧石刻，見郭柏蒼等《烏石山志》卷六《石刻》：『之進被招，遠仲約會仁王寺之横山樓。食罷，登致養亭，觀薛老峰，啜茶於道山亭，過南澗寺祖師閣，少休以歸。時崇寧乙酉仲夏十有四日。』

作《暮春七日，同陳惟秦、鄭震卿、陳叔度、吴元化、高景倩尋清泠臺，因得宋史季温、王益祥、梁克家先後題名於荒莽中，剔苔摩讀，感而賦之》：『王公謙叔眉山史，燁燁温陵梁叔子。先後期留不朽名，誰知汩没今如此。搜奇我輩癖相同，回首滄桑恨不窮。獨把一杯臺上酌，凄然懷古酹西風。』（《鼇峰集》卷八）

按：郭柏蒼等《烏石山志》卷一《名勝》『清泠臺』條：『（烏石山）三十六奇之一，在霹靂岩右。元至正二十四年行省平章燕赤不華建。』

作《暮春望日，同張集虛、陳叔度、吴元化、張陽生、高景倩尋天香臺並前後古刻，風雨倏至，因憩神光庵至暮而歸，共限五韻》（《鼇峰集》卷十七）。

按：郭柏蒼等《烏石山志》卷一《名勝》『天香臺』條：『（烏石山）三十六奇之一，在山南，石壁高聳，有楷書「天香臺」三字鎸石。』

作《暮春望後，同張集虛、張陽生、陳叔度、吴元化、高景倩過九仙山，憩石床小酌，待月而歸，共用床字》（《鼇峰集》卷十一）。

作《同叔度過南澗寺》（《鼇峰集》卷十一）。

按：曹學佺《大明一統名勝志·福建》卷一《福州府·侯官縣》：『南澗寺，在（烏山）東南隅。梁大通六年，居士蘇清捨宅爲之。唐乾寧二年，閩王建天王殿；三年，號南澗護國，天王合十二菴以爲寺。』

又按：郭柏蒼等《烏石山志》卷三《寺觀》『南澗報國寺』條：『嘉靖間，寺爲豪門侵没，僅餘天王崎依山屋數椽。萬曆初，邑令周裔先南海人從里人請，始復爲寺。』

作《過張陽生烏石山館》（《鼇峰集》卷十一）。

作《哭陳道源參軍》（《鼇峰集》卷十一）。

按：陳道源，即陳濂。詳萬曆三十二年（一六〇四）。

作《送陳伯全太史赴闕》(《鼇峰集》卷十七)。

題《趙承旨吕梁廟碑》:『趙承旨此碑,全師北海筆法,文甚簡古,《松雪集》遺之,是知古文字散落不少。先兄惟和向所收得,今歸高景倩,亦得其所主,實此帖之幸也。萬曆己酉暮春,過景倩木山齋,試鼓山新茶,因此展玩。徐惟起題。』(沈文倬《紅雨樓序跋》卷二,第七一頁)

按:《趙承旨吕梁廟碑》,元趙孟頫書。

春,彙輯《蔡端明別紀補遺》十二卷,并爲之序;嗣後,友人馬欻、陳鳴鶴、謝肇淛陸續爲作序。有書致何喬遠,吊其長子九轉、九轉婦。謝肇淛遊太姥山,有資福寺僧請其作《福寧資福寺募緣疏》,興公代其作。

作《〈蔡端明別紀〉序》:『蘇、黄、米、蔡,宋稱四名家者也。遺言佳事,傳播後世,未可僂指……予生同桑梓,夙負恭敬之念,乃蒐厥陳言,彙爲《別紀》,自世系、本傳以及《荔譜》《茶録》,分門別類,爲卷十二,公之生平,悉其大都。至與六一先生侃侃立朝,號「慶曆四諫」,其風稜凛乎不可犯,千載猶有生氣,《別紀》瑣屑,又不足以盡公萬一也。近聞亦有作《黄豫章志林》者,余之《別紀》其可已乎。若曰端明藎臣,則吾豈敢。萬曆己酉春日,後學徐𤊹興公題。』(《蔡端明別紀補遺》卷首,又馬泰來整理《新輯紅雨樓題記　徐氏家藏書目》,第八一頁)

按:《蔡端明別紀》,徐𤊹輯,萬曆間刊本。

馬欻有《〈蔡端明別紀〉序》:『余曩見弇州先生所輯《蘇長公外紀》,竊嘆如黄、如米、如蔡三家者皆不可缺……亡何,余友徐興公輯之,名曰《蔡端明別紀》。間以相示,余不勝其愉快也。夫古之名流高品，其德行、政事、文章，雖昭昭史册，而膚學者仍侈談漢、晋以前人物，遞至於宋，一切略之矣。故公雖閩人，而居人過客，不經楓亭道温陵者，猶未知有路傍之墓、橋左之祠也。諸好事家輒稱其《荔譜》《茶録》及數紙遺墨於世，試叩以德行、政事、文章，輒相顧自失，誰能旁蒐獵秘，彙成一書，俾五百年之遠披閱如見乎……興公復殫厥力，采掇遺文，録於别載，其得與《别紀》并傳不朽，興公固端明之功臣也……萬曆己酉秋日，懷安馬歘季聲撰。』（《蔡端明别紀補遺》卷首，顔繼祖刻《蔡忠惠詩集》附宋珏《蔡端明别紀補遺》卷首）

按：此序作於萬曆四十七年（一六一九）。

謝肇淛《〈蔡端明别紀〉序》：『先生曾譜荔支，吾舅徐興公因之而成《通譜》，私心謂異代有知己也，因而蒐剔載籍，旁及猥稗，摭其行事而論次之。取裁於蘇之《外紀》、米之《志林》，釐爲十則，而以《荔譜》《茶録》附焉。述而不作，文獻犂然具在矣。夫士顧所竪立謂何耳？苟其懿行芳躅足以流聲百代，即稗言瑣事皆附之而不朽……萬曆庚辰秋日，晋安謝肇淛撰。』（《小草齋文集》卷六；又《蔡端明别紀補遺》卷首；又顔繼祖刻《蔡忠惠詩集》附宋珏《蔡端明别紀補遺》卷首）

按：顔繼祖（？—一六四〇），乳名鶴舍，字繩其，號同蘭，龍溪（今漳州）人。萬曆四十七年（一六一九）進士，官都御史，巡撫山東，兵敗，下獄死。有《紅堂集》《雙魚集》。

陳鳴鶴有《〈蔡端明别紀〉序》：『余友徐興公藴藉二酉，無所不覽，嘗彙君謨三百七十餘事，其目有十……是編也，真如子政之博訪滑稽生，不類蔚宗之傳牛醫兒者矣！萬曆庚戌冬日，侯官陳鳴鶴書於柯山之泡庵。』（《蔡端明别紀補遺》卷首，又顔繼祖刻《蔡忠惠詩集》附宋珏《蔡端明别紀補

遺》卷首）

按：陳、謝二序作於萬曆三十八年（一六一〇）。

蔣孟育《〈蔡端明別紀補遺〉序》：『蔡公以文章氣節著於仁、英兩朝，與歐陽文忠友善，文忠評其文清遒粹美，舉世寶之。王龜齡先生謂：「後之人，雖有善文辭、好議論者，莫能改。」是評也。其集凡三十六卷。龜齡守泉，自刻於學宮。自南渡後，屢遭兵燹，遂湮没不傳。只《荔枝譜》《茶録》二卷行於世。晋安徐興公、謝在杭，好古君子也，編搜遺稿不可得。興公姑摭公遺事刻爲《別紀》……近盧觀察鉉卿，忽得鈔本于豫章喻氏，雖錯雜無首尾，如千年神劍，一旦出獄，即土花繡澀，光芒動世。鉉卿授其本於敝門人宋珏，令讎較分輯，將梓之於莆，未幾而陳四游刻於南昌，蔡五嶽刻於温陵，皆依喻氏本。任其錯雜，不遑參訂也。宋生抱善本入金陵，將依向歲歐陽四門、黄侍御二集故事，而摶沙作塔，竟不能成，遂請先刻《詩集》全編及《別紀補遺》二册，以公海内同好，且以伸五百餘年湮没不彰之氣。《詩集》既分體編輯，復附入諸公和韻之作，而《別紀》搜括諸書，殆無剩義，比興公創始，不啻倍之。是集出，不獨補吾閩之缺典，寔以表宇内之奇觀。予甚壯焉，而因述其所以再刻《別紀》之意如此。清漳蔣孟育道力題。』（《蔡端明別紀補遺》卷首）

按：蔣序叙興公刊刻《蔡忠惠公集》始末甚詳。

作《寄何稚孝》：『友人王玉生歸自温陵，聞先生有西河之戚，仰天長嘆，造物何忌才若是！以郎君之文章行誼，膾炙人口，似不在死法中，奈何中道殂別，豈天上玉樓有待作賦、而人間不可少留邪？繼詢賢婦冰節，視死如歸，雖一時悲填胸臆，然骨在地下，名在地上，彤管摽揚，千秋萬歲後凛凛猶有生氣，是皆先生風節稔著、而家庭素所習聞者也。不肖擬操不律爲賦《節烈傳》，用挽貞魂于九原。緣去冬先慈見背，鷄骨餘魂，無復神理，區區之懷，尚俟異日。兹因丘孝廉歸，附此奉唁。幸祈順時珍重，爲國自愛，不宣。』（《文集》册六，《上圖稿本》第四三册，第三八九—三九〇頁）

按：徐𤊹母卒於去歲。

又按：何九轉，字翁悌，喬遠子，九雲、九説兄，晋江人。卒於去歲秋，十數日後九轉婦殉節。

作《福寧資福寺募緣疏》：『己酉之春，予裹糧爲太姥、支提之遊……去太姥十五里而遥，有資福禪寺，建自咸通二年，迄今七百餘載，屢修屢廢，而古跡猶存。山水林木勝甲一方，實長溪一大叢林也。玉峰上人賞其幽静，卓錫焉。歲月既遥，榱桷善崩，廊房就圮。上人創議重修，衣鉢單微，未能完此勝果。乃遣其徒性詮持疏募緣，詣予弁其端……乃爲之説偈曰：古院年深草色荒，旃檀樹老不聞香。給孤重把黄金布，一點禪燈照十方。』自注：『代在杭作。刻於《小草齋（集）》中。』（《文集》册十，《上圖稿本》第四五册，第一二二—一二三頁）

又按：福寧州，治今霞浦縣。曹學佺《大明一統名勝志·福建》卷三《福寧州》：『元至元二十三年始陞長溪縣爲福寧州，領福安、寧德二縣，屬福州路，我洪武二年改爲福寧縣，成化九年仍復爲州。』

又按：此文又見《小草齋文集》卷二十二。

四月，與謝肇淛往武夷山，經困溪訪林春秀，因感古田鄭子警、魏以肅二君物故。經建州，觀漲。作《困溪訪林子實，因感鄭子警、魏以肅二君物故，愴然有作》（《鼇峰集》卷十一）。

謝肇淛有《囦溪逢林子實賦贈》：『意氣知君早，江干喜乍逢。盡搜行篋草，共坐古祠松。野色臨溪斷，灘聲隔樹重。匆匆又分手，凉月滿千峰。』(《小草齋集》卷十五)

按：謝肇淛服闋，赴京補官，興公附其舟至武夷山。又同出閩關，行至衢州之後分手，興公往武林，謝肇淛徑直往揚州北上。

作《建州觀漲》(《鼇峰集》卷十一)。

五月，初一日，在崇安縣興田，遊元真觀。初二日，與謝肇淛、周千秋、蔣子才、江仲譽發崇安興田，到武夷，宿萬年宫。雨中登玉皇閣。過一曲雲龍道院，謁王守仁祠、趙抃祠。遊二曲一綫天、虎嘯巖，宿王隱泉道人丹室。過御茶園，遊小桃源。登城高巖。還至三姑之北馬頭巖，過天心巖，至杜轄巖拜吕純陽像。遊水簾洞，至崇安縣城已入夜。江仲譽先歸，武夷溪口送之。作《武夷山遊記》，佚；謝肇淛有《遊武夷山記》，今存。

作《遊興田元真觀》(《鼇峰集》卷十七)。

按：謝肇淛《遊武夷山記》：『是遊同行者周喬卿、徐興公、蔣子才，而江生仲譽則自建陽送余至，以五月二日發興田驛，午後臨溪，即見大王峰巍然，而「幔亭」二字若彈丸，隱隱可辨。衆皆歡呼踊躍。』(《小草齋文集》卷九)

又按：楊正泰《〈明會典〉所載驛考·福建》：『〔興田驛〕屬建寧府崇安縣。明初置。在今福建崇安縣南興田，後移置於今崇安縣城内。』(《明代驛站考》二)

謝肇淛有《興田驛元真庵》：『款冬花下扣柴扉，道士初更禮斗衣。繞屋雨聲泉百道，隔溪暝色鶴

雙歸。丹房火冷人何在，石室棋殘世已非。頓覺塵心清欲盡，步虛聲裏紫雲飛。』（《小草齋集》卷二十三）

作《五宿萬年宮》（《鼇峰集》卷十七）。

按：謝肇淛《遊武夷山記》：『渡筏而西，甫及山門而雨作，道士遊體玄者，從泥淖中肅客入宮，焚香膜拜。循東西廓，觀遊人題墨及諸石刻，汗漫林立。』（《小草齋文集》卷九）

謝肇淛有《重謁萬年宮同徐興公、周喬卿、江仲譽、蔣子才》：『尋真不憚遠，山雨送微涼。人盡曾孫裔，峰仍玉女妝。虹橋秦宴散，蟲篆漢祠荒。俯仰悲今昔，風塵鬢已霜。』（《小草齋集》卷十五）

作《遊武夷遇雨憩萬年宮，次在杭韻》（《鼇峰集》卷十七）。

謝肇淛有《雨中登武夷，因感舊遊》：『前峰一夜雨潺湲，六六溪頭碧幾灣。隨水有花來洞口，賓雲無曲奏人間。山樵薙草驚猿卧，道士操舟載鶴還。日月已更雲物異，題名盡没翠苔斑。』（《小草齋集》卷二十三）

作《雨中登玉皇閣，次韻》（《鼇峰集》卷十七）。

按：謝肇淛《遊夷山記》：『相與登玉皇閣，觀道藏。入右廡小署，拜宗子相、徐子與先生祠。從祠後觀「幔亭」，字差大如斗。』（《小草齋文集》卷九）

又按：徐表然《武夷志略·一曲諸勝》『沖佑萬年宮』條：『玉皇閣，閣下祀十三仙。閣東有方池，清泉流不溢不涸，閣後爲法堂，堂後爲方丈。』

謝肇淛有《雨中登玉皇閣》：『咫尺清都不可攀，亂峰低映紫霞關。石函半是真人蜕，寶藏初從内

府頒。虹架曾孫新彩幔，烟生玉女舊雲鬟。桃花落盡黄粱熟，一枕遊仙盡日閑。』（《小草齋集》卷二十三）

作《過一曲雲龍道院，因懷故道士項一閑》（《鼇峰集》卷十一）。

按：徐表然《武夷志略·萬年宫左諸勝》『雲龍道院』條：『在幔亭峰下，乃彭祖所居舊址。明光禄卿陳洙重建，顔曰「一水草廬」。』

作《武夷謁王司馬公祠》（《鼇峰集》卷十七）。

按：王司馬祠，即王守仁祠。董天工《武夷山志》卷十六《名賢》上『王守仁』條：『初名雲，字伯安，號陽明，餘姚人。南冢宰華子也。弘治己未進士，授兵部主事……擒宸濠，遷南大司馬，封新建伯……萬曆十二年從祀孔廟。公理學、事功掩蓋前代，建立祠宇、書院凡四十餘所。武夷有祠二，一在一曲，一在五曲。』

又按：興公所謁祠在一曲。

又按：謁王司馬公祠、虎嘯巖，由武夷山道士王隱泉導遊。謝肇淛《遊武夷山記》：『翼日，雨下如注，溪漲高於雪山，覓舴艋不可得。余與諸客分韻賦詩，題之左壁。而王隱泉者，聞謝使君至，衝泥來會。問其踪跡，曰謝人間事，遯跡虎嘯巖十載矣。相慰勞久之，因導至王司馬祠，觀予當年題墨，宛然在也。』（《小草齋文集》卷九）

作《一線天》（《鼇峰集》卷五）。

按：董天工《武夷山志》卷八《二曲·溪南》『一線天』條：『舞雪臺西，亦稱「一字天」。連雲絶巘，長數百丈，厚半之。頂裂一罅，東西徹兩頭，如劍切爲二，中間相去不盈咫尺。壁之趾有洞通於石罅。自罅間仰視，僅露天光一線，殆神工鬼斧之奇矣。』

謝肇淛有《一線天》：『巨石倒覆張若箕，小石仰閣如支頤。雌雄橐籥忽不盡，漏出一線光霏微。洞門逶迤杳無際，陰風颯颯吹魂悸。簷溜經年瀑布飛，白日常疑雷雨至。芒鞋竹杖尋真客，探盡鴻蒙未剖色。歷井捫參不肯歸，鐵笛一聲山月白。』（《小草齋集》卷十）

作《小桃源十二韻》（《鼇峰集》卷十二）。

按：謝肇淛《遊武夷山記》：『還至雲窩前，始就輿，取道入小桃源，緣壁循澗，汙瀞沮洳。沙岸善崩，十步一失。五里許夾石爲竇，跨木爲梁，深谷杳然，湍奔其下，碧草脩篁葱蒨。谷口即不必尋桃花、胡麻而知非人間世矣。過洞而桑麻平川，豁然別有天地。茅屋數間，以養蜂、采茗、蒸竹、製楮爲生。小澗屈曲，里許流水琮琤，桃花夾之，故名小桃源；又以石崩故名陷石堂。此是武夷山中第一幽絶所也。』（《小草齋文集》卷九）

謝肇淛有《小桃源》：『路穿石竇木橋危，鷄犬桑麻半掩扉。沙圃雨中殘茗老，洞門春後落花稀。風搖竹塢蜂衙散，水滿莎塘鴨陣歸。寒暑自更無甲子，不知人世是秦非。』（《小草齋集》卷二十三）

作《御茶園》（《鼇峰集》卷二十五）。

按：徐表然《武夷志略·四曲諸勝》『御茶園』條：『製茶爲貢，自宋蔡襄始。先是建州貢茶，首稱北苑龍團，而武夷之茶名猶未著。元設場官二員，茶園南北五里，各建一門，總名曰「御茶園」。大德己亥，高平章之子久住，創焙局于此。』

作《懷佘渾然道人》(《鼇峰集》卷二十五)。

作《武夷採茶詞》六首、《吊藕花居》(《鼇峰集》卷二十五)。

作《題趙清獻公祠》(《鼇峰集》卷十七)。

按:趙清獻,即趙抃。徐表然《武夷志略·寓賢》「趙抃」條:「字閱道,衢州人。康定間爲崇安令,政尚寬簡……公餘嘗嘯咏武夷山中,結吏隱亭于金鷄洞下,沿溪種梅花,復種梅于縣堂之後。後人思之,稱其梅爲清獻梅。」

作《題城高巖僧舍》(《鼇峰集》卷十一)。

按:謝肇淛《遊武夷山記》:「越溪而之城高巖,巖稍亞折笱,然石磴木梯亦不下百級。四人蟻附而昇。僧寮道院,𡙇倚雲杪,倏整絶塵。殿後高阜,正視三教峰,遠睇九曲。毛竹千竿,蒼翠欲滴,有一本而雙稍者,亦奇種也。」(《小草齋文集》卷九)謝肇淛有《城高巖》:「鳥道削峻嶒,緣源舍筏登。梯雲千級磴,巢竹一行僧。屋嵌埋沙石,人攀繞樹藤。柴門常不閉,山鬼夜吹燈。」(《小草齋集》卷十五)

作《虎嘯巖宿王隱泉道人丹室》(《鼇峰集》卷十七)。

按:謝肇淛《遊武夷山記》:「過虎嘯巖,遥望石屏蒼蒼,倚壁而梯,踞峰而亭者,爲一覽臺……暝色將合,乃歸至虎嘯之麓,躡石梯,踐飛瀑,徑穿叠石,中出繩樞。方丈庋巖際而據木末,即隱泉道人居也。丹方藥竈,石牀竹几,殊翛然有鸞鶴之想,因留宿焉。中夜,泉聲凄徹,魂夢俱凉。晨起,各賦詩留贈。王君仍出菖陽角黍餉客。」(《小草齋文集》卷九)

又按：徐表然《武夷志略·二曲諸勝》『虎嘯巖』條：『在玉女峰南，草木叢茂，四壁峭立。昔有真人跨虎嘯于其上，故名。』

謝肇淛有《贈王隱泉道士》：『青蛇袖裏七寒星，半榻孤峰對幔亭。五夜朝元騎白鶴，十年滴露注《黄庭》。路經瀑過晴疑雨，門倚巖成晝不扃。未許漁郎來問渡，棹歌無數隔林聽。』（《小草齋集》卷二十三）

謝肇淛有《宿王道人嘯虎巖浄室賦贈》：『山中謝事禮寒鐘，高結雲房占别峰。百丈蒼崖秋嘯虎，半爐丹火夜投龍。研朱點就昇真籙，餐玉方成却老容。下界塵踪那得到，落花啼鳥翠重重。』（《小草齋集》卷二十三）

作《馬頭巖題吴子禎道士丹房巖中瘞其本師張凝庵蜕》（《鼇峰集》卷十一）。

按：徐表然《武夷志略·萬年宫左諸勝》『馬頭巖』條：『在三姑石之北，高拔昂首狀如騰驤，下有永樂庵。』

又按：謝肇淛《遊武夷山記》：『過茶林，落落數家，有鷄犬聲，知馬頭巖至矣。門鎖不開，毁扉而入，懸榻凝塵。左側精室新成，藻繪皎然。其先爲張鍊師凝庵所開，尋蜕去，今道人吴子禎欲卜居而未遂也。余與興公口占一詩，題壁間而去。』（《小草齋文集》卷九）

謝肇淛有《馬頭巖石室懷張煉師》：『石室倚巖隈，松門鎖不開。仙遺蟬蜕去，人問馬頭來。草没階前地，床滋雨後苔。丹臺雙白鶴，猶逐紫雲迴。』（《小草齋集》卷十五）

作《杜轄巖拜吕純陽像》（《鼇峰集》卷十一）。

按：謝肇淛《遊武夷山記》：『（天心庵）復越一峰而至杜轄巖，路窮而得石，石窮而得洞，短彴横施，俗轍不到，故名杜轄也。門徑類小桃源，巖洞類一線天，而萬峰羅立，溪流如帶，實兼二者之勝。石磴蛇屈，高而復卑。壁上有「景陽洞天」字，及吴比部中立、張太史元忭、趙大司寇參魯所題，皆贈程道人常静者。程，歙人，善琴，隱於此，後卒葬焉。最上爲吕仙祠，祠上爲觀化閣。水雲山色，遠樹平疇，盡在眉睫間，而對岸赤石鱗瓦虹梁，歷歷可數。』（《小草齋文集》卷九）

謝肇淛有《杜轄巖次興公韻》：『路出諸峰外，門開流水邊。數椽栖洞屋，一帶隔溪烟。雨長巖頭瀑，泉滋石罅田。蕭然車馬絶，鷄犬亦成仙。』（《小草齋集》卷十五）

謝肇淛有《杜轄巖懷程道人》：『一片玄宫倚石開，亂山羅列大溪迴。金徽玉軫無消息，鐵笛數聲黄鶴來。』（《小草齋集》卷二十八）

作《水簾洞》（《鼇峰集》卷十七）。

按：謝肇淛《遊武夷山記》：『至洞口，仰視水簾從峰頂飛落，餘沫噴濺人衣，真奇觀也。水簾有二，而左者稍微，右者有池承之。道院俯焉。每一風來，輒彌漫數十丈，如唾如霧。』（《小草齋文集》卷九）

謝肇淛有《水簾洞》：『踏棘攀蘿宿雨沾，泉聲一夜百重添。寮依倒石泥爲瓦，瀑噴孤峰雪作簾。石上松髯梢結頂，函中仙骨指留尖。依稀不似人間路，柯爛何妨竟日淹。』（《小草齋集》卷二十三）

作《武夷溪口送江仲譽先歸》（《鼇峰集》卷十一）。

作《江仲譽贊》：『謂爾山澤之臞，胡爲高冠而儒？謂爾翩翩公子，胡爲儋石無儲？形枯也，神王；

外瘠兮，中腴。詩似夜光之璧，歌如一串之珠。潭有文士江爲故宅，而君豈其苗裔也乎！』（《文集》册十二，《上圖稿本》第四五册，第二九七頁）

按：潭，潭陽，建陽别稱。徐𤊹疑仲譽爲梁詩人江爲之苗裔。

謝肇淛有《江仲譽像贊》：『巾白綸，衣薜荔。坐團焦，泊無嗜。謂爾臞，五經笥。謂爾儒，高遠視。佳公子，俠骨氣。傷哉貧，貌憔悴。筆爾淹，孝爾泌。展大成，吾所畏。』（《小草齋文集》卷二十三）

按：江仲譽由建陽送謝肇淛、徐𤊹遊武夷，兩稿《贊》當作於此時。

作《武夷山遊記》（文佚，題筆者所擬）。

按：詳下謝肇淛《武夷山遊記》。

謝肇淛《遊武夷山記》：『萬曆壬辰十月，余拜司理之苕，扁舟過武夷……居諸欻忽十有七載，己酉之夏，始獲重尋，是遊同行者周喬卿、徐興公、蔣子才，而江生仲譽則自建陽送余至，以五月二日發興田驛……是役也，雨師祖道，遊興稍減，未能窮三十六峰之觀，然地非尋常，人皆同志，而杜轄、一線天皆杖屨所罕及者，持此足以驕諸遊人矣。興公亦别爲之《記》。復訂天柱、鼓子、天壺諸峰之遊，以俟他日。』（《小草齋文集》卷九）

作《追懷武夷四先生》（《鼇峰集》卷二十二）。

按：四先生細目：《朱元晦》《陳虚白》《白玉蟾》《杜伯原》。

又按：朱元晦，即宋朱熹。

又按：陳虚白，即宋陳冲素。徐表然《武夷志略·仙真》『陳冲素』條：『號虚白，入武夷修道，遇異人，授以丹法……丹成，與一樵者飲，忽仆地，夢入一洞府，有物迸出，曰「青靈芝」，即採食之。自是飲水不復粒食，年餘仙去。』

又按：白玉蟾，即宋葛長庚。徐表然《武夷志略·仙真》『白玉蟾』條：『本姓葛，名長庚，號瓊琯，又號雲外子……白真人初到武夷時，無有識者，獨詹琰夫異之，乃重建止止庵以居之焉……嘗自讃曰：「千古蓬頭跣足，一生服氣飡霞。笑指武夷山下，白雲深處吾家。」繼而成道之後，變化莫測……有《瓊琯集》行於世。』

又按：杜伯原，即元杜本。徐表然《武夷志略·賢寓》『杜本』條：『字伯原，號清碧，清江人。通諸經，尤精皇極之旨……詹景仁延歸武夷，築室於平川上，居之，遂結思學齋、懷友軒爲終隱計……有《清江》《碧嶂》集行世。』

又按：興公數過武夷，此詩暫繫於此。

五月，由武夷入江西鉛山石溪鋪，見鄧汝高留題，遊石井寺、觀音洞。經衢州，前往武林。

作《鵝湖石溪鋪見鄧汝高留題，次韻》（《鼇峰集》卷十一）。

按：鵝湖，在江西鉛山。李賢《大明一統志》卷五十一《江西·廣信府》『鵝湖山』條：『在鉛山縣北一十里。山之上有湖生荷，舊名「荷湖」。山後有龔氏畜鵝於此，故又名鵝湖。』

又按：鄧汝高，即鄧原岳。詳隆慶四年（一五七〇）。

謝肇淛有《鉛山道中讀鄧汝高、王永叔、陳子卿、茅薦卿壁間題，次韻》：『十里雨溟濛，王程望不窮。瘴烟迷鳥道，里語雜蠻風。天盡閩山北，雲低楚水東。故人生死別，灑淚向歸鴻。』（《小草齋

集》卷十五）

作《遊鉛山石井寺》（《鼇峰集》卷十七）。

按：曹學佺《大明一統名勝志・江西》卷六《廣信府・鉛山縣》『石井』條：『在縣東北四里資聖院之後……井上石文隱起，錯鏤垂下如蓮花倒生。縣多膽水味澀，此獨甘。晝夜流不竭，溉田數百頃。舊名「玉洞泉」。』

謝肇淛有《遊鉛山石井寺》：『叢林秋郭外，官路石橋邊。亂竹孤峰寺，懸巖一壑泉。藤牽枯樹死，僧傍蟄龍眠。不識清凉地，紅塵隔幾千。』（《小草齋集》卷十五）

作《遊鉛山觀音洞》（《鼇峰集》卷八）。

按：觀音洞，在江西鉛山。張燮《遊鉛山觀音巖記》：『比至寺，庭列寶坊，大書「仙巖洞天」四字……僧寮導余穿徑，數轉，高低而入，行抵一洞，上覆巨石，石琢大士像高懸，則巖所由名也。』（《霏雲居集》卷二十九）

謝肇淛有《遊鉛山觀音洞歸，遇雨作》：『駕言出西郊，林巒帶村薄。遠澗瀉平疇，水車聲閣閣。行行不數里，山勢互迴礴。怪石何穹窿？琳宮敞寥廓。峰轉路疑窮，洞門當空鑿。石級七十二，勢若從天落。蒼崖倒層層，玄玉鬼所琢。怪突殊怒號，秀媚復綽約。巖隙漏日光，石罅溜殘瀑。大士趺林杪，霞帔明珠絡。化城未云遥，閬風安足樂？振衣陟崔嵬，一氣俯冥漠。悠然見鵝湖，秀色應可握。登降良已怡，風雨亦不惡。洗盡下界塵，從此置丘壑。』（《小草齋集》卷五）

作《贈張叔翹守衢州》（《鼇峰集》卷十七）。

萬曆三十七年己酉（一六〇九）　四十七歲

謝肇淛有《過衢贈張叔翹太守》：『風流文采振金閨，虎竹初分瀫水西。鎖印吏隨閑鶴卧，行春馬踏落花嘶。洞尋王質看時局，裙向羊欣醉後題。今日江城驪御李，隔溪聽唱白銅鞮。』（《小草齋集》卷二十三）

五月，應邀至杭州修《錢塘志》。

按：《寄張維成》：『憶己酉修《志》之役，日聆雅教……從錢塘抵舍。』（《文集》册六，《上圖稿本》第四三册，第四三八—四三九頁）

五、六月間，在杭州，顔容軒出其《沅湘遊稿》還相示。遊靈隱寺。同王崑仲、鄭憲、王宇、陳五昌、鄧永之西湖泛舟。謁岳王祠墓、表忠觀。遊雷峰塔。題林純卿孤山精舍。遊浄慈寺，尋蓮花洞。遊鳳山。與吴非熊西湖宿別。訪袁宏道。靈隱寺松隱堂訪耶溪上人，不遇。同吴充登南高峰。遊法華臺，題徐字生芙蓉軒。謁孤山和靖墓。同王崑仲登六和塔。在杭州，購得宋本《龍龕手鑒》。致書張蔚然，附新修《鼓山志》一部，有登門造訪之意。

按：顔容軒遊沅湘曾作有《酉陽懷徐惟和、惟起，時候屠田叔未至，客周二松江樓》，當載入《沅湘遊稿》中。參見萬曆二十六年（一五九八）。

作《武林逢顔廷愉出其〈沅湘遊稿〉見示，答贈》（《鼇峰集》卷十七）。

又按：《顔廷愉像贊》：『才似延年之清，人是復聖之族。燕頷虎頭，虬髯鷹目。既馳驅于沙塞之上，韎韐櫜鞬；胡爲逍遥於江湖之間，角巾墅服。邇年播州削平，朝廷録功，聞爾亦膺乎爵禄。不知者，秖目爲善飯廉頗；知之者，定指爲詩書郤穀。』（《文集》册十二，《上圖稿本》第四五册，

第二七二頁）

又按：《像贊》作年不詳，附於此。

作《遊靈隱寺》《同王玉生、鄭吉甫、王永啓、陳伯全、鄧永之西湖泛舟》（《鼇峰集》卷十七）。

作《岳王祠墓》（《鼇峰集》卷十七）。

按：李賢《大明一統志》卷三十八《浙江・杭州府》『岳飛墓』條：『在棲霞嶺下。飛宋高宗時，慨然有恢復中原之志，卒爲秦檜所中，死，葬於此。今其墓上古木枝皆南向，識者謂其忠義所感云。』

作《雷峰塔》（《鼇峰集》卷十七）。

作《題林純卿孤山精舍》（《鼇峰集》卷十七）。

按：李賢《大明一統志》卷三十八《浙江・杭州府》『孤山』條：『在府城外西湖上，獨立一峰，爲湖山勝絶處。上有林逋祠。』

作《表忠觀》（《鼇峰集》卷十七）。

按：李賢《大明一統志》卷三十八《浙江・杭州府》『表忠觀』條：『在龍山。宋郡守趙抃以錢氏墳廟蕪廢請於朝，即龍山廢刹爲觀，賜額「表忠」。蘇軾爲碑銘。』

作《同張朗之遊净慈寺，尋蓮花洞》（《鼇峰集》卷十七）。

作《鳳山懷古》（《鼇峰集》卷十七）。

按：李賢《大明一統志》卷三十八《浙江・杭州府》『鳳凰山』條：『在府治南二里，下俯大江，直望海門，山勢若鳳凰欲飛之狀。』

作《與吳非熊西湖宿別》《寄答丁文統》（《鼇峰集》卷十七）。

作《送胡仲修之燕訪袁中郎》（《鼇峰集》卷十七）。

按：袁中郎，即袁宏道。詳隆慶四年（一五七〇）。

作《送吳二水謁選赴京》《壽凌元孚太守七十初度》（《鼇峰集》卷十七）。

作《送王永啓》：『言論既清旨，詞理復奥妙。所以球琳器，容易登清廟。』（《鼇峰集》卷五）

按：興公于武林與王宇遊，臨別贈詩。次歲，王宇成進士。

作《靈隱寺松隱堂訪耶溪上人不遇》（《鼇峰集》卷十一）。

作《訪虞長孺銓部賦贈》（《鼇峰集》卷十一）。

作《與虞長孺吏部》：『東海陳人，久厠明公交籍之末，雖晤語未稠，而十五年來精神嚮往于左右者，亦云殷矣。兹幸遊鄭鄉，極切執鞭追隨以快夙願，稔聞明公養高掃軌，不敢以剥琢煩起居，坐是趦趄，匪敢自遠于大方也。漫賦小作，題之扇頭求正……外《家集》一部請教。先兄生平苦心有志藝苑，身後僅存遺言數册，祈明公鉛槧之暇一寓目焉，則不肖兄弟沐教多矣。』（《文集》册六，《上圖稿本》第四三册，第三九七—三九八頁）

按：萬曆二十三年（一五九五）𤊹過武林訪虞氏，作《雷峰訪虞長孺、僧孺所居》，至今歲十五年。參見該年。

又按：家集，徐熥《幔亭集》。

作《登南高峰同吴德符》(《鼇峰集》卷十一)。

按：李賢《大明一統志》卷三十八《浙江・杭州府》『南高峰』條：『在府城西一十二里，上有古塔，下有石屋。《杭都賦》：「南北高峰，獨秀群嶺之表。」』

作《法華臺因禮壽禪師舍利新塔》《題徐字生芙蓉軒》(《鼇峰集》卷十一)。

作《孤山和靖墓》(《鼇峰集》卷十一)。

按：和靖，即林逋。李賢《大明一統志》卷三十八《浙江・杭州府》『林逋墓』條：『在孤山。逋自爲墓於其廬側。臨終爲詩云：「湖上青山對結廬，墳前修竹亦蕭疎。茂陵他日求遺藁，猶喜曾無封禪書。」』

作《登六和塔同玉生賦》(《鼇峰集》卷十一)。

按：題《龍龕手鑒》：『偶于萬曆己酉過杭州，購得此書，乃高深甫家所藏宋版宋紙也，深甫有印記。』(馬泰來整理《新輯紅雨樓題記　徐氏家藏書目》，第七三頁)

又按：參見崇禎十一年(一六三八)。

作《寄張維成》：『元日醉飲高齋，飽玩圖籍，忽忽又經三載，王永啓歸自長安，得仁丈近況尤悉，喜可知也……不孝落拓無似，疊遘憫凶。前歲喪妻，去歲喪母，鼓盆伏苫，兩歲頻仍，皮骨空存，神理都盡矣。近與舍甥謝司馬修纂《鼓山志》，自宋迄今作記者不下十數人，畢竟。評尊撰爲極佳極工，蓋諸記只遊鼓山，不及白雲洞，而仁丈兼而記之，不腆一丘，荷名筆品題，草木雲霞增重侈矣。今往一部求正，幸有以教之。友人王玉生馳譽丹青，尤工韻語，與曹能始丈最稱莫逆。今漫遊虎林、檇李之間，

久慕高風，願登虬户。』(《文集》册六，《上圖稿本》第四三册，第三八三—三八四頁)

按：題《從野堂論語講義》曰：『余於丙午元日訪維成之廬……談論移日，皆出入經史，旁求山川，無一俚言。』(馬泰來整理《新輯紅雨樓題記　徐氏家藏書目》，第七一—七二頁)此即萬曆三十四年(一六〇六)元日醉飲高齋，至今歲經三載。喪妻喪母，在前歲去歲。參見各歲。

又按：張蔚然《遊鼓山白雲洞記》：『閩友陳惟秦、徐興公，雅與予稱烟霞交，興公授予《鼓山志》，惟秦偕予遊……敬美謂，靈源而外，奇麗無聞，自是信臾。予猶惜其未窺鳳池，而白雲洞才開。萬曆丙戌間，幾與靈源伯仲。顧靈源可一覽，而此則怪絶逶迤，不窮之趣，翻疑稍稍過之。則敬美所不及覯也。善哉，善哉！興公有言：「登鼓山，不可不至白雲洞；然白雲之奇，不在洞，而在徑。」良然。』

七月，同胡仲修、汪孟朴、吴兆、吴充、吴仲飛、王崑仲、王宇、陳五昌遊西湖。净慈寺訪璺公。同錢塘聶知縣、鄭孔肩、張蔚然、陳濟甫集吴山紫陽庵。

作《新秋胡仲修、汪孟朴、吴非熊、吴德符、仲飛招遊西湖，同王玉生、王永啓、陳伯全，分得凉字》(《鼇峰集》卷十二)。

作《净慈寺訪璺公》：『野鶴清猿日往還，晚烟秋水映禪關。』(《鼇峰集》卷十七)

作《聶錢唐招同鄭孔肩、張維誠、陳濟甫集吴山紫陽庵》(《鼇峰集》卷十七)。

按：李賢《大明一統志》卷三十八《浙江·杭州府》『紫陽庵』條：『在瑞石山上，相傳仙人丁野鶴煉丹於此。』

作《爲陳定之悼亡》(《鼇峰集》卷十七)。

八月，在杭州。十四日，鄭孔肩招同金子魯、虞長孺、黄汝亨、葛水鑒、王玉生、毛子上、壑上人集净慈寺；十五日，同鄭孔肩錢塘觀潮。修《志》畢，南返。經衢州，與黄元樞訂柯山之約。黄元樞暨令子休徵、方仲闇、孫不伐、徐震伯、方孟旋集鑒公房。題楊實夫雙柏樓、題《黄山圖》。再遊爛柯山。于祥符寺敗篋中得宋熊節輯《性理群書句解》，題之。

作《中秋前一日，鄭孔肩招同金子魯中丞、虞長孺吏部、黄貞父、葛水鑒二禮部、王玉生、毛子上、壑上人集净慈寺待月》(《鼇峰集》卷十七)。

按：黄貞父，即黄汝亨。詳隆慶四年(一五七〇)。

作《八月望日，錢唐觀潮，同鄭孔肩》(《鼇峰集》卷十七)。

作《題衢州祥符寺》(《鼇峰集》卷十一)。

按：李賢《大明一統志》卷四十三《浙江·衢州府》『祥符寺』條：『在府治西北。吴鄭平捨宅建。』

作《黄元樞携酒過祥符寺，因訂柯山之約》(《鼇峰集》卷十七)。

又按：李賢《大明一統志》卷四十三《浙江·衢州府》『爛柯山』條：『在府城南二十里，一名石室。下有石橋。道書謂此山爲青霞第八洞天、爛柯福地。』

題《性理群書句解》：『余己酉仲秋客遊衢州，旅寓祥符寺鶴松都綱房，暇扣佛殿，見佛座後敗篋數十，訝之。鶴松曰：此古藏經，散失僅存惟此耳。余亟遣人移翻，皆宋嘉祐中所印經，紙墨精好，盈數百軸，多半鼠嚙蟲蛀。余擇其完整者十數軸，請爲珍玩。篋中又拾《性理群書句解》一册，視之，元版也。卷前有像有贊，字畫不類本朝。余所藏元版書，紙墨多類此。遂募工裝潢，寶若拱璧。佛藏中得儒書，亦一奇也。因識之。徐惟起題。』（馬泰來整理《新輯紅雨樓題記　徐氏家藏書目》，第九四頁）

按：《性理群書句解》，宋熊節輯，熊剛大集解。元刊本。此本得於寺廟敗篋中。

作《題楊實夫雙柏樓》《題〈黄山圖〉》（《鼇峰集》卷十七）。

作《黄元樞暨令子休徵、方仲闇、孫不伐、徐震伯、方孟旋集鑿公房，得楓字》（《鼇峰集》卷十一）。

按：孫不伐，金陵人，僑居衢州。與當地詩人結青霞社。

又按：方應祥，字孟旋，浙江西安（今衢州）人。萬曆四十四年（一六一六）進士。歷南京兵部主事、轉祠部郎中，後任山東布政司參政兼按察司僉事，學政。

作《孫不伐贊》：『人本天都，家移姑篋。社結青霞，歌雄《白雪》。僑居有伯鸞任春之風，譚經有君山問奇之轍。結廬獨喜松筠，種秫不了曲蘖。興來發長嘯於雲端，無愧乎君家之前哲。』（《文集》册十二，《上圖稿本》第四五册，第二九五頁）

作《遊爛柯山》四首（《鼇峰集》卷十七）。

作《徐震伯載酒招同黄元樞飲浮石》，題注：『浮石在衢州城外，白樂天詩云「浮石潭邊停五馬」，即此。』（《鼇峰集》卷十七）

作《同楊實夫、黄元樞、孫不伐、徐汝長、方孟旋集徐震伯駐春園，分得花字》（《鼇峰集》卷十二）。

按：徐汝長，居衢州。布衣。餘不詳。

作《徐汝長贊》：『質類璠璵，才同琰琬。幽意故超，玄風自遠。蓬蒿滿於一廬，蘭蕙滋乎九畹。身雖逸在布衣，名實雄於藝苑。噫！自偃王受氏之後，君乃爲吾之宗衮。』（《文集》册十二，《上圖稿本》第四五册，第二九五頁）

按：此篇與上《孫不伐贊》，均作於衢州。

作《題徐觀我銓部新園》：『名園結構傍三衢，烟樹雲巒面面扶。』（《鼇峰集》卷十七）

作《雨中同方伯文兵部再至柯山》（《鼇峰集》卷十七）。

作《訪孫不伐園居》《題徐汝長蓬蒿居》（《鼇峰集》卷十一）。

九、十月間，浙江開化縣宿莊前旅店，進入江西德興縣，經樂平。至鄱陽縣，登永福寺塔，薦福寺尋雷轟碑、戴叔倫書堂，番君廟讀趙文敏碑。鄱陽永福寺逢楊青城孝廉。寓乾元寺，郭君猷共觀郭贈徐熥之《聖教序》，題之。與楊青城出鄱陽，至團磚始别。都昌縣謁陶侃廟、陶母墓、宋江萬里祠。張大光招遊高將軍園，題劉芝陽大司空澹圃。曉渡彭蠡。

作《宿莊前旅店開化、德興之界》（《鼇峰集》卷十一）。

按：李賢《大明一統志》卷四十三《浙江·衢州府》『開化縣』條：『在府城西北二百里，本常山縣西境。宋乾德初置開化場，太平興國中陞爲縣，屬衢州。元仍舊，本朝因之。』

又按：李賢《大明一統志》卷五十《江西·饒州府》『德興縣』條：『在府城東一百四十里，本樂平縣地，唐置德興場，南唐陞爲縣。宋屬饒州，元仍舊，本朝因之。』

作《大佛寺》《宋郊臺籍田》（《鼇峰集》卷二十五）。

作《樂平舟中》(《鼇峰集》卷二十五)。

按:李賢《大明一統志》卷五十《江西·饒州府》『樂平縣』條:『在府城東一百二十里,本漢餘汗縣地……唐初復置,名樂平縣,屬饒州,宋因之,元陞爲樂平州。本朝改爲縣。』

作《登鄱陽永福寺塔》(《鼇峰集》卷十一)。

按:李賢《大明一統志》卷五十《江西·饒州府》『永福寺』條:『在府治前。相傳梁鄱陽王蕭恢捨宅爲寺,名「顯明」。元重建,改今名。』

作《薦福寺尋雷轟碑、戴叔倫書堂》(《鼇峰集》卷十一)。

按:李賢《大明一統志》卷五十《江西·饒州府》『薦福寺』條:『在薦福山。元季燬,本朝永樂間重建。』

作《番君廟讀趙文敏碑》(《鼇峰集》卷十一)。

按:番(鄱)君廟,即長沙吴文王廟。曹學佺《大明一統名勝志·江西》卷三《饒州府·鄱陽縣》:『長沙吴文王廟,在城中毛家巷,即鄱君廟。廟傍作芝山道院,度道士以掌之。』

作《鄱陽永福寺逢楊青城孝廉》(《鼇峰集》卷十七)。

按:楊青城,鄱陽(今屬江西)人。

作《鄱陽旅懷》《旅寓乾元寺》(《鼇峰集》卷十七)。

題《聖教序》:『先兄惟和,生平喜蓄古帖,每計偕北上,行李中書畫半之。戊戌下第南歸,舟過臨清,值郭君猷於旅次,遂捐此帖相贈。未幾先兄不禄,君猷珍若拱璧,凡遊湖海,必挾以隨。今歲余客鄱陽，與君猷同寓乾元寺，因出共觀，且爲余道其始末，不勝物在人亡之感。《聖教》多善本，君猷獨寶此者，亦足徵友誼之重也。萬曆己酉陽月望後三日，東海徐惟起題。』（沈文倬《紅雨樓序跋》卷二，第六七—六八頁）

按：《聖教序》，即《大唐三藏聖教序》，唐太宗撰。

又按：《聖教序》，初由唐褚遂良書，稱《雁塔聖教序》。後沙門懷仁從王羲之書中集字成碑文，稱《唐集右軍聖教序並記》，或《懷仁集王羲之書聖教序》《七佛聖教序》。

又按：參見萬曆二十六年（一五九八）。

作《與楊青城同出鄱陽，方舟行四十里，至團磚分別》《柘林夜泊》（《鼇峰集》卷二十五）。

按：李賢《大明一統志》卷五十《江西·饒州府》『鄱陽縣』條：『附郭。《史記》吴伐楚取番，即此。秦置鄱陽縣，屬九江郡……隋、唐、宋饒州治此，元仍舊。本朝因之。』

作《陶侃廟》（《鼇峰集》卷十七）。

按：李賢《大明一統志》卷五十二《江西·南康府》『陶桓公廟』條：『有二，一在都昌縣北三十里，一在縣南五里。祀晋陶侃也。侃謚曰「桓」。』

又按：陶侃（二九五—三三四），字士行，本鄱陽人，吴平，徙家廬江之尋陽（今江西九江）。官至太尉、荆江二州刺史都督八州諸軍事，封長沙郡公。

作《陶母墓》（《鼇峰集》卷二十五）。

按：李賢《大明一統志》卷五十二《江西·南康府》『陶母墓』條：『在都昌縣治西石壁精舍之側。

晋陶侃母也。』

作《宋江萬里祠》(《鼇峰集》卷十七)。

按：李賢《大明一統志》卷五十二《江西·南康府》『江萬里』條：『都昌人，入太學有聲。理宗時爲賈似道宣撫參謀，以峭直見忌。度宗時拜右相。嘗請益師往救襄樊。似道不應，力求去，歸鄉里。元兵至，萬里赴水死，詔贈太師、益國公，謚「文忠」。弟萬頃以南劍知州家居，亦被執，駡賊死。』

作《張叔弢招遊高將軍園》(《鼇峰集》卷十七)。

按：張叔弢，即張大光。詳萬曆二十四年(一五九六)。

作《題劉芝陽大司空澹圃》(《鼇峰集》卷十七)。

作《曉渡彭蠡》(《鼇峰集》卷十七)。

按：李賢《大明一統志》卷五十二《江西·南康府》『彭蠡湖』條：『在府東南……闊四十里，長三百里，巨浸瀰漫，中有雁泊小湖。西接南昌，東抵饒州，北流入于江。』

又按：梁章鉅《東南嶠外詩話》卷九『徐𤊹』條：『興公集中警句清真婉至。足與幔亭抗衡。如……《曉渡彭蠡》云：「蘆飛楚岸千重雪，樹擁康山幾點烟。」』

十、十一月間，聞林應聘訃，傷之。遊豫章，與喻應夔夜話。與朱謀瑋、朱圖南、鄧文明集喻應夔齋中。與朱謀瑋、朱圖南、朱統鉟、喻應夔集北湖。與魏辟疆、喻應夔、朱圖南集郁儀朱謀瑋第。章江夜泊，懷朱統鉟。與喻應夔夜坐，因懷曹學佺、林古度。遊西山玉隆宫。别諸王孫。于喻季布處見宋羅源陳善

《捫虱新話》。

作《聞林志尹訃》（《鼇峰集》卷十一）。

按：謝肇淛有《林志尹墓誌銘》（《小草齋文集》卷十八）。

作《與喻宣仲夜話》（《鼇峰集》卷十一）。

作《同朱鬱儀、圖南、鄧泰素集喻宣仲齋中》（《鼇峰集》卷十一）。

按：朱謀㙔（？—一六二四），字鬱儀，號海岳，石城王孫，以中尉攝石城王府事。有《枳園近稿》等百餘種。

又按：鄧文明，字泰素，南昌人。舉人。

作《同朱鬱儀、圖南、安仁、喻宣仲集北湖，圖南携觴》（《鼇峰集》卷十一）。

按：朱統鉟，字安仁，統銍（夢得）弟，明宗室。弋陽輔國中尉。有《挹秀軒詩》。

作《魏辟疆、宣仲、圖南集鬱儀第》（《鼇峰集》卷十一）。

作《章江夜泊，懷安仁王孫》（《鼇峰集》卷二十五）。

按：章江，即贛江。李賢《大明一統志》卷四十九《江西·南昌府》『章江』條：『在府城西，一名贛江。上從豐城縣界流至南浦，折而北流，下入鄱陽湖。』

作《題朱太冲畫〈雙鴛圖〉》《題紙帳》（《鼇峰集》卷二十五）。

按：朱太冲，即朱謀鶴。參見萬曆二十四年（一五九六）。

作《訪鬱儀王孫》《訪太冲王孫》《喻宣仲齋中逢汪魯望北上，予方歸閩》《與宣仲夜坐，因懷曹能始在蜀、林茂之在金陵》《答贈鄧泰素孝廉，兼送北上》（《鼇峰集》卷十七）。

作《豫章得鄭嗣真書寄答》（《鼇峰集》卷十七）。

按：鄭嗣真，即鄭正傳。詳萬曆三十七年（一六〇九）。

作《別安仁王孫》《章江別宣仲》（《鼇峰集》卷十七）。

按：題《捫虱新話》曰：『余於己酉年見南州喻季布有此書。』（馬泰來整理《新輯紅雨樓題記　徐氏家藏書目》，第一〇五頁）

又按：參見萬曆四十七年（一六一九）。

作《西山玉隆宫》（《鼇峰集》卷十七）。

按：玉隆宫，即玉隆萬壽宫。李賢《大明一統志》卷四十九《江西・南昌府》『玉隆萬壽宫』條：『在府城西八十里。晉許遜故宅。舊名游帷觀。宋賜今額。』

十一月，由南昌至臨川。遊南昌時，喻應夔贈葛寅亮撰《金陵梵刹志》。朱謀瑋以《文心雕龍》校本相示；朱謀⿰土軍贈以《文心雕龍》，於臨川舟次題之。至臨川覽《金陵梵刹志》終卷，因作題跋。

作《至日客臨川》（《鼇峰集》卷十一）。

按：臨川縣，今撫州市。李賢《大明一統志》卷五十四《江西・撫州府》『臨川縣』條：『附郭，本漢豫章郡南城縣地……（隋）改曰「臨川縣」，爲撫州治。唐、宋、元仍舊。本朝因之。』

作《建昌旅懷》（《鼇峰集》卷十一）。

按：建昌府，治今南城。李賢《大明一統志》卷五十三《江西・建昌府》『建置沿革』條：『南唐以南城縣置建武軍，宋改爲建昌軍，元置建昌路，本朝初爲肇昌府，尋改建昌府。』

題《金陵梵刹志》：『余至洪都，舍喻宣仲齋中旬日，臨別出此爲饋。携出章江舟次，日坐篷底覽之，行至臨川，則覽終卷矣。回想金陵之遊，又歷四寒暑，無緣再至，翻讀文字，不覺身在四百八十寺間也。己酉長至日，徐興公記。』（馬泰來整理《新輯紅雨樓題記　徐氏家藏書目》，第八九頁）

按：《金陵梵刹志》，明葛寅亮撰。萬曆刊本。

又按：葛寅亮（一五七〇—一六四六），字冰鑒，號屺瞻，錢塘（今浙江杭州）人。萬曆二十九年（一六〇一）進士，官至工部尚書。曾爲南京多間寺廟撰寫碑文十餘篇。南明隆武政權覆亡，絶食殉國。

題《文心雕龍》：『《文心雕龍》一書，余嘗校之至再至三，其訛誤猶未盡釋。然彦和博綜群書，未敢遽指爲亥豕而臆肆雌黄也。今歲偶遊豫章，王孫鬱儀素以洽聞稱，余乃扣之，鬱儀遂出校本相示，旁引經史，以訂其訛，詳味細觀，大發吾覆。鬱儀僅有一本，乞之不敢，抄之不遑，而王孫圖南欣然捐家藏斯本見贈。余方有應酬登眺之妨，鬱儀又請去重校，凡有見解，一一爲余細書之。燈燭下作蠅頭小楷，六十老翁，用心亦勤，愛我亦至矣。今之人略有一得，則視爲奇秘，不肯公諸人；偶有藏書，便秘爲帳中之寶。若鬱儀、圖南，真以文字公諸人者也。鬱儀名謀㙔，石城王裔，圖南名謀堚，弋陽王裔，皆鎮國中尉。與余莫逆。時萬曆己酉十一月二十八日，徐惟起書於臨川舟次。』（馬泰來整理《新輯紅雨樓題記　徐氏家藏書目》，第一七二—一七三頁）

按：參見萬曆二十九年（一六〇一）、萬曆三十五年（一六〇七）。

十一、十二月間，由江西過杉關，至邵武。重經仁壽寺，寺近已毁。歸。書陳薦夫所作《鄭郎德彰墓誌銘》納於壙中。兄子徐莊折祀龕以賣錢，凄然傷之；復置祠龕，作《遷祠龕記》。

作《曉度杉關》（《鼇峰集》卷十一）。

按：李賢《大明一統志》卷七十八《福建·邵武府》『杉關嶺』條：『在光澤縣西，爲福建、江西界。』

作《重經樵川仁壽寺，近毁，因尋往年所寓舊寮悉在煨燼中，不可問矣，愴然有作》（《鼇峰集》卷十一）。

書陳薦夫《鄭郎德彰墓誌銘》納於壙中。

按：陳薦夫《鄭郎德彰墓誌銘》，德彰名天錫，萬曆三十七年己酉（一六〇九）歲以季冬念六日葬於城北之浮倉山，『友人徐𤊹書納壙中』（《水明樓集》卷十三）。

作《遷祠龕記》：『今夫浮屠氏之爲教也，棄祖宗、離父母而事大雄，與儒者之尊祖敬宗，如枘鑿之不相入。然上遡西來，曰祖自祖，而分曰宗，至於野僧俗衲，無不奉其本師，香火惟謹，雖棄祖宗、離父母，而其心未嘗無祖宗父母也。余家向無宗祠，先府君列神主於屋之西偏。府君殁，先兄遷置紅雨樓，新創一龕，稍敞；髹漆丹堊，稍精。以爲可妥先靈于永久，不虞其一旦遷移變置耳。歲己酉之冬，兄子不類，既蕩失恒産，復折龕以賣錢（以下殘缺數字），余頃自越歸，凄然傷之。□□□□□□□□□□□□，祠位仍置樓上，高九尺，廣六尺，深□□，爲層者三。上層分五楹，中祀始祖及妣，左右祀高、曾及考及妣。中層左隅祀伯父子榮、子華及二母，袝祖考之下。下層右隅祀予生母神主，又補立伯兄一主，並予亡妻神主，祔先考妣之下。下層中坐先府君塑像，一伯父斬然後昆，予祔祀之。雖於祭法未合，然禮以義起者也。前列棐几，以供祭祀之用。樓三間，中爲祠，左右貯先世遺像，及府君生平所御冠帶袍笏而已。遷畢，率子侄羅拜祠下，且戒之曰：不肖□□□□屋世有之矣，未聞拋祖宗神主而賣其龕者，□況木本水源，人人知所尊重，至於鬻祖宗之龕，是無祖宗也，鬼神其殛之乎？李衛公著訓曰：「鬻平泉者非吾子孫，以一草一木與人者亦非吾子孫。」夫祠龕，又非平泉、草木之比。□是心也，真浮屠異教之不若矣。吾子孫可不以此爲殷鑒耶？於是，作《祠龕記》。』（《文集》册九，《上圖稿本》第四四册，第四〇五—四〇七頁）

按：徐莊，字則敬，又字存重，號漆園，又號齊周，徐熥長。庠邑生。萬曆十二年（一五八四）生，崇禎六年（一六三三）卒。

作《己酉除夕》（《鼇峰集》卷十七）。

按：《寄陳濟父》：『弟由虎林而之姑篾，又由姑篾而之豫章，碌碌風塵，歲暮抵舍，囊鋏無魚。』（《文集》册六，《上圖稿本》第四三册，第三一九頁）

又按：此書作於次歲。

是歲，作《小像自贊》，以爲雖然無聞，亦不至於見惡。

作《小像自贊》：『幼以奇稱，長殊慵，不能自樹；少以文名，壯懷書，了無所遇。丘壑之性既成，烟霞之疾彌固。也會吟詩，也諳作賦，從未嘗出語驚人，往往有人傳誦。警句畫間，作弗墜俗；品字狂草，未失矩度。帶索，比榮啓期之貧；裝書，擬李鄴侯之富。得意處，肆筆雌黄；見解時，含毫箋注。

所友者，盡海内之鳳麟；所伍者，乃篇中之蟲蠹。眼非虬珠，而粗知博物；口乏懸河，而略説譚吐，飲酒全無別腸，登山頗有勝具。年四十，雖然無聞，幸亦不至于見惡。知我者，惜我抱經濟之才，未究厥施；而我亦自許曰：稍識世故。咄！吾亦不知吾，將何税駕于末路！』（《文集》册十二，《上圖稿本》第四五册，第二九八—二九九頁）

按：年四十，在此歲。

又按：徐熥《仲氏像贊》：『人似朝霞之舉，才如白雪之清。懶有同于叔夜，達或類乎莊生。垂髫而操觚作賦，弱冠而藝苑蜚聲。八叉可就，四座皆驚。雖不能竈跨于父，而已能火攻其兄。真不忝爲吾弟，而無愧乎第五之名也。』（《幔亭集》卷十九）

又按：徐熥卒于萬曆二十七年（一五九九），此文定作於此前，具體年份不詳。附於此。

是歲，致書張睿卿，薦王崑仲。

作《寄張穉通》：『向歲兩過苕川，握手爲樂，歸來把讀《筠堂偶録》，宛如故人之在左右也……丁未之秋，陳伯孺入苕，附八行奉訊……不孝落魄無似，洊罹憫凶。前歲喪妻，去歲喪母，鼓盆未已，讀禮繼之，喘息空存，神情頓盡，安足爲知己道也。友人王玉生行便，草草修候。玉生丹青絶世，品格朗若冰壺，仁丈幸一廣其遊道。』（《文集》册六，《上圖稿本》第四三册，第三八四—三八五頁）

是歲，有書致黃道元，言十載以來，哀者什七，樂者什三。

作《寄黃道元》：『自令姊丈官同安時，得仁丈手書見及，不腆榕城，無緣徼杖屨之臨，今復忽忽十載矣……聞郡大夫聘修温乘，當校梓有年，恨未一覩，能寄我一部讀之，庶幾見仁丈年來之筆花如錦也。弟屢遭家變，先兄棄世未久，而先慈、先妻相繼不禄，十載以來，哀者什七，樂者什三。今方服禫，而先人骨在淺土，尚未能學尚子遠遊……兹舍親陳生杲者，善丹青之技，挾寸管遊于貴郡。聞貴郡多好事家，惟仁丈爲廣其遊，不佞不敢忘明德耳。謝在杭前歲宅外艱家居，每聚首輒想見道元先生風流爾雅，今補屯田主政，知仁丈誼篤故人，因并及之。』（《文集》册六，《上圖稿本》第四三册，第三三二—三三三頁）

按：謝肇淛服闋補官在是歲，詳上。

是歲，五月洪水爲灾，閩江萬安、洪山、桐口三橋俱壞，洪塘西峽皆浮屍。

按：《大水謡》：『憶昔己酉五月時，洪塘西峽皆浮屍。』（《鼇峰集》卷八）

又按：此詩作于萬曆四十四年（一六一六），是歲亦大水。

又按：陳薦夫《大水嘆》：『閩中五月雷雨多，上游四郡傾懸河。崩山裂谷盪城邑，僵尸纍萬馳鯨波。厦屋浮沈相糾結，大江三日流不徹。峽南峽北未通舟，行客踐之可以過洪流。洪山橋頭雷鼓急，天吴白晝乘城入。居民欲出走青山，國門不湮纔數尺。郭中無筏駕朱門，嶅嶅蟻附東西奔。妻孥之親尚不遑返顧，豈有餘力收此不急之鷄豚。臺江百千户，夾岸僧與牙，纑毛菽麥並鹽鐵，一息貨入陽侯家。桑田芃芃秀且實，轉眼化爲滄海碧。連邨不得幾家存，縱有餘糧誰更食。前年燕京魚鱉走，去歲三吴遍爲沼。深宫堯德但垂衣，知道九年洪水否？君不見，兩都根本之地尚恬然，况於海溢涓滴微波復何有！』（《水明樓集》卷二）

又按：曹學佺《募修桐口橋疏文》：『己酉，洪水爲灾，三橋俱壞，然萬安爲冠蓋驛路所必由，朝

壞而夕修之，不兩月即告竣。』（《林亭文稿》）

是歲，建安大水浸成，楊氏藏書不復可得。

按：題《野客叢書》：『得楊氏本頗多，萬曆己酉，大水浸城，楊氏之書不復得矣。』（馬泰來整理《新輯紅雨樓題記　徐氏家藏書目》，第一〇八頁）

又按：楊榮至其曾孫楊旦，數代積書甚豐，徐𤊹得楊氏藏本頗多。

是歲，八月，暴雨，福州烏石山崩。

謝肇淛《五雜組》：『己酉秋八月，一夜大風雨，烏石山崩。』（卷四『地部』）

是歲，陳益祥卒，年六十一。

作《哭陳履吉先生》：『六十年來鬢未斑，著書方就棄人間。』（《鼇峰集》卷十八）

按：『六十年』，取其整數。

陳仲溱《履吉先生行狀》：『以萬曆己酉仲冬六日卒，距生於嘉靖己酉年某月某日，享壽六十有一。』（《采芝堂集》卷首）

王穉登《陳履吉墓誌銘》：『生以嘉靖己酉某月某日，卒以萬曆己酉十一月七日，得年六十一。』（《采芝堂集》卷首）

是歲，林應聘卒，年五十四。

謝肇淛《林志尹墓誌銘》：『志尹生於嘉靖丙辰七月十七日，卒萬曆己酉五月八日，相距五十有四歲。』（《小草齋文集》卷十八）

萬曆三十八年庚戌(一六一〇) 四十一歲

謝肇淛四十四歲，曹學佺三十七歲，林古度三十一歲，徐陸二十一歲，徐鍾震一歲

正月，初七日，同陳鴻、吴雨、高景登天秀巖，觀東壁亭刻石。初八日，又校《文心雕龍》一遍。

作《庚戌元日》《挽李曉窗明府》(《鼇峰集》卷十八)。

作《人日同叔度、元化、景倩登天秀巖，次叔度韻，有元東壁亭刻于石庚戌》(《鼇峰集》卷十一)。

按：東壁亭，在福州烏石山。郭柏蒼等《烏石山志》卷一《名勝》『東壁亭』條：『在天秀巖側。』

又按：參見萬曆三十七年(一六〇九)。

作《春日山居》(《鼇峰集》卷二十五)。

又題《文心雕龍》：『庚戌穀日，又取鬱儀王孫本校一過。惟起書。』(馬泰來整理《新輯紅雨樓題記 徐氏家藏書目》，第一七一頁)

正、二月間，致書渾然道人，討論《武夷山志》修纂之事。周之夔過宿竹房。送曹學佺父及渠之蜀就養，時曹學佺參藩四川。題林夷侯餘清齋。

作《答贈渾然道人次韻》四首，其一：『十載一爲别，無書直到今。』(《鼇峰集》卷十一)

按：『十載一爲别』，下條云『十有四年』。

作《答渾然道人》：『與道兄别十有四年，而書札不通者又十許載。近有從白下歸，知杖屨在秣陵勾曲間。昨陳鏡水來，讀□遠訊見及。道人雖雲水無心，則注念于不慧者至矣。新詩妙有唐聲，敬和四章奉答。處城郭久，皆烟火□，安能如足下飡沆瀣中來耶？弟邇歲兩入武夷，去年又得遍遊諸峰，恨道兄遠去，無可爲侶，今録小作數首請正。中有絶句奉懷，見弟胸臆中不忘方外交。語之不工，不敢諱耳。然每過武夷，輒恨自古未有一種《山志》可觀，誠爲吾閩一大缺典。蓋山劖石刻之文，多不見于刊布，得道僑寓之侶，恒無聞于紀傳，惟兄居山最久，掇拾最易，此舉匪異人任兹，乞廣爲蒐羅，彙成一册見寄。舊志有者可略，而耳目所未睹聞者多搜一二。弟當謀之當道諸公，行書坊中刻印，庶幾爲山靈一吐氣也。惟兄留意焉。弟去歲同謝使君修敝府《鼓山志》，頗有條理，今附一部請教。此不過一丘一壑，譬之盆景花卉，非三十六峰之比。若《武夷志》成，其佳又不止此耳。弟前年喪妻，去歲喪母，靈櫬俱尚在堂。』（《文集》册六，《上圖稿本》第四三册，第三八五—三八七頁）

按：興公有詩致渾然道人在萬曆二十六年（一五九八），如當年别，至此歲爲十三年；或許更早一年已與渾然道人别過。

又按：『敬和奉答四章』，即上條《答贈渾然道人次韻》四首。

又按：『兩入武夷』，分别爲萬曆三十三年（一六〇五）、三十七年（一六〇九），參見這兩歲。『絶句奉懷』，即《懷佘渾然道人》（《鼇峰集》卷二十五）。

又按：徐𤊹至遲自今歲始，有修《武夷山志》之志，三十年間，廣搜十數册，所托當道諸公不知幾人，終其一生，未以己名刻其作。

作《藥師殿，題華上人房》（《鼇峰集》卷十一）。

按：藥師殿，在福州天元寺。曹學佺《讁歸爲先慈李淑人拜懺文》：『有福城開元寺藥師殿比丘圓覺，人稱耆宿，念實精勤，朗誦默持，良非朝夕。』（《石倉三稿·文部》卷九）

作《周章甫過宿竹房》（《鼇峰集》卷十一）。

按：周之夔，字章甫。

作《咏掛蘭》（《鼇峰集》卷十一）。

按：掛蘭，即絓月蘭若，在福州烏石山。郭柏蒼等《烏石山志》卷三《寺觀》『絓月蘭若』條：『又名絓月軒。在神光寺幞頭石旁，不知創建年代。《閩都》云：「萬曆間作小庵於寺後山麓，仍舊名曰絓月蘭若。」』

安國賢有《絓月蘭若同僧夜話》：『平生愛空寂，常過雨花臺。雲樹當牕出，山風入竹來。燈明無盡火，爐宿不寒灰。静坐聞名理，青蓮舌上開。』（郭柏蒼《全閩明詩傳》卷四十一）

作《送曹封君就養之蜀》（《鼇峰集》卷十八）。

按：曹封君，曹學佺父及渠。時學佺宦蜀。

陳薦夫有《送曹封君就養入蜀》：『彩衣迎養渡三巴，薇省承歡鬢未華。望帝河山啼杜宇，校書門巷鎖枇杷。千盤棧道天連樹，五月瞿塘雪作花。珍重鄴中賢父子，莫將興廢訪劉家。』（《水明樓集》卷六）

作《題林夷侯餘清齋》：『坐看細草春烟色，夢破寒蕉夜雨聲。』（《鼇峰集》卷十八）

二月，建柿葉盧以供濡翰作書，陳仲溱、陳薦夫分別作《柿葉廬歌》贈興公父子，興公答之。題謝元弼月滿樓。爲高景題《曹娥廟碑》；又題《九成宫醴泉銘》；又題《皇甫君碑》。

作《答陳惟秦見贈愚父子〈柿葉廬歌〉，次韻》（《鼇峰集》卷八）。

陳薦夫有《柿葉廬歌，贈興公並貽郎君存羽》：『梁侯烏椑葉如掌，木末刁調發清響。霞光片片比吴箋，應作膠東河北想。昨夜微霜拂樹流，西風收拾半林秋。鄭虔染翰依蕭寺，于佑傳情托御溝。君家筆陣驚風雨，大令時名兼内史。中山老兔不停毫，灑遍千番萬番紫。紅樹陰中好結廬，我來相就賦三都。定知紙價經時貴，肯出齋頭柿葉無。』（《水明樓集》卷二）

作《答陳幼孺見贈〈柿葉廬歌〉，次韻》（《鼇峰集》卷八）。

陳鴻有《柿葉廬歌，贈徐興公徐長郎亦善書》：『雪繭文房世稱寶，柿葉猶堪作真草。君今閉户苦學書，樹色青青幾回老。却憶相過九月天，臨池洗硯磨松烟。滿堂對客屢題遍，半行數字人争傳。且聞大兒精此法，秦碑晋帖紛能别。不道書名起一家，更堪筆陣稱雙絶。柿葉年來半已無，彩毫將禿硯池枯。憑君好向茅廬下，秋雨春風種幾株。』（《秋室編》卷三）

作《漁父詞》（《鼇峰集》卷八）。

作《題謝元弼月滿樓》（《鼇峰集》卷八）。

陳薦夫有《月滿樓歌，爲謝元弼賦》：『主人移居值秋晚，别起高樓接華館，鄰侯架外一氈餘，三五平鋪蟾兔滿。百尺丹梯露坐時，桂華秋影上遲遲。雲屏令透琉璃覺，冰簟光生翡翠知。烏石空蒙遥隱現，長河滉漾金蛇戰。初窺東壁後西窗，十二欄干銀一片。呼吸鄰霄帝座通，驚人好語落天風。應知謝朓裁詩處，夜夜高樓明月中。』（《水明樓集》卷二）

按：謝元弼月滿樓建於去歲晚秋，薦夫已先作歌賦之，興公歸家之後又題之。

題《曹娥廟碑》：『漢元嘉元年，上虞長度尚爲石碑，屬魏朗作文，久之未就。時尚弟子邯鄲淳年二十，聰明才贍而未知名，乃令作之，揮筆立成。北海此書，筆鋒圓整，不愧斯文。余又見蔡卞亦書一碑，法雖迥異，趣則自超唐宋，書法優劣見矣。余往歲兩過曹江，輒拜廟下，廟傍有娥墓。今再閱此刻，令人益思越中山水耳。萬曆庚戌花朝，爲景倩題于柿葉廬。』（沈文倬《紅雨樓序跋》卷二，第六六頁）

按：《曹娥廟碑》，三國魏邯鄲淳撰碑文；後宋蔡卞亦書一碑。

又按：往歲兩過曹江，詳萬曆二十九年（一六〇一）。

題《九成宫醴泉銘》：『率更真書冠唐代，平生所書碑帖不過二十餘本，《醴泉銘》其最有名、最傳遠者。碑在鳳翔府，至今拓打不絕。閩地稍僻，來賣者鮮，林夷侯刻意學歐，得其三昧，日手一帙，幾絶韋編。余每欲摹臨，苦筆法刺謬，益信夷侯進乎技矣。萬曆庚戌花朝，徐惟起謹題。』（沈文倬《紅雨樓序跋》卷二，第六七頁）

按：《九成宫醴泉銘》，唐魏徵撰文，歐陽詢書。

題《宋勃興頌》：『虛儀先生作《宋勃興頌》，唐英書。學李陽冰小篆，不知刻何處？虛儀、唐英姓名爵里一時莫可詳。觀文意，當是真宗天禧元年五月間立石也。國朝藏帖之家，如楊文貞、王長公甚富跋語，皆不及是帖，豈幽絶僻壤之地，傳者鮮少耶？吴元化精六書，遇篆籀無弗收，此碑正所謂知希我貴者也。萬曆庚戌花朝，徐惟起題于柿葉廬。』（沈文倬《紅雨樓序跋》卷二，第七一頁）

題《皇甫君碑》：『余見金石刻最多，家喜藏蓄，又往往向人借觀。率更真書，《九成宫》《化度寺》《皇甫君》《虞恭公》四碑而已，他刻不甚傳耳。《皇甫碑》瘦勁如冲天野鶴，氣骨不凡，雖蘚剥苔侵，古色未失也。林夷侯善歐體書，得此帖不啻異寶。昔率更喜索靖書，下馬坐卧不能去，今夷侯枕籍摹仿，若合一轍，吾知後人又有師夷侯者矣。萬曆庚戌仲春十七日，徐惟起跋。』（沈文倬《紅雨樓序跋》卷二，第六七頁）

按：《皇甫君碑》，唐歐陽詢書。此條言平生喜藏金石刻，又借觀於他人。

二、三月間，有詩哭陳世綏秀才。題《明皇太真對弈禄山旁觀圖》。同陳仲溱、陳价夫、吴雨、蔣子才、高景過王崑仲郊居。與陳薦夫分别題吴雨磊老山房。與陳薦夫分别題高景木山齋。

謝肇淛拜屯田寄所作《燈市行》，京城一時紙貴，答之。張大光掛冠還山，有詩紀之。送陳鴻之粤西。

作《哭陳世綏秀才》《題〈明皇太真對弈禄山旁觀圖〉》（《鼇峰集》卷十八）。

作《暮春同惟秦、伯孺、元化、子才、景倩過王生郊居》（《鼇峰集》卷十一）。

作《題吴元化磊老山房》：『山房結構不知年，長日幽棲傍九仙。磊老碧巖當屋後，荔奴青葉蔭窗前。字工科斗師程邈，詩考蟲魚疏鄭玄。憐我卜居應切近，寧辭百萬買鄰錢。』（《鼇峰集》卷十八）

按：吴雨與興公隔墻而居。工科斗文，著《〈毛詩〉鳥獸草木疏》，曹學佺爲之序。

陳薦夫有《題磊老山房》：『閒房閉蒼翠，手剔舊苔痕。石罅何人鑿，峰名磊老存。古松清道骨，新茗補吟魂。落盡琴書月，留雲宿華門。』（《水明樓集》卷三）

作《題高景倩木山齋》（《鼇峰集》卷十八）。

陳薦夫有《題高景倩木山齋》：『幾枝疏影緑盈窗，滿徑殘英卧小龐。竹塢茶香浮顧渚，木山苔色老桐江。一春酒興杯中盡，千古詩魔筆下降。誰與東風聞唱和，流鶯睍睆燕雙雙。』（《水明樓集》卷六）

作《陳大宗伯屢推入相有詩言懷，次韻奉寄》（《鼇峰集》卷十八）。

作《謝在杭新拜屯田兼寄〈燈市行〉，賦答》：『時忽貴長安紙，燈市爭傳樂府篇。』（《鼇峰集》卷十八）。

謝肇淛有《燈市行庚戌春作》：『和風淡蕩天如水，紫陌香塵三十里。九門車騎何繽紛？爭踏春陽看燈市。帝畿官路直如弦，碧甍丹拱高綿聯。仙掌早曦初化雪，御河新柳未含烟。百雉參差連鳳闕，六街繚繞動鸞軿。官家已弛金吾禁，少府仍頒赤側錢。赤側青蚨散復聚，梯山航海喧朝暮。器車銀甕照交衢，竹箭蘭泥簇修路。交衢修路夾高樓，斜映筠簾看下頭。宣索有時聞笑語，傳觀何處屬明眸。內人不惜纏頭費，估客能射刀錐利。織作偷從宮樣翻，珍奇遠自殊方至。隋珠楚璞縱横陳，秦鏡周彝色若新。駿骨遂空千里肆，魚腸應屬寸心人。魚腸駿骨光上下，舞蝶遊蜂恣妖冶。美人螺髻結盤龍，才子絲鞭揮怒馬。玉導寒浮翡翠裘，金丸迸落鴛鴦瓦。珊瑚玦碎百花朝，玳瑁筵開孤月夜。花朝月夜夜復旦，春色春情苦撩亂。逢場百戲盡日張，買笑千金一時散。長安甲第競豪奢，彩鏤罘罳卧辟邪。步障懸空圍翠鈿，舞裙繞隊拍紅牙。采將甘露調香粉，分得温湯種早瓜。暖屋牡丹抽蓓蕾，雕梁鸚鵡語嘔啞。三千紅黛金張宅，十二朱闌趙李家。平陽騎士開東府，中使龍衣放北衙。棣萼樓前衣織地，芙蓉池畔彩粘花。砑硝迴旋撾羯鼓，弓彎反貼奏琵琶。琵琶羯鼓聲未畢，紫霧氤氳頓相失。叱撥驕嘶意氣横，流蘇細捲輕盈出。輕盈二八小垂手，勾欄桃李花開久。邯鄲幼婦善畫眉，咸陽少年工使酒。酒醉花嗔轉無賴，朝雲冉冉留殘靄。雲母窗前連理枝，瑠璃帳裏同心帶。射飛羽林下直歸，五陵公子多輕肥。辟寒自有魚犀佩，照夜爭看玉帶圍。玉帶魚犀稱將相，動海摇天御墀上。簪珥貂蟬勢欲飛，袞衣火雉光相向。鵷行鷺序鬱如雲，休沐相從日未曛。池上鳳毛初颭彩，署中鷄舌尚含芬。乍停翠幰過屠酤，蹔卸緋衫雜市群。剩有詩僧銜大尹，何須醉尉識將軍。元會衣冠來萬國，普天尺地歸王極。越裝齊語紛徃來，金章墨綬生顔色。千牛仗下傳放朝，五馬城南歸路遥。閑向旗亭行樂地，慣經歌舞可憐宵。霞標復道鳴騶里，冰泮楊溝飲馬橋。五木場中聞喝彩，百花深處聽吹簫。徤兒劍器呈渾脱，少女繩竿戰步摇。鳴鏑鷹絛纏半臂，打球鸞帶束纖腰。飛蓋摩肩行接踵，鬪鷄舞鶴皆供奉。截道山棚角觗分，隔墻鈴索鞦韆動。遥遥翟茀映魚軒，騎從千群出杏園。夫壻明光新執戟，阿姨長信正承恩。官奴皆帶通侯印，侍女時登貴主門。霍家子都都且美，秦宫作勢嬌無比。平康挾妓寧論錢？都市殺人身不死。共邀任俠探赤丸，還過新豐躡珠履。火浣衣單寒不知，欝金堂閉晨慵起。柳陌花源處處迷，東華門外暝鴉棲。濛汜亭亭朱景没，建章隱隱玉繩低。玉繩低度銀河杳，碧天無際冰輪小。燭影時摇繡箔間，珮聲半出瑶臺杪。飛閣懸梯最上層，箜篌爆竹聲崩騰。金剪細敲雙鳳炭，銀盤高爇九龍燈。銀盤高架看烟火，火樹瓊枝千萬朵。並頭菡萏綻將燃，交穗葡萄懸欲墮。夭矯晴虹吐彩橋，宛轉游龍掣金鎖。天女霓裳散雨花，仙人紫蓋拋朱果。麝氣都將絳蠟銷，月華却被紅雲裹。月華燈色兩相鬪，夾路清輝渾似晝。珠璣錯列星緯聯，霹靂騰空電光驟。妖童艷曲遏雲飛，女郎羅袂迎風皺。玉魄潛移闕角西，翠翹零落屏幃後。寶鴨猶添蘭葉烟，銅龍莫促蓮花漏。漏箭丁東宵苦短，華堂處處咽弦管。傳柑巡令送觥籌，落梅急調催檀板。吳酎濃凝琥珀寒，湘裙低拂氍毹暖。歡劇休愁後會賒，興來長願芳樽滿。帝里風光真可憐，艷陽佳麗倍暄妍。太平天子垂衣日，四海蒼生擊壤年。別有雲階並月殿，離宮六六長春宴。鯨海鼇山駐翠華，天上人間不相見。人間天上望茫茫，富貴繁華詎可常？小臣幸際升平會，敬祝千秋咏太康。』（《小草齋集》卷十）

按：此詩，六十韻。是謝集中名篇。

作《張叔弢掛冠還山，顏其居曰「南山敝廬」，賦此爲贈》（《鼇峰集》卷十八）。

作《送陳軒伯之粵西》：『春深草密蚺蛇伏，日午嵐消蛤蚧悲。』（《鼇峰集》卷十八）

按：陳鴻，一字軒伯。

四月，林應憲卒，有詩哭之，並作祭文。與林應起、王崑仲、陳价夫遊石松寺；作《題幔亭圖》詩憶兄徐熥。

作《挽江于潛郡丞》（《鼇峰集》卷十八）。

按：江學海，字于潛，寧國（今屬安徽）人。福州通判。

作《哭林熙吉》（《鼇峰集》卷十八）。

作《祭林熙吉文》：『旗山發祥，峴水鍾秘。昭代聞儒，篤生人瑞。仲子惟君，詞藻逸群。八叉可賦，七步成文。玉質金相，瓊枝玉樹。溫乎其容，汪乎其度。少籍膠序，藝苑推瑜。丹山鳳子，渥水龍駒。屢試文闈，竟慳一第。璞蘊山輝，珠藏澤媚。句漏之北，錦溪之南。尋僧結社，對客玄譚。一壑一丘，載遊載咏。書邁顏歐，詩超韋孟。正宜黃髮，享此遐齡。胡期蓬島，促駕雲軿。某辱知交，廿有餘載，

誼比石堅，情同雲藹。忽聞哀訃，摧肝裂腸。』（《文集》册十，《上圖稿本》第四五册，第六四—六五頁）

按：林應憲家族，世居福州水西旗山。應憲功名不就，卜居雲窩，日與僧往來。

又按：應憲年過四十時，𤇣爲作《林熙吉像贊》：『名爲憲，字爲吉。温乎其容，樸乎其質。托跡兮雲山，寄情兮緗帙。文著五千，年過四十，何物□長，揮毫灑墨。客雖懷以千金，不能買臨池一筆。交友有素心，到門無俗客。夫夫也，乃翩翩濁世之佳公子，故與徐生最稱莫逆也。』（《文集》册十二，《上圖稿本》第四五册，第二七五—二七六頁）徐熥有同題作，熥卒于萬曆二十七年（一五九九），設使兄弟同時作，應憲卒時年似不超過六十。

又按：徐熥《林熙吉像贊》：『貞不絶俗，介而能通。文稱吐鳳，書若驚鴻。禪問南宗，悟佛教之真空。道契鴻蒙，守老氏之玄同。君其無忝于人瑞翁。』（《幔亭集》卷十九）

又按：以上兩篇《像贊》作年不詳。

作《寄武夷道一上人自號茶仙》（《鼇峰集》卷十八）。

作《同林熙工、王玉生、陳伯孺遊石松寺，寺久廢，今熙工爲檀越重興》：『偶來隨喜貪清浄，結夏還期禮佛燈。』（《鼇峰集》卷十八）

作《上葉相公初入内閣》四首（《鼇峰集》卷十八）。

按：葉向高（一五五九—一六二七），字進卿，福清人。萬曆十一年（一五八三）進士，爲翰林庶吉士，散館授編修。三次入閣爲首輔。著有《蒼霞草》《蘧編》等。

作《題〈幔亭圖〉》：『一夕仙風掃幔亭，碧峰依舊插天青。語殘白鶴魂何在，叫罷金鷄夢不醒。故友

共嗟桑户死，行人空吊草堂靈。生平玩物如雲散，留此遺圖益涕零。』(《鼇峰集》卷十八)

按：兄熥號幔亭，此圖爲熥遺物。

作《初夏宋永延、陳伯孺、倪柯古過集，各賦齋中八物》(《鼇峰集》卷二十二)。

按：八物細目：《陸楂》《孔像》《幔亭圖》《新笋》《薛素畫蘭》《邛竹杖》《青氈》《蓍草》。

作《閒居》(《鼇峰集》卷十八)。

按：梁章鉅《東南嶠外詩話》卷九『徐𤊹』條：『興公集中警句清真婉至。足與幔亭抗衡。如……《閒居》云：「未春預借看花騎，欲雨先徵種樹書。」』

作《送鄧道鳴總戎貴竹》(《鼇峰集》卷十八)。

五月，初四日，謝肇淛于京師懷興公。初五日，手自抄録《薛濤詩》，題之。

謝肇淛有《庚戌五月四日京邸熱甚，偶寄興公》：『數椽如斗日如焚，寂莫離心兩不聞。去歲今朝君記否，城高巖頂一梯雲。』(《小草齋集》卷二十八)

題《薛濤詩》：『唐有天下三百年，婦人女子能詩者不過十數人，娼妓詩最佳者薛洪度、關盼盼而已。《彤管》所載，不得一二；《女史》所收，不得三四。近曹能始參藩西蜀，梓而行之，洪度詩五百首，此亦斷圭殘璧，非完璞也。中有《贈楊藴中進士》一首，雖凄惋可咏，然鬼語無稽，余乃拔附集末。田洙聯句，尤爲不經，竟删去之。無事齋居，手自抄録，以備諷咏，庶幾寤寐紅妝，仿佛環佩矣。萬曆庚戌端午日，徐興公書於汗竹齋。』(馬泰來整理《新輯紅雨樓題記　徐氏家藏書目》，第一二一頁)

按：《薛濤詩》，唐薛濤撰，徐𤊹抄本。

又按：此條言抄録書並作考證與去取。

六月，題宋林虙、樓昉輯《兩漢詔令》；又題宋司馬光《司馬温公〈稽古録〉》；考《瘞鶴銘》，跋之。

題《兩漢詔令》：『西漢十二卷，宋吴郡林虙輯。東漢十一卷，宋四明樓昉輯。元蘇天爵合爲一書。斯本得之福清郭氏，紙墨不類今式，國初刻也。中脱誤者，郭君多改正之，覽之尤便也。萬曆庚戌夏六月十二日，興公識。』（馬泰來整理《新輯紅雨樓題記　徐氏家藏書目》，第一六五頁）

按：《兩漢詔令》，宋林虙輯，又樓昉輯，元蘇天爵合兩書而刊之。

題《司馬温公〈稽古録〉》：『温公《進稽古録表》，黄魯直代筆也。黄刻集中而司馬集不收，足見古人虚懷處。然兩公文名俱重，亦不嫌其假手耳。今士夫往往求人代作而復諱言，或者掩爲己有，收入集中，胥不古人若也。觀此亦可破時俗之弊。萬曆庚戌末夏，書以示兒子，俾知昔賢無隱諱之事也。興公（識）。』（馬泰來整理《新輯紅雨樓題記　徐氏家藏書目》，第七六頁）

按：《司馬温公〈稽古録〉》，宋司馬光撰。

又按：《筆精》卷七有《進稽古録表》，言黄集刻之，而温公集删之。

題《瘞鶴銘》：『《瘞鶴銘》在焦山水中，世罕印拓。歐陽永叔云「僅得六十餘字」，自詫爲難得。黄伯思考其甲子以爲陶貞白書，蘇才翁以爲王右軍書，歐公以爲顔真卿書，或以爲顧况，或以爲王瓚，皆屬猜疑，竟不知果出何人筆也。今去歐公數百歲，猶存百餘字，彷佛可辨……王允平得之高大夫，大夫得之張中丞，偶出示余，因爲考跋。萬曆庚戌夏六月晦前，三山徐惟起題。』（沈文倬《紅雨樓序跋》卷二，第六六—六七頁）

按：《瘞鶴銘》，佚名書。此條考證銘文所存字。

夏、秋間，有書致崔世召，推介順昌盧熙民。

作《寄崔徵仲》：『公車自北而南也，獨不一過我，令人興離群之嘆。言念高懷，曷其有極。霍林爲吾閩第一洞天，在君家爲籬壁間物，而弟汨汨紅塵，不能一措足，俗可知也。在杭氏方梓《山志》，時取讀之，以當卧遊。又不無天際真人想耳。順昌盧君熙民，久客榕城，雅善繪事，至于點染水墨花草在道。復禄之，禄之！兹以事之福安，道經貴邑，渴慕荆州，冀一識面。』（《文集》册六，《上圖稿本》第四三册，第三八一—三八二頁）

按：崔世召（一五六七—一六三九），字徵仲，寧德人。萬曆三十七年（一六〇九）舉人。歷崇仁知縣，有爲魏璫祠請頌德詩者，峻拒之，被逮下獄。崇禎初釋還，歷桂東知縣、連州知州。卒，祀名賢祠。有《秋谷集》《問月樓詩集》《問月樓文集》等。世召今歲下第。

又按：霍童山，道家第一洞天，在寧德。有支提寺。謝肇淛無《霍童山志》；《山志》，或即《長溪瑣語》。去歲春，謝肇淛與崔世召遊太姥山、霍童山，作有兩山遊記，見《小草齋文集》卷八、卷九及《長溪瑣語》。詳《謝譜》。

七月，題南宋《張騫乘槎圖》。

題《張騫乘槎圖》：『此圖墨氣秀潤，絹素縝密，當爲南宋時筆，而題咏諸家，又爲國初宗潘名衲，詩詞爾雅，書法遒勁，每一披覽，真若陟昆侖，涉河源，遊于雲漢之表。邱子惟直雅好名墨，此卷殆鐵中錚錚者。若夫鑒定誰氏之筆，則有正法眼在，未敢臆評也。萬曆庚子夏，書于開福蘭若。』（沈文倬《紅

雨樓序跋》卷二，第七二頁）

按：《張騫乘槎圖》，南宋佚名畫。

八月，初八日，遊鼓山。題魏之璜《北固山卷》。

作《庚戌仲秋八日遊鼓山，示諸遊侣》（《鼇峰集》卷五）。

題《魏考叔畫〈北固山卷〉》：『今時丹青之技首屈秣陵，而秣陵山水卷幅又首屈指魏君考叔，蓋其父子兄弟一門皆醉心粉墨，代相授受，非尋常率意點染者比。溧水張文明雅善賞鑒，此卷爲北固全景，披覽之際，不必身登鐵甕城頭，望磨笄、招隱諸山，而神爽已在天塹風濤外矣。文明工繪事，每見輒嘆服不置，其爲神品可知也。萬曆庚戌中秋，東海徐惟起書于柿葉山房。』（沈文倬《紅雨樓序跋》卷二，第七三頁）

按：《北固山卷》，明魏之璜畫。

又按：魏之璜（一五六八——一六四七），字叔考，之克兄，上元（今南京）人。善畫山水。徐熥《贈魏考叔》云：『揮毫無俗韻，下榻有名流。滿壁滄洲在，依稀顧虎頭。』

又按：《張文明贊》：『而骨清而神王，居身在平子之間。學畫軼僧繇之上，而遊于四方也。人更重其書法之工，乃畫師也，故繪爲右軍籠鵝之像。』（《文集》册十二，《上圖稿本》第四五册，第三〇一頁）

又按：玩文意，此《贊》題于王右軍籠鵝像；畫亦可能出自㶅手。

又按：張文明除此《贊》，其名僅見于《魏考叔畫北固山卷》，故附於此。

秋，喻政任福州知府，興公有詩上之；喻政過草堂，興公謝之。送福州同知許在廷擢應天治中。喻政造訪。

作《上喻郡公》二首，其一：『虎竹初分領晋安，蒼生鼓舞士林歡。』（《鼇峰集》卷十八）

按：喻政，字正之，銅仁人。萬曆二十三年（一五九五）進士，福州知州。陳薦夫有《贈喻郡公》：『建隼分符肅漢儀，九仙山色滿檐帷。熊轓軾上趨官日，鶴立琴邊理詠時。仲舉禮因延士設，胡□清不畏人知。黄堂高處心如水，已覺人間有口碑。』（《水明樓集》卷六）

作《送許二守擢應天治中》（《鼇峰集》卷十八）。

按：許二守，即許在廷，固始（今屬河南）人。福州同知。

作《喻郡公枉過草堂，賦謝》（《鼇峰集》卷十八）。

按：是歲春，謝肇淛有《送喻正之守晋安》詩（《小草齋集》卷二十三）。

又按：《復費學卿》：『去秋喻郡公至，蒙吹噓過情，即令下榻式廬，不棄管蒯之賤，伊誰之力歟。』（《文集》册六，《上圖稿本》第四三册，第三一〇頁）此書作於次歲。

秋、冬間，遊聖泉寺。經文殊廢寺。登鶴林絶頂。病，病起。王毓德之燕；致書陳濟父，言苦貧，又言《錢塘志》已刻好，請寄一部。又致吴充，言王毓德遊吴越事。又致黄居中，並詩扇一執。又致吴肅卿、阮自華。

作《遊聖泉寺》（《鼇峰集》卷十八）。

按：王應山《閩都記》卷十二《郡東閩縣勝跡》『聖泉院』條：『舊名法華。唐景龍初，僧懷一始卜居寺西，苦遠汲，忽一禽噪於地，因鑿之，泉忽涌出。先天二年，賜額。又有文殊巖、多寶塔……諸勝。又有李邕《皇甫政塔碑》。今多頹廢。萬曆間，僧善燦重建佛堂……徐𤊹《遊聖泉（寺）》云云。』

作《經文殊廢寺》（《鼇峰集》卷十八）。

按：文殊廢寺，在福州峽江側，久廢，萬曆四十六年（一六一八）曹學佺倡重修。曹學佺《西峽重修文殊寺疏》：『吾郡峽江之側有文殊寺，由來已久，廢而復興。比丘性澄乞《疏》于余，故爲宣揚斯義……』（《石倉文稿》卷之《聽泉閣》）

作《登鶴林絶頂》（《鼇峰集》卷十八）。

按：王應山《閩都記》卷十一《郡東閩縣勝跡》『鳳丘山』條：『去城五里而近。有朱文公大書「鶴林」二字，又「鳳丘」二字。其山北連蒲嶺，南迤邐際江。』

作《病起書懷》：『殘魂幸出鬼門關，覽鏡空驚病後顔。有客薦醫誇術驗，無錢買藥笑囊慳。食新漸覺咽喉滑，看竹猶嫌步履艱。尚欠半生文字債，又添詞翰在人間。』（《鼇峰集》卷十八）

作《送湛上人歸雲門》《鄭孝廉妻莊氏貞節》《温陵蕭葉宫見訪，時將入燕》《寄答何稚孝儀部見懷，次韻》（《鼇峰集》卷十八）。

按：蕭九奏，字葉宫，同安人，少長於漳郡，居漳浦，與吴寀友善。

作《送王粹夫之燕》（《鼇峰集》卷十八）。

陳薦夫有《送王粹夫之燕》：『半日離情兩鬢秋，可堪前路更登樓。文章老作平津客，婚嫁貧催向

子遊。土屋四更猶賣酒，河冰十月不通舟。無魚抵用歌長鋏，好出餘鯖醉五侯。』（《水明樓集》卷六）

作《寄陳濟父》：『客子浪跡鳳山，獨與仁兄交深莫逆……弟由虎林而之姑篾，又由姑篾而之豫章，碌碌風塵。歲暮抵舍，囊鋏無魚，八口有累。今歲家變蝟集，無一好懷，大都什九苦貧，什一苦冗……《錢唐志》聞已刻成，弟未及覩，便間希寄一部，不啻望梅之渴也……張維成曾拜官乎？抑歸里乎？鄭孔肩今年卒業何地，皆弟日夜縈于懷抱者也。願聞，願聞！茲友人王粹夫入武林之便，附問起居。粹夫與江中丞奕世通好，亦與維成有一日之知……《錢唐》，托王君轉寄至閩甚便。』（《文集》册六，《上圖稿本》第四三册，第三一九—三二〇頁）

按：興公修《錢塘志》，詳去歲。

作《與吴德符》：『春間，舍親黄瑞襄行，曾附小啓，並唐僧《行秀集》奉還，黄君迄今未歸，尚未得仁兄報書也。歲行盡矣！追憶湖上勝遊，恍如一夢……友人王粹夫，與弟及能始、在杭俱同社，每於不佞、能始口中得足下之爲人。今有武林之遊，欲一望見顔色。粹夫真醇古茂，重于交誼。海内如此弟兄，罕有其儔。』（《文集》册六，《上圖稿本》第四三册，第三二〇—三二一頁）

作《寄黄明立國博》（《鼇峰集》卷十八）。

作《與黄明立國博》：『自庚子與堯衢過我山齋，忽忽十載……近閲邸報，乃知台丈造士南雍，康成經術，青蓮詩歌，想彌浹于三山二水間耳。倒囊示教，予日望之。不孝家難頻仍，先妻去室，老母辭堂，三載之間，茹苦如蘗，一腔惡況，豈堪聞于故人哉！敝友王粹夫，世擅風雅，每頌雄篇，輒興仰止。

茲遊白門，欲一望見顏色……外詩扇一執伴函。』（《文集》冊六，《上圖稿本》第四三册，第三二一—三二二頁）

按：『詩扇一執』之詩，即上條《寄黃明立國博》。

作《寄吴肅卿司理》：『不佞去秋作客武林，台駕尚未抵任……茲友人王粹夫有白下之行，道經錢唐，敬修尺一，奉候起居。粹夫翩翩風雅，與周育莪丈夙稱莫逆。欲徼寵靈，買一青雀至丹陽，則不佞寔拜明德矣。』（《文集》冊六，《上圖稿本》第四三册，第三二二—三二三頁）

作《寄阮堅之司理》：『自乙巳中秋，奉別台光，浪跡白下，旅遊匪定，又絶鱗鴻……丁未，喪室；戊申，喪母。數載之内，茹苦如荼。且碌碌食貧，不東走吴，則西走粤，近始偃息故園……太公祖祠廟，崩摧之後，稍稍修復，特苟完耳。王粹夫口能述之，茲不敢贅。粹夫行便，草草修候。』（《文集》冊六，《上圖稿本》第四三册，第三二三—三二四頁）

作《鄭季卿以瀘州倅奉使采木，左遷楚藩，掛冠卜居秣陵，有贈》（《鼇峰集》卷十八）。

十一、十二月間，有書致張燮，燮有答書，乞爲其亡父作輓詩。

作《寄張紹和》（書佚，題筆者所擬）。

張燮有《答徐興公》：『不面興公者久矣，紹和途窮猶故，至麻衣如雪，又非紹和故吾也。聞足下歷落風塵間，亦不甚有所遇。宇宙大矣，求意表行事人，竟是缺陷，良足慨也。小力歸，過承唁訊，兼拜豐儀，感佩何極。聞足下有入漳之約，僕積慘中得奉披吐，自是暫歡。倘歲華垂暮，未便巾車，早春柳絮，或足逢迎先生杖履乎！望之，望之！尺帛轉謝悰外，先《狀》奉呈，倘博得輓詩一章，勝

賻十萬。』(《霏雲居集》卷四十八)

按：張燮父庭榜卒於去歲。

十二月，爲林夷侯題《基公塔銘》。除夕，邀喻應益守歲風雅堂。

題《基公塔銘》：『《慈恩寺基公塔銘》，唐開成四年李弘度撰文，僧建初書。建初有書名，行書學右軍有法。余按歐陽永叔《集古録》、鄭漁仲《通志略》、趙明誠《金石録》及《格古論》《弇州集》諸書皆不載……基公爲尉遲敬德猶子，年十七，奏報天子，始許出家，又爲玄奘法師弟子，所著《疏義》一百卷，後世鮮有知者。唐刻固自難得，况出高僧之手，大勝今時臨摹。智永、懷素各本，有損真意，不足觀也。庚戌臘月，爲夷侯題。』(沈文倬《紅雨樓序跋》卷二，第七〇頁)

按：《基公塔銘》，即《慈恩寺基公塔銘》，唐李弘度文，僧建初書，林夷侯藏。

作《庚戌除夕》：『自憐四十爲人祖，抱得蘭孫戲膝前。』(《鼇峰集》卷十八)

按：長孫鍾震生。詳下。

作《除夕，邀喻叔虞風雅堂守歲，共得明字》(《鼇峰集》卷十八)。

按：喻應益，字叔虞，應夔弟，江西新建人。

冬，合王繼臯、陳淳夫所贈《何氏語林》殘本而訂之，始成完書。致書屠本畯。參與《福州府志》編纂爲之立傳，並爲其所撰《茗笈》作小引。

按：題《何氏語林》：『甲午之冬，王元直自秣陵歸，得一部，闕首二册，遂以贈余。既閱歲，偶過陳淳夫，齋頭見有《語林》半部……卷册微有大小蹉跎。又十七年庚戌之冬，建溪蕭生飛卿

善裝潢，爲余合訂之，始成完書。』（馬泰來整理《新輯紅雨樓題記 徐氏家藏書目》，第一一〇頁）

又按：參見萬曆二十二年、二十三年（一五九四、一五九五），崇禎六年（一六三三）。

是歲，有詩贈鄰友吴雨。

作《贈鄰友吴元化十韻》（《鼇峰集》卷十二）。

按：吴雨與興公隔墻而居，興公有《吴元化後園藤蔓過墻，半垂余齋，花時邀惟秦、景倩、叔度、孟麟共賞，分賦》（《鼇峰集》卷十一）、《題吴元化磊老山房》（《鼇峰集》卷十八）述毗鄰之親近，參見去歲。

是歲，陳价夫之開化，有詩贈之。

作《送陳伯孺之開化》（《鼇峰集》卷十二）。

按：據陳价夫《自述示兒》（《招隱樓稿》），是歲往開化。

是歲，長樂林于玄持《伸蒙子》相贈。

作《長樂林于玄持其鼻祖唐伸蒙子書見貽，賦答》：『知余抱書癖，插架慕鄴侯。渡江遠持贈，不減瓊瑶投。珍藏重什襲，夜讀焚膏油。景仰百代上，恍與先賢遊。』（《鼇峰集》卷五）

按：參見萬曆二十九年（一六〇一）。

是歲，爲江仲譽《波餘草》撰序；後仲譽棄而不用，而用陳勳之序。

作《江仲譽〈波餘草〉序》：『今夫通都大國，冠異冠、服異服者，踵接肩摩，而通都大國之人，見之若固有也者。一過窮村僻落，則老稺群起而睨之，以爲怪物，何也？見弗廣也。建溪譚理學經術，如衣布素；視騷雅詞賦，若見異冠異服焉。江君仲譽，業諸生而譚詩，潭人無弗睨而笑之，指其後曰：「夫夫冠服之不中者也。」仲譽不之恤，耽詩自若。年來詩名，不脛而走，而向之所睨者，斂衽囁嚅矣。仲譽家酷貧，向歲過延津，沉舟巨浪中，得不死；去歲陽侯肆虐，廬舍爲墟，僅携其平日所爲詩，走匿山寺，幸不漂溺，與人兩存，好事者將付之梓，自題曰《波餘草》。昔有過揚子江者，風濤暴作，以黄魯直、韋蘇州詩投之，風恬浪息，波臣似亦知詩。仲譽集成，自合傳之大都，藏之名嶽，而今而後，必不爲建水蛟龍所睥睨耳。」又附記曰：「初，仲譽請予爲序，將付梓，適陳元愷户部過家，又請元愷序之。此作遂棄不用矣。嗟嗟！《淮西》勒功，退之既已鐫之貞珉，旋復瑑去而刻段相之文。耳食慕膻，自古爲然。予何傷哉！」（《文集》册一，《上圖稿本》第四十二册，第四二—四三頁）

按：此則眉批：「不」。編集時不刊。

又按：據題《野客叢書》（馬泰來整理《新輯紅雨樓題記　徐氏家藏書目》，第一〇八頁）建溪大水在萬曆三十七年（一六〇九）。本篇則作于大水次年，則本年。

陳勳有《波餘集序》：「庚戌春，予自秣陵移病南還，經途入武夷，于時風日清美，巖壑競秀，泝洄歷覽，再宿，乃出山。風雨走建溪道，江仲譽來訪，剪燭讀《筆花樓詩》，客途病骨，乃連日得看好山水，又得讀佳詩，殊以爲適，不知疾之在其體也。武夷仙事，渺邈空函，遺蜕撑拄巖竇間。隱屏之麓，紫陽夫子所嘗講業，陳跡翳如，使人遠想慨然，獨其劖刻俶詭，雲水吐吞，萬變之容隱，億劫斯存，日月彌新，蓋必有哲匠焉。挫之毫端，離奇輪囷，波譎霞起，與靈秀之氣相發，乃稱其山川耳。

作者足徵，來秀不乏，仲譽勉乎哉！仲譽尊人禹瀾先生，治行文采，有聞于世，仲譽夙稟家學，敏秀絶人，業舉暇，益治聲詩，《筆花》之外，復有《波餘集》，所以名「波餘」者，蓋仲譽嘗溪行，覆舟，書劍盡没，僅而自免。他日建溪大水，仲譽之居沉竈生魚，徙居南郭，幾不具飦粥，蓋侮于波臣者再矣，獨其集在焉。昔人有渡江而風七日，不得濟者，投以魯直箋書《西澗詩》，一餉而渡。今仲譽集復爲此水所睥睨，水之怪龍罔象，乃亦知書且好事，足異也。然予又聞宋趙子固得五字不損本《蘭亭》，乘舟至弁山而覆，予固持卷立淺水中，謂其僕曰：「《蘭亭》在此，餘無足問者。」仲譽所爲，喜自負，其意亦近于此歟！是集也，波臣不能有也。武夷之君又焉能藏之？故刻焉，而屬予爲之序。』（《陳元凱集》卷二）

陳勳有《江仲譽像贊》：『神清以癯，貧也。乃宜骨秀而峻，詩亦以之。學則道古，人實大畸。雕鎪漱滌，發其澹思。潺潺溪流，上有武夷。爐香横琴，仰而支頤。是中真賞，不在畫師。』（《陳元凱集》卷三）

是歲，致書吴充，言《端明别紀》《榕陰新檢》兩書刻於西爽堂。又致項觀瀾，言刻《端明别紀》《榕陰新檢》及讎校諸事，又言已輯有《山谷外紀》及其它説部。

作《寄吴德符》：『客杭半載……弟碌碌風塵，自杭之衢、自衢之豫章，歲盡始抵家，百憂如織，無好懷抱，且生平所稱同調博雅者，在杭、能始耳，今兩隔燕、蜀，魚鴻鮮絶，而弟孤陋僻處，聊以蠹魚延歲月而已。舊歲西爽堂爲弟梓行《端明别紀》《榕陰新檢》，想已竣工，但坊間摹刻錯誤不少，惟仁丈精于讎校，敢煩留心訂正，庶不貽笑于大方也。《端明》末卷，當是《貢茶録》，弟原稿無之，今項君索他本添入，尤宜細訂。胡君原本舛訛甚夥耳。幸爲弟索一二部，付致書友人黄君，寄示爲望。向借唐僧《弘秀集》，兹敬寄還，此亦龜鬚兔角，藏書家少獲者，不敢掩而有也。』(《文集》册六，《上圖稿本》第四三册，第三八七—三八八頁)

按：去歲遊越、豫，歲盡還家，參見去歲。

又按：此書言刻書讎校要精；又言向友人借書須還，不得掩而爲己有。

作《寄項觀瀾》：『客杭蒙仁丈盛情有加，銘刻曷既。不佞自杭之衢，自衢之饒，碌碌風塵，歲暮始歸閩中……舊歲《端明别紀》并《榕陰新檢》，承仁丈不鄙，付之剞劂，不佞藉光匪淺，不知鄭孔肩之序曾載筆否？倘有舛訛，幸托吴德符丈重校之，庶不貽笑于大方家也。兹舍親黄瑞寰行便，肅此奉候。倘二書印行，先惠二三部付黄君覓鴻寄示，弟即以《山谷外紀》并他説部書奉上也。冗次不悉。』(《文集》册六，《上圖稿本》，第三八八—三八九頁)

按：此書與上書，黄瑞寰爲書郵者。

是歲，再致書曹學佺。言去歲聶錢塘處命修縣志、成《蔡端明别紀》梓於杭州書坊，逆侄邇年尤恣睢兇暴訟己及弟諸事；又言《文心雕龍》讎校之事；又得一男孫，四十爲人祖。又言王宇登第。

作《寄曹能始》：『使者還家，辱兄遠念貽書貽貺，寔百常情，感戢，感戢！弟去年春暮同謝在杭至浙省，張維成述弟于聶錢唐處，命修《縣志》。三閱月，復走江右，淹留數月，僅足餬口。歲暮抵家，依然貧生矣。求富之難難於登天，豈窮骨生定邪！蜀中山川奇絶，想兄必有奇文寫其景色，倘有殺青，幸乞垂教。弟近成《蔡端明别紀》十二卷，携至杭州書坊，請梓此書。可配蘇長公《外紀》、米襄陽《志林》，弟别杭時尚未刻完，俟覓寄請正。兄《中晚詩紀》輯成何狀，蜀中能刻否？宋張文潛，蜀人，試訪其《柯山集》抄之，若刊本四册者，只論、策，弟家有之，無用也。不於此時訪求，後自難得耳。弟近日得一男孫，四十爲人祖，亦差自慰。然所可嘆惋者，逆侄邇年尤恣睢兇暴，纍欲訟我兄弟二人。日前扶嫂氏具告提學，道批府，尚未問審。婦人生不肖子，反爲護短，玷我亡兄，此家門不幸，人倫大變，日惟仰天太息，繼之以泣而已。此亦前世冤業，始生此子，弟亦委之于數耳。惟兄素知，敢以相聞。《文心雕龍》，弟已用心讎校。去年見鬱儀王孫亦有校本，又有發吾覆者，弟亦抄歸。兄所校定者，可着書手抄一本寄我參酌之，以便異日梓行，何如？王永啓登第，吾黨有光。趙仁甫、陳履吉先後物故，餘子俱如常。尊公老叔行，想能道故鄉事，弟無庸贅。心緒棼拏，草草奉候，不盡區區。』（《文集》册六，《上圖稿本》第四三册，第四一三—四一五頁）

按：聶錢塘，即錢塘知縣聶心湯。

又按：遊浙、贛，歲暮還家，鬱儀王孫《文心雕龍》校本，參見去歲。

是歲，致書鄧汝實，論修《閩清縣志》，認爲宋代有兩位陳剛中，一爲侯官人，一爲閩清人，舊志誤閩清之陳剛中爲侯官。因及徐熥所作梅溪（閩清）詩四首。

作《與鄧汝實》：『聞閩清令有修志之舉，數百年缺典，一旦維新，又得仁丈爲之載筆，當成不朽大業。然一邑如斗，文獻曷徵，今以仁丈應之，是猶函牛之鼎烹鷄鶩，剸犀之劍切片臠也。不佞竊耳其事，僭抒一二管窺愚見，敢布記曹：……祥道從子陳剛中，建炎進士，《志》爲立傳，似矣。但誤作侯官人。蓋時有同姓名者，遂以閩清剛中爲侯官剛中也。剛中死浙江，葬西湖龍井鳳篁嶺，其墓尚存。妻削髮爲尼。當其謫時，過吉州石材廟，夢隆祐太后得免金冠，題詩廟中云：「古廟新剛盡，論功舊石材。能形文母夢，忽訝佞人來。海市爲誰出，衡雲亦自開。乞靈如見告，逐客幾時回。」欲祈神佑，卒不如願。士論惜之。此又《郡志》所遺者也……如白玉蟾，雖曰得道真人，而鶴林彭耜爲作《行狀》甚悉。有《閩清醉中》一律、《閩清祈雨》一歌，奇峭有韻。龜毛兔角，固自難得。至若鄭瀾詩文典雅，弟曾于其孫翰卿處見之。王皋伯詩畫俊逸，弟向爲作傳，就文苑之高流也。外先兄惟和《梅溪雜詩》四首，弟舊作三首，録求教正，倘邀惠附列藝文之殿，寔藉光寵不淺矣。越俎僭陳。』（《文集》册六，《上圖稿本》第四三册，第四一六—四二〇頁）

按：鄧原芳，字汝實，福州人。曾參修《福州府志》。歲貢。

又按：宋代有兩位陳剛中，一爲侯官人，一爲閩清人。除了這兩位，見《復張維誠》，參見萬曆四十五年（一六一七）。

又按：『先兄……不淺』，原稿劃去。

又按：徐熥《梅溪雜詩》四首，徐𤊹梅溪三首，《幔亭集》《鼇峰集》不載。

又按：本篇爲長篇尺牘之一，多涉學術考證，文繁，僅録白玉蟾以下三例見示。白玉蟾，或曰閩清人，或曰瓊山人，據𤊹此書，閩清可以定論。

又按：𤊹主動請纓，欲撰《閩清縣志·藝文志》，似未成行。

是歲，爲永福縣知縣袁世用作德政碑。

作《永福袁邑侯德政碑銘》：『吾閩扆山枕海，地瘠民淳。永陽界萬山之中，其俗極磽窳之苦。向之領是邑者，往往守成規、循故事、紀簿書、遵案牘而已。至夫實心實政，漠然未厪於本懷；仁聞仁聲，寂然不宣於碑口。欲求其治化熙恬，蒼生鼓舞，真如良藥未投，疲癃痌瘝之莫愈；佳種未播，禾稷粟麥之匪收。無怪乎名不古人若，政不古人並也。乃我袁侯之治永也……永之士大夫戴侯如父母，謂不銘豐碣，何以垂永久之芳聲？未勒堅珉，曷以勸將來之長令？是用石墨以鎸華，爰仿龜趺而載事。侯名世用，字行可，南昌人，萬曆乙酉鄉進士，任今官。』（《文集》册二，《上圖稿本》第四二册，第一九九—二〇三頁）

按：袁世用，字行可，南昌人。萬曆三十五年（一六〇七）舉人。

又按：唐學仁繼袁氏之後任永福令在萬曆三十八年（一六一〇），故繫此文於是歲。

又按：此文叙袁世用政績至少有以下數端：修城池，建東關浮橋，立倉貯，復社學，崇廟食，救荒有策，賑饑有條。袁氏似爲史上第一位留下政德碑的永福縣知縣。此碑唐學仁《永福縣志》不載，可補史之缺。

是歲，長子陸年二十一，縣試第一，郡試第二。補閩庠弟子員。

按：《亡兒行狀》：『庚戌服除，就試閩邑，邑侯徐公鳳翔得其文，拔爲第一。再就郡試，郡公喻政亦擬首選，以予與郡公有相知之雅，避嫌抑之第二。督學使者，馮公烶取入泮，仍第二，補閩庠弟子員。』（《荆山徐氏譜·詩文集》）

是歲，春，長孫鍾震器之生，作《爲長孫命名字離合詩》。

按：據陳衎《徐存羽墓誌銘》，鍾震父陸卒于萬曆四十五年（一六一七），時鍾震僅七齡。逆推，則鍾震生於是歲。按：《荆山徐氏譜》鍾震生卒年失載。

作《爲長孫命名字離合詩》：『彼其之子，射不主皮。餘勇可賈，退食委蛇。鋤犁堪托，助法誰施。動静在復，力爲之彼。霰集四野，隨風散飛。桭楔未顛，一木難支。噩噩渾渾，王風漸漓。戾天飛鳶，户内莫糜。芝房挺秀，凡草奚爲。』（《鼇峰集》卷三）

作《林夷侯自峽江携重臺鹿葱見惠，答謝》：『我已生孫將白首，不勞珍重祝宜男。』（《鼇峰集》卷十八）

作《生孫志喜》：『四旬齒長孫生早，二頃田無口漸添。』（《鼇峰集》卷十八）

陳薦夫有《賀徐興公得孫，其子婦余侄女也》：『春光深淺曆頭占，驚看龍孫笑捲簾。太白懷中玄象轉，朗陵膝上德星添。丹山羽族重飛彩，渥水神駒繼出潛。不是謝庭高柳絮，誰分玉樹拂君簷。』（《水明樓集》卷六）

按：徐陸婦，陳价夫女，薦夫侄女。

作《元孫滿月諸友以詩見贈喜答》（《鼇峰集》卷十八）。

作《寄江德昭》：『不奉色笑者十年所矣，每一相思，輒勞夢寐。不孝于丁未之冬喪妻，戊申之秋喪母，半載之内，兩遭荼酷，體魄雖存，神明都盡……弟馬齒四旬有一，近得男孫，雖當壯歲，亦癯癯然一阿翁矣……任卿云，去秋仁兄有書并連紙見寄，弟方客杭州，歲暮始歸，而所寄物竟成烏有。』（《文集》册六，《上圖稿本》第四三册，第四〇五—四〇六頁）

按：『馬齒四旬有一』，徐𤊹是歲年四十一。

是歲，葉向高初入内閣，有詩賀之。

作《上葉相公初入内閣》（《鼇峰集》卷十八）。

是歲及次歲，有題帖、題畫詩若干首。

作《題林子真詩帖後》《題伯孺蘭竹轆轤體》《空江秋笛圖》《雪舟獨釣圖》《題漁隱圖》（《鼇峰集》卷二十五）。

是歲或次歲，議《郡志》建文年號，又議先朝丘墓。

作《議〈郡志〉建文年號議復林都諫》：『竊見建文年號，已經革除，故天下郡邑之志，皆書洪武三十一年至三十五年。爾時文皇之禁方嚴，秉史筆者緘口縮舌而莫敢吐，況一郡一邑之小乎！爀查得萬曆二十三年詔修正史，禮科給事中楊天民、御史牛應元奏復建文年號不宜革除，奉聖旨禮部知道，而禮部隨覆奏改正……史既厘正建文年號，則郡志者，史之餘也，安可因循革除之説而不爲庚定耶？至於洪武己卯、庚辰鄉會二榜，寔建文之元年、二年也，有葉給事福首死金川門，其忠節彰彰可睹已。』（《文集》册二，《上圖稿本》第四二册，第一八五—一八六頁）

按：林都諫，即吏部都給事中林材，（萬曆癸丑）《福州府志》總裁。材，謹任，一字楚本石，父之蕃，閩縣人。萬曆十一年（一五八三）進士。

作《〈郡志〉先朝名宦議復林都諫》：『名宦起自晋嚴高開創之功，閩百世頌之矣。其後稍的議者，如宋虞願有越王石、髯蛇二事，見於《（南）齊書》；王秀之有恐富求歸之説，見於《南史》；王僧孺有思致恬敏之稱，見於《文選》。一則紀而弗詳，一則遺而弗傳，一則名而弗登。至於唐代名喆彬彬，舊《志》所載者不過四人而已……迨及於宋，郎簡治福清，浚築塘陂，溉田百餘頃，邑人祀之……舊《志》或删或逸，所當補正者也。或旁見他書，想不止是。惟高明廣蒐轉以教我。幸甚！』（《文集》册二，《上圖稿本》第四二册，第一八七—一九〇頁）

按：虞愿事，見《南齊書》卷五十三《虞愿傳》；王秀之，見《南史》卷二十四《王裕之傳》附《王秀之傳》；王僧孺，見《文選》。

又按：此條言舊《志》之《名宦志》，例舉舊《志》自南朝至宋，或删或逸數十條，以爲方志之《名宦志》的編撰，不惟應當重視正史，還應旁搜他書。足見徐𤊹聞見之廣博，撰著之一絲不苟。當今編著方志者，當從中得到啓示，以免今人所編，後人又得重加補漏撿缺。

作《〈郡志〉先朝丘墓議復林都諫》：『舊《志》所載先朝丘墓，文恪公之所增削，寔有確然之見……陳誠之人品不足稱，豈以狀元之故而獨存耶？誠之主和議，事載《綱目》，而恭介、文恪引之，非無所據，削之存之，統惟台命，辱承下問，草草奉復。』（《文集》册二，《上圖稿本》第四二册，第一九一—一九二頁）

按：林文恪公，即林燫，（萬曆己卯）《福州府志》總裁。燫（一五二五—一五八〇），字貞恒，閩縣人。嘉靖二十六年（一五四七）進士，改庶起士，授檢討，擢修撰。萬曆間，歷工部尚書、禮部尚書。卒贈太子少保，謚文恪。著有《學士集》《四書直解》《詩説》等。

又按：此條議《郡志》古墓或存或不存的原則，實爲有見。

是歲，王宇成進士。

按：謝肇淛《五雜組》：『萬曆庚戌，湯賓尹爲房考，越房取韓敬爲第一……場中越房取者尚有十七人……余友王永啓亦在十七人中。』（卷十四『事部』）

是歲，張于壘生。

按：張于壘（一六一〇—一六二七）[一]，字凱甫，燮子，龍溪人。年少能詩，卒時年十八，里人爲建幼清祠。有《麟角集》《遊武夷記》。

是歲，本宗和尚卒。

作《過芝山哭本宗上人》（《鼇峰集》卷二十五）。

謝肇淛有《哭本宗和尚》：『同遊君最少，净土早皈依。業向孤燈盡，身隨隻履歸。門徒更事少，道侶住山稀。腸斷西窗月，凄涼照竹扉。』（《小草齋集》卷十五）

按：本宗和尚爲紅雲社社友。據此詩，社友中本宗年最少。參見萬曆三十六年（一六〇八）。

是歲，有詩挽佘翔。

作《挽佘宗漢明府》（《鼇峰集》卷十八）。

按：佘翔卒於去歲。參見去歲。

是歲，趙世顯卒，有詩哭之。

作《哭趙仁甫先生》：『靈爽乘雲返玉京，寢門臨哭拜銘旌。七閩結社孤盟主，四海論交失老成。』

[一] 張于壘卒於天啓七年十二月二十六日，西曆爲一六二八年一月三十一日。

（《鼇峰集》卷十八）

按：世顯曾組織芝社、瑶華社，故云『結社盟主』。

又按：《趙仁甫贊》：『璠璵其質，錦繡其腸。遊思竹素，寄興縹緗。位列明時之仕，籍派衍宋代之天潢。掛一冠若脱屣，咀五字如含商。閩自十子主風騷之後，閲二百載，獨振雅道而彌昌。即今結香山九老之社，長吟短什，真與江州司馬媲美而齊芳。』（《文集》册十二，《上圖稿本》第四五册，第二九六頁）

又按：謝肇淛《趙仁甫像贊》：『爾容盎然，和風可挹。爾貌頎然，清揚玉立。目運四海，腹笥六籍。不善宦而名千秋，不厚藏而富子墨。彼其神明之内腴，原非畫之所能殫，而况畫之者又僅得其十一。觀其左琹右書，隱囊抱膝，用行舍藏，唯意所適，允矣，爲趙氏連城之璧。』（《小草齋文集》卷二十三）

又按：以上二《贊》，作年不詳，附於此。

謝肇淛有《哭趙仁甫》：『玉毁連城劍委沙，蓽門空掩暮棲鴉。生前世路仕三已，身後名山書五車。弟子無衣傳北秀，故人有泪吊西華。傷心陶令門前菊，零落秋風幾樹花。』（《小草齋集》卷二十三）

萬曆三十九年辛亥（一六一一）　四十二歲

謝肇淛四十五歲，曹學佺三十八歲，林古度三十二歲，徐陸二十二歲，徐鍾震二歲

正月，元日，與喻應益過神光庵，登烏山；初二日，與喻應益登大夢山；某日，與喻應益憩越山；元夕，同陳价夫、喻應益集鐘山客舍。

作《辛亥元日同喻叔虞過神光庵，因登烏石山》（《鼇峰集》卷十一）。

作《辛亥元日》（《鼇峰集》卷十八）。

作《二日，同喻叔虞登大夢山》（《鼇峰集》卷十一）。

按：李時成《大夢山墨池記》略云：『大夢山，距城一里而近，山之脊隆焉爾，多土少石，蓋翼郭之右弼也。』（《白湖集》卷十三）

又按：何振岱《西湖志》卷五：『大夢山，廣袤二里，聳峙湖邊，蒼鬱多奇致，有石鑱「廉山」二大字，姿勢遒勁，明太守江鐸書也。』

作《初春同叔虞憩越山庵》（《鼇峰集》卷十一）。

按：越山，即越王山，又名屏山、平山。王應山《閩都記》卷八《郡城東北隅》『越王山』條：『週迴數里，半蟠城外。閩越王建都于山之東南，故名。一名屏山，又名平山。』

作《元夕，同伯孺集叔虞鐘山客舍，得鐘字》（《鼇峰集》卷十一）。

按：李賢《大明一統志》卷七十四《福建·福州府》『鐘山』條：『在府城西南二里。《閩中記》：梁太守袁士俊居第。内有小山，時聞鐘聲，因名。後捨爲寺。』

二月，同喻應益集高景齋中看蜀茶。七日，林叔寶招同喻應益集湖上小庵。二十八日，招張燮入緑玉齋，圖書四圍。二十九日，同喻叔益、張燮、郭汝承等集烏石山商梅玄曠山房，四座客滿。

作《同叔虞集高景倩齋中看蜀茶，得箋字》（《鼇峰集》卷十二）。

作《仲春七日，林叔寶招集湖上小庵，同喻叔虞諸君，共得三字》《送高景倩遊武夷》（《鼇峰集》卷十八）。

作《上憲伯陳公德遠》二首（《鼇峰集》卷十八）。

按：陳邦瞻（一五五七—一六二三），字德遠，高安（今屬江西）人。萬曆二十六年（一五九八）進士，歷官福建按察使，遷右布政史，天啓間官至兵部右侍郎。有《荷華山房詩稿》等。

作《贈施大將軍》（《鼇峰集》卷十八）。

按：施德政，字正之，號雲石。江蘇太倉人，曾任福建南路右參議。鎮守福清、南澳等地。萬曆三十九年（一六一一）勒『天子萬年』四字於福清瑞巖。

作《二月晦日，同喻叔虞、張紹和、郭汝承集商孟和玄曠山房，分得巖字》（《鼇峰集》卷十八）。

按：崇禎七年（一六三四），崔世召爲連州知州，商梅訪之，次歲回閩。據徐𤊹等人詩，至遲是歲其山房已有『玄曠』之名。郭柏蒼《商梅傳》：『（商）梅入省會居城中，由嶺南歸徙鄉居，顏曰「玄曠山房」。』（《柳湄詩傳》，《全閩明詩傳》卷四十二）郭之商梅『由嶺南歸』後命名『玄曠』之説誤。

張燮有《偕喻叔虞過徐興公綠玉齋小集》：『短榻幽齋徑未封，閒携麈尾一相從。客來賦已名司馬，汝在才應字士龍。貧借圖書圍四壁，富於文史答三冬。臨窗峭蒨窺能舞，竹隙茶烟第幾重？』（《霏雲居集》卷十三）

張燮又有《二月晦日，商孟和招飲山園，同喻叔虞、陳長孺、徐興公分賦，得嚏字》：『樓閣重重俯夕嚏，小橋曲檻遍成文。依山石出盤孤磴，近樹亭間掃白雲。杯麯浮春知過半，筆花送晚欲平分。蕭疏我自躭幽者，喜得歌殘次第者。』（《霏雲居集》卷十三）

按：張燮《榕城遊記》下：『戊戌（二十八），興公見招齋。從室入，所經殊迫窄。比徑數轉，修篠周環，中爲綠玉齋。圖書四圍，如堆羽陵而縮大小酉。倚欄茹茗，覺薖軸中儘有佳趣。己亥（二十九）集商孟和山園，園在烏石山之麓。巍石高懸，因山作壁，軒閣綢疊，磴道蜿蜒。是日，四座客滿，然余所知，獨陳茂才長孺及叔虞、興公數人。』（《霏雲居集》卷三十二）

三月，三日，與張燮、林存古等集施德政將軍公署修禊，並送燮歸漳州。題林應起蕩灣園。送施德政巡海之鎮東衛城（在福清）。酬甘來學參議。福清郭應寵贈其父郭造卿《海嶽集》及《碣石叢譚》，答謝之。蘇漢英贈《新編黄粱記》，答謝之。

作《修禊日，施大將軍席上送張紹和還霞城》（《鼇峰集》卷十一）。

張燮有《修禊席上留别施正之、徐興公、林存古，得陵字》：『遊覺長卿倦，驅車返秣陵。萍踪驚雨别，藻思隔雲興。遥翠千山樹，殘紅一夜燈。祓除從此去，雪興或來乘。』（《霏雲居集》卷七）

按：林存古，莆田人。有《品茶詩》，施德正爲之序并付梓。

作《三月三日，同張紹和、林存古集施大將軍公署，共得花字》（《鼇峰集》卷十八）。

張燮有《上巳集施正之衙齋，同徐興公、林存古在坐，得花字》：『勝日初晴早散衙，呼來杖履帶烟霞。疏林石隙頻啼鳥，亂葉籬邊欲放花。秉簡暫移鐃吹合，流觴偏度板橋斜。塵襟似盡非關滌，留取清風水面嘉。』（《霏雲居集》卷十三）

張燮有《三月三日禊集施大將軍衙齋詩序》：『劉尹之念張憑，孝廉之舡屢覓；紹和。陳蕃之禮徐穉，高士之榻初懸。興公。有主迎門，擁刀頭於大櫓；政之。何賓入幕，詫賦手乎長楊。存古……亭可名蘭，借投陳遵之轄；營亦字柳，且贈繞朝之鞭。余以次日還里，故云。縱鶉尾之方長，詎鳶肩之久駐。推衿送抱，娱情志于宫商；考詞就班，散芳芬于金石。詩合八首，會凡四人。』（《霏雲居集》卷二十四）

按：張燮《榕城遊記》下：『余初擬朔日就道，正之謂：「上巳已届期，紹和安得俛首逆旅，作郭有道灑掃。若茂林修竹，吾軒中故不乏也。」予語塞。遂戀戀不忍辭。正之又雅念興公，願予拉與俱往。乃以三月三日約興公修禊衙齋，留連竟夕。是夜凍雨滂沱。』（《霏雲居集》卷三十二）

作《題林熙工蕩灣園》（《鼇峰集》卷十八）。

作《蕩灣園十二咏爲林熙工題》（《鼇峰集》卷二十二）。

按：十二咏細目：《搴芳閣》《受影池》《紅雲徑》《蘋花東港》《蘋花西港》《樫陰小彴》《明霞障》《藥畦》《蔬圃》《菖陽溆》《隱鶴陂》《涌潮門》。

作《送施大將軍巡海之鎮東衛城》（《鼇峰集》卷十八）。

按：王應山《閩都記》卷二十七《郡東南福清勝跡》「鎮東衛」條：「在海口鎮之東，有指揮使司。國朝洪武二十年，江夏侯周德興督造城垣，周八百八十餘丈……戚公祠在衛西，鎮山庵在衛西南，朱文公廟在衛東南。」

作《題喻叔虞久山書屋，是許旌陽隱居處》（《鼇峰集》卷十八）。

作《上甘子開參藩》（《鼇峰集》卷十八）。

按：甘來學，字子開，雅州人，隆慶二年（一五六八）進士，福建左參議。

作《酬藩參甘子開先生》：「大雅世不講，禮士風漸微。軒車陋草澤，組綬輕蘿衣。伊余分棄置，甘息園中機。身名愧俱賤，敢曰知音希。幸逢紫薇客，枉駕惠荊扉。林鳥悉驚起，山雲俄散飛。蓬茅寡輪鞅，倏忽生光輝。新契喜獨勵，玄賞欣不違。後進願引領，永矣爲依歸。」（《鼇峰集》卷五）

按：「軒車」「枉駕」，子開過訪興公，故興公作此詩酬謝。

作《答參藩甘公啓》：「某草茅賤士，菅蒯庸才，自甘晦跡于山林，幸接光儀於藩屏。車停千騎，恒式段干木之廬；觴瀹九霞，特設楚穆生之醴。雀銜莫展，鼇戴徒深。回想去年，難卧芋江之使轍；有懷隔歲，長瞻薇省之福星。啓事殷勤，珠玉寵山公一劄；韻書博洽，琳琅窺沈約四聲。撰著擅雕龍，流芳於萬古；校讎慚帝虎，附不朽以千秋。讀緗帙，便爾快心；捧瑤函，不忍釋手。此明公謬以孺子爲可教，而不肖實由大人以成名者也。」（《文集》册二，《上圖稿本》第四二册，第一六九一—一七〇頁）

按：入閩官員，慕興公名而過訪，不止甘來學一人；而興公未嘗干瀆。徐鍾器《先大父行略》

云：『先後宦遊閩中者，莫不耳先大父名，式閭致敬。早歲如觀察叔向楊公、方伯德造陳公、參知子開甘公、郡伯正之喻公、都轉運婁峰王公[一]、田叔運使屠公[二]；近如大中丞二太南公、匪石鄒公、直指得一張公、湘蓴應公、廉訪昭度潘公、方伯青門申公、雲林徐公、闇齋黄公、蘗山胡公、參知岵梅章公、前直指今中丞□皖張公，或高牙大纛，闌入柴桑；或錫扁里門，緇衣折節。然大父又未嘗附羶而動，有所干瀆，使清風明月，玄度笑人也。』（《雪樵文集》）

作《郭汝承以其尊人〈海嶽集〉及〈碣石叢譚〉見教，有作》二首（《鼇峰集》卷十八）。

按：郭應寵，字汝承，造卿子，福清人。

按：《海嶽集》《碣石叢譚》，郭造卿著。造卿，字建初，福清人。嘉靖中布衣。

作《蘇漢英以〈新編黄粱記〉詩刻端綺見貽，答謝》（《鼇峰集》卷十八）。

按：蘇漢英，沙縣人。

作《答傅爾錫》（《鼇峰集》卷五）。

春、夏間，喻應益歸豫章，有書致喻應夔，言及藏山之業，半爲貧廢。

作《寄喻宣仲》：『吾兩人之交莫逆也，即地有數千里之隔，而精神未嘗不相通。往歲洪都重逢，雖云十日，而謝埠登舟，真覺草草如夢……叔氏入三山，得手教詩箋，恍若面質。叔氏自解鞍□□歌驪，無日不會，無句不酬，垂耳而歸，尤增眷戀……弟終歲苦貧，僅免溝壑，叔氏目擊。然差自慰者，豚子

[一]『都轉運婁峰王公』，此句下有『海内名流，時枉干旄，商榷文藝』十二字。

[二]『田叔運使屠公』，此六字旁增。

縣試首選，子衿已青。弟近來才亦將盡，欲焚筆硯，有子以托書香，不復作蠹魚以自苦。藏山之業，半爲貧廢，「萬言不值一杯水」，古人曾有言之者矣。新郡公陳蓮湖，弟莫逆友也，下車必下賢伯仲之榻，并聞左右。叔氏忽□歸興，草草未能多譚。』（《文集》册六，《上圖稿本》第四三册，第三二四—三二六頁）

按：萬曆三十七年（一六〇九）冬，徐𤊹過豫章與喻應夔遊，參見該歲。

又按：喻應夔弟應益去歲冬入閩，參見該歲。

五月，二十三日，謝肇淛奉使還里，問訊之。喻政生子，爲作《麟趾頌》。

按：張燮《夏日，謝在杭奉使歸榕城，詩以訊之》（《霏雲居集》卷十三）。

又按：謝肇淛《至家時辛亥五月二十三日》：『只道須臾別，那知兩度霜。猶憐萍梗聚，得及荔支香。花落新松徑，苔添舊石牀。漫言朝市隱，終讓白雲鄉。』（《小草齋集》卷十五）

作《麟趾頌》，其《序》：『郡伯喻公蒞閩一載，化洽三山，仁德覃敷，慈聲普被，福星下照，喜氣駢臻。乃以重光大淵獻之年，小暑溫風至之月，誕生冢嗣，毓産馨兒。投燕之夢既徵，饋鯉之辰斯叶。』（《文集》册十二，《上圖稿本》第四五册，第三二九頁）

按：喻政知福州，下車在去歲，參見去歲。

又按：小暑，五月二十七日。

六月，致書張燮，言謝肇淛還家，荔子初熟驕人。燮致陳文燭書附答興公書（今佚），張燮盛贊興公爲松石快人。

又按：張燮《寄謝在杭工部》：『春半作客榕城，偕興公坐起，屈指數年前高齋駐馬時事，令人思在杭也。頃興公來書，謂在杭奉使還里，荔子新熟，對擘玉漿啖之，以此見驕，遠道同心人不得不妬耳。』(《霏雲居集》卷四十九)

又按：張燮入會城，見二月。

又按：張燮《答陳子潛將軍》：『足下泛九曲澄泓，用滌懷抱……外八行附致徐興公，此君是松石快人，施大將軍敬之、慕之，足下試與周旋，能使蘭錡不落莫也。』(《霏雲居集》卷四十九)

又按：陳文煬，字子潛。將軍，能詩。

夏，致書費元禄，叙及《甲秀園集》中有詩見贈，有詩答費。得林筆峰書，答之。

作《次韻答費學卿》：『鵝湖山下啓林扉，長日攤書對翠微。萬里已知鯤北運，一封遥寄雁南飛。午窗壚冷丹常伏，甲秀園深緑漸肥。猶記昔年相訪處，滿天風雪夜紛霏。』(《鼇峰集》卷十八)

作《復費學卿》：『自從奉扣園居，飛觴對雪，促膝圍爐，一臂偶交，遂深莫逆。隙駒易駛，忽忽十年。嗣後兩過鵝湖，皆爲同伴所促行……向在虎林書肆，見新梓《甲秀園集》，誦往歲雪中見贈之作，知門下不忘故人甚也。去秋喻郡公至，蒙吹噓過情，即今下榻式廬，不棄管蒯之賤，伊誰之力歟？』(《文集》册六，《上圖稿本》第四三册，第三〇九—三一〇頁)

按：扣費元禄園居，參見萬曆二十九年(一六〇一)。

作《復林筆峰》：『邇者上人以八行相示，知有寵招雅念，即欲奮飛左右，快覩□龍，苦于塵冗未遑，深抱山陰之歉。兹者文宗將臨，舍弟豚兒試事在即，覲其考校發案，經月乃克就緒，若赴翁丈之命，似非旦夕可旋軫，且酷暑褦襶，又煩主人起居，中秋前後，當策蹇直趨徑江，飽領玄誨，且爲瑞巖、黄蘗之遊。』（《文集》册六，《上圖稿本》第四三册，第三一二—三一三頁）

按：林筆峰，福清人。

又按：此書當作於夏季。徑江、瑞巖、黄蘗，在福清。

作《芋原驛送甘子開參知之京》：『柳花荷葉惠風初，萬里王程促使車。』（《鼇峰集》卷十八）

作《黄若木自吴楚歸賦贈》（《鼇峰集》卷十一）。

按：黄若木，即黄光。詳萬曆二十六年（一五九八）。

作《彭興祖過集山齋，次韻奉答》《送彭興祖還吴》（《鼇峰集》卷十一）。

夏秋間，福州知府喻政郡齋落成，招同周千秋、黄光、王勑之、鄭汝潤宴集。有詩寄廉州知府陳基虞。有詩挽蔣奕芳。

作《寄王永啓刑部》《喻郡公郡齋落成，招同周喬卿、黄若木、王勑之、鄭汝潤宴集有作》（《鼇峰集》卷十八）。

作《寄陳廉州志華》（《鼇峰集》卷十八）。

按：陳基虞（一五六五—一六四二），字志華，一字志國，號賓門，元鑣、元錞之父，同安大嶝（今厦門市翔安區）人。萬曆十七年（一五八九）進士，與蔡獻臣同榜。官廉州知府。

作《贈新安程爲儀》（《鼇峰集》卷十八）。

作《挽蔣居實孝廉》（《鼇峰集》卷十八）。

按：蔣孝廉，即蔣奕芳（一五七三—一六一〇）。奕芳，字居實。其先世長樂人，後徙侯官嶼陽，萬曆二十二年（一五九四）舉人。據謝肇淛《蔣孝廉居實墓誌銘》（《小草齋文集》卷十八），奕芳生於萬曆元年（一五七三），卒于萬曆三十八年（一六一〇）。

又按：蔣奕芳卒於去歲，與公此詩作於今歲。

陳薦夫有《哭蔣居實孝廉》二首，其一：『我病當愁裡，君來坐榻前。詎知譚永日，竟是訣終天。經術精可益，文章散不傳。馬江東逝水，西上更何年。』其二：『清吟三百首，曾囑我雌黃。欵欵虚懷見，區區形跡忘。古辭渾漢魏，新曲艷齊梁。欲報君無及，吞聲泣數行。』（《水明樓集》卷三）薦夫詩當作於去歲。

作《題瑞巖》（《鼇峰集》卷十八）。

按：王應山《閩都記》卷二十七《郡東南福清勝跡》『瑞巖』條：『在新安里。宋宣和四年建，洪武二十三年重建。山中巖洞、泉池，可勝處不可指數。又通海井，絶頂石巖中，有竅大如箕，水滿其中，春夏不涸……徐𤊹《題瑞巖寺》云云。』

陳价夫《題瑞巖寺》：『上方宫殿陟崔嵬，高閣憑虚倚石開。歲久藤花侵講席，春深榕葉暗香臺。半林倒影墟烟合，幾點浮空海舶來。自是登臨人不乏，姓名無限翳蒼苔。』（王應山《閩都記》卷二十七《郡東南福清勝跡》『瑞巖』條）

七月，送陳仲溱重遊湖州。有書致屠本畯，請喻政爲其刻《茗笈》，並贈新刻《蔡端明别紀》；言及徐陸郡邑試第一，郡試第三。

作《送惟秦重遊吴興》《謝林元達見貽海南蒲席》(《鼇峰集》卷十八)。

作《寄屠田叔》:『自丙午曹封君四明歸,拜老公祖手書遠及,嗣後不肖喪妻、喪母,無一好懷。舊冬,服禫方除,閉門掃軌,懶與世接,然每過困溪之關,入艖司之署,謁高賢之祠,無不思念明德,恨不奮飛鏡湖之濱,一叙十五年契闊之爲樂也。邇者有客傳使君新編《茗笈》,當令鴻漸《經》慚,君謨《録》愧。客爲帳中之秘,不輕示人,而不肖請于敝郡喻守公,重授諸梓。目下尚未舉工,秋杪可寄呈記曹也……舍甥謝在杭水部,久慕使君風猷,不敢徑通尺一,謹將家刻數種,托不肖代致閣下,欲以瓦石而博珠玉。使君家塾所梓諸撰述,乞概見惠,當什襲珍之耳。兹有舍親鄭倉曹官定海,可爲書郵,封緘委寄,定不浮沉也。豚兒年已二十有一,去歲得一孫,今年郡邑試得第一,而馮宗師拔入學第三……新刻《蔡端明别紀》一部,附呈台覽,秋風薦爽,仰惟加餐。』(《文集》册六,《上圖稿本》第四三册,第三一七—三一八頁)

按:配高氏卒于萬曆三十五年(一六〇七),母林氏卒于三十六年(一六〇八)。

又按:徐陸生于萬曆十八年(一五九〇),年二十一,如算虚齡,爲去歲;實齡,爲今歲。『去歲得一孫』,鍾震生于去歲,則此書作于今歲無疑。《蔡端明别紀》刻于去歲。秋風送爽,此書當作于初秋。

八月,中秋,謝肇淛新築泊臺成,招遊玩月,與會者十五人,人拈二韻,是爲泊臺社。晦日,與肇淛過西關外轉華庵,讀箕仙詩。

作《中秋夜謝在杭新築泊臺成,招諸同社玩月》(《鼇峰集》卷五)。

按：〔乾隆〕《福州府志》卷二十一《第宅園亭》『泊臺』條：『在朱紫坊。謝長史汝韶别業，子方伯肇淛世居之。』王應山《閩都記》卷三《郡城東南隅》『朱紫坊巷』條：『地名新河，舊號三橋。宋通奉朱敏功兄弟四人居之，朱紫盈門，故名。』

謝肇淛有《中秋，泊臺同社諸子燕集，分得咸韻》：『高臺經始，渌波半涵。明月在天，微雲相參。我有嘉賓，載觴載談，示我德音，和樂不耽。玄鳥于歸，驚鴻戾南。物猶如此，人何以堪？』（《小草齋集》卷三）

謝肇淛又有《中秋，泊臺同社諸子燕集，得中字》：『曰余寡儔侶，一丘息微躬。結廬河之湄，心境將無同。高臺不渝尋，乃俯清波中。況復秋色半，素魄挾金風。憑虚肆遐矚，目極寒烟空。欣此良朋聚，浩然淩蒼穹。銀漢西南流，耿耿夜向終。景光各自愛，此樂亦何窮。』（《小草齋集》卷五）

按：謝肇淛《泊臺社集記》：『余家三山朱紫里，憑河之南，河北有别墅厠梁焉，所謂宛轉橋也。橋盡爲鏡瀾閣，閣西有樓，圮矣。毁而地之餘壤無所卸，築爲臺，高雉許，從横倍蓰，遠障屴崱，近控何仙、薛老二峰，命曰「泊臺」，水滸也。既成而八月望，於是社中諸子咸集。月華山靄，委碧波間，且觴且咏，甚適矣。夫世豈乏瑶臺玉宇、絲竹管弦，而余規規焉一丘一壑之適哉？乃有其適者未始適也。吾臺成而月秋，座無朝市之客，俯仰觀化，放浪形骸，百年之中寧復有幾？是日也，會者十有五人，人拈二韻，爲詩三十首。即席成，無受罰者。蘭亭、金谷又輸此一着矣。』（《小草齋文集》卷十）

按：『何仙』，即九仙山；『薛老』，即薛老峰。王應山《閩都記》卷十《郡城西南隅》『烏石山』

條：『咸通中，侯官令薛逢與神光僧靈觀遊，創亭其側，書「薛老峰」三字于石。』

又按：謝肇淛有《泊臺銘》：『淡之泊之，尋乃莫之。泊之漂之，暮與朝之。泊之泛泛，斯干可亂。泊之悠悠，以寫我憂。嶄嶄之石，眺崇俯迴。逝者如斯，吾與臺也泊而並。』（《小草齋文集》卷二十五）

又按：謝肇淛《小草齋詩話》卷五：『福州西關外轉華庵壁上，有箕仙詩一幅，云：「緑雲出洞又入洞，白鶴上山復下山。道人此日歸何處？雲自無心鶴自還。」字體龍蛇飛動，不類人工。萬曆辛亥八月晦，與徐興公出洪江，過而讀之。』

王宇有《中秋集謝在杭泊臺，分賦柏梁體七言排律》：『歲臨辛亥月仲商，斗杓西指鴈南翔。素娥頻彩清波揚，虛臺經始泊河陽。登高騁望攬八荒，上才紛集宵筵張。縱横文雅飛羽觴，酒酣起舞歌慨康。明河爛兮夜未央，踈松墜落生微凉。漸看孤魄辭屋梁，歡極悲來心煩傷。』又五言一首：『層臺出水涯，月色此先知。霜鏡懸澄澈，波金漾陸離。遠潮乘魄滿，寒兔搗香遲。氣引渠荷入，光催岸柳移。明年自南北，徒爾照離思。』（《烏衣集》卷四）

九月，初一日至初九日，與謝肇淛、陳鳴鶴、王崑仲等七人往遊永福方廣巖。夜泛，至瓜山，訪宋潘參軍幽居，扣元鄭潛故宅。過古靈陳襄故居，謁古靈廟。觀獵山謁元總管王翰祠。過王偁故居。重遊方廣巖，過陳益祥所闢羅漢巖、丸天巖，懷之。十四日，商梅招集烏石山園看黄、緋二色菊。致書閩縣知縣徐鳳翔，並詩；長子徐陸有《寄徐揚岐老師啓》。有詩哭陳五昌。二十七日，與謝肇淛、馬歘、鄭正傳（嗣真）、吴雨（元化）、周千秋（喬卿）等經雙溪庵遊聖泉寺，鳳丘尋彭鶴林（耜）舊隱彭吏部（演）墓；尋榴花洞故址，過虞公庵。謝肇淛有《遊聖泉寺記》。作《瓜山訪潘從參幽居》（《鼇峰集》卷十八）。

按：王應山《閩都記》卷二十《湖南侯官勝跡》『瓜山』條：『在二十都。山有三巒，直下分派如瓜，故名。』

又按：（乾隆）《福州府志》卷五《山川一》四『瓜山』條：『在四十八都，聯於方山西，有三巒直下，分派如瓜故名。宋潘柄、元鄭潛居之。』

又按：潘參軍，即潘柄。按：王應山《閩都記》卷二十《湖南侯官勝跡》『潘柄宅』條：『在瓜山。柄，字謙之，與兄植從朱子遊。其學以務實爲本，不干仕進，學者稱「瓜山先生」。』

又按：謝肇淛《遊方廣巖記》：『由洪江至瓜山，水程六十里，至方廣巖如之。訂遊則瓜山潘從參，東道主也。陳女翔、王玉生、徐興公、林元達、叔寶與余爲七，奴僕二，參衣糧十五，拳曲舴艋中。潮以半夜落，舟從之。出仙岐，復遲潮生也。抵瓜山，晡矣。主人供具甚設……萬曆辛亥歲，發以八月之晦，歸以九日。』（《小草齋文集》卷九）

陳鳴鶴有《題瓜山潘氏二首》，其一：『閑居寂寂似潘安，會是先人舊講壇。五百餘年三畝宅，竹門遥閉萬峰寒。』其二：『寒江曲曲路縈廻，庾信園林半種梅。獨立淡烟殘照外，繞村秋色稻花開。』（王應山《閩都記》卷二十《湖南侯官勝跡》『瓜山』條）

謝肇淛有《宿瓜山潘氏二首，是宋潘謙之先生後》二首，其一：『紅蓼映柴門，踈梅拂短軒。社歸秋燕冷，衙散午蜂喧。耕鑿村居便，詩書世業存。山中無歲月，雲氣自朝昏。』其二：『白酒寒初

熟，黄鷄秋正肥。主人能下榻，客子已忘歸。擣月清砧急，投村遠火微。夢魂塵不到，雲樹尚依依。』(《小草齋集》卷十五)

作《浯江夜泛》，其二：『鄭公渡口石橋斜，山色重重碧似瓜。遥望炊烟青不斷，蓼花深處見人家。』(《鼇峰集》卷二十五)

按：王應山《閩都記》卷二十《湖南侯官勝跡》『瓜山』條引此詩題作《舟次瓜山》。

又按：浯江，即浯溪。參見下引謝肇淛《由洪江至方廣舟中雜詩十二首》其七。

又按：又按：王應山《閩都記》卷二十《湖南侯官勝跡》『鄭公義渡』條：『在仙崎江。行者南北必由此出涯以濟。鄭潛避地瓜山，乃創義渡。捐田以給舟子，行者便之。』

作《鄭居貞故宅》，自注：『鄭公，洪武中官河南參政，宅在瓜山。永樂初年，因有詩贈方孝孺，坐方黨死。』(《鼇峰集》卷二十五)

按：王應山《閩都記》卷二十《湖南侯官勝跡》『鄭潛宅』條：『在瓜山。潛，歙人，元至正中，以泉州路總管致仕，寓居懷安。嘗建義渡、義學。子居貞，以薦辟，官參議，與方正學友，亦與其難……明徐𤊹《過鄭居貞故宅》云云。』

作《過古靈陳先生故居》四首，其《序》：『先生諱襄，字述古，爲宋名臣。故宅在古靈山之下。裔孫寖微，以躬耕爲業。堂上祀先生像設，而東西列二屏風，刻陳氏世系家傳甚詳。皆宋代物，至今猶存。』(《鼇峰集》卷五)

作《過古靈陳先生故居》(《鼇峰集》卷十八)。

按：王應山《閩都記》卷二十《湖南侯官勝跡》『陳先生祠』條：『在古靈。祀宋龍圖陳襄。襄，字述古，詳萬歲巷，此里宅祠堂也……故里迄今落莫。宋時，像設屏風猶存……徐㶿《過陳先生故居》云云。』

又按：謝肇淛《遊方廣巖記》：『蚤起，走十里，謁古靈祠，扣陳述古先生居，遺像衣冠，儼若平生。』（《小草齋文集》卷九）

謝肇淛有《過陳述古先生故居有引》，《引》：『先生名襄，侯官之古靈人也。慶曆中，以忤新法屢遭貶斥，官終樞密直學士。今其居址門巷猶存，衣冠遺像儼若平生。中堂設二木屏，書世系家譜甚詳。先生文集既罕行世，子孫亦貧落不復振。余官京師，購先生集于秘府，録之以傳。茲以方廣之行，訪其故居，爲之低回不能去焉，感而賦此。』詩云：『蕭條曲徑鎖秋烟，異代衣冠尚儼然。自向木屏書世系，誰從秘閣購遺編？連雲甲第餘雙碣，漏日茅茨秖數椽。惆悵古靈山下路，聞孫自種鹿門田。』（《小草齋集》卷二十三）

作《古靈廟》（《鼇峰集》卷十八）。

按：王應山《閩都記》卷二十《湖南侯官勝跡》『古靈廟』條：『在福頂山上。其神曰「正佑王」，名姓無考。唐天祐三年，始降靈於義興社。後遷吴嶼，復徙今所……明徐㶿《古靈廟》云云。』

謝肇淛有《古靈廟》：『松陰十里翠冥冥，立馬斜陽問古靈。香篆半隨樵火炷，廟門高對石巖扃。潮通荻浦千重白，路遶瓜山萬疊青。洞口雲封人不到，漁歌遥隔蓼花汀。』（《小草齋集》卷二十三）

作《觀獵山謁總管王用文先生祠》（《鼇峰集》卷十八）。

按：王用文，即王翰。翰，字用文，其先西夏人。元初從下江淮，授領兵千户，鎮廬州，因家焉。翰少襲爵，纍遷至福建行省郎中。陳友定留居幕府，表授潮州路總管。友定敗，浮海抵交趾，不果。屏居永福之觀獵山，著黄冠服者十一年。洪武間辟書再至，翰以幼子偁托故人吴海，遂自決。有《友石山人遺稿》。

按：謝肇淛《遊方廣巖記》：『次日，雨。又次日，舟至觀獵山，拜王用文祠，因得其遺集及孟揚太史像，蓋二氏之子孫微矣。翊日，易小舟，上瀨逆急，喘如登山。』（《小草齋文集》卷九）

陳鳴鶴有《觀獵山謁王用文祠》：『山深日暮吊芳祠，猶有遺魂怨子歸。血濺辟書酬故主，劍埋荒塚負明時。朔方萬里歸殘夢，永泰千峰寄一支。樵徑逢人尋舊跡，松楸零落草離離。』（（萬曆）《永福縣志》卷五）

陳薦夫有《過王總管故居》，《序》云：『故元總管王翰，字用文，元滅，念無子未即死，退居永福山中十年，生三子。太祖聞而聘之，翰與友人吴海謀，遂自經。吴爲撫其孤，即孟揚太史也。』其一：『龍湖西去一荒邨，滿目荆榛遶敗垣。勝國河山非故主，明時溝瀆有忠魂。桃源豈識秦顔朔，栗里終無宋紀元。今日相過誰舊侣，數聲鄰笛叫霜猿。』其二：『日落胡天鴈不飛，十年辛苦寄巖扉。更無豫讓生空免，豈有田横聘却歸。青塚尚慚非漢草，首山猶恐是周薇。存孤死節原相重，敢負吴家老布衣。』（《水明樓集》卷六）

按：薦夫目盲，未與實境，疑其詩與徐𤊹、謝肇淛、陳汝翔等非同時作。

謝肇淛有《觀獵山謁王用文祠有引》，其《引》：『用文名翰，靈武人。元末爲閩行省郎中。元亡，遂寄居永福之觀獵山，洪武初，詔有司强起之，遂自刎死。子即孟揚太史也。』詩云：『迴合溪山暮靄凝，孤臣遺廟肅香燈。春魂已化啼鵑血，故里猶傳下馬陵。萬壑松楸淒雨露，四時蘋藻薦雲仍。乾坤有主菟裘在，泪灑西風感廢興。』（《小草齋集》卷二十三）

作《王太史孟揚先生故居》（《鼇峰集》卷十八）。

陳鳴鶴有《過王孟揚故居》：『亂山如簇繞孤村，太史閒居業尚存。幾葉諸孫留翰墨，千秋行客薦蘋蘩。兔峰嵐翠遥連屋，牛路松陰半在門。往事傷心頻悵望，一溪流水咽黄昏。』（《萬曆》《永福縣志》卷五）

按：王太史孟揚，即王偁。詳萬曆二十九年（一六〇一）。

謝肇淛有《過王孟揚故居》：『青山十里隱孤村，百口環居盡子孫。六月霜飛冤未雪，一溪雲護宅長存。堂前鴟瓦經風脆，壁上蟲書蝕蘚昏。獨有遺文未零落，韋編留得墨花痕。』（《小草齋集》卷二十三）

作《重遊方廣巖》四首（《鼇峰集》卷十八）。

陳鳴鶴有《方廣巖》二首，其一：『星巖松塢蓬蒼蒼，閑逐泉聲到上方。風捲水簾翻石燕，雲歸山洞閉靈羊。千峰迢遞傳寒磬，雙樹參差背夕陽。静室本時無一事，焚香持咒坐繩床。』其二：『高閣沉沉隱翠微，闌干十二掩巖扉。雲生古樹兼花落，泉灑晴雲作雪飛。鳥道憑虚僧獨往，香龕向暖燕相依。每從福界耽幽勝，幾日留連未忍歸。』（《萬曆》《永福縣志》卷五）

謝肇淛有《遊方廣巖四首》，其一：『鳥道千盤一徑微，竹林蒼翠濕人衣。風傳絶壑初聞磬，室倚懸崖不掩扉。石底暝雲排榻入，空中晴雨作簾飛。秋深燕子還相戀，棲盡寒巖不肯歸。』其二：『峰如玄玉路如繩，行到諸天幾百層。巖敞全呑松杪寺，林幽時吐夜深燈。泉滋洞裏長生樹，雨濺床頭入定僧。閑倚闌干看下界，半空烟霧鎖蒼藤。』其三：『虚臺高枕北風凉，返景時看過隙光。雲繞千峰迷怖鴿，路危一線度靈羊。壁間留影金身化，簷際懸空石乳香。夜半鐘聲千谷響，山魈驚起禮空王。』其四：『五丁開鑿是何年，巖作屏風石作天。松塢犬迎黄葉吠，竹窗僧共白雲眠。蝸涎半蝕前朝字，龍首斜飛遠澗泉。塵世慚無丘壑分，此身聊結此山緣。』（《小草齋集》卷二十三）

謝肇淛有《由洪江至方廣舟中雜詩十二首》：其一：『潮落金山半夜鍾，小舟低罥木芙蓉。寒波不動天如水，月挂東南屴崱峰。』其二：『山下洪江江上村，江雲山靄共黄昏。早潮歸去暮潮到，一片寒聲繞寺門。』其三：『女兒十五綰雙鬟，渡口操舟日往還。唤起西風吹兩槳，送郎一夜到瓜山。』其四：『橘園洲上露如霜，江樹江烟望渺茫。布穀聲聲春雨後，荔陰十里鳳皇岡。』其五：『浦口橋通石徑斜，黄雲極目野人家。一簾香雪山窗晚，繞屋寒梅萬樹花。』其六：『竹裏山峰午放衙，主人留客飯胡麻。半巖洞口西風急，吹落寒江幾片霞。』其七：『曲曲寒溪咽未休，小祠藂竹枕溪流。桔槔聲裡柴門閉，卧踞松根看鬭牛。』其八：『浯水溪邊鈎艇閒，江雲片片逐潮還。秋風秋雨無情甚，吹暗千山與萬山。』其九：『蕭齋閒與白鷗群，剪燭論詩到夜分。紙帳寒生眠不得，一簾秋雨半床雲。』其十：『西風瑟瑟動菰蒲，荷葉霜殘緑半無。傳是閩王觀獵地，至今秋草血饃餬。』其十一：『寒灘曲曲急湍流，丹嶂蒼藤古洞秋。一自詞人題赤壁，却疑風物似黄州。』其十二：『千尺龍湫瀉瀑泉，萬竿寒玉鎖溪烟。鐫題滿目人何在，花落山空二百年。』（《小草齋集》卷二十八）

作《懸漢巖陳履吉初闢》（《蘺峰集》卷十二）。

謝肇淛有《羅漢巖懷陳履吉，兼呈汝翔二首》二首，其一：『捫蘿初得路，羅漢舊名巖。半壁泉仍瀉，重岡草已芟。危橋簷際度，高閣洞中銜。誰是開山者，知君念阿咸。』其二：『猶憶誅茅日，幽探歷歲年。野義争席坐，山虎襲人眠。閣鎖秋雲冷，池空夜月懸。寧知纔俯仰，便已隔人天。』（《小草齋集》卷十五）

按：謝肇淛《遊方廣巖記》：『至葛嶺，就竹輿，二里許爲羅漢巖，昔者吾友陳履吉誅茅得此石徑，巖瀑飛甍，木彴依然在也，而邈若山河矣……又翊日，下山。間道走丸天巖，亦履吉闢也，穢甚於羅漢巖，蘆刮人面若刀，棧道斷絶，仰視瀑布而返。』（《小草齋文集》卷九）

按：（萬曆）《永福縣志》卷一《地紀》『懸漢巖』條：『在方廣巖下。巖開石室，高十餘丈，廣五丈餘……萬曆三十三年，侯官陳益祥自佛嶺砌路以達巖，建閣三間於潛穎巖前。』

作《丸天巖懷陳履吉》（《蘺峰集》卷五）。

按：（萬曆）《永福縣志》卷一《地紀》『丸天巖』條：『在懸漢巖右，形如覆鐘之半，高可二十餘丈，泉懸其巔，其左則石壁峻峭，高聯於巖。半壁有室，闊五六丈，深如之，室中突起石峰，玲瓏若普陀巖……萬曆三十七年，陳益祥構三層閣於三石之中。』

謝肇淛有《丸天巖重懷陳履吉》：『荒山十里皆叢棘，茅刺鈎衣苔繡石。草裏徐分一徑微，空中忽見孤峰碧。石磴參差續復斷，高閣巍峨倚天半。練瀑遥從樹杪飛，竹梯時向山腰絆。千年靈閟欝崔嵬，鬼斧神工莫浪猜。誅茅掘土真堪笑，一旦天地鴻蒙開。桑田倏忽成海水，伯輿終爲名山死。

精靈月夜時往來，白鶴哀啼碧雲起。』(《小草齋集》卷十)

作《重九後五日，商孟和社集烏石山園，看黄、緋二色菊》(《鼇峰集》卷八)。

謝肇淛有《重陽後五日商孟和招集山齋，看黄、緋二色菊》：『誰云佳節邁，且續薜蘿盟。坐看東籬菊，平臨北斗城。衣疑金鏤叠，色借錦紋成。共砌争陳艷，分叢亂落英。徑迴香乍遠，風動露初盈。映竹參差影，含烟淺淡情。曲欄斜對酒，孤岫遠當楹。爲問將圓月，花前幾度明。』(《小草齋集》卷十六)

作《贈閩邑徐揚岐令公》(《鼇峰集》卷十八)。

按：徐鳳翔，字揚岐，江寧人。萬曆三十五年(一六〇七)進士。閩縣知縣。

作《復徐父母》：『高軒寵臨，竹極增色。野人疎慢，未獲時候耿光，徒有此心而已。向在都下，愧後生末學，不敢晋謁宗伯公，兹得展誦佳集，寔快登龍門之願。腆貺下頒，尤贈感戢。』(《文集》册六，《上圖稿本》第四三册，第三一三頁)

按：徐父母，即徐鳳翔。

徐陸有《寄徐揚岐老師啓》：『不肖猥以愚賤，仰辱深知，剪拂陶甄，謬厠青衿之列。準繩型範，幸睹赤城之標，方正鵠之是遵……頻加愛護，俾門墻桃李，少煦陽春，曷任頂戴，瞻戀之至。』(《文集》册二，《上圖稿本》第四二册，第二三七頁)

按：此文當與𤊹詩、書前後作。附繫於此。

又按：徐陸今存兩篇，另一爲《祭陳會伯文》(《文集》册二，《上圖稿本》第四二册，第二三八—

二三九頁），作年不詳。

作《哭陳伯全檢討》（《鼇峰集》卷十八）。

按：陳五昌去歲遊嶧山得疾，卒。興公此詩作於今歲。謝肇淛有《過嶧山懷陳伯全太史，伯全去歲以遊嶧山得疾，不數日卒》：『生死浮萍此地分，霜猿風笛不堪聞。夜深靈爽知何處，明月孤峰一片雲。』（《小草齋集》卷二十九）

按：嶧山，又名鄒山、鄒繹山，在今山東鄒城市。曹學佺有《兗州驛舍見陳伯全題壁有懷》：『驟逐春花謝，行看秋葉零。遠沙吹日白，衰柳怨山青。旅壁詩猶在，鄰家笛忍聽。天明時假寐，冀一遇精靈。』（《兩河行稿》）

作《雙溪庵》（《鼇峰集》卷二十五）。

按：雙溪庵，距聖泉寺三里許。謝肇淛《遊聖泉寺記》：『福州東山之聖泉寺，創于唐景龍初，屢廢屢復，至於今則荒田蔓草中僧寮數椽耳。其地違行春門十里而遥，遊客亦蔑有至者。萬曆辛亥九月，予從方廣歸，遂欲畢搜往跡，以二十七日□食趣束召馬季聲、徐興公、鄭嗣真，而周喬卿、吴元化悉賈勇願往。步出水關外，乘筍轝行，始沿城，既穿阡陌，後乃入山。松濤萬壑，哀湍如瀉，殯宫石槨離離道周，人生非喬，衆安能不灑山陽之淚哉！三里許，入雙溪庵，稍憩。』（《小草齋文集》卷九）

作《重遊聖泉二十韻》（《鼇峰集》卷十二）。

按：去歲遊聖泉，此番爲重遊。

謝肇淛有《季秋偕季聲諸子遊聖泉，得泉字二十韻》：『東山開寳刹，傳是景龍年。野徑緣溪遠，層峰繞郭偏。錫飛初得地，禽戲忽成泉。竹老陰常覆，松枯脉暗穿。鹿分甘露水，龍出講經筵。香闕諸天近，霜鐘萬壑傳。沈灰原有刧，滄海已爲田。雲鎖門雙塔，林圍屋數椽。哀濤驚鶴夢，敗葉擁僧眠。霜落祇林樹，苔深法座蓮。稀聞來杖履，誰復布金錢？廢洞迷靈跡，殘碑失古鐫。六時荒院磬，一炷斷爐烟。鐵像它寮寄，珠幡盡日懸。樵人尋舊址，行客吊新阡。趺籍蒲團穩，登知蠟屐便。悲風初廣莫，殘照且虞淵。碧殿猿啼裏，玄巖鳥道邊。城陰浮薄靄，燒影引歸鞭。回首興亡地，空林咽暮蟬。』（《小草齋集》卷十六）

按：謝肇淛《遊聖泉寺記》：『聖泉，僧曇逸所濬也。過此則東際諸山蒼翠迤邐，擁護若屏，而左顧松陰之中雙壔矗起，風幡摇摇簷角。興公指謂寺至矣。入山門則佛火熒煌，榱桷敦素，上下數楹僅堪趺膝。老衲持鉢沿村乞齋，而宿昔蓮座香臺，珠林寳地，盡爲禾黍之場。爲低迴悽惻者久之。泉在寺右，坎二尺强，而冬夏不涸。内有松根環之，水從中涌出，根染苔作緑沈色，千年不復腐。昔神僧懷一見二禽翔噪於地，劚而得泉，故稱「聖」也。……是遊也，地無蘭若之勝，饌無桑門之供，徒俯仰於荒丘竹屋之間，人或詫余之迂，而余亦自知其迂也。語有之：「不有廢也，君何以興？」興廢之間可以觀世焉，若使黄金布地，朱闕連雲，則士女輜軿，恐後無俟余往矣。季聲名欻，興公名𤊹，嗣真名正傳，元化名雨，皆郡人。喬卿名千秋，莆人也。』（《小草齋文集》卷九）

作《鳳丘尋彭鶴林舊隱名耜》《彭吏部墓名演，乾道進士、尚書》（《鼇峰集》卷二十五）。

按：王應山《閩都記》卷十一《郡東閩縣勝跡》『鳳丘山』條：『去城五里而近。有朱文公大書

「鶴林」二字……彭耜修真於此。劉智遠篆書「龍虎」二字。又有宋吏部尚書彭演墓。」

作《尋榴花洞故址》二首(《鼇峰集》卷二十五)。

按：謝肇淛《遊聖泉寺記》：「(聖泉)寺故有榴花洞、龍首磵、松塢、芝塢、神移泉、天台井、放生池、蟄龍瀑。」(《小草齋文集》卷九)

按：王應山《閩都記》卷十一《郡東閩縣勝跡》「東山」條：「在遂勝里，去城十里而近。有獅子峰、榴花洞。唐永泰中，樵者藍超逐鹿至洞，遇異人，與榴花一枝而返。復往，遂失所在。」

作《虞公庵名寄，梁朝人》(《鼇峰集》卷二十五)。

按：謝肇淛《遊聖泉寺記》：「虞公庵及唐李邕、皇甫政二碑刻，皆漫滅無一存者。」(《小草齋文集》卷九)

按：王應山《閩都記》卷十一《郡東閩縣勝跡》「虞公庵」條：「在東山之麓，梁虞寄隱處。寄，會稽人，侯景之亂，避地入閩。陳寶應據閩，有異志，寄數諫不聽，遁跡東山。寶應怒，遣人焚其舍……閩人重之，名其處爲「虞公庵」。」

十月，初七至十三日，與謝肇淛、吴雨等遊雪峰寺，經文殊廢寺；登圓峰閣，謁馬仙祠；過宿馬氏太平莊至雪峰，遊枯木庵，宿雪峰扆翠寮。謝肇淛亦有《遊雪峰記》。十五日，謝肇淛又邀遊鼓山；謝肇淛遊白雲洞，興公未與。

謝肇淛有《經文殊廢寺寺自唐建，近爲達官墓》：「千年靈塔委金沙，憔悴前朝古柏斜。石礎尚留青蘚篆，墓門空鎖白楊花。佛銷寶相埋秋草，僧散齋堂餧暮鴉。石馬玉魚零落盡，行人猶説梵王家。」

（《小草齋集》卷二十三）

作《圓峰閣》：『秋聲響露葉，夕靄昏雲松。仙姬出何代？禖祀香烟濃。』（《鼇峰集》卷五）

按：王應山《閩都記》卷二十一《郡西侯官勝跡》『圓峰閣』條：『在唐舉山，又名圓通。一峰聳秀，臨于江滸，建閣其上，祀馬仙。』

謝肇淛有《圓峰閣謁馬仙祠》：『危峰俯控碧溪橫，紺殿高標接太清。樹杪雲沉千嶂色，窗前風咽亂濤聲。道人禮斗書丹籙，里婦祈靈乞化生。鸞鶴不歸春寂寂，白沙如雪暮帆平。』（《小草齋集》卷二十三）

按：謝肇淛《遊雪峰記》：『余自方廣歸也，則興公有雪峰之約云。蓋距郡城百五十里而遥，杖屨之及者寡矣。會余有事於圓峰閣，遂以十月七日偕出洪江買舟，吴元化及僧華茂從。潮平帆飽，夕抵白沙。旦從絶溪而度巑圓峰之趾，策杖攀蘿數百級而至其巔。傑閣憑流，帆影如織。上祠女仙馬姓，蓋郡人之禱胤者奔走焉。』（《小草齋文集》卷九）

作《雪峰道中萬曆辛亥年》：『路回難計遠村程，一日山爲兩日行。樹裏巖扉分鳥道，雲中墟落辨鷄聲。橋成虹影疏泉出，田作梯形賴火耕。峰勢漸高衣漸冷，萬松關外見香城。』（《雪峰志》卷九《題咏》，又《鼇峰集》卷十八作《雪峰道中次在杭韻》，題下無『萬曆辛亥年』五字）

按：雪峰寺，即雪峰崇聖禪寺，在今閩侯縣西北。《閩中實録》：『閩王問雪峰曰：「師住象骨，山有何異？」答曰：「山頂暑月，猶有積雪。」審知曰：「可名雪峰。」』（梁克家《淳熙三山志》卷三十四引）

又按：《雪峰志》卷八《紀藝文》：『予以神皇之三十九載，偕同志爲是山之遊，探討不倦。』參見崇禎三年（一六三〇）。

謝肇淛有《雪峰道中》：『躡棘穿蘿百里程，空山盡日少人行。蒼藤古木雲邊色，怪石寒灘樹裏聲。曲磴紆迴緣澗轉，亂田高下旁山耕。斜陽欲落松風起，遥聽霜鐘出化城。』（《小草齋集》卷二十三）作《遊雪峰宿馬氏太平莊》（《鼇峰集》卷十八）。

按：王應山《閩都記》卷二十二《郡西北侯官勝跡》『丁山』條：『小坪、大坪，俗呼「太平莊」也。』

又按：《雪峰志》卷二《紀創立》『太平莊』條：『唐藍文卿所創，距寺三十里。』

又按：《遊雪峰記》：『自大穆溪舍舟而沿溪行，溪在左，里許，有鐵鎖橋，疏水六道。渡橋，溪在右。人行山腰，溪聲咽其下。逶迤二十里，山漸峻，溪勢漸高，兩山夾澗，瀑奔流如疋練，如轟雷。一瀑匯一潭，瀑白而潭碧，如是者五，名「五疊泉」。此入山之第一觀也。過此則爲丁山，山形作「丁」字，鷄犬籬落殊幽。又十里，曰「大坪」，即古之太平莊，蓋自溪口來。蜿蜒皆嶺，至此始平曠，故名曰「向午」。過馬氏山居，少憩，主人肅客甚殷。止宿小樓。』（《雪峰志》卷八《紀藝文》）

又按：《雪峰志》卷二《紀創立》『鐵鎖橋』條：『在大穆溪。石梁横亘，昔寺僧以鐵鎖束之，以固風水。』

又按：謝肇淛《遊雪峰記》：『又十里爲太平莊，儆食於馬氏。主人刲羊網鮮，供張甚設。盤桓久之，夕陽已在山矣，遂宿客樓上。客各賦詩贈焉。』（《小草齋文集》卷九）

謝肇淛有《宿太平莊馬氏山樓賦贈》：『竹籬秋露豆花殘，爲愛幽人問考槃。路轉亂峰孤鶴徑，門臨野水一漁竿。平田黃犢歸村晚，落日蒼龍遶屋寒。半夜溪聲滿床月，不知身已宿雲端。』（《小草齋集》卷二十三）

謝肇淛又有《又題太平馬氏山莊》：『群峰迴合隱村墟，鷄犬桑麻百載餘。野繭繅成教婢染，山田收罷課兒書。草深荒坂晴驅鴨，水落寒溪夜打魚。十畝蹲鴟千樹橘，不妨過客日停車。』（《小草齋集》卷二十三）

作《雪峰寺》二首（《鼇峰集》卷十八）。

按：王應山《閩都記》卷二十二《郡西北侯官勝跡》『雪峰寺』『烏石嶺』條：『在二十八九、三十都之中，宋嘉祥東里也。其山舊名「象骨峰」，高四十里，根蟠四邑，未冬或雪，盛夏無暑。唐乾符間，僧義存者至武陵，傳法於五祖德山。還閩，居芙蓉山石室，其徒蝟集。于是，得象骨峰，里人謝倣輩，誅茅爲庵於涼映臺北，迎存來住。一日，登山巔，遇雪，留宿其上，因名「雪峰」。其徒益盛，至無所容，乃去庵三百步，經營建寺……徐熥《遊雪峰寺》云云。』

謝肇淛有《雪峰寺二首》，其一：『古刹高臨象骨峰，客來下界已聞鐘。摇空塔影依雙樹，捲雨濤聲吼萬松。百里遠山皆貼地，四時積雪盡成冬。木球不動香臺冷，猶有殘碑蘚未封。』其二：『一從飛錫亂峰巔，實地香燈七百年。水轉山田無雀耗，雲歸石洞有龍眠。窗前池蘸千林月，海外潮通半壑泉。勝事只今俱寂寞，殘經空鎖講堂烟。』（《小草齋集》卷二十三）

作《枯木庵》（《鼇峰集》卷十八）。

按：王應山《閩都記》卷二十二《郡西北侯官勝跡》『烏石嶺』條：『枯木庵，外嵌中枵，真覺宴坐其間，今猶宛然。』

又按：謝肇淛《遊雪峰記》：『道旁小臺峨然，爲枯木庵，木紋膩而中空闢門焉，根猶植地。昔唐義存僧入定於此，經今七百年矣，而質理如故，非神物哉？龕内有唐天祐乙丑造庵題刻，所謂廉主王大王者，蓋審知也。又有雍熙四年知郡事何允昭刻，而題稱太宗廟號，當爲後人補書無疑。龕外則有元祐韋子鑒、紹興任士安、開禧陳景俊及鄭昂諸題名。』（《小草齋文集》卷九）

謝肇淛有《枯木庵》：『輪囷百尺尚蟠泥，刳作虛龕結構齊。枯坐却疑身是木，巢居不厭竇爲圭。犀紋半染黃金相，蝸蘚全侵碧篆題。寄謝春風莫噓拂，朽材久已托禪棲。』（《小草齋集》卷二十三）

作《宿雪峰寺晤盂山上人，上人曾識先君，常過予家，予方稚齒，迄今三十餘載矣，感而有贈》（《鼇峰集》卷十八）。

按：《雪峰志》卷二《紀創立》『宸翠寮』條：『萬曆間僧仁岩建。』

作《宿雪峰宸翠寮》（《鼇峰集》卷十一）。

謝肇淛有《宿雪峰寺》：『勝跡繞林看，敲詩到夜闌。孤燈吹雨暝，一榻宿雲寒。泉響聽偏急，爐烟炷未殘。閑眠人有幾，況在萬峰端。』（《小草齋集》卷十五）

謝肇淛有《與雪峰僧談寺田有感》：『千畝汙邪屬上方，半歸豪主半抛荒。山蠻逋賦徵苗苦，縣吏敲門納餉忙。水磨聲殘空有讖，藍田名在已無莊。黃雲滿目僧如洗，慚愧閩王一炷香。』（《小草齋集》卷二十三）

謝肇淛有《遊雪峰記》：『夜與老僧挑燈談興廢往事，僧言五十年前寺猶殷富無恙，近爲當事者括寺田以充軍餉，饘橐之資，十僅得二焉。兵已撤矣，而餉不聞減也。種寺田者，皆環山大驵，居污邪爲奇貨，歷歲逋負，官課私租，無所倚辦，稍誰何之，輒群嘯挺白梧相向，縣官不知也，按籍而箠楚者，僧耳。嗟乎嗟乎！實地腴田相傳千載，今既不能捨而益之，亦已矣，而無藝之征朘削於上，不逞之豪乾没於下，蠶食隱忍，日復一日，寺安得不寥落？』（《小草齋文集》卷九）

作《別雪峰》（《鼇峰集》卷十一）。

謝肇淛有《雪峰下山作》：『叢林下山忽十里，回首天際猶嶙峋。風吹細雨欲成雪，葉落空林如有人。蘆荻蕭蕭一虎嘯，雲日慘慘孤鴻征。中途歸僧揖我語：緇衣已染公門塵。』（《小草齋集》卷二十三）

作《遊雪峰記》：『晨起，行二里許，路左危石崚嶒，草木蒙茸其上，曰「羅漢巖」。又五里曰「小實」，爲海眼云。相傳祖師建寺，凡所需木石以錫杖扣之，即數百里皆從池中浮出。又謂祖師自題水磨，雀作人言，至今山中無鼠雀耗。又山上有石竇能出米，人喜談之，似未足信也。由山脚至巔，高可四十餘里，根蟠四邑，未冬即雪。余遊時值陽月十日，天寒風緊，微霰將集，所携衣袂着體不給。是夜宿扆翠寮，老僧仁岩，雅能詩。曾識先君於三十年前，予尚穉齒。一見，歡然道故。次日，各題所爲詩於壁。別僧歸，仍宿馬氏樓。遲明下山。兒陸舟次白沙，不能從，歸問雪峰遊何狀，遂口記以授之，且質同遊謝在杭水部並吴元化。時萬曆辛亥歲也。』（《雪峰志》卷八《紀藝文》）

謝肇淛有《遊雪峰記》：『祠事畢，乃歸舟放流二十里至大穆溪，宿。翊日，肩輿登山……僧衆競出箋麻索書，遂題詩後殿壁上。日近午，乃别僧下山。山氣霏微如欲雨，松風瑟瑟吹人骨冷。至葦林中，聞虎聲甚厲，輿者股弁，幾不能前。晡，復至馬氏宿焉。翊日，至大穆溪登舟。又翊日，始入城，是月之十有三日也。』（《小草齋文集》卷九）

作《鼓山和蔡君謨韻》（《鼇峰集》卷五）。

按：蔡襄《遊鼓山靈源洞》：『郡樓瞻東方，嵐光瑩人目。乘舟逐早潮，十里登南麓。雲深翳前路，樹暗迷幽谷。朝鷄亂木魚，晏日明金屋。靈泉注石竇，清吹出篁竹。飛毫劃峭壁，勢力忽驚觸題名石壁。捫蘿躋上峰，太空延眺矚。孤青浮海山，長白掛天瀑。况逢肥遁人，性尚自幽獨。西景復向城，淹留未云足。』（陳慶元校注《蔡襄全集》卷二，福建人民出版社，一九九九年，第三二頁）

謝肇淛有《遊鼓山白雲洞記》：『鼓山白雲洞，僧悟宗開於丙戌，迄今二十六載矣，而予未之見也。辛亥十月，邂逅悟宗於羅山，請爲嚮導，遂以望日約王永啓、周喬卿、馬季聲、徐興公、吴元化翊日往。及期，則諸客皆不能從，獨與季聲乘軟輿出東郭……薄暮入城。興公迎，謂余：「白雲洞之遊樂乎？」余謂：「洞故無奇也，奇在徑；而徑亦無奇也，奇在三天門。若以霍童之那羅、太姥之巖洞及永陽之方廣、將樂之玉華校，則彈丸蟻封耳。」興公曰：「然，不猶愈於向者循靈源至鳳尾亭而止乎？」相與囅然，歸而次其概。』（《小草齋文集》卷九）

十一月，八日，與謝肇淛、林元達、林叔寶、鄭邦祥、吴雨遊金鷄山棲雲庵。既望，又與謝肇淛、鄭邦祥、吴雨、趙子含同遊昇山，林叔寶主壺漿糗脯，集普光壇，遊品石巖，經玄沙廢寺，宿昇山靈巖寺。謝肇淛作《遊昇山記》興公亦有記，今佚。

作《次韻答費學卿》(《鼇峰集》卷十八)。

作《同在杭、元達、元化、叔賓、孟麟遊金鷄山棲雲庵》(《鼇峰集》卷十八)。

按：棲雲庵，王應鍾創。

又按：謝肇淛《遊金鷄山栖雲庵記》：『環吾郡皆山也，而金鷄最近最小。相傳秦時夜聞天鷄聲，惡其王氣，鑿斷之，踪跡又最遠。王太史懋復爲創小庵其巔，顔之曰「栖雲」，前後二所各四楹，卑栖渾樸。前俯方池，芙蓉偃焉。沿池脩篁蕭踈，屈曲爲徑。出門長松落落，繚繞數百株。庵後石齒碒砑，横竪土中，峙者如門，纍者如卵，峭者如壁，起伏者如鐵蒺藜。石皆黝黑，蝕苔斑剥，笋擈卉茸，滑如油，不可步。庵南凴五虎，北扆蓮峰，大江右環，石鼓左障……興公爲余言，少時曾一至此，及覩壁間題，則辛卯春與胡德長輩來者。德長爲繪其壁，了不記也。因嘆咫尺之地，二十餘年始一再至，而同遊名姓半墮鬼録，昔人欲爲秉燭遊，良有以哉！是日爲辛亥仲冬之八日，同行則林元達、叔賓、鄭孟麟、吴元化。』(《小草齋文集》卷九)

謝肇淛有《同徐興公、吴元化、鄭孟麟遊金鷄山棲雲庵》：『小寮幽竹絶塵氛，路入温泉野色分。地僻不聞僧院磬，山低時度女墻雲。隔江烟火孤村嶼，繞郭松楸十里墳。王氣鷄聲俱寂寞，曲池霜葉落紛紛。』(《小草齋集》卷二十三)

作《同在杭、孟麟、元化、子含集普光壇》(《鼇峰集》卷十八)。

按：趙子英，字子含，福州人。徐𤊹稱其爲同社。

又按：謝肇淛《遊昇山記》：『郡北諸山，自蓮花峰迤邐而西，巒阜突起，如獅子吼。相傳自會稽飛來者，故名飛來山。其巔則唐任放昇仙之所，故又名昇山也。道既窅僻，人跡罕至，復多豺虎窟，遊者憚焉。余以辛亥十一月既望，拉徐興公、鄭孟麟、吴元化、趙子含往，而壺漿糗脯，實林叔賓主之。侵晨出郭門，則孟麟、子含業先發矣。五里至玄帝亭，折而西度嶺，蜿蜒爲卧龍山。』（《小草齋文集》卷九）

謝肇淛有《同徐興公、趙子含、鄭孟麟過普光庵》：『偶隨清磬扣鷄園，黄葉聲中佛火昏。古殿烟埋金碧相，空壇雲濕寶花旛。庵因近市無閑地，僧爲休糧不出門。半榻茅房談竟日，也勝車馬自喧喧。』（《小草齋集》卷二十三）

按：謝肇淛《遊昇山記》：『（卧龍山）其下爲義井，山椒三石鼎峙，爲品石巖，舊有安國寺、箋經臺、翠楚亭，乃今一片平蕪耳。石面篆刻殆遍，而程師孟、陳襄、孫莘老、錢光弼諸題名，皆端好遒勁，其它不可讀者尚多也。』（《小草齋文集》卷九）

作《遊品石巖》（《鼇峰集》卷十八）。

謝肇淛有《登卧龍山觀品石》，題下注：『是安國寺故址，有箋經臺、翠楚亭諸題刻。』詩云：『孤峰龍卧俯郊坰，萬壑松雲繞郭青。徑轉蒼林曾有寺，苔侵翠楚已無亭。懸崖半蝕蟲書篆，怪石猶存品字形。白馬西迴蓮座冷，至今空自説箋經。』（《小草齋集》卷二十三）

作《經玄沙廢寺》（《鼇峰集》卷十八）。

按：曹學佺《大明一統名勝志·福建》卷一《福州府·侯官縣》『玄沙寺』條：『在昇山下。五代梁開平二年，宗一太師備公得法于雪峰，建寺于此，諸方禪學具來參請。寺有不溢泉、鬼磨石、昇仙巖、龜池諸勝。』

又按：王應山《閩都記》卷二十四《湖北侯官勝跡》『玄沙寺』條：『國朝永樂七年重建，今廢……徐𤇆《經玄沙廢寺》云云。』

又按：謝肇淛《遊昇山記》：『（品石巖）又五里過藍光墓，道從蘆葦中，尋玄沙寺故址。諸峰環抱，平楚外敞，石碣雙標，磚基綦置。寶地壇場粗辨彷彿，經堂香積百無一存，惟竹舍中金像數身，殘燈熒熒，半明滅而已。』（《小草齋文集》卷九）

謝肇淛有《經玄沙廢寺》：『斷鐘古瓦掩頹垣，百畝檀林盡蔗園。人向亂蘆尋野徑，僧同病葉卧山門。香燈夜燼金猊凍，禾黍秋高石虎蹲。布地開壇消息斷，一溪霜月照啼猿。』（《小草齋集》卷二十三）

作《遊昇山》（《鼇峰集》卷十八）。

按：王應山《閩都記》卷二十四《湖北侯官勝跡》『昇山靈巖寺』條：『昇山去郡十里而遥。陳天嘉三年創寺，舊號「飛山」。世傳越王勾踐時，此山自會稽飛來，玄沙寺即其址也。以其西巖石間時聞鼓磬聲，故稱「靈巖」。唐天寶中，任放昇舉於此，乃號「昇山」……徐𤇆《遊昇山》云云。』

謝肇淛有《冬日登昇山》：『翠微高控大江迴，寂寂僧寮晝不開。古寺尚傳陳建置，孤峰疑自越飛來。龍蛇石上留殘篆，鷄犬雲中有舊臺。紫竹碧桃零落盡，玉田無主鶴聲哀。』（《小草齋集》卷二

十三）

作《宿昇山靈巖寺》（《鼇峰集》卷十八）。

按：謝肇淛《遊昇山記》：『復歷數峰，始達昇山。舊有靈巖寺，亦頹毁，然小寮數楹，紫竹歷落，亦自幽净。出門則緑疇粉堞，翠荔丹楓，遠近百里之内皆在眉睫，而大江襟帶，海門潮生如雪，令人神爽飛越，若可超而至也。寺後石磴百級盡没，荆榛刺面鈎衣，幾不可步。道周石巖題名，熙寧則程師孟、陳倩、馬益、何辟非、楊肇、黄嘿、張去惑、盧咸、成戩、童穎、張顯普、劉奕，淳祐則趙與駿、林仍祖，嘉熙則周君信，至正則也先不花、大年。風流遺跡，宛然如見。又上數十級，達昇仙臺。』（《小草齋文集》卷九）

謝肇淛有《宿昇山靈巖寺》：『入山深處被山留，借得禪房草榻幽。嵐氣乍沉千嶂暝，月華遥度半江秋。松間清唄穿林出，竹杪寒雲壓屋流。長夜夢迴蓮漏寂，殘燈無焰篆烟浮。』（《小草齋集》卷二十三）

鄭邦祥有《宿昇山寺》：『竹陰深掩翠微房，寂寂諸天夜色凉。百尺蒼藤猿掛月，半林紅葉鳥啼霜。齋前風度雲堂磬，定後烟消石室香。萬籟不鳴心地静，下窺塵界遠茫茫。』（王應山《閩都記》卷二十四《湖北侯官勝跡》『昇山靈巖寺』條引）

作《遊昇山記》（文佚，題筆者所擬）。

按：詳下條。

謝肇淛《遊昇山記》：『時孟麟、子含從旦至此，日既晏遲，主人不來，各有菜色。寺僧進桑門飯，

萬曆三十九年辛亥（一六一一） 四十二歲

争噉之。良久，叔寳始至，談酌小頃，復與子含先歸。余四人各步韻賦詩。良久，雲端霜月，寒侵人骨，而江光峰影掩映，有無間頓，如濯魄冰壺，萬塵俱盡，何必丹臺玉宇乃稱仙哉？夜闌，借方丈席地共寢。蚤起，題詩壁上，復浮大白十數而别。興公與余各爲記，且以品石、玄沙二遊驕孟麟也。』（《小草齋文集》卷九）

按：據此，㶿有遊記，已佚。

十二月，檇李朱季長見訪。除日，與謝肇淛諸公閒步。

作《檇李朱季長匆匆見訪即别，走筆送之》（《鼇峰集》卷十八）。

作《辛亥除夕》：『少子鳴金孫伐鼓，燈前相對暫開顔。』（《鼇峰集》卷十八）

謝肇淛《辛亥除日與興公諸子閒步》：『落莢潛催鳳曆更，衡門無夢到承明。莫將衰鬢留年住，且得閒身伴客行。江北江南雙别泪，人來人去一孤城。歸時醉舞斕斑袖，卧聽家家爆竹聲。』（《小草齋集》卷二十三）

冬，致書王兆雲並詩，謝其將徐熥事蹟編入《詞林》；又憶及萬曆二十二年（一五九四）徐熥爲之于金陵刻《紅雨樓稿》之事；王氏似有意爲之刻集，興公以爲有待於他日。

又按：參見萬曆二十二年（一五九四）、二十三年，天啓六年（一六二六）。

作《小詩題扇贈王元禎》（詩佚，題筆者所擬）。

按：王兆雲，字元禎，麻城（今屬湖北）人。好爲志怪之書，著有《湖海搜奇》《揮麈新談》《白醉璅言》《説圃識餘》《漱石閒談》《烏衣佳話》，總名《王氏雜記》。另總匯明代初至萬曆年間文人四百六十七人事蹟，編爲《詞林人物考》，徐熥名亦在其中。丙作《答王元禎》：『不佞㤝，自束髮知古文詞，則見王先生《啓事》，駢麗傳播于海濱，心嚮往之。丙午，浪遊白門，柳陳甫爲不佞言曰：楚有兩奇士，在三山二水間。謂門下與行父先生也……閉門山居，忽得翰教，不遠千里，情誼殷殷，不佞何人斯，乃辱門下先施至此耶！先兄惟和，位不滿德，中道而夭，得藉鴻筆，收入《詞林》。不佞而忘先兄也，始忘門下之明德耳。子孫世世之感，永矢弗諼矣。承教《烏衣佳話》□□□□□，鳳羹鸞炙，當令千寶遜席，柯古避煬，允是稗官作手。以門下所見，《榕陰新檢》等書，何異大海之視行潦哉！金陵書坊，修四□部書，故是盛舉。但敝鄉作者寥寥，抄本什七，殺青什三，如佘宗漢、陳薦夫，寔爲吾閩巨擘，身後落莫，誰付棗梨？有一等貴人，酬應濫惡，詩文襲以牙籤，裝之錦軸，徒爲海内笑資，又不足以當巨眼也。不佞《紅雨樓稿》，是甲午歲先伯兄梓之白門。皆弱冠時所作，十分乳臭。門下何從得之乎？子雲悔少作，即此稿之謂也。雖年來稍窺一班，而編次冗雜，未經大匠删潤，安能列作者之林。他日或親就正大方，然後謀梓以行。……外有《隱居放言》五卷，抄録求正。稗苑中不識可附驥尾否？中多不雅，祈大筆一爲改削，寔荷無涯之賜矣。外貢上諸書，另單奉報。敝友王刑部永啓，弟最莫逆也。兹方束裝至秣陵，此君篋中，携有陳薦夫抄本詩，可往借之。不佞業已道雅望詳悉矣。不佞固有書癖，與謝伯元自是臭味，兹有所托于門下者，祈一一爲我訪覓之，敢忘報耶……小詩題扇求正。』（《文集》册六，《上圖稿本》第四三册，第三〇六—三〇九頁）

按：此書《上圖稿本》列于《寄屠田叔》之後；此書作於佘翔、陳薦夫卒後；佘翔卒於前歲，薦夫卒於是歲。

又按：《隱居放言》五卷，説部，未見他書著録。

又按：《紅雨樓集》稿之後，𤊹之文集，生前以至今日，除序、題、跋有輯本外，其他概未印行。

是歲，爲喻政題《烹茶圖》。

作《題〈陸羽烹茶圖〉》四首（《鼇峰集》卷二十五）。

謝肇淛有《爲喻正之郡侯題〈烹茶圖〉二首》，其一：『山僮晚起掛荷衣，芳草閑門半掩扉。滿地松花春雨裏，茶烟一縷鶴驚飛。』其二：『石鼎斜支傍藥欄，松窗白日翠濤寒。世間俗骨應難换，此是雲腴九轉丹。』（《小草齋集》卷二十八）

是歲，題所藏《鸂鶒圖》等，謝肇淛又爲題之。

作《題〈宋高宗敗荷鸂鶒圖〉》（《鼇峰集》卷二十五）。

謝肇淛有《爲興公題〈鸂鶒圖〉》：『寒蓼初紅荷葉穿，相呼相伴宿秋烟。一從風雨分飛後，冷落南枝一十年。』（《小草齋集》卷二十八）

謝肇淛有《爲興公題〈鴛鴦圖〉》：『芙蓉零落古塘乾，烟雨分飛錦翼殘。已有鵷雛毛五色，何須更夢蓼花灘。』（《小草齋集》卷二十八）

陳鴻有《題〈鸂鶒圖〉爲興公賦》：『白露逢秋漸漸零，蓼花紅間荻蘆青。雖然我獨無兄弟，展卷因君痛鸂鶒。』（《秋室編》卷八）

是歲及次歲，又有題畫詩多首。

作《題宋徽宗〈秋江獨釣圖〉》《題宋徽宗〈墨蘭圖〉》《題畫貽子含》（《鼇峰集》卷二十五）。

是歲或次歲，爲喻政作像贊。

作《喻正之郡伯像贊》：『出則畫軾朱轓，見先生之爲官；入則角巾野服，見先生之休沐。簿牒盈庭，一卷《茶經》。銅符在几，半爐沉水。意惟自適，清畏人知。寄精神於丘壑，托風采于畫師。詩人所謂退食自公，委蛇委蛇者耶！』（《文集》册十二，《上圖稿本》第四五册，第二八三頁）

按：是歲喻政《茶笈》刻。興公爲之題《烹茶圖》。

謝肇淛有《喻正之像贊》：『大冠如箕，胡爲委蛇？佩紫衫緋，胡爲褐衣？南面百城，朝堂皇而暮習池。胡爲嘯傲于松石？而一香一茗之自怡。吾觀其廣顙疏眉，美髯方頤，胸橐六籍，目營二維。羔羊素絲，爲希爲夷。其意念常有以自下者，而人未之知，況於盤礴之史徒得其皮。雖然，吾將以爲儀。』（《小草齋文集》卷二十三）

是歲，與江西喻應益有約，擬往遊豫章西山。

按：是歲謝肇淛歸閩，與喻政、徐熥遊，故同作此贊。謝肇淛次歲離閩。

作《約喻叔虞遊西山》（《鼇峰集》卷八）。

是歲，移書豫章喻應益，搜《蔡忠惠集》，得正道王龜齡所編鈔本。此後，稍稍爲校定。

按：跋《蔡忠惠年譜》有云：『辛亥移書豫章喻秀才叔虞，廣搜於藏書之家，叔虞偶一詢訪，便獲故家抄本，正乾道（年間）［中］王龜齡所編三十六卷者。時莆陽盧貞常方爲江右副憲［憲副］，叔虞以公集上之，命工繕寫兩部，還其原本。值吾鄉謝工部在杭過豫章，（副憲）［憲副］出其一予在杭校定。篋而藏之，未遑也。叔虞慮孤余之托，又函原本附曹觀察能始至閩，以了宿諾，啓函讀之，喜而忘寐，不能釋手。然中間錯簡訛字，不一而足，稍稍爲之更定。』（馬泰來整理《新輯紅雨樓題記　徐氏家藏書目》，第八二頁）

又按：參見萬曆四十五年（一六一七）。

是歲，有書致曹學佺，言未能應邀入蜀，由於參纂福州郡志之故，並向曹氏索要蜀志。作《寄曹能始大參》：『前因差役行急，草草作數字奉候，并謝雅情。書中有蜀遊之約，正擬偕汝翔同行，偶按院檄本府纂修郡志。是月朔日，已開局創始。弟濫竽其列，而總裁者林大司空、林都諫也。纂修載筆者，謝工部、王刑部也。大都明春之暮，方得卒業。若兄新命一下，抵家之後，異日再附驥尾，未可知也。承示新作題目佳，而造語亦典寔。弟於詩調稍僻澀，少欠情采，在杭已有定評，不知以爲然否？《四川通志》弟久覓而不可得，有兄宦蜀，而不得一部，殊爲闕典，當爲我刷一副精絶者見寄，不啻十朋之錫。在杭云，能始近來托之事，多不報，亦爲索書不與，而發《蜀志》之托，幸祈留神。予日望之。汝翔行，草草附布。歲暮貧況，百苦交侵。臨楮紛然，不能多述。』（《文集》册六，《上圖稿本》第四三册，第三一三—三一五頁）

按：〔萬曆癸丑〕《福州府志》主修爲福州知府喻政，總裁爲南京工部尚書林烴、吏科給事中林材，纂修爲謝肇淛；徐𤊹爲分纂者之一。

又按：此條評曹學佺詩『題目佳，而造語亦典實』，而以爲己詩『詩調稍僻澀，少欠情采』。

是歲，永福知縣唐學仁來書，作答。

作《答永福唐令公》：『台旆莅三山，一再晉謁。然野人疏慢，摳侍日疏，亮汪度涵容，不深督過。青陽載首，□□益嘉，永陽桃李桑麻，當與美錦爭色耳。辱惠腆儀，春盤增媚。』（《文集》册六，《上圖稿本》第四三册，第三一五頁）

按：唐學仁，廣西興安人，永福（永泰）知縣。

是歲，寄兄徐熥集于譚忠卿，言弟熛及子侄俱列青衿。

作《寄譚華南比部》：『一自先君子振鐸南安也，不肖𤊹寔生于庾之黌舍，荏苒歲月，犬馬之齒踰壯矣。憶先子在日，道及貴鄉時事，往往稱述台翁明德，不去口寔。某雖在稺年，每聞斯語，刻之五衷……先子向在南庠，功令克舉，近聞貴郡纂修志乘，統屬鴻筆總裁，不知先子可附數語，以垂不朽否？然自揣非所敢望也。先兄孝廉，曾辱貽書，業有詩章奉寄，刻之集中，附呈教正。先兄見背，又復十年，舍弟熛，豚兒陸、猶子陛，皆荷台翁之庇，俱列青衿，僅守一經，莫能自振拔，不堪爲故人道耳。兹因上猶張南鎮旋庾，敬修荒函，恭候景福。』（《文集》册六，《上圖稿本》第四三册，第三一五—三一七頁）

按：譚比部，即譚忠卿，廣東人。

又按：庾，大庾縣，南安府治大庾縣。

又按：徐熥贈詩，即《得譚比部寄先永寧書感而賦答》，詩云：『淒風生敝廬，忽枉故人書。不復知存没，猶然問起居。一緘千里外，雙淚幾年餘。孔李通家舊，毋令魚雁疎。』（《幔亭集》卷五）

又按：熥卒于萬曆二十七年（一五九九），『十年』，爲成數。

是歲，曹學佺有書致興公，興公寄答之。曹向興公索胡應麟《詩藪》，興公抄一部寄往；此書並論胡應麟《筆叢》刊刻未精。言及曹學佺《石倉集》已刻完。

作《寄曹能始》：『盛使來，得手札爲慰。前月弟兩寄信入都，一一洞照矣。聞兄秋間有差相見，當不甚遠。茂之生計寥落，挈之同行，何如？弟此中無良友，思之自切也。近知非熊歸家，兄令其夫婦完聚，大有陰功耳。《筆叢》刻本甚佳，初悦之，喜欲狂叫，再閲之，種種可恨。元瑞著此書，陸續刻板，俱係單葉插入，假如字多板少，則雙行注之，或續有考訂，又補注本條之下。今一概依其原本，非也。此本十年前送人者，比十年後者不同，内又添入數十葉。弟家藏二付，取之對查，新刻漏落不少，蓋緣其舊本脱落，未嘗深考，孟浪刻之，相粘謄寫，難於刻補。又每一葉中，多有訛字，未嘗校讎，是以可恨也。承索《詩藪》，弟原有一副，爲謝伯元借去，不還。今轉借林任所一部寄上。已經陳幼孺看過，第未嚴耳。兄欲刻，須再校之。末欠我閩二卷，更要廣借湊足爲妥。《高賢傳》並附去。兄《石倉集》刻完，何不見示人？便寄我，何如？』（《文集》册六，《上圖稿本》第四三册，第四一〇—四一一頁）

按：曹學佺入都在是歲。曹學佺秋間歸省，果携林古度同行。學佺然至江州，八月古度至，十二月離去。詳是歲和次歲《曹譜》《林古度年譜》。

是歲，序曹學佺《石倉集》。

作《曹能始〈石倉集〉序》：『友人能始曹公，七齡受書，千言倒覆，對客善答果之敏，逢人解題酪之義，莫不謂干莫有立斷之鋒，騏驥有立至之足。髫年得雋，忽播芳名，綺歲登朝，遂膺華譽。文章乃其夙業，詞翰爲其本來。積歲稍深，好學彌篤。丹鉛黑槧，終日隨身；緗帙縹囊，無時去手。植之八斗，曹之書倉，方之爾祖，殆無過焉。其計部長安也，則有《薊門》之什；其廷尉陪京也，則有《金陵》之集；其乞寧親之假也，則有《芝社》之咏；其參紫微之省也，則有《入蜀》之篇。詞氣春容，自然中律；才情雅贍，蔚爾名家。至於山水蕩其性靈，丘壑鼓其幽致，每形賦咏，輒記練箋。山則岱岳、匡廬、峨嵋、雁宕，水則太湖、彭蠡、灔澦、西湖，寄興殊深，托懷愈遠；篇章日富，記撰尤繁。騷客至則如歸，標雅壇之赤幟。緇流從之若赴，固佛國之金湯。故交遊盡海内之名流，隨喜極震旦之寶刹，其豐神也如此，其才調也如彼，誠吾黨之俊流，清時之偉器也。不佞與君少年結契，終歲論文，齒忝稱兄，才慚作弟，雖清塵濁水，固有懸絶之殊；而廊廟山林，實有相資之誼。……君以序言屬筆于余，予知君最深，述君能備，若曰諛詞阿其所好，無違恤焉。』（《文集》册一，《上圖稿本》第四二册，第二○——二二頁）

按：曹孟善《曹石倉行述》：『蜀多名勝，公暇則與寮佐探搜洞壑，佈置亭館，著有《巴草》《蜀草》四卷。辛亥晋秩憲長，隨獲謗，削三級而歸……過匡廬，愛其山水，卜築其下，欲移家就居，不果。歸構石倉園林，位置二十余景。』此《序》爲曹學佺《石倉集》作；《序》云曹已有『《入蜀》之篇』，則作于曹學佺本年由蜀歸閩建石倉園之後。曹氏總其集名《石倉》，《石倉》名下，各集又有各集之名。

又按：此文鈔本眉批：『不』。此文《石倉》諸集不刊，故作者自編文集時決意删去。曹學佺決定將自己的詩文集取名『石倉』，所刻的第一部文集《石倉文稿》，卷首只有葉向高一序。

萬曆四十年壬子(一六一二) 四十三歲

謝肇淛四十六歲,曹學佺三十九歲,林古度三十三歲,徐陸二十三歲,徐鍾震三歲

元月,元日,過神光寺,憩絓月蘭若。初四日,與謝肇淛、陳永奉、吴雨、謝肇潼遊烏石山宿猿洞,觀宋賢題刻。有詩寄清流王若。

作《壬子元日》(《鼇峰集》卷十八)。

作《元日,憩絓月蘭若,次在杭韻》(《鼇峰集》卷十二)。

謝肇淛有《壬子元日,過神光寺絓月蘭若》:『春動治城南,捫蘿穴遍探。開年新蠟屐,絓月舊精藍。野色青猶逗,林光緑已含。布沙初作徑,倚石欲成嵐。寺廢多餘地,僧閑不出庵。香留殘歲火,樹剩晚冬柑。柏葉杯應禁,蓮花座可參。欲將如願祝,長日傍瞿曇。』(《小草齋集》卷十六)

作《尋宿猿洞,觀宋賢題刻》(《鼇峰集》卷十八)。

按:《筆精》卷五『洞中紅荔枝』條:『烏石山有宿猿洞,怪石森聳。昔有老翁畜一猿,每夜輒宿洞中。唐季大築城垣,隔此洞於城外。宋熙寧中,湛郎中俞棄官隱於此。程大卿師孟篆書「宿猿洞」三字於石,徑尺許。洞前舊有荔枝樹極佳,名曰「洞中紅」……國朝廢爲叢冢。荔枝已無存矣。謝肇淛有句云:「湛侯當年拂衣歸,卜築喜就城南陲。菡萏香風垂釣裹,荔枝寒影對僧時。」予亦有詩云：「怪石高於雉堞齊，昔人曾此卜幽栖。白楊滿地髑髏出，蒼蘚上崖名姓迷。夜雨徒聞山鬼哭，秋風不見野猿啼。荔枝樹死洞門塞，行到此中生慘悽。」壁上諸名公題刻俱存，無人修復，良可慨也。』所引即此詩。

又按：王應山《閩都記》卷十《郡城西南隅》『宿猿洞』條：『在烏石山之南……徐𤊹《尋宿猿洞》云云。』

又按：郭柏蒼等《烏石山志》卷二《古跡》『宿猿洞』條：『在山之陽，宋大築城，隔在城外。其地怪石森聳，藤蘿幽翳，昔有隱者畜一猿於洞，故名。』

謝肇淛有《壬子正月四日，同徐興公、陳永奉、吴元化、肇潼弟遊宿猿洞》：『南城怪石高虎踞，春草纍纍長新墓。薜蘿無主洞門扃，曾是先朝宿猿處。湛侯當日拂衣歸，卜築喜就城南陲。菡萏香風垂釣處，荔支寒影對僧時。干旄動枉刺史駕，苔壁盡勒詞人詩。蒼苔滿目空延眺，荒骨遊磷夜相照。一片孤城有鳥啼，千年古洞無猿嘯。我來剔蘚辨遺文，正值春初山吐雲。風流文采知何處，白楊蕭蕭那忍聞。』（《小草齋集》卷十）

按：謝肇淛《遊宿猿洞記》：『出寧越門，西折不里許，小阜半截城中，巨石昂然虎顧，俗所謂豹頭山也。其地在仁王寺之趾，有洞焉。《三山志》稱其怪石森聳，藤蘿幽翳。昔隱者畜一猿其中，故名「宿猿洞」云……余以壬子正月四日，拉徐興公、陳永奉、吴元化，及季聲、肇潼，道髑髏椁槨間，摩挲藤蘚，踞坐竟日，吊地下之高踪，悲勝事之不復，蓋流賞之歡少，而陳跡之感多矣。時永奉具飣餖，至酒不成御，乃入城之仁王寺共酌久之。日晏出門，望郭外危石隆然，猶爲之扼腕

短氣也。』（《小草齋文集》卷九）

作《元夕詞》《寄王相如》（《鼇峰集》卷十八）。

二月，送商梅往金陵應試。送汀州區日振郡丞擢守滇南。

作《送商孟和應試留都》：『新柳如絲拂地齊，送君遥向石城西。春明草色迷牛首，秋老槐花上馬蹄。二水烟波移舴艋，六朝鐘磬認招提。讀書借得憑虛閣，古埭霜寒聽曉鷄。』（《鼇峰集》卷十八）

又按：梁章鉅《東南嶠外詩話》卷九『徐𤊹』條：『興公集中警句清真婉至。足與幔亭抗衡。如……《送商孟和應試留都》云：「春明草色迷牛首，秋老槐花上馬蹄。」』

謝肇淛有《送商孟和金陵應試》：『春風二月三月，客路吴天楚天。一劍白龍江上，孤帆朱雀橋邊。南朝寺入芳草，北固山當扣舷。伯樂已群冀野，繞朝還贈秦鞭。』（《小草齋集》卷十七）

商梅有《出門》：『已識出門事，蕭蕭復遠行。山川看向往，花徑任凄清。古道求諸己，時人非此情。獨憐芳草色，隨意路傍生。』（《彙選那菴全集》卷一《遠道草》一）

作《送沈服素簡較擢鴻臚序班》（《鼇峰集》卷十八）。

作《送汀州區郡丞擢守滇南》（《鼇峰集》卷十八）。

按：區郡丞，即區日振。日振，長汀知府，新會（今屬廣東）人。

春，與謝肇淛等題喻政《陟岵卷》；與謝吉卿、崔世召、周千秋、鄭邦祥集謝肇淛積芳亭。

作《題喻郡公〈陟岵卷〉》（《鼇峰集》卷十八）。

陳勳有《喻郡侯陟岵圖二首》，其一：『披圖覽名區，群山若連璧。逶迤帶城郭，萬里在几席。氣含衡廬清，勢與星躔迫。百丈叠青蒼，二江澹虛碧。高人昔玄覽，於此寄蘿薜。遺跡不可攀，風雲護真宅。穀詒徵在今，庭趨憶猶昔。王程有簡書，南國仰赤舄。當其違離初，泫然撫松柏。驅馳方此始，瞻望無時釋。山氣日應佳，芳草宿已積。引領向西雲，遜哉此行役。』其二：『惠風吹南國，陽和發枯荄。褰帷滿膏雨，靄靄從西來。來亦一何暮，民眉展然開。旋聞歌鼓腹，復道咏康哉。海光浄天鏡，千騎臨高臺。惟有陟岵心，遥遥渺難裁。松楸隔萬里，鯛崖紫崔嵬。梁公翊皇唐，蔚然開濟才。立馬太行道，徘徊白雲隈。』（《陳元凱集》卷五）

謝肇淛有《爲喻正之題〈陟岵卷〉》：『霄漢班聯玉筍香，已將寸草報恩光。身分虎竹來閩海，夢遶牛眠到夜郎。千嶂抱城松翠合，片溪飛瀑竹聲凉。彤庭已課循良最，萬里春風拂白楊。』（《小草齋集》卷二十三）

謝肇淛有《〈陟岵卷〉跋》：『喻正之使君既有陟岵之思，閩之搢紳人士相率歌咏之，而鄭生汝潤又爲勒之石。夫孝子之至也，不爲名，不餙采，即篇章黎然，已非使君意，而况其合淄澠以爲味，裒薺參而共篕也何？居曰：「二三子亦猶行古之道也。昔明王之遺使也，其《詩》曰：『王事靡盬，不遑將母。』恤之也。今之堂陛絶而簡書嚴矣，邦之大夫不遑自恤其私，而爲之民者相與代之言曰：「吾君庶幾無違志乎？」大夫讀之而後喜，可知也。吾聞使君間關萬里，奉板輿行至矣。六合清朗，海波不揚。采側生龍目，入而御焉，出而錫類，和其四竟，其不僅僅以望雲瞻舍爲孝也明甚。故余謂是卷也，二三子亦猶行古之道也，然而終非使君意也。』（《小草齋文集》卷二十四）

作《送周公子還黄州》《送張道輔同林叔寶遊嶺南》(《鼇峰集》卷十八)。

作《春日同謝修之、崔徵仲、周喬卿、鄭孟麟集謝在杭積芳亭賞蜀茶花,得六魚》(《鼇峰集》卷十八)。

謝肇淛有《謝修之明府、崔徵仲孝廉過小齋賞蜀茶,得佳字,時有微雨》:『三徑春深色自佳,高軒相對愜幽懷。誰將西蜀名花種,移向東山小草齋。香逐微風穿繡幄,艷含殘日妬金釵。只愁一夜淋鈴雨,零落紅衣緑滿階。』(《小草齋集》卷二十三)

三月,初三日,福州知府喻政招同謝肇淛、王宇桑溪修禊,因尋聖泉諸勝。夜渡馬江,曉至長樂縣。

作《壬子上巳日,陪喻郡公桑溪禊餘三章》(《鼇峰集》卷三)。

按:謝肇淛《桑溪禊飲序》:『萬曆癸卯春,趙仁甫偕同社諸子題名石上,又十載矣。太守喻正之使君公事之暇,旁搜往跡,約以上巳祓飲於此,而苦雨連旬,鷗盟屢愆,至十有三日始霽,乃偕周民獻司理連鑣出郭,飛簡趣客,則余及林謹任都諫、王永啓比部、徐興公處士從焉。是日也,宿靄乍收,惠風鼓暘,遠峰送目,鳴禽悦耳。循水窮源,列坐其次,藉草爲茵,倚樹成幄。近攬丘壑之勝,遠吊興亡之跡,感居諸之不奄,嗟萍梗之難聚。欣然以喜,愴焉有懷。杯行無算,主客亦已頽然矣。』(《小草齋文集》卷五)

又按:癸卯至是歲十年。參見萬曆三十一年(一六〇三)。

王宇有《上巳,喻正之郡公招飲桑溪》:『睠此暮春候,幽賞山之阿。長林餘清陰,和風遡迴波。因之澹俗慮,兼以解微疴。歡情未云歇,物感淒已多。賢王留勝跡,芃芃空黍禾。時代倏已移,滄桑竟如何。』(《烏衣集》卷四)

謝肇淛有《上巳同林謹任都諫、王永啓比部、徐興公山人陪喻刺史、周司理桑溪禊飲三章》：其一：『桑之水，維石粼粼。彼其之子，毳衣朱輪。春服既御，羽觴載陳。于胥樂矣，亦孔之辰。』其二：『桑之水，其流瀰瀰。挹彼注兹，如杭斯葦。踞于磐石，載行載止。于胥樂矣，亦孔之有。』其三：『肅肅子規，啼于中谷。彼其之子，南畝是俶。嗟彼保介，訊之穜稑。于胥樂矣，王度如玉。』（《小草齋集》卷三）

按：周司理，即周之夫，麻城（今屬湖北）人。萬曆三十五年（一六〇七）進士，時爲福州推官。

作《陪喻郡公桑溪流觴，因尋聖泉諸勝，再賦二章》（《鼇峰集》卷五）。

謝肇淛有《上巳陪喻刺史、周司理禊飲桑溪，遂至聖泉二首》：『春日何遲遲，惠風動青蘿。倉庚欣新晴，睍睆鳴南柯。瀰瀰桑溪流，瀠瀠山之阿。羽杯迴石罅，時復閣平沙。仰眄嘉樹林，俯俟尊罍過。授簡忘日夕，寧須論永和。前王有陳跡，延矚空咨嗟。』（《小草齋集》卷七）

作《雨夜讀鄧汝高〈西樓存稿〉感賦》（《鼇峰集》卷十八）。

作《夜渡馬江曉至樂邑》（《鼇峰集》卷十八）。

按：樂邑，長樂縣。

三、四月間，有書致福清超塵上人，言端午後遊徑江。

作《答超塵上人》：『瑞光上人回，得手札，知駐錫徑江。瓶鉢有托，其如芝山之落莫何？[筆]峰先生，曩從王橋老得其名，又于金陵識其郎君，然高篇雄作，嚮慕有年……日來甘道尊委校《古今韻注》，喻郡公又欲匯刻《茶書》，無寸晷之暇，加以豚兒試事在邇，時未得解脱，必至蒲節後，方得策蹇而南，飽領徑江山川人物之勝也。倘林先生急於梓行，或函稿寄示，不佞當效一得之見。』（《文集》册六，《上圖稿本》第四三册，第三三八—三三九頁）

按：《古今韻注》，即《古今韻分注撮要》，甘雨撰，陳士元注，徐𤊹補注。甘雨，字子開，永新人。萬曆五年（一五七七）進士。

又按：徑江，在福清。王應山《閩都記》卷二十七《郡東南福清勝跡》『徑江』條：『在南靈得里。』

又按：蒲節，五月。

四月，九日至十三日，與謝肇淛、陳鳴鶴、吴雨、趙子英、僧明椿等遊壽山、九峰、芙蓉諸山：度桃枝嶺，遊林洋古寺，遊宿九峰寺。往壽山，山行，憩前洋梁氏山樓。拜宋黄幹墓，宿石牌庵；過本宗上人墓。將至芙蓉峰，陳鳴鶴中途先歸（稍前，僧明椿有事先離去）。入芙蓉洞，尋芙蓉寺故址，芙蓉山下飯佘人宅。宿丘氏山莊。謝肇淛作《遊壽山、九峰、芙蓉諸山記》記其事。歸後，某日遊憩越山庵。

作《度桃枝嶺》：『野花無數嶺頭開，怪石如林撲面來。雲壓亂峰俄變雨，水奔幽壑盡成雷。插秧田婦携兒出，劚筍畬人逐隊回。道左古碑年代遠，欲尋名姓拭蒼苔。』（王應山《閩都記》卷二十四《湖北侯官勝跡》『長箕嶺』條）

按：此詩《鼇峰集》缺載。

按：王應山《閩都記》卷二十四《湖北侯官勝跡》『長箕嶺』條：『一名「長機」，在四都，通古田、羅源二縣。又名「桃枝」。』

又按：謝肇淛《遊壽山、九峰、芙蓉諸山記》：『郡北蓮花峰後，萬山林立，而壽山、芙蓉、九峰鼎足虎踞，蓋亦稱三山云。五代時高僧靈訓輩，各闢道場，聚衆千數。叢林福地，爲一時之冠，至今故老尚能道説也。萬曆壬子初夏，余約二三同志，共命杖屨，以九日發。屆期而方廣僧真潮至，盛言嶮巇不可行狀。於是陳伯孺、吴元化、趙子含俱無應者，獨與陳汝翔、徐興公策杖出井樓門，就筍輿，而僧明椿亦追至。明椿蓋熟諸刹，爲嚮導者也。陟桃枝嶺，里許嵐靄霧氣，乍陰乍晴。』（《小草齋文集》卷九）

按：趙子含，即趙子英。

謝肇淛有《桃枝嶺二首》其一：『不識桃枝路，聊爲出郭行。山郵迷遠近，嵐靄互陰晴。碑蝕苔間字，泉添雨後聲。亂峰青似簇，一半不知名。』其二：『兩岸東溪聲，崎嶇十里程。却從山口望，遥見下方城。斸筍群來市，燒荒半不畊。老僧知客至，飛錫遠相迎。』（《小草齋集》卷十五）

謝肇淛有《北山雜詩六首》其一：『桃枝嶺上雨霏霏，一線羊腸夾翠微。十里灘聲聽不盡，峰頭千尺玉龍飛。』（《小草齋集》卷二十八）

按：王應山《閩都記》卷二十四《湖北侯官勝跡》『林洋寺』條：『在四都。晋天福元年創。國朝廢，萬曆壬子僧大淵重建……徐𤊹《過林洋寺》云云。』

又按：謝肇淛《遊壽山、九峰、芙蓉諸山記》：『道周得宋道山李公墓碑，讀之未竟，而雨驟至，衣屨盡淋漓。又行十里許，危峰夾立，寒潭淜湃，峰頭數道飛瀑，夭矯奔騰，下衝巨石，散作雪花

作《遊林洋古寺》（《鼇峰集》卷十八）。

滿空，亦一奇絶處也。嶺路盡而林洋寺僧如定來迎。』(《小草齋文集》卷九)

陳鳴鶴《過林洋寺》：『絶磴崎嶇雨氣凉，桃枝嶺外訪林洋。山園法界遺基在，路繞平田故業荒。忍草入簾新卓錫，曇花滿地舊開堂。空庭盡日無人過，卧數千峰到夕陽。』(王應山《閩都記》卷二十四《湖北侯官勝跡》『林洋寺』條引)

謝肇淛有《林洋寺故址》：『叢林一片掩垂藤，敗鐵生衣石闕崩。夜雨孤村聞斷磬，春畦積水見歸僧。山荒荆棘無鄰近，嶺隔桃枝少客登。寂寞茅茨餘四壁，霜風時打佛前燈。』(《小草齋集》卷二十三)

作《遊九峰寺》二首(《鼇峰集》卷十八)。

按：王應山《閩都記》卷二十四《湖北侯官勝跡》『九峰山』條：『在府北七十里而遥，鄰於龍跡石。其山峰頭九出，圓尖不一，峭拔若筆然。與芙蓉、壽山共號「三山」。唐咸通中，改號「九峰鎮國神院」，後廢。萬曆中，僧真燦重建……徐𤊹《宿九峰寺》云云。』

陳鳴鶴《宿九峰寺》二首，其一：『入山便覺意欣然，定與山靈有宿緣。斷續九峰都繞寺，住持幾衆盡耕田。樹團絶巘鶯聲外，水咽危橋鳥道邊。行遍空廊聞擊竹，何人參破祖師禪。』其二：『空濛山色雨中奇，百里看山策杖遲。苔徑烟花唐寶刹，石壇香火慧禪師。雲邊坐看長流水，松下閑抄半折碑。蘿磬數聲功課後，觀心最是倚欄時。』(王應山《閩都記》卷二十四《湖北侯官勝跡》『九峰山』條引)

謝肇淛有《九峰寺二首》，其一：『歷遍崎嶇翠萬重，夕陽已掛寺門松。窗前平楚諸天界，雲裏青蓮九疊峰。賓地半區誰布席？殘僧數口盡爲農。開山尚有宗風在，淒斷齋堂五夜鐘。』其二：『千盤鳥道數重溪，昏黑藤蘿路欲迷。門牓尚題前甲子，山雲猶護古招提。松飌暝雨當空落，瀑捲晴虹繞寺低。隔盡萬峰誰得到？平林一片鷓鴣啼。』（《小草齋集》卷二十三）

作《九峰至壽山道中作》《壽山寺懷慧燈上人》（《鼇峰集》卷二十五）。

按：王應山《閩都記》卷二十五《郡東北侯官勝跡》『壽山』條：『在四都。與芙蓉、九峰二山對峙，去府城八十里。唐光啓三年，建廣應院，今廢。山有石，瑩潔如玉，可爲印章，柔而易攻。大者可一二尺許，蓋珉云。距山十數里，有五花石坑，其石有紅者、緗者、紫者，維艾綠者難得。』

作《題前洋梁氏山樓》（《鼇峰集》卷十一）。

謝肇淛有《山行憩前洋梁叟山樓》：『地僻狎鷗群，門稀剥啄聞。池通絶澗水，樓吐亂峰雲。老去無逋税，貧來更好文。茅容鷄黍後，誰得似殷勤？』（《小草齋集》卷十五）

作《拜黄勉齋先生墓》（《鼇峰集》卷十一）。

按：黄榦，字勉齋，侯官人。王應山《閩都記》卷二十四《湖北侯官勝跡》『黄瑀墓』條：『在長機山。瑀，紹興進士。爲監察御使，官終朝散郎。子榦，從朱子學，以子妻之。歷官知漢陽軍、安慶府。皆有惠政，稱「勉齋先生」。卒贈文肅。葬父塋之側。』

謝肇淛有《拜黄勉齋先生墓》：『典刑猶在望，異代竟誰論？馬鬣孤墳在，鷄碑十字存。野田侵墓道，寒燒燎松門。蘋藻何人薦，傷心問九原。』（《小草齋集》卷十五）

按：謝肇淛《遊壽山、九峰、芙蓉諸山記》：『五里許，過黃勉齋先生墓，十字石牌圭立水田中，傍有寺名石牌，以先生故得名也。又三里始達林洋，亂山迢遞，宿莽荒榛，孤寺孑然。隣近窵絶，寶殿經臺皆爲禾黍瓦礫之場，獨小寮數楹，如定所新創者。春畦積水，幾不能達。四壁蕭然，塈茨未竟，不知布金聚沙當在何時也。歸至石牌寺，暝矣。』（《小草齋文集》卷九）

作《宿石牌庵》（《鼇峰集》卷十八）。

按：王應山《閩都記》卷二十四《湖北侯官勝跡》『石牌庵』條：『在懷安四都。去府城北三十里，與黃勉齋墓道石牌相近，因以名庵。萬曆初建。徐𤊹詩云云。』

謝肇淛有《宿石牌庵陳汝翔、徐興公同賦，共用牌字》：『小寮低對遠山佳，猶記先賢舊石牌。五尺團瓢依緑蔭，半林方竹俯丹崖。木魚夜動聞僧課，蔬甲春肥供客齋。漏轉蓮花心地寂，一天霜月滿苔階。』（《小草齋集》卷二十三）

作《過本宗上人墓在壽山之陽》（《鼇峰集》卷十一）。

按：壽山，在福州北峰。曹學佺《大明一統名勝志·福建》卷一《福州府·侯官縣》：『（九峰山）又十里，爲壽山。唐光啓三年建廣德院。山有石瑩潔如玉，可爲印章。蓋珉之屬也。』

謝肇淛有《過本宗墓哭之》：『愛君不及送君時，腸斷山陽篴裏吹。埋骨一丘依法席，歸魂十里隔長箕。草侵身後生蓮舌，松偃房前掛衲枝。月冷子規啼不歇，九峰門外碧參差。』（《小草齋集》卷二十三）

按：謝肇淛《遊壽山、九峰、芙蓉諸山記》：『故寺基址，約略尚在。法堂齋廡，未甚委藉。石砌間尚有宣和題刻……寺傍爲本宗上人墓，余輩過而哭之。縱觀良久，丘君携酒榼至，共酌。宿西廊小樓上，旦各賦詩題壁上去。』（《小草齋文集》卷九）

又按：本宗上人參與紅雲社，與徐、謝有倡和，參見萬曆三十六年（一六〇八）《紅雲社約》。

作《宿壽山寺》（《鼇峰集》卷十八）。

按：謝肇淛《遊壽山、九峰、芙蓉諸山記》：『從九峰折而右十里至芹石，又十里至王坑橋。鳥道盤空，山山相續，又皆童穢不治。行經數晷，無復有人形聲。衆皆惴惴然恐，久之乃得田父問途，知壽山在眉睫矣。又十餘里始至，然畛濕汚邪，茅茨湫雜，佛火無烟，鷄豚孳息，都無蘭若彷佛矣……山多美石，柔而易攻，間雜五色，蓋珉屬也。奚奴各剷數片，内之枕中。沙彌擊火炊黍，至日旰乃得食。夜雨，復寒甚，衆囂然競往村中貰酒飲之。』（《小草齋文集》卷九）

陳鳴鶴《遊壽山寺》：『香燈零落寺門低，施食臺空杜宇啼。山殿舊基耕白水，阪田新黍啄黄鷄。千枚碏璞多藏玉，三日風烟半渡溪。康樂莫辭雙屐倦，芙蓉只在九峰西。』（王應山《閩都記》卷二十五《郡東北侯官勝跡》『壽山』條）

謝肇淛有《壽山寺》：『隔溪茅屋似村廛，門外三峰尚儼然。丈室有僧方辨寺，殿基無主盡成田。山空琢盡花紋石，像冷燒殘寶篆烟。禾黍鷄豚秋滿目，布金消息是何年？』（《小草齋集》卷二十三）

謝肇淛有《北山雜詩六首》其二：『壽山老僧七十强，不看經典不拈香。頭顱半剪鬚如雪，自種躑鵾割蜜房。』（《小草齋集》卷二十八）

謝肇淛有《將至芙蓉峰，汝翔先歸，嘲之二首》，其二：『名山洞壑何時遇，浮世風光幾日閒。今夜

芙蓉峰頂望，紅塵墜裹一人還。』(《小草齋集》卷二十八)

按：謝肇淛《遊壽山、九峰、芙蓉諸山記》：『質明雨至，詢芙蓉峰，無識者。覓一村甿引道，余及興公先行，而汝翔、輿人偃蹇不肯前，至岐路，翩然徑昇以歸。比覺而追之，則無及矣。』(《小草齋文集》卷九)

作《入芙蓉洞》(《鼇峰集》卷十八)。

按：王應山《閩都記》卷二十五《郡東北侯官勝跡》『芙蓉峰』條：『在五、六都稷下里，去郡八十里而遥，山形秀麗如芙蓉，有洞口可丈許，縈紆十餘里，遊人篝燈秉炬以入。崖石互鎖，乍狹乍廓，紺乳時滴，陰氣逼人，火色青閃。五里至義存開山堂，可坐百人。有石床、石鼓、石盆，過此凛凛，莫窮其源……徐𤊹《遊[入]芙蓉洞》云云。《尋芙蓉寺故址》云云。』

又按：謝肇淛《遊壽山、九峰、芙蓉諸山記》：『初尚有徑，三里得石潭，潭前峭壁石室窅然，高可三丈許，廣如之，意其是而非也。過此皆叢棘矣，畬人先行除道，衆猿接而登，藿刺鈎衣，石稜齧足。既乃越懸崖，躡危彴，手攀足移，目眩心悸。又三里許至洞，題曰「靈洞巖」，不知何代人書也。洞不甚高而平敞明净，石溜涔涔下滴。洞傍土銼坍毁，曰是嚮年流僧所居處也。洞西北隅有穴，低窅無際，燃炬入之，鞠躬委蛇，步步漸高，上漏下濕，積泥尺許。既高復下，乃又豁然如外洞高廣，自此無復路矣。石上蝙蝠無數，見火驚飛，而烟焰蓬勃。余亦不能久留也，麾從者出。昏黑中升降顛蹷，幾至委頓，遂取故道，歸至芙蓉故寺，則一片平田，踪跡尤不可辨。』(《小草齋文集》卷九)

謝肇淛有《芙蓉洞二首》，其一：『山荒洞窅問難憑，却逐畲人步步升。樵斧劈開初有徑，土床澌盡久無僧。鼪鼯避炬穿泉穴，蝙蝠銜雲拂石棱。鳥道插天崖入地，從來能有幾人登？』其二：『蛇行十里黑巉巉，門外留題古洞巖。一自禪師開講席，遂令踪跡隔塵凡。霧蒸石室泉常落，雨翳經臺莽未芟。惟有白雲如戀客，歸來片片上征衫。』（《小草齋集》卷二十三）

謝肇淛有《經芙蓉寺故址》：『峰迴路斷莽蕭蕭，一片平田長緑苗。薜荔村深祇樹盡，芙蓉峰在化城遥。雨中草色侵苔礎，竹裏泉聲咽石橋。野鳥啼春猿嘯夜，居民猶自説前朝。』（《小草齋集》卷二十三）

作《尋芙蓉院故址》（《鼇峰集》卷十八）。

作《芙蓉山下飯佘人宅》（《鼇峰集》卷十八）。

按：佘人，即畲人，畲族人家。

又按：謝肇淛《遊壽山、九峰、芙蓉諸山記》：『凡十餘里，止一畲人家，殺鷄爲黍，採筍蕨以相勞也。問芙蓉洞，曰：「去此不遠，但荒塞數十載矣。能從我乎？」曰：「能。」於是腰鐮者二，秉炬者一，持刀杖而翼者二。』（《小草齋文集》卷九）

謝肇淛有《北山雜詩六首》其三：『畲人百口負山居，苦竹編籬草結廬。客到科頭相問訊，呼兒剪蕨婦烹雛。』（《小草齋集》卷二十八）

謝肇淛有《北山雜詩六首》其四：『路出洋坑古石臺，大觀題墨半蒼苔。土人愛客烹新茗，笑指龍潭萬壑雷。』（《小草齋集》卷二十八）

按：『古石臺』，即天香臺。王應山《閩都記》卷二十五《郡東北侯官勝跡》『天香臺』條：『在洋坑，石壁聳峭。宋大觀中，有孝子焚香祝親於此。書「天香臺」三字，有頌四句。石壁之下有潭，名「龍潭」。』

作《宿丘氏山莊》（《鼇峰集》卷十一）。

按：謝肇淛《遊壽山、九峰、芙蓉諸山記》：『日停午矣，至山趾前洋丘氏飯焉。丘字茂齡，村居愛客，禮質而意甚慇。其婦翁粱君，七十餘老矣，聞壻有貴客，亟治具，邀車騎。余謝以它往，返而來宿。』（《小草齋文集》卷九）

謝肇淛有《遊山歸宿前洋贈丘主人》：『羡君家貧能愛客，胸中自有烟霞癖。芒鞋踏破九峰雲，歷井捫參不盈尺。壽山三峰削不成，芙蓉洞口草縱橫。披蘿共訪林中寺，剔蘚同看石上名。半生避世名山裏，采藥尋真吾與爾。不似尋常好事家，殺鷄爲黍而已矣。』（《小草齋集》卷十）

謝肇淛有《北山雜詩六首》其五：『細雨寒烟鎖不開，深林豺虎嘯蒿萊。荒山日落行人恐，瑟瑟松風天際來。』其六：『先朝名刹總荒凉，處處屯田是佛堂。惟有青山長自在，看他滄海幾成桑。』（《小草齋集》卷二十八）

謝肇淛有《遊壽山、九峰、芙蓉諸山記》：『遊凡五日，得詩若干首。謝先生曰：余遊山多矣，未有若兹遊之快者，地既險絶而主復奇遇也。然始尼於真潮之一言，而繼敗興於二客之先返，乃知勝事不常，而山靈之秘固不欲人人見也。芙蓉名洞，蓋自林子羽，而後二百餘年無能繼杖屨者。吾友曹能始常爲余言之，嚮慕津津也，則今日之遊亦侈矣。記成以質興公，且以寄能始。』（《小草齋文集》

卷九）

作《宿越山庵》（《鼇峰集》卷十八）。

謝肇淛有《雨中集越山庵》：『嚴城高控萬松間，草結團瓢竹映關。一片落花林外路，數聲啼鳥雨中山。僧來共證三生果，客過時偷半日閑。霸業消沉王氣盡，寒雲空逐夜鍾還。』（《小草齋集》卷二十四）

五月，遊福清瑞雲新塔，謁鄭俠祠，遊郭盧山、東台廟觀宋碑，憩三寶寺葦航上人房。致書黃光，言《茶書》已編成；並致子陸試藝一帙。又答宋仁者，言《蔡忠惠別紀》事。作《武夷山花考》。參撰謝肇淛《永福縣志》。題林鴻《鳴盛集》。

作《登玉融新塔》《謁忠烈祠》（《鼇峰集》卷十八）。

按：據（乾隆）《福清縣志》，瑞雲塔，在邑南門外。明萬曆三十五年丁未（一六〇七）募緣建。

作《謁鄭介公祠壬子》（《鼇峰集》卷十一）。

按：王應山《閩都記》卷二十七《郡東南福清勝跡》『鄭介夫祠』條：『在青湖旁。祀宋鄭俠，國朝正德十一年建。俠，字介夫，治平中進士，以忤王安石，又表罷吕惠卿奪官。卒贈朝奉郎。里人表其閭曰「鄭公坊」。』

作《遊郭盧山今更名福盧》（《鼇峰集》卷五）。

按：《大明一統名勝志·福建》卷二《福州府·福清縣》：『福盧山，在縣南時和里。相國葉向高手闢也。自錦屏山岐行二十里，由三天門入，至石芝亭，爲相國書堂。』

又按：曹學佺有《福廬遊記》。

作《東臺廟觀宋碑》（《鼇峰集》卷十二）。

按：東臺廟，在福清。

作《憩三寶寺葦航上人房》：『竺山環九叠，此地極幽深。』（《鼇峰集》卷十二）

按：竺山，即石竺（竹）山，在福清。

作《答黄若木》：『使來，得手札，恍若面質，披閲《鯉湖志》，如身在珠簾玉筯間，覺炎氣頓盡矣。自與足下飛觴郡齋之後，弟僅一再謁郡公。《茶書》業已編成，不日就梓，而《蘭譜》尚未有影響耳……幼孺奄逝，吾黨同悲，不獨足下興酒壚之感。豚子叨厠青衿，明歲或在觀場之列。』（《文集》册六，《上圖稿本》第四三册，第三三五—三三六頁）

按：參與編纂《茶書》見萬曆三十八年（一六一〇）。明年，即萬曆四十一年（一六一三），鄉試之年，故曰『或在觀場之列』。

作《答宋仁者》：『豸甫至，得手書並端明公札子，奇峭不類蔡公平日語氣，收入《別紀》，如平地中突起崚嶒，尤令人駭矚耳。曾豸甫匠心巧藝，所鎸字不減吴中，郡伯大加［歎］賞。昨已遣人，延貴郡搨手，則成雙美耳。今附二紙往，外豚子試藝，并求郢正。』（《文集》册六，《上圖稿本》第四三册，第三三六—三三七頁）

按：端明公，即蔡襄。此則辨蔡襄札子贋品。參撰謝肇淛《永福縣志》。

按：謝肇淛《〈永福縣志〉引》：『壬子之夏，余持使節歸里，馬首且北，適有郡乘之役，而邑令唐君謂余：「請以緒餘惠及不腆巖邑也。」余謝，不獲已。乃與陳汝翔、徐興公日夕編摩，採之故老，詢之道路，地不遺鼠壤，人必及芻蕘，取材於陳編，定體於往喆，寧質無華，寧核無舛，爲紀者四，爲目者二十有六。蓋不閱月而竣事焉。』（《小草齋文集》卷十二）

作《武夷茶考》：『按《茶録》諸書，閩中所産茶，以建安北苑第一，蟼源諸處次之，而武夷之名，宋季未有聞也。然范文正公《鬭茶歌》云：「溪邊奇茗冠天下，武夷仙人從古栽。」蘇子瞻亦云：「武夷溪邊粟粟芽，前丁後蔡相寵加。」則武夷之茶，在前宋亦有知之者，第未盛耳。元大德間，浙江行省平章高興始採製充貢，創御茶園于四曲，建第一春殿、清神堂，焙芳、浮光、燕嘉、宜寂四亭，門曰「仁風」，井曰「通仙」，橋曰「碧雲」。國朝寢廢爲民居……嘉靖中，郡守錢璞奏免解茶，將歲編茶夫銀二百兩解府，造辦解京，而御茶改貢延平。而茶園鞠爲茂草，井水亦日堙塞。然山中土氣宜茶，環九曲之内不下數百家，皆以種茶爲業。歲所産數十萬斤，水浮陸轉鬻之四方，而武夷之名甲於海内矣。』（《文集》册十二，《上圖稿本》第四五册，第三四三—三四五頁）

按：此篇載於《茶書》，當作於是歲。

又按：此篇可視作武夷茶簡史，足見興公之博物廣見。

題《鳴盛集》：『林子羽《鳴盛集》，世不多見。萬曆初，袁景從刻《十子詩》，删去什之三，不無過嚴，如賦如調如記，一概汰之矣。此本乃陳伯(儒)[孺]見貽者，譬之龜鬚兔角，實不恒有，子孫其慎藏之。壬子夏，徐惟起識。』（馬泰來整理《新輯紅雨樓題記　徐氏家藏書目》，第一四五頁）

按：《鳴盛集》，明林鴻撰。

又按：此條言《閩中十子詩》取捨林鴻詩過嚴。

又按：林鴻又有《膳部集》。曹學佺《石倉十二代詩選・明詩一集》卷之十七《膳部集》卷首：『鴻有集曰《膳部》，以曾爲膳部郎云。』

六、七月間，林嘉拜上饒簿，致之書、詩，並擬題其詩小序。寄題焦弱侯太史別業：鷄籠山館、謝墩別墅。題趙子羽法雲寺書舍。

作《林天會新拜上饒簿，遠貽俸金，答贈》（《鼇峰集》卷十八）。

按：林嘉，字天會，閩縣人。上饒縣主薄。

作《寄林天會》：『兄長才弘略，屈于一簿。牛刀之割特小試耳。不日超擢名邦，恐百里非大賢地也。遠承腆貺知兄不忘廿年常布之交，豚子愚蒙亦荷獎借，此之爲感，寔刻五衷矣。佳稿三篇，燦若鮮錦，諷往事，愴然悲心，尚容卒業，敬題小序奉復。日下纂修郡志，使行復急，未暇載筆耳。在杭行期尚在中秋前後，路由江省入京，爾時當與仁兄爲平原十日之期。且君卿脣舌不能游暢于兩臺藩臬諸公，不敢負知己也。小詩奉懷，題之扇頭求正，不足報瓊，聊寓遠情而已。臨楮馳戀。』（《文集》册六，《上圖稿本》第四三册，第三三〇頁）

按：謝肇淛北上，在是歲八月十六日。[二]肇淛有《壬子八月十六發晋安二首時湘弟病且喪婦而潼弟尚少》（《小草齋集》卷十五）此作題早於此前，北上時間尚未具體。

[一]謝肇淛萬曆二十年（一五九二）成進士入仕，至天啓四年（一六二四）卒於官，三十多年間數次歸家。在家待的時間較長的有兩次。一次是萬曆三十四年（一六〇六）八月到家，十月父卒，故遲至三十七年（一六〇九）四月方北上補工部屯田司主事，共三十三個月。萬曆三十五年（一六〇七）五月，與徐𤊹、馬欻、陳价夫等結紅雲社。八月，與徐𤊹、周千秋、蔣子才游鼓山，有遊記，同年與徐𤊹等纂成《鼓山志》新稿。萬曆三十七年（一六〇九）二月，與周千秋等遊太姥山、霍童支提寺，歸來，撰《長溪瑣語》《太姥山志》《支提山志》。四月離家，取道武夷，與徐𤊹、周千秋同遊武夷山，有遊記。另一次是，萬曆三十九年（一六一一），謝肇淛都水司郎中，督理北河，駐節張秋，以屯田持節歸里，到達時間是五月二十三日，次歲八月十六日離里北上，在福州的時間長達十五個月。謝肇淛歸里之後，當年八月，在朱紫坊自家宅第組織泊臺社，與會者十五人。八月底九月初，與与潘從參、徐𤊹、陳鳴鶴、王玉生、林元達、林叔竇共七人遊永福方廣巖。九月，又與馬欻、徐𤊹、鄭正傳、吴雨、周千秋等遊郡東聖泉寺。十月，與吴雨、僧華茂遊郡西北雪峰寺；隨後又與僧悟宗、王宇、周千秋、馬欻、徐𤊹約遊鼓山白雲洞，衆人有事，唯有馬欻同遊。十一月，與徐𤊹、林元達、林叔竇、郑邦祥、吴雨往金鷄山棲雲庵作一日遊；隨後，又與徐𤊹、鄭邦祥、吴雨、赵子英、林叔竇往遊郡西昇山。次年正月拉徐𤊹、陈永奉、吴雨、季弟謝肇潼遊城内宿猿洞。四月，與陳鳴鶴、僧明椿遊郡北壽山、九峰、芙蓉諸山。徐𤊹是最重要的參與者。有遊謝、徐必有詩，鼓山白雲洞徐𤊹未與，也有詩；謝肇淛並有記。泊臺社，徐𤊹是主要參與者。數番出遊，謝、徐都注意考察古跡名勝，猶其注重搜集碑刻文物。歸來之後，謝肇淛主持《永福縣志》（一六一二）編纂，徐𤊹爲分纂。謝肇淛觀賞所藏名字畫，並爲之題。謝肇淛二十多歲出仕，離家之日長，家居時日短，但從這兩次歸家，我們可以發解到謝肇淛在會城組織種種文學活動，充分展現文學才華和文學活動的組織能力，也可以看到他在當地的文學影響力。因此，《明史·文苑傳》在論晚明閩中詩人重振風雅時，列有謝肇淛之名，不是没有根據的。

又按：『小詩』，即上條《林天會新拜上饒簿，遠貽俸金，答贈》。

作《寄題焦弱侯太史別業》二首（《鼇峰集》卷十八）。

謝肇淛有《寄題焦弱侯太史別業二首》，其一：『鷄鳴古埭白雲隈，松竹幽居一徑開。晚水時浮裝畫舫，孤城斜抱讀書臺。鄰僧有約參禪去，野老何知問字來。祇恐碧山眠未穩，浮雲蔽日恨難裁。右鷄籠山館。』其二：『菟裘築就厭承明，江左遺踪傍冶城。幸有地堪開緑野，已無心起爲蒼生。雨中遠嶂尊前色，郭外寒潮夢裏聲。野屬君家墩屬我，不須更學半山争。右謝墩別墅。』（《小草齋集》卷二十四）

作《送張集虚之程鄉》（《鼇峰集》卷十八）。

謝肇淛有《送張集虚之程鄉》：『潮陽南下古梅州，芳草如烟賦遠遊。客路正當三伏雨，縣城遥枕百花洲。故人祖道頻看劍，少婦殘妝獨倚樓。無限冶城楊柳色，時從別後憶風流。』（《小草齋集》卷二十四）

按：『三伏雨』，在五六月間。

又按：萬曆三十六至三十七年間（一六〇八—一六〇九），興公作有《贈張集虚二首》（《鼇峰集》卷五）。

作《送練生伏闕爲其先中丞疏請褒恤》二首（《鼇峰集》卷十八）。

按：練中丞，即練子寧。子寧，名安，以字行，號松月居士，新淦（今屬江西）人。洪武十八年（一三八五）進士。建文時官左副都御史，燕兵入，殉節死。有《練中丞集》。

謝肇淛有《送練生赴闕爲其先中丞請恤》：『六月霜飛叫帝閽，百年遺事不堪論。孤臣分已無完卵，異代恩應到覆盆。寶鼎夜沉磷火色，玉階春暗血書痕。乾坤雨露寬如海，送客毋勞吊楚魂。』（《小草齋集》卷二十四）

作《送甘子開擢辰州參政》（《鼇峰集》卷十八）。

謝肇淛有《送甘子開之楚》：『簡書初拜紫薇班，一片飛霜向楚關。銅柱夜寒三户月，牙旗秋控五溪蠻。紅雲荔子行時路，碧落芙蓉夢裏山。別後相思閩海外，嶺雲迢遞水潺湲。』（《小草齋集》卷二十四）

按：『紅雲荔子』在五六月間。

作《題趙子羽法雲寺書舍》（《鼇峰集》卷十八）。

夏，題何孟春注《陶靖節集》。

題《陶靖節集》：『此集先君少所披閱，筮仕之後，携之四方，珍若拱璧，蓋五六十年前，陶集僅有何氏一注爲善，他無別梓也。年來刻本甚多，余獨寶此者，手澤存也，子孫其重之哉。萬曆壬子夏，㷆書。』（馬泰來整理《新輯紅雨樓題記　徐氏家藏書目》，第一一八頁）

按：《陶靖節集》，晋陶淵明撰，明何孟春注。嘉靖刊本。

又按：何孟春（一四七四—一五三六），字子元，郴州（今屬湖南）人。弘治六年（一四九三）進士，官至吏部尚書。卒，謚文簡。

又按：此條叙父棉披閱之書，手澤猶存。

七月，林元達惠觀音竹，謝之。有詩書寄答南海萬同禎。送曹介人遊武夷山。參纂府志，因補鈔所缺（正德）《福州府志》一册，第題之。

作《謝林元達惠觀音竹》：『一夕秋風林下響，洛迦山外海潮歸。』（《鼇峰集》卷十八）

作《寄答南海萬伯文》（《鼇峰集》卷十八）。

按：萬同禎，字伯文，廣東人。諸生。

作《寄萬伯文》：『不佞向與劉氏兄弟遊也，即知有伯文先生名重五嶺間，嚮慕高風，二十年所矣……每從田兆祥將軍、陳泰始侍御、陳汝翔茂才許見佳篇妙墨，直超古人而上之……汝翔還閩，辱手書之寄，愈愧先施之未能矣。扇頭清咏，直與羅浮四百峰争奇……漫題一箑，并《端明外紀》、豚子試藝請正。』（《文集》册三，《上圖稿本》第四三册，第三三七—三三八頁）

按：『漫題一箑』，即上條《寄答南海萬伯文》。

作《送曹介人遊武夷》：『秋高蘭槳摇孤月，夜静瑶壇禮七星。』（《鼇峰集》卷十八）

按：曹介人，華亭（今上海）人。舉人。入閩，作有《閩遊雜記》《緑榕篇》《荔枝小乘》。謝肇淛有《贈雲間曹介人孝廉》：『白璧何須泣暗投，且隨汗漫狎滄洲。閑尋碧落栖霞洞，笑上紅妝載月舟。鶴唳雲間孤客夢，鯉飛湖外九仙遊。遥知馬首燕山道，還憶榕城荔子秋。』（《小草齋集》卷二十四）

按：謝肇淛《曹介人像贊》：『如戟者髯，其中則恬。才氣犀銛，其時則淹。吾嘗識之於三山之崦，左擘側生而右堆牙籤，高步遠瞻，是爲華亭曹孝廉。』（《小草齋文集》卷二十三）

又按：《曹介人像贊》：『向服而千秋之業，今對而七尺之軀。蹤跡兮五岳，聲名兮八區。率澹蕩之性，行轗軻之途。方且龍蛇任運，牛馬任呼。何問乎張弧與説弧。意子當科頭箕踞，類古狂俠之徒。胡褒衣博帶，而效今之腐儒。有是哉，子之迂！』（《烏衣集》卷三）

又按：以上兩篇《像贊》作年不詳，録以備考。

題（正德）《福州府志》：『舊府志十二册，先君向所儲也。萬曆丁酉，古田令劉君欲考本邑事，𤊹向先兄借二册去。越三載，先兄歿，劉令亦不以見還。余屢托古田丞李君元若轉索，僅得其一，而第十册竟無有也。蹉跎十載，未遑抄補，今歲因纂修之便，乃補一帙，復成完書。此志刻在正德庚辰，未及百年，故家鮮有藏者。自今以往，愈不可得矣。子孫其慎重之哉。壬子仲夏，徐興公書。』（馬泰來整理《新輯紅雨樓題記　徐氏家藏書目》，第八五頁）

按：（正德）《福州府志》，明葉溥修，張孟敬撰。正德刊本。

又按：鄭麗生《閩廣記》卷三『正德《福州府志》』條：『余友連江劉東明，藏有正德《福州府志》，爲海内孤本，未及借讀。據薩士武云：「是書爲徐楬舊藏本，有其子𤊹校點，朱書評語，見《紅雨樓題跋》，缺一至十五卷。」按：李彦章《出山小草》，有《議復高賢祠》詩，自注云：「余藏正德郡志殘本，爲徐興公家藏，所題手跡，于入高賢祠者多有標記。」云云。是東明所藏或即李氏石畫園故物也。』（《鄭麗生文史叢稿》，海風出版社，二〇〇九年，第五六頁）

作《題扇頭寄陳廉州》（詩佚，題筆者所擬）。

秋，弟徐熛、子陸鄉試被放。

萬曆四十年壬子（一六一二）　四十三歲

按：詳下條。

作《寄陳賓門廉州》：『自雙旌之蒞珠官也，不佞㷍方留滯吴越間……廻想白門風月，聚首談心，寒暑七更，夢魂常在左右……劉若勺丈一鳴驚人，陳心源、葉達所二郎，俱得儁，而舍弟、豚兒皆被放……兹有福寧張生乃别駕鳳南之侄，以訪吴二守之便，附此奉候。路遠無以將意，漫賦小律題之扇頭求正。』（《文集》册六，《上圖稿本》第四三册，第三四四—三四五頁）

按：陳賓門，即陳基虞。詳萬曆三十四年（一六〇六）。

又按：萬曆三十四年（一六〇六）在金陵聚首，討論《程氏演繁露》，至今七歷寒暑，參見該歲。

又按：張生，張大光之侄孫。

七、八月間，麻城王兆雲來閩求異書，並貽《烏衣佳話》。興公答詩叙己嗜書甚詳。與王慎中外孫顧彦白等集小齋。月夜訪長溪張大光於法海寺。

作《得麻城王元禎書並貽〈烏衣佳話〉，答贈》《寄懷安仁王孫》（《鼇峰集》卷十八）。

作《楚黄王元禎不遠千里遣使購求異書，賦此奉答》：『曰余少魯鈍，酷有嗜書癖。家承萬卷藏，批閲手不釋。購求每多方，篋笥恒充積。寂以當友朋，饑以代肉食。縱横若鳥巢，沉酣隨所適。交遊遍寰宇，講習鮮麗澤。』（《鼇峰集》卷五）

作《答贈顧彦白，時下第還温陵》：『豈嫌把臂識君遲，籍籍香名自昔知。輔嗣外孫工學易（自注：彦白爲王遵巖外孫），彦先賢婦本能詩。應憐駿骨收他日，莫嘆娥眉不入時。何日虹橋躡千尺，期君同看洛陽碑。』（《鼇峰集》卷十八）

按：顧彦白，顧仰新子，王慎中外孫，泉州人。

作《顧彦白、翁朝會、石應侯枉集小齋，共得然字》（《鼇峰集》卷十一）。

作《月夜訪張叔弢于法海寺，對酒話舊》（《鼇峰集》卷十八）。

謝肇淛有《贈張叔弢别駕》：『避地東陵不種瓜，閑將丘壑度年華。斜陽隨蝶尋芳草，春雨逢人問落花。長日清齋僧有髪，半生拙宦老無家。竹床時檢農書讀，卧數南峰幾片霞。』（《小草齋集》卷二十四）

八月，初五日，題《文心雕龍》，贊同曹學佺云僧佑《高僧傳》乃劉勰手筆之説。題《袖韻要釋》。

題《文心雕龍》：『曹能始云：「沙門僧佑《高僧傳》，乃勰手筆。」今觀其《〈法集總目録〉序》及《〈釋迦譜〉序》《〈世界記〉序》等篇，全類勰作，則能始之論不誣矣。壬子仲秋五日，興公志。』（馬泰來整理《新輯紅雨樓題記　徐氏家藏書目》，第一七一頁）

按：此條言曹學佺以爲僧佑《高僧傳》爲劉勰手筆。

題《袖韻要釋》：『先君少即能詩，雖爲諸生，不廢吟咏。時吾郡守胡公有恒方刻《（詩）［袖］韻要釋》於一峰書院，先君遂置此本，自青衿以至挂冠，必携以隨，未嘗更閲他本也。先君殁又二十餘年，恐［其］蠹蝕，重加修葺。杜甫云「詩是吾家事」，後之人（豈）［其］可廢詩乎哉！壬子仲秋，徐興公書。』（馬泰來整理《新輯紅雨樓題記　徐氏家藏書目》，第七五頁）

按：《袖韻要釋》，明沈伯咸撰。嘉靖刊本。此本爲興公父徐棉舊藏。

又按：沈伯咸，初名咸禮，字公甫，秀水（今屬浙江）人。嘉靖十一年（一六三二）進士，授行人，歷吏部給事中、寧國知府。有《袖韻要釋》等。嘉靖二年（一五二三）進士，授祁州知州，官至左都御史，謚恭定。著有《笠江集》。

又按：胡有恒，南直隸山陽（今江蘇淮安）人。嘉靖十一年（一五三二）進士。曾任福州知府。

九月，同張大光等集彭有貽山園看菊。

作《秋日同張叔弢集彭有貽山園看菊，有妓侑觴，分得棋字》：『竟夕青尊傾北海，九秋黃菊滿東籬。』（《鼇峰集》卷十八）

十月，四明羅稟訪，出示《茶解》，與羅稟、何喬遠、張燮過福州，並與張大光、王毓德秉燭觀看馬欻架上書。爲王慎中外孫顧彥白所藏《歌德篇》題其後。送王宇轉武選，送裴汝申之金陵。

作《羅高君見訪出示〈茶解〉，兼訊屠田叔、聞仲連、蔡子行、李之文諸君起居，喜贈》（《鼇峰集》卷十八）。

作《同四明羅高君、溫陵何稚孝、清漳張紹和、長溪張叔弢集馬季聲書樓，秉燭觀其架上書，共用樓字》（《鼇峰集》卷十一，又張燮《粹夫、季聲、興公招同何稚孝、張叔韜、羅高君集季聲書樓，持燭看架上書，同用樓字》附，《霏雲居續集》卷六）。

按：羅稟，字高君，桃源縣（今屬湖南）人。舉人。著有《茶解》，萬曆四十年刊。

又按：長溪，福安縣舊名。李賢《大明一統志》卷七十四《福建·福州府》『福安縣』條：『在府城東北四百九十五里，本唐福州長溪縣地，宋淳祐中置福安縣，元屬福寧州，本朝洪武二年改今屬。』

又按：成化九年（一四七三），設福寧州，福安縣屬焉。

又按：張燮於十月初北上赴春官，過泉州，與何喬遠並轡往福州。

張燮有作《粹夫、季聲、興公招同何稚孝、張叔韜、羅高君集季聲書樓，持燭看架上書，同用樓字》：『毫素深相托，因成秉燭遊。五車惠子篋，百尺陳登樓。技覺雕蟲壯，杯從檢蠹收。浮生隨處泊，筆塚遞糟丘。』（《霏雲居續集》卷六）

張燮又有作《何稚孝寓碧桃齋招飲，賦得碧桃，送余北上，同王粹夫、馬季聲、徐興公分韻，得桃字》：『把臂林依竹，尋源齋署桃。東方盤幾飽，尹喜實重遭。社以蓮前結，蹊兼李下勞。上林枝漫借，永昔且陶陶。』（《霏雲居續集》卷六）

作《温陵顧仰新先生，當嘉靖辛酉倭寇泉城，死者枕藉于道，先生捐貲收骸萬有六千人，起塚而封之，時有〈歌德篇〉，其子彦白索賦，爲題其後》《王永啓以秋官郎省覲過家，尋轉武選，賦此送之》（《鼇峰集》卷十八）。

作《送裴翰卿之白門》（《鼇峰集》卷十八）。

按：裴汝申，字翰卿，應章子，汝甲兄，清流人。（道光）《清流縣志》卷八《藝文志》：『性度豁達，寧静食貧。十六爲諸生，尋入太學，交遍海内，遂棄帖括，攻名山業。讀書略觀大意，不求甚解，所得意解尤深。至搦管，詩含娟秀，文吐清真，常從宗伯李本寧、曹能始二公唱和，騷壇爲之避席……有《薛月軒文集》十卷行世。』

作《讀何稚孝〈萬曆集〉》（《鼇峰集》卷十八）。

按：蘇茂相《〈萬曆集〉叙》：『《萬曆集》者，儀部何稚孝公所譔著之集也，以其出自聖主右文之世，故名曰「萬曆」。』（《萬曆集》卷首）

又按：劉洪謨《讀何氏〈萬曆集〉》：『不佞代庖清源，造請何先生教，竟不可得。辱惠《萬曆集》，披讀數月，恍如面命。』（《萬曆集》卷首）

十一月，送林應起之雲棲。致書屠本畯並詩，討論茶事著作。和何喬遠北上途中所作早梅詩。二十九日冬至，題蘇天一輯《金精風月》。

作《送林熙工之雲棲，訪蓮池大師兼遊秣陵》：『垂老名山到處登，獨携瓢笠觸寒冰。一身隨喜閩吳越，千里皈依佛法僧。天印竹林供躡屐，雲棲蓮座待傳燈。禪心已定澄潭水，不怕潮頭雪浪崩。』（《鼇峰集》卷十八）

作《送林道燕會試》（《鼇峰集》卷十八）。

作《送何舅悌春試》（《鼇峰集》卷十八）。

按：何九雲（一五九〇—？），字舅悌，何炯孫，喬遠子，九轉弟，九説兄，晋江（今泉州）人。萬曆四十年（一六一二）舉人。錢海岳《南明史》卷四十四《何九雲傳》：『崇禎十六年（一六四三）進士，改庶起士。紹宗擢編修，直蘭台館，修威宗、聖宗實録。兼鄧府左長史。福京亡，杜門。』

作《寄屠田叔》（《鼇峰集》卷十八）。

作《寄屠田叔》：『昨歲之夏，修一緘寄定海鄭倉曹，奉候興居，及雜刻數種，請正……羅高君入閩，恨相見之晚，口述老公祖桑榆福履，甚悉……敝省纂修《通志》，而郡乘先成，以老公祖清聲雅望，上自縉紳，下逮韋布，莫不有去後之思。國朝潘臬運府，名宦代不數人，不肖叨與纂修之末，敬採摭老公祖蒞閩寔政，僭立小傳，爲郡乘之光。而運司別□爲志，亦屬某載筆語，尤詳備……公論輿情，歷十五年如一日也，匪佞，匪諛！卷帙繁蕪，高君不便携挈。不日丁開府馮宗師定有寄歸，必塵台覽耳。《茗笈》重梓，僭作《小引》，隱鱗《茶箋》、然明《茶疏》，便鴻萬祈寄示，合梓之，不啻飢渴……外小詩寄懷，題之扇頭求正。朔風多厲，强飯爲佳。』（《文集》册六，《上圖稿本》第四三册，第三〇五—三〇六頁）

按：屠本畯萬曆二十四年（一五九六）爲辰州知府離閩（參見該歲），至今歲十五年。又『朔風』云云，知此書作於是冬。

又按：喻政主修《福州府志》卷四十二《官政》五《名宦》上屠本畯傳，爲𤊹所撰：『屠本畯，字田叔，鄞縣人。萬曆間福建轉運同知。運司，利藪也。商例饋長官金，本畯一切謝絶，商懷其惠。公暇則與名士結社，風雅爲一時所重。後擢辰州太守。』

又按：『小詩』，見上條。

作《和何稚孝看早梅，堤字韻》（《鼇峰集》卷十八）。

按：張燮在福州短暫逗留後，與何喬遠逆閩江北上，出仙霞關之前，何喬遠有《看早梅詩》，張和之。何詩傳至福州，興公再和之。

張燮有《訪何稚孝旅館留酌看早梅，得堤字》：『隨緣羈旅訪幽棲，閣敞山橋樹映堤。寒玉先春殘葉舞，暗香疑雪幾枝低。迴風送霽峰皆媚，返照含姿鳥細啼。坐上自多何遜句，無煩陸凱寄初齊。』

（《霏雲居續集》卷十二）

題《金精風月》：『杜甫云「詩是吾家事」，子孫安可弗知詩哉！壬子冬至日，惟起書。』（馬泰來整理《新輯紅雨樓題記　徐氏家藏書目》，第八八頁）

按：《金精風月》，元蘇天一輯，明刊本。

又按：冬至，十一月二十九日。

又按：參見萬曆元年（一五七三）、二年（一五七四）。

又按：嚴紹璗《日本內閣文庫的宋本與明人識文》：『《金精風月》二卷，元人蘇天一撰，明嘉靖三十年刻刊本。此本卷首署嘉靖十四年賴曜《序》後處，有徐𤊹識文楷書十行，其文曰（略）……後有「徐興公」白文方印，卷中又有「晉安徐興公家藏書」「徐棉之印」「徐𤊹之印」「鼇峰清嘯」等朱文印。此本與《古樂府》一起，流入日本後，先藏于豐後佐伯藩主毛利元標處，後歸於昌平阪學問所，明治後，入藏內閣文庫。』（《共立女子大學、北京大學共同研究叢書·漢籍部門藝術部門》第四八頁，日本共立女子大學綜合文化研究所，二〇〇一年版）。參見萬曆三十年（一六〇二）。

閏十一月，作《爲周九倩題〈周文姬尺牘〉》；又題曹學佺《蜀中畫苑》。

題《爲周九倩題〈周文姬尺牘〉》：『文姬尺素，婉麗有情，徐淑之答秦嘉，不啻過也。九倩携以自隨，足當舞裙歌扇，又何必恨章臺弱柳爲他人所折耶？壬子閏十一月，東海徐𤊹題。』（沈文倬《紅雨樓序跋》卷二，第九二頁）

題《蜀中畫苑》：『能始宦蜀中四年，初寄余《蜀草》、再寄余《[遊]峨眉記》，三寄余《蜀中詩話》，最後寄余《畫苑》，凡於蜀中之佳事佳話，收拾殆盡矣。古之畫記、畫録等書甚夥，皆記繪畫之人，與夫位置設色之法，未有若此書之錯雜成文，取則尤新也。但本朝名公集中尚多題吟，而宋元集亦有可采者，恨未盡録耳。俟能始過家，以此質之。壬子閏月，興公識。』（馬泰來整理《新輯紅雨樓題記 徐氏家藏書目》，第一一七頁）

按：《蜀中畫苑》，明曹學佺撰。萬曆刊本。

又按：曹能始事關蜀中著述，收入《蜀中廣記》，《畫苑》在卷一百五至一百八。

又按：此條批評曹學佺《蜀中詩話》采摭未盡。

謝肇淛《〈蜀中畫苑〉序》：『友人曹能始藩蜀，示余所裒《蜀中畫苑》。噫！何盛也。天地之氣，融而爲川，結而爲山，散而爲雲烟樹石鳥獸草木，變幻不可名狀，而後人得而物色之。故善畫者外師造化，中得心源。道子粉本寄之嘉陵三百里間，韓幹謂内廐飛龍萬疋皆臣師也。蜀自蠶鳧以來，劍閣冲天，瞿塘吼地，神工鬼鑿之奇，它郡國莫敢望焉。彼其靈炁所鍾，耳目所習，必有泄真宰之祕、通變化之極者，非畫之能重蜀，而微蜀則亦微兹畫也。夫士生宇内，豈必高談性命，弘展勳籌，即一技造極，亦足列作者之林而垂不朽。蜀人士上若吉甫、君平，次若淵雲、長卿，文章功業，史不勝書，而繪事微矣。猶然動當世，照後乘，士何可不豎立哉？然野鵲噪禽，黄筌已自甘於藝畫，而壽寧院之擲筆，知微終不能無立本之悔焉，乃知學成而上，技成而下。斯苑也，吾儕鱁鮧之嗜而未可令蜀士見也。能始笑曰：「有是哉。吾且爲蜀志人物。」』（《小草齋文集》卷六）

按：謝肇淛《序》作年俟考。

閏十一月、十二月間，送張大光還長溪。送林邦式歸尤溪。送戴燝還朝。陳翼飛（元朋）掛冠歸，見訪，贈詩。有書致林丹臺，討論纂修《漳州府志》之事。除夕，與陳翼飛鏡瀾閣浮白賦詩。又致顧彦白，向其借《蔡忠惠集》，並叙愛書過於寶玉；此前，顧下第，有詩贈之。

作《送張叔弢還長溪》（《鼇峰集》卷十八）。

馬歘有《送張叔弢歸隱長溪》：『半畝幽棲木石間，拂衣歸去咏閑閑。池中水墨臨書滿，埜外樵青采藥還。海氛蒸雲連北牖，松聲帶雨出南山。避人莫掩蓬蒿徑，問字相尋日拍關。』（《漱六齋集》，《石倉十二代詩選》之《社集》）

作《送林邦式歸尤溪》（《鼇峰集》卷十八）。

按：李賢《大明一統志》卷七十七《福建·延平府》『尤溪縣』條：『在府城南一百五十五里，本延平縣地。唐開元末開山洞置尤溪縣。』

作《陳元朋掛冠歸見訪，有贈》（《鼇峰集》卷十八）。

按：宜興知縣陳翼飛坐黨禍，被劾掛冠歸漳州。

又按：參見《答陳元朋明府》，詳萬曆四十一年（一六一三）。

作《送戴亨融侍御還朝》（《鼇峰集》卷十八）。

作《寄林丹臺》：『自丁未歲除，一宿高齋，契闊六載……側聞鴻筆，纂修郡乘，不朽之業，當垂千秋。舊志繁蕪，邑別爲類，今得如椽，討論潤色，遂令董狐遜席，吴兢避煬，何日殺青，願垂教我。邇者閔使君入省，托施大將軍，令不肖召宋體書二人至漳，爲貴郡繕寫新志。二人向未作客，重以使君之命，歲暮遠行，全賴總裁諸公善視之，不肖亦預有榮施矣。』（《文集》册六，《上圖稿本》第四三册，第三二六—三二七頁）

按：萬曆三十五年丁未（一六〇七），興公客潮陽返閩，過漳州，至今六載。

又按：閔使君，即閔夢得，字昭余，浙江烏程人。萬曆二十六年（一五九八）進士，漳州知府。

作《寄顧彦白》：『高軒枉集竹中，遂定入林之好。然臭味自同，便足千古，不獨一時傾倒之爲快耳。向云征軺北上，在陽月前後，乃久不聞跫音過我……歲云暮矣，風雪淒其，願且枳其轍也。《蔡忠惠集》弟求之十年，不得一聞，借覽喜而不寐。兹有舍親入漳之便，特托携來抄録。希檢付之，慰我飲渴。《楊文公集》，并借尤妙。弟愛惜書籍過于寶玉，不敢稍有損壞。明春當覓便人寄還。』（《文集》册六，《上圖稿本》第四三册，第三四二—三四三頁）

作《壬子除夕》（《鼇峰集》卷十八）。

按：《答陳元朋明府》：『壬子除夕，鏡瀾閣中，浮白賦詩。』（《文集》册六，《上圖稿本》第四三册，第三六六頁）

是歲，致書徐荆瑜兄弟，憶萬曆三十五年（一六〇七）遊惠州之事。又致田兆祥將軍。

作《寄徐荆瑜兄弟》：『向客惠陽，辱賢昆玉骨肉之愛，臨岐分手，慘然動容。每念高情而神爽，無日不依依于左右也。不佞從惠陽歸，值有先妻之變，次年復有北堂之憂，哀戚杜門……歲月易度，忽忽六易寒暑，鶴峰、豊湖之勝，時塵夢思……豚子叨庇，得列青衿，試藝淺蕪，附求教正。』（《文集》册

六，《上圖稿本》第四三册，第三三九—三四〇頁）

按：遊惠州在萬曆三十五年（一六〇七），至今六易寒暑。

作《答田將軍》：『陳汝翔歸，辱手札遠及，深感存念。去歲匆匆爲别，忽復踰年……豚子托庇，首選泮遊，辱承垂問，深荷雅情，槐秋在即，恐淺才劣學有負于至親惓惓耳。張謙齋與陳南海爲中表親，千里相訪，恐門禁森嚴，門下幸曲周旋焉。』（《文集》册六，《上圖稿本》第四三册，第三四〇—三四一頁）

是歲，致書林筆峰，論林氏《文紀》。

作《答林筆峰》：『令姪至，拜手札殷殷，兼荷貺貺，後生末學，識見粗疎，乃辱長者虚懷下問……綈觀佳集，駸駸入作者之室，賦才典贍，詩調清高。至于《文紀》諸篇，或有關風教，或可當卧遊，真不朽之大業，藏山之偉撰也。但小子妄加點竄，難逃爲大匠斲之誚，然既承翁丈蒭蕘之採，不得不竭一誠以報盛情，當恕其愚而矜其狂。幸甚，幸甚！何日殺青，望即賜教，不啻朝飢也。詩扇一執，聊效區區之祝，非敢云報瓊。』（《文集》册六，《上圖稿本》第四三册，第三四一—三四二頁）

是歲，有書致丁啓濬，啓濬東山再起，而丁太夫人訃。

作《寄丁哲初吏部》：『日閲邸報，知詔起明公于東山，方候星軺，一領色笑，乃聞太夫人厭世而仙，不佞某爲之唏噓雪涕。』（《文集》册六，《上圖稿本》第四三册，第三四三—三四四頁）

按：丁啓濬，字哲初，一字亨文，晋江人，德化籍。萬曆二十年（一五九二）進士，由吏部郎中，升南京太常少卿，刑部侍郎。

作《賀丁銓部啓》：『恭惟南極，星高壽算照臨乎；婺宿北宸，日近銓曹筦鑰乎……飛龍御極，謝公此日詔起東山；神鳥銜箋，王母今朝書來瑶圃。九如獻頌，寧論啓事山濤；百歲稱觴，不數拍浮畢卓。宴樂盡人間之盛事，歡娱極世外之洪庥。某櫟社臃樗，蕪鄉散梗，猥蒙樸識，屢荷玉成。忝侍龍門，幸執鞭而御李；薄申燕賀，愧渡海之蟠桃。數舍非遥，慚千里升堂之范式；扁舟乘興，笑半宵返棹之王猷。輕輶不避于鴻毛，依附敢忘乎驥尾？僭通魚素，聊慰鵠思。菫啓。』(《文集》册二，《上圖稿本》第四二册，第一五七—一五八頁)

按：此《啓》『詔起東山』，與上條『詔起明公于東山』意同，知同時作。

作《復丁哲初吏部》：『叨辱年家子侄，薄束生芻，聊當炙絮，反承隆幣，慚愧如何！久欽中憲公明德，如仰太山北斗，忽展佳集，燦若珠光，始知明公之文章德行，克繩祖武者深也。』(《文集》册六，《上圖稿本》第四三册，第三四五—三四六頁)

是歲，有書致呼允齡將軍。

作《答呼將軍》：『自令長公晋帙營帥時，與賤兄弟結爲莫逆交，不意長公仙遊，而先伯兄亦溘然長往……尊翁驃騎公，名重汾陽，功高銅柱。向讀《葉相國文集》，已悉功勳可垂竹帛，承教當爲請之林都諫公，以答尊命。』(《文集》册六，《上圖稿本》第四三册，第三四六—三四七頁)

按：呼將軍，即呼允齡，將門子。徐熥《呼將軍晋秩營帥序》：『弱冠以萬户侯入掌撫臺中軍。越四載，遷督府營帥。』(《幔亭集》卷十七)

是歲，書《重建羅山法海寺碑銘》。

謝肇淛撰《重建羅山法海寺碑銘》，有云：『經始于萬曆己亥，而迄壬子。維時郡人謝肇淛嘉其精諦而樂成，爲之銘曰……里人徐𤊹書，莆田聯煌勒字。』（〔民國〕《福建通志·金石志》卷十四）

按：《小草齋文集》卷十六作《重建法海寺碑銘》，無『經始于萬曆己亥而迄壬子』『里人徐𤊹書莆田聯煌勒字』二十餘字。

是歲，永福縣縣令唐學仁治邑三載，興公代人作《奏績序》。

作《賀永福唐侯奏績序代作》：『永陽侯唐公，治邑三載，政成而民化。福郡統邑九，而侯治行稱最，聲籍籍矣。今秩滿考三載之績，臺使者疏其最于朝。』（《文集》册一，《上圖稿本》第四二册，第五三一—五六頁）

按：唐學仁爲永福令在萬曆三十八年（一六一〇）。萬曆四十一年（一六一三），唐學仁遷杭州郡丞。

是歲，協助喻政輯纂《茶書》；題識多種茶著作。

按：謝肇淛《喻正之〈茶書〉序》：『吾郡侯喻正之先生自拔火宅，大暢玄風，得唐子畏《烹茶卷》，動以自隨。入閩朞月，既已勒之石矣，復命徐興公裒鴻漸以下《茶經》《水品》諸編，合而訂之，命曰《茶書》。』（《小草齋文集》卷六）

又按：喻政輯纂《茶書》見五月《答黄若木》《答超塵上人》。

又按：喻政《茶書自序》：『爰與徐興公廣羅古今之精于譚茶若隸事及之者，合十餘種爲《茶書》。』（《茶書》卷首）

題《宣和北苑貢茶録》：『熊蕃，字叔茂，建陽人，唐建州刺史博九世孫。善屬文，長於吟咏，不復應舉。築堂名獨善，號「獨善先生」。嘗著《茶録》，厘别品第高下，最爲精當。又有《製茶十咏》及文稿三卷行世。徐𤊹書。』(馬泰來整理《新輯紅雨樓題記　徐氏家藏書目》，第一〇三頁)

按：《宣和北苑貢茶録》，宋熊蕃撰。萬曆刊本。

又按：熊蕃，字叔茂，號獨善先生。建陽人。善屬文，築堂名『獨善』。

又按：此條落款無時間，疑與下條同時作。

題《北苑别録》：『熊克，字子復，蕃之子。弱冠登紹興二十七年進士，授順昌主簿，除鎮江府學教授。秩滿，改知諸暨縣。憲使芮輝表薦之，提轄文思院，召秘書省校書郎，兼國史編修官……復還秘書郎，權直學士院，知制誥。又遷起居郎，兼直學士院，以論罷。知台州。上《九朝通略》，詔增一秩，召赴行在。部使者劾克縱私醝不治，報罷。奉祠，知太平州。……徐𤊹書。』(馬泰來整理《新輯紅雨樓題記　徐氏家藏書目》，第一〇三—一〇四頁)

按：《北苑别録》，宋熊克撰。萬曆刊本。

又按：熊克，字子復，蕃子，建陽人。紹興二十七年(一一五七)進士，授順昌主簿，除鎮江府學教授。有《中興小紀》。

題《品茶要録》：『黄儒，事蹟無考。按《文獻通考》：「陳振孫曰：《品茶要録》一卷，元祐中東坡嘗跋其後。」今蘇集不載此跋，而陳氏之言必有所據，豈蘇文尚有遺耶。然則儒與蘇公同時人也。徐𤊹識。』(馬泰來整理《新輯紅雨樓題記　徐氏家藏書目》，第一〇四頁)

按：《品茶要録》，宋黄儒撰。萬曆刊本。

又按：黄儒，字道輔，建安（今建甌）人。熙寧六年（一〇七三）進士。

又按：此條落款無時間，疑與上條同時作。

是歲，結識黄道周。

按：《寄黄石齋》：『憶自神皇壬子之歲，得侍名公大教。』（《文集》册四，《上圖稿本》第四三册，第一二四頁）

又按：參見崇禎十二年（一六三九）。

是歲，謝肇淛以水部郎鎮桃丘，致書興公，言任郡守有『七不便』。

謝肇淛有《寄徐興公》：『僕之不作二千石，而持節河干，非逃富也。自揣生平骯髒之性未除，猖狂之名已滿天下。一旦復親簿書、錢穀之事，如砧魚肉，任人鱠截，一不便也。疎散之人，動輒棖觸，法罔既密，虚文復繁，一不留意，譴訶加之。安能以有限之精力，敝之無用之地，二不便也。二十年制科，鬚鬢半白，一旦低眉折腰，争諸年少，亢則失人，隨則失己。目今驄馬使者，盛氣行部，目中寧復有老太守哉！三不便也。體既好閑，性復嗜睡，每至日高，始離牀榻，午飯方罷，便作羲皇華胥間想。聞剥啄之聲，輒恨其影響之弗幽。况於冒暑雨，犯霜露，戴星露冕於郊坰之間，以候當道顔色，親米鹽細事乎！四不便也。文弱之人，酷躭書史，行立坐卧，不能相離，而欲一旦棄置柔翰，傾倒簿書，譬之纂組，纖纖之女，令之親操井臼，五不便也。性不耐暑，每歲入伏，瘡瘍遍體，四支糜潰，膿血狼籍，直至秋末冬初，方獲脱痂，巾舃韝履，九夏一切不御，况能步趨唯伏，韝拳長跽，鞠躬屏氣，如三日子婦哉！六不便也。族戚既廣，交遊汎濫，仰給衣食，十人而七，一聞銅虎之符，莫不延頸望濟，千里裹糧，户外之履既滿，幸舍之席無贏，窮乏得我，昔人比之失其本心，况遊橐未飽，怨謗遽騰，青蚨方飛，白簡隨至，又安能以一身之名節，爲他人填谿壑也，七不便也。展轉胸中，計之爛熟，故得江干之役，遂其本懷。』（周亮工編《尺牘新鈔》卷一）

是歲，長子陸年二十三，入棘不第。爲構小軒於荔枝樹下。

按：《亡兒行狀》：『壬子，入棘不第。予構小軒於荔枝樹下。』（《荆山徐氏譜·詩文集》）

是歲，陳薦夫卒。

作《過水明樓哭幼孺》：『一片吟魂隔九泉，繐帷燈暗影堂邊。盈盈灑淚當靈次，事事傷心在目前。穉子掃門陳畫翣，孤兒開篋出遺編。獨餘殘夜樓西月，水色山光似往年。』（《鼇峰集》卷十八）

按：此詩編在四、五月間，遊北峰、福清之間。

又按：《答王元禎》：『佘宗漢、陳薦夫，實爲吾閩巨擘，身後落莫，誰付棗梨？』（《文集》册六，《上圖稿本》第四三册，第三〇八頁）

又按：《答黄若木》：『幼孺奄逝，吾黨同悲，不獨足下興酒壚之感。』（《文集》册六，《上圖稿本》第四三册，第三三五—三三六頁）

又按：郭柏蒼云：『薦夫卒年五十一，生於嘉靖庚申，卒于萬曆庚戌。』（《全閩明詩録》卷三十六）郭氏推算薦夫卒于萬曆三十八年庚戌（一六一〇），不知何據。

曹學佺《同王粹夫夜坐，聞陳幼孺訃音，作此志哀》：『相對意不愜，悵然傷友生。家中信來日，夢裹啼失聲。之子才與命，豐嗇何不平。早有名山業，都無塵俗情。論交是爾汝，談詩難弟兄。筆落與奇會，勢趨共險争。直須鬼神忌，寧但儕輩驚。沉疴鎩飛翮，積憤張盛名。長夜爲時久，重泉或更明。查滓既日去，乃令遊太清。感君一言許，不啻千金輕。魂魄相依戀，何煩復送迎。』（《兩河行稿》）

按：曹學佺兩河之行，聞訃在七、八月間。

又按：徐熥《幼孺像贊》：『爾之貌則癯，爾之心則慧。五字而萬古斯傳，片語而千人自廢。不知者或謂巧累而傷傷，其知者自能調同而神契。貧不免負薪，名豈緣擢桂。其目之閃閃而眈眈也，非虎視乎詞壇，則睥睨乎一世。』（《幔亭集》卷十九）

又按：徐熥卒于萬曆二十七年（一五九九），《像贊》必作于此前。具體作年不詳。

萬曆四十一年癸丑（一六一三） 四十四歲

謝肇淛四十七歲，曹學佺四十歲，林古度三十四歲，徐陸二十四歲，徐鍾震四歲

正月，送林元達謁選之京。新構書軒，述其事。

作《癸丑元日》《送林元達謁選之京》（《鼇峰集》卷十九）。

作《小構書軒有述》：『閑鋤隙地得三尋，小築書軒就樹陰。不羡歌臺並舞榭，頗憐城市有山林。經營苟合堪容膝，結構難成亦費心。我坐一間兒半堵，南窗占俾北窗吟。』（《鼇峰集》卷十九）

按：小構書軒在去歲歲末，補述之。書軒與長子陸共之，各半。

正、二月間，抱疴。致書江仲譽，言《福州府志》修畢，省中缺太史連紙，建陽闊大潔色者，可携數萬到省。此件以麻沙張祐爲書郵。

按：自正月初至二月，興公無其他詩作。

作《答江仲譽》：『黄三尹運米至省，辱手札之及，深感存念。弟值抱疴，而三尹未蒙垂顧。想公事匆冗，無暇作文墨緣耳。此邦仰喻太尊，蒞任如雲霓，想不日過建溪之濱，仁丈尚有訪戴之興乎？協趣堂已爲他人所有，恐不能下孺子之榻也。《郡志》初成，省中乏太史連紙，貴邑有闊大潔色者，携數萬到省，正當其用，何如？去年弟有書寄余泗泉，竟不報。便間爲促之。張祐歸麻沙，附此奉復。三山荔子垂丹，坐松陰中，剥三百顆，如餐絳雪。敬勅十八娘，候江郎之杖履也。不次。』（《文集》册六，

《上圖稿本》第四三册，第三五八—三五九頁）

按：三尹，主簿別稱。黄三尹，即黄錫善，即墨（今屬山東）人，時爲建陽主簿。

三月，題杜甫《杜工部詩》，又題敖英《古文短篇》。

題《杜工部詩》：『杜詩刻版最多，而類體本最不易得。詩不類體，尋覓自費工夫也。此本雖不甚善，印章袁佩蘭先生家物。佩蘭名達，見郡志《文苑傳》，亦先正之能詩者也。余喜蓄書，又喜收前輩批點書，此本恨無袁先生評品耳。癸丑春三月朔，興公書。』（馬泰來整理《新輯紅雨樓題記　徐氏家藏書目》，第一二〇—一二一頁）

按：《杜工部詩》，唐杜甫撰。

又按：此條言喜收前輩評點書。

又按：（萬曆）《福州府志》卷六十二《文苑傳・袁達傳》：『（袁達）字德修，……達才富而詞冗……博學强記。性迂，不曉事，世謂達爲癡。免貴溪令，家居，自負其才。嘉靖間詣闕下獻賦，執政以其無奇也，罷之。達大窮歸。』

題《古文短篇》：『余嘗學爲文，每有結撰，則纚纚數百言，意求短而落筆不能短，中間陳腐疏漏處又不能免，始知古人之文，以短爲貴。敖清江選左丘明以至吴草廬，僅得七十餘篇，文之能短亦難矣。友人曹能始善用短法，他不能及也。癸丑暮春，徐興公書。』（馬泰來整理《新輯紅雨樓題記　徐氏家藏書目》，第一六三頁）

按：《題古文短篇》，明敖英編。

又按：敖英（一四七九—約一五五二），字子發，號東谷，江西清江人。正德十六年（一五二一）進士。授南工部主事，官至四川右布政使。有《敖東谷先生遺書》《心遠堂文草》等。

又按：孫鑛《題古文短篇》：『《古文短篇》二卷，清江敖先生所輯，然不甚行世，傳静室中，修行法心不甚定，宜看詩及雜短古事。夫古文短篇，不亦然乎！其腴尤勝焉。當夫煩躁未能釋，或倦未得睡，或小惡撫几讀之，何讓啜苦茗、嚙海錯，摩娑墨竹、玩瓶中花盆間石也。嗟乎！今購文者方如賣菜，求益枝言爲甘繁辭是逞，以兹編置案頭，當是逆情法。萬曆丁未十月甲子，孫鑛記。』（《月峰先生居業次編》卷三，萬曆四十年呂胤筠刊本）

作《送歐陽維禮罷官還金陵》：『南風舊隱松堂在，卧聽春潮百尺寒。』（《鼇峰集》卷十九）

春，宋珏贈《艾軒集》，有書答之，言此書未全，又言《蔡端明外紀》搜集資料求齊求全。附贈《黄御史集》，并《周朴詩》。又致胡宗仁，言校書課兒之外，了無事事；附致《法海寺碑》文。

作《答宋比玉》：『邦衡來，得足下動止。隆父至，復拜手書。兩載相思，差足自慰。所示蔡密學《書跋》，真如吉光片羽，大爽心神。弟往歲偶爾纂輯是書，新安諸好事刻之杭州坊間，但印板頗有訛字。今往一部，幸賜清覽。近復拾遺數十則，足下倘有所見，不妨時時寄我也。《蔡集》覓之廿年，無有知者。即内府四庫亦無之。莆城東門外者，不可緩爲之圖耳。惟足下留意焉。方駕部處，真蹟跋語并乞抄示。更足下過蔡公祠墓，或詩或文，或前輩撰述，有及蔡公者統祈廣尋之。周喬卿不日入省，付其來可也。《艾軒集》謹領，恨不全刻耳。外《黄御史集》，并《周朴詩》附覽。』（《文集》册六，《上圖稿本》第四三册，第三四七—三四八頁）

按：興公作此書時，尚未得到《蔡端明集》。周千秋不日入省，言已得之。詳下。

又按：宋珏遵從興公的意見，廣爲搜集，作《蔡端明外紀補遺》上下卷。

又按：蔣孟育《〈蔡端明別紀補遺〉序》：『宋生抱善本入金陵，將依向歲歐陽四門、黄侍御二集故事，而摶沙作塔，竟不能成。遂請先刻《詩集》全編及《別紀補遺》二册，以公海内同好，且以伸五百餘年湮没不彰之氣。《詩集》即分體編輯，復附入諸公和韻之作，而《別紀》搜括諸書，殆無剩義，比興公創始不啻倍之。是集出，不獨補吾閩之缺典，寔以表宇内之奇觀。予甚壯焉，而因述其所以再刻《別紀》之意如此。』（顏繼祖刻《蔡忠惠詩集》附宋珏《蔡端明別紀補遺》卷首）

作《答胡彭舉》：『白門聚首，結袂論心。歲月悠悠，忽經八載，每懷高誼，往往神飛三山二水間也。歐平林之任，拜手書遠及，惠我華篇，載咏載歌……不佞弟碌碌無似，故業日荒，校書課兒之外，了無事事，而蕭寂落拓之况，又平林所目擊者，不足爲知己道也。茂之楚遊歸乎？停雲之思，不能已已。幸乞致聲。平林旋，附此奉候。縷縷之懷，非管城所能盡耳。外《法海碑》一通，附請正。』（《文集》册六，《上圖稿本》第四三册，第三四八—三四九頁）

按：萬曆三十四年（一六〇六），興公於金陵與胡宗仁聚首，至今八載。參見該歲。

又按：林古度去秋隨鍾惺入楚，別詳《林古度年譜》。

又按：《法海碑》即《法海寺碑》，謝肇淛撰，興公書。參見去歲。

春夏間，題潮陽周攸質疊蒼樓。有書致林嘉附贈《閩都記》，時林嘉任上饒主簿，評其詩，言已將其《越王臺懷古》詩選入《閩都記》；索要江右諸新志。有詩書寄謝肇淛，時謝治河張秋，以爲『雜著易行，詩文可緩』，並索要《余幼孜文集》《闕里》《陋巷》《三遷志》諸書。肇淛復書，言在内閣和山東所撰書，架上差不落莫；又言及索要諸書皆不難得，但寄頗難；又言撰畢《閩都記序》，附上。

作《題潮陽周攸質叠蒼樓》（《鼇峰集》卷十九）。

作《答林天會》：『近得手札，情溢言外……况有在杭宦京，必能爲兄從臾善地也。第不知近日赴闕，曾與兄相見否？承教佳作，妄意批點，中有失韻及俚淺者，徑删之。餘者皆可入梓。弟文鈍如椎，不堪作玄晏。然二十年知己，不得不叙數言簡端，幸惟裁削……近吾郡太尊，爲先輩王静軒梓《閩都記》一部，皆題咏吾郡山川寺院之詩。弟已採兄《越王臺懷古》一首補入，不日印行，當寄清覽也。《廣信志》有便，爲覓一部見寄，不啻南金之贈。』（《文集》册六，《上圖稿本》第四三册，第三三一—三三二頁）

按：去歲有《寄林天會》，天會回書，燉又答之。

又按：王静軒，即王應山。郡大夫，即喻政。

又按：林嘉《越王臺懷古》，見《閩都記》卷十四『郡南閩縣勝跡』。

又按：謝肇淛去歲八月十六發晋安（福州），經江西北上，正月作《桃丘上元》。

作《答林天會主薄》：『周喬卿從信州還，拜手書……《遊燕草》梓板精善，恨不得全集一觀。圖南宗侯翩翩好事，與弟最稱莫逆者，見時爲致區區。《江右通志》出康懿公筆，爲歲頗遠，聞邇年有新修者，不知坊肆中可得否？如南昌、吉安、南安之志，皆有新刻，爲覓一二種，蓋先子曾宦遊江右最久，或有數字之褒，未可知也。敢忘報耶？《閩都記》乃郡大夫發刊，佳作寄到時，業已竣事，弟拔一首補入之。蓋仁丈客遊詩多本鄉登眺，題咏甚少，僅得《越王臺》一篇，非故嚴也。謝使行，只印得一部奉覽。』（《文集》册六，《上圖稿本》第四三册，第三五二—三五三頁）

按：此書與前書均言及《閩都記》載林嘉《越王臺》事，當前後作。以謝使爲書郵者，則作與《答謝在杭工部》同時。

作《寄謝在杭治河張秋》（《鼇峰集》卷十九）。

謝肇淛有《赴張秋作》：『本無寥廓志，甘作支離形。乘槎意不遂，風波殊未寧。掛帆下潞河，回首燕山青。殘冰觸柔櫓，宿莽迷寒汀。天津片月落，海氣何冥冥？迢遥涉濟漯，擊汏揚芳舲。孤城河之干，飄若水中萍。辜無簿牒擾，吏散門長扃。邊邑錯三五，落落如郊坰。山水多清暉，亦足娱心靈。天步苟如此，幸不獨爲醒。』（《小草齋集》卷七）

又按：謝肇淛歸里，去歲八月北上，爲水部郎，至張秋在開春之時，其詩傳至閩中，當已暮春。

作《答謝在杭工部》：『喬卿歸，得手書，且備悉兩載京華間事。張秋冷局，正宜著書以垂千秋，然雜著易行，文集當俟他日。楊用修之所以擅名博洽者，皆以雜著故也。聞《端明公集》已得之盧貞常，昨喬卿言始知之，亦大快事。刻以行世，不知何日……山東藩司有《余幼孜文集》，衮州有《闕里》《陋巷》《三遷志》，寒家所缺。山東之書，商賈之所不鬻，仕宦之所不携，今值治河使者駐節此地，索之良易，爲我各置一部，速乞寄惠，不啻珍珠之賜。至囑，至望。《閩都記》一部致覽，《郡志》已完，亦甚可觀。林都諫有寄于門下也。馬季聲前月出貢矣。陳汝翔舊歲丁母憂，今在福寧修志。吴元化今春喪内。趙子含往浙未歸。陳伯孺持李純庵薦書到嘉禾、蘇杭，了無所遇，今尚無歸策。曹能始卜居江州，絶無鄉土之念。陳永奉久不補考，馮宗師謂其躲避，行學黜革，其他如常，無可言者。前日林元達行，有書寄去，此君從舟行，道經張秋，想相見能道故鄉事。』（《文集》册六，《上圖稿本》第四三册，第三五三—三五五頁）

按：此書以楊慎爲例，以爲雜著易流行揚名，當優先考慮刊刻。

又按：此書言山東之刊印之書閩地不易得。

謝肇淛《寄徐興公》：『七月半，室人至，辱手書並詩，具悉近况平安爲慰。僕之不作二千石而持節河干，非逃富也……來書所謂「雜著易行，詩文可緩」，誠哉格言，敬當佩服，奉以終身矣。《端明集》不甚佳，殊不逮所聞，其湮没不傳亦自有故。内閣所鈔者，則楊文公《武夷集》、晁公武《讀書志》、陳用之《論語解》，陳後山、王東皋、晁以道諸集，近在山東又借得《國朝實録》鈔之，庶幾博古通今，架上差不落莫矣。承諭齊中諸書皆不難得，但寄頗難，當覓雁足陸續致上。《閩都記》業爲作一序寄粹夫，書中可取，觀之即令張祐入梓，其工以瑪瑙帶還之也。』（《小草齋文集》卷二十一）

五月，裝訂並題《先君交游録》。

題《先君交游録》：『先君歷任南安、茂名、永寧，凡同官及過客有投刺宴會者，咸紀其姓名爵里，恐日久而忘之也。先君殁二十餘年，録中所紀之人，盡在鬼籙矣。棄之廢簏，蟲蝕塵昏，偶覓得之，重爲裝訂，雖其人無所考鏡，而先君墨迹存焉，烏可忽諸！萬曆癸丑午日，中男𤊹謹識。』（沈文倬《紅雨樓序跋》卷一，第一三—一四頁）

按：《交游録》，明徐𤊹録。徐𤊹藏。

七、八月間，有詩挽王穉登。

作《送周爾德遊雲間》：『夜月獨聞千里鶴，秋風堪買四腮鱸。』（《鼇峰集》卷十九）

作《挽王百穀先生》（《鼇峰集》卷十九）。

謝肇淛有《哭王百穀二首》，其一：『八十登壇位已孤，少微星隕月沉珠。堂開南有遺書在，身往西天一念無。吊客車徒來萬里，門生衣鉢半三吴。春深何處銷魂地，下若城邊碧浪湖。』其二：『生死浮踪兩不聞，尺書猶自寄殷勤。今春尚有書寄先生，至則亡矣。榻從十載花前下，袖憶孤舟病裏分。薜荔寒衣霜墜葉，芙蓉仙館樹連雲。盈盈一水山河邈，淚灑西風掛劍墳。』（《小草齋集》卷二十四）

按：謝肇淛詩非同地作，録以備考。

八月，十三日，同虞公普、林存古、謝彦安集施德政將軍具美樓。

作《中秋前二日，施大將軍招集具美樓待月，同虞公普、林存古、謝彦安，分得懸字》（《鼇峰集》卷十九）。

按：虞公普，甬東（今寧波）人，有《擔簦續草》。

八、九月間，葉成學謁選赴京，兼省父向高，送之。莆田游及遠卒，其子游適以其《竹林集》稿示興公；興公薦遊適往江西求助於諸藩及喻應夔、應益兄弟刻及遠之集。致書張鵬父並詩，言游適携其父《竹林集》，圖殺青於益殿，請從中斡旋。又致喻應夔、喻應益兄弟，索要《雅餘》。永福令唐學仁擢杭州知州，有詩及序送之。謁宋儒林之奇墓。題祭酒嶺林氏田家屋壁。

作《四明虞公普見訪，有贈》（《鼇峰集》卷十九）。

作《虞公普像贊》：『蕭蕭肅肅，落落穆穆。詩工五字之長城，家在鑒湖之一曲。喜遠遊而擔簦，每分題而刻燭。半生窮愁以著書。君其不忝虞卿之公族。』（《文集》册十二，《上圖稿本》第四五册，第二九一頁）

按：虞公普，除此文，與公詩文僅八、九月兩見，故繫於此時。

作《送葉汝習謁選赴京兼省覲》（《鼇峰集》卷十九）。

按：葉成學（一五七二—一六一四），字汝習，向高長子，福清人。以廕入國學，娶龔用卿孫女，慷慨好義，重建瑞雲塔，改峽江渡，有德於鄉人甚多。《葉成學傳》：『萬曆甲寅，改補尚寶司司丞。拜官甫月餘，即以使事歸里，其年病卒。』（（乾隆）《福清縣志》卷十五）

作《寄林子實》（《鼇峰集》卷十九）。

作《莆陽游勿羃持其先人元封〈竹林集〉見示，感而有作》：『哭聲安得到泉臺，身後遺篇灑淚開。月旦共嗟蘭玉折，風流爭羡竹林才。騄驒渥水神駒出，冷落承塵野鵩灾。廿載交情文字裏，不關鄰笛自生哀。』（《鼇峰集》卷十九）

按：游適持游及遠《竹林集》往江西求益王刻其書，與公爲之介。詳下。

作《寄張鵬父》：『一別心期遠，俄驚十五年。情深麋鹿戀，書倩雁鴻傳。旴水堪移棹，麻源好種田。揮毫當醉後，草聖憶張顛。』（《鼇峰集》卷十一）

作《答張鵬父》：『憶杖屨之遊三山也，在十五年前，歲月悠悠，人生易老，盱江閩海，雖接壤且近，契闊如許……不佞年來亦甚倦遊，閉關掃軌，五年於兹。覺山中景況，大勝客途，課子弄孫之外，了無事事耳。近覽《丹霞新志》，興復勃勃，有塵外之想，不知何日借麻姑之靈，訪華子期、謝康樂遺蹟……游元封溘然長遊，其子英英若神駒，今挾其尊人遺稿，圖殺青於益殿下，足下其爲從臾之，寔貽元封以不朽耳。承索拙書，敬往二幀，惡札塗鴉，何所用之？』（《文集》册六，《上圖稿本》第四三册，第三六四—三六五頁）

按：此書與上詩同時作。

又按：萬曆三十七年（一六〇九）遊江西，至今五年未再出遊。

又按：游及遠，字元封，適父，莆田人。有《竹林集》。

又按：游適，（一五九〇—？），字子翔，字子騰，又字勿畢。有《遊草》。

作《寄喻宣仲、叔虞》：『闊歲不得兩賢兄一札，徒歌懷人天一方。弟年來愈益倦遊，山居無以爲侶，日惟强逐少年場作兒戲事，不覺老人有童心耳。能始僑居江州，絶無鄉土之念，及渠翁病甚，業已遣价促能始歸，恐其未知阿翁勢危。倘過豫章，囑其勿途中留滯可也。莆田游元封忽爾遊岱，生平著作甚富。今其郎君挾遺詩一帙，欲謀之宗藩諸君，殺青以傳。莆中談此道頗多，如元封者指不再屈。弟令其晉謁，以詩稿就正二丈，幸爲删校行世，即以不朽貽元封矣。貴郡熊公所著《雅餘》，敝鄉絶無有藏者，二丈急爲我覓一部見寄。弟需之甚切。』（《文集》册六，《上圖稿本》第四三册，第四三一—四三二頁）

作《送徐飏岐父母擢計部》(《鼇峰集》卷十九)。

按:徐鳳翔,字飏岐,江寧(今屬江蘇)人。萬曆三十五年(一六〇七)進士,閩縣知縣。

作《答贈曹介人孝廉以〈閩遊雜記〉〈緑榕篇〉〈荔枝小乘〉見寄》(《鼇峰集》卷十九)。

作《送永福唐令君擢杭州二守》:『載酒尋幽黄蘖寺,停車問俗緑桑村。』(《鼇峰集》卷十九)

按:唐令君,即唐學仁。詳萬曆三十九年(一六一一)。

作《送永福唐令君擢杭州二守序》:『永陽唐公治永四年,政平民安,民歌舞之……子游牛刀,今方適當庖丁之用……咸惜公别,繪《樓觀海日圖》,賦詩以贈公行。』(《文集》册一,《上圖稿本》第四二册,第一〇五—一〇六頁)

按:據唐學仁(萬曆)《〈永福縣志〉後跋》:『不肖受事三年……萬曆壬子七月晦日,始安唐學仁跋。』治永四年,則在是歲。

作《謁林文昭公墓癸丑》(《鼇峰集》卷十一)。

按:林文昭,即林之奇。曹學佺《大明一統名勝志·福建》卷一《福州府》:『西湖……又西爲清泉山,有宋儒林文昭之奇墓。』

又按:王應山《閩都記》卷十九《湖西侯官勝跡》『林之奇墓』條:『在清泉山。從子子沖墓在其右。之奇弱冠從吕本中遊,本中器之。纍官校書郎。』

作《題祭酒嶺林氏田家屋壁》二首,其二:『犁鋤閑掛壁,農事畢山家。燕子秋歸社,蜂王午散衙。』(《鼇峰集》卷十一)

又按：王應山《閩都記》卷十九《湖西侯官勝跡》『林之奇墓』條：『二墓（元按：之奇及其從子子沖）有祠，多晦庵朱子書匾。道周立石刻「三山林氏先塋」，今式微。有豪門同姓者冒其譜，而祠墓蒸嘗仍缺。』

九月，爲陳益祥《采芝堂集》撰序，稱其爲一代中之鳳毛、南國之英華。

作《陳履吉先生〈采芝堂集〉序》：『是集也，鍾海澨之英靈，立山林之公案，譬之衆音盈耳，無響而不鏗鍧；五彩耀目，無色而非絢爛。誠一代中之鳳毛，諸賢間之龍腹者矣。夫何逝水不留，曦輪易匿，甫周甲子，遽掩黄泉，遂使中原之赤幟彌張，南國之英華頓盡。豈不惜哉！伊予不慧，少學爲詩，交辱忘年，誼稱同社。哲人其盡，酒壚興悲；故友云亡，鄰笛增感。既行作誄，不勝搦管之哀；載誦遺篇，幾沾開篋之淚。從父汝翔，校讎詳定；厥子希孝，壽梓彌勤。會續竹林，徒存阮籍；群看野鶴，倍憶嵇公。敢綴蕪言，僭爲之序。萬曆癸丑菊月，友弟徐𤊹興公謹撰。』（《采芝堂集》卷首）

秋、冬間，曹學佺父汲渠卒，爲作祭文。

作《祭曹封君文》：『洪山發祥，代鍾名德。惟公挺生，丁盛之極。美髯玉質，飄若神仙。言而不竊，行也無偏。飲山栖谷，角巾野服。花圃種芝，蘭階貽穀。長君特達，袍笏登朝。疊膺錫命，黄金在腰。蜀山多奇，萬里就養。雪嶺峨眉，咸受屨杖。奇花怪石，新築平泉。征歌載酒，選妓移船。三釜方隆，萊衣正麗。福履未湮，凶問隨至。典刑殂謝，耆德云亡。紫薇星落，南極無光。闗絶青牛，門奔白馬。會散竹溪，吟孤洛社。某辱令子，筆硯交親。視公含飲，痛殞喆人。生榮死哀，萬事已畢。乘化逍遥，寧此靈魄。陳蒭在几，酬酒于尊。載歌九辨，聊托招魂。』（《文集》册九，《上圖稿本》第四五册，第三

三一三四頁）

按：《曹封君像贊》：『夫積厚者，其流必長。彼美君子，令儀孔臧。嚴哉庭訓，凜矣義方。帝曰爾嘉，推恩爲郎。龍章鳳誥，朱芾斯煌。邦家之望，典刑之良。維公之德，晦而彌光。』（《文集》册十，《上圖稿本》第四五册，第二八一頁）

又按：謝肇淛《曹封君像贊》：『其神行，其官止，其心無塵，其形不滓。美髯白皙，雙眸若水。或曰天民之徒，或曰玄通之士。吾不知其人，知其子曰曹能始。』（《小草齋文集》卷二十三）

又按：以上兩《像贊》作年不詳，附於此。

十月，痘疹盛行，三子徐隆卒，七歲，哭之。葬桑溪。致書施德政，贈徐熥集一部；又致，言欲往漳州，請借車馬人夫。

作《復施元戎》：『□新書下頒，山居忘歲月，從今寒盡知年矣。承委拙書，日來因豚子犯疾，倉皇藥石，坐此遲遲……先集一部附呈教正。』（《文集》册六，《上圖稿本》第四三册，第四二二—四二三頁）

按：三子隆病，未久，卒。詳下。

作《哭隆兒》：『彼蒼于我有何讎，蚤奪嬌兒哭未休。幾寸柔腸刀刃割，一眶清淚瀑泉流。醫方積案都無驗，佛力彌天枉費求。忍過桑溪埋骨處，滿山猿鳥咽松楸。』（《鼇峰集》卷十九）

按：《寄蘇漢英太學》：『弟拓落無似，去冬喪七歲仲兒。我輩鍾情，號慟幾絶。又爲先大夫襄葬事，奔馳松壟，化者既安，生者徒存皮骨耳。』（《文集》册六，《上圖稿本》第四三册，第三七〇—三七一頁）此書作於次歲。

萬曆四十一年癸丑（一六一三） 四十四歲

又按：徐熥四子，長陸，生於萬曆十八年（一五九〇），卒于萬曆四十四年（一六一六）；次阿室，生於萬曆二十七年（一五九九），次年卒；三子隆，生於萬曆三十五年（一六〇七），是歲卒；季子延壽，生於萬曆四十二年（一六一四）。阿室早夭，故稱隆爲仲子。隆亦夭，故後又稱延壽爲次子。

又按：十一月所作《祭酒嶺造墳記》子弟中已無隆名。

作《與施大將軍》：『中秋一晤，遂成河漢。此衷脉［脉］可知也。旋聞老公祖有西河之戚，而不肖亦喪七歲仲兒，以故瑞巖之約，遂成卧遊矣。向與張紹和、陳元朋有霞城之約，蹉跎一載，近復以書見招，然長途薄遊，非縮地可至。不揣欲藉寵靈，徼惠郵符一道，五夫二馬，直抵丹霞往還，俾大將軍門下揖客，不歌出無車，誠厚幸也。極知此時，驛傳戒嚴，能一破例給發，尤佩明德于無涯矣。』（《文集》册六，《上圖稿本》第四三册，第三六八—三六九頁）

按：『中秋一晤』，與公集施德政具美樓，有詩，詳上。

又按：此書欲借施德政郵符、五夫二馬往返漳州，似未有下文。

又按：此書兩見。另一作《復施元戎》，文亦字小異，『此中』作『此衷』（見《文集》册六，《上圖稿本》第四三册，第四二一頁）。

十一月，安葬考妣於祭酒嶺；生母林氏祔焉。作詩及《祭先考妣安葬文》《祭酒嶺造墳記》。

作《祭酒嶺爲先人築墳有感》：『風木關情涕淚零，新營宅兆荷山靈。良時注水尋針法，午夜篝燈讀葬經。未有石人張墓道，且看幼婦勒碑銘。一抔馬鬣身親築，銜土群烏事杳冥。』（《鼇峰集》卷十九）

又按：曹學佺《大明一統名勝志·福州府》卷一：『西湖之西爲鳳皇里……又西爲清泉山，有宋儒林文昭之奇墓。清泉之支曰高安山，有嶺曰祭酒嶺。五代閩時，光州人湛温者事王延翰，官御史大夫、國子祭酒。時王延禀鎮建州，與翰有郄，遣使來覘翰。命温出餞且鴆之。温嘆曰：「唇亡則齒寒，吾寧以一身免萬人肝腦塗地。」乃引卮獨酌。死葬嶺下，故名。』

按：《祭先考妣安葬文》：『歲當癸丑，水德司神；維月甲子，維日壬申，若堂若斧，馬鬣聿新。千秋萬古，永隔斯辰。一抔之哭，淚灑松筠。尚享！』

作《祭酒嶺造墳記》：『今癸丑歲，運大利，遂擇十一月初八日動土，十三日定名，十五日自嶽後扶二柩到山。十八日辰時安葬考妣，而生母林祔焉。距先考辛卯之卒二十有三載矣。其穴坐壬向丙，加亥已，分金以受生氣。其墓面甃，以甓稍偏左隅，坐亥向已，以受堂氣。余與熛弟、陸兒、陛侄，朝夕督理。余携小姬李，借寓墓鄰林氏丙舍以居，治米鹽瑣屑事。送葬之客五十餘人。𤊹友則有陳鶴鳴、王崑仲、王毓德、張勳、曹軫、曹學佺、蔣柏宗，家相鄭瀧、王應洙；熛友則有鄭奎光、林如召、鄭時則、王叔穎、陳世昌、馬應璘；陸、陛友則有林昌熙、陳奇猷、鄭瀫、康守廉、張廷選也。至於至親族戚，不能悉數。以廿四日竣事下山。自始至終，凡十有七日，總縻白鏹半百。憶自先君殁後半載，余嘗走吴門，請顧學使大典爲《誌銘》，王太學穉登爲《墓表》，又請莆田陳宗伯經邦爲墓碑，文甚典，皆指東嶽爲葬地。未幾而顧、王兩公俱先物化，將欲刻置墓中，又於年月不合，姑已之。至於重徽大方長者，再爲墓銘，未暇及焉。尚俟他日稍稍自立，當於墓下創亭勒銘，表昭示來□耳。謹記。』（《文集》册九，《上圖稿本》第四四册，第四○三—四○四頁）

按：參見萬曆十九年（一五九一）、二十一年（一五九三）、二十七年（一五九九）、三十三年（一六〇五）。

十一、十二月間，送藍翰之謁選之京。

作《送藍翰之謁選之京》（《鼇峰集》卷十九）。

作《張許廟》（《鼇峰集》卷十九）。

按：張許廟，在廣東潮州。李賢《大明一統志》卷八十《廣東·潮州府》『張許廟』條：『在東山，祀唐張巡、許遠。宋文天祥過此，嘗書《沁園春》詞于廟。』

十二月，參與校訂宋梁克家《三山志》（萬曆癸丑刊本），並跋之；覽熥所批點題《文選纂注》，不勝傷悼，題之。陳翼飛掛冠歸，來書心有不平者，答慰之，以爲如湯顯祖、屠隆早掛吏議者，世人仍重之，不如乘此歸山，完成名山事業；又言欲寄食他邦。又致朱謀㙔宗侯，附贈《茗譚》一部。

跋宋梁克家《三山志》：『宋《三山志》四十二卷，林都諫先生捐資授梓，閱歲告成，數百年不絕如綫，一旦翻摹，傳之來禩，甚盛心也。又恐秘之家塾，傳弗能廣，乃徙置法海禪寺，令主僧守之，以便好事者印行。昔白樂天以生平所著，散布東林、香山、善聖、南禪諸寺，與僧爲約，不出寺門，不借外客，以叢林中善保守也。今都諫既置板于寺，且能公諸人，其視白公，廣狹又如何哉！萬曆癸丑臘月，徐𤊹題。』（馬泰來整理《新輯紅雨樓題記　徐氏家藏書目》，第八四頁）

按：《三山志》，宋梁克家撰。萬曆刊本。

又按：『徐𤊹題』，《三山志》（萬曆癸丑刊本）作『徐𤊹謹識』。

又按：梁克家《三山志》，明末有兩種版本，一爲萬曆癸丑刊本，一爲崇禎戊寅刊本。興公跋，見萬曆本癸丑刊本。[一]

林材《三山志序》：『一日，謝在杭水部、王永啓武曹持馬恭敏家所抄宋《淳熙三山志》過道山相示，余喜而作曰：「事核而詞確，章往詔來，于是乎在。」遂謀以授諸梓……用是屬校讎于徐興公𤊟，興公與在杭、永啓殫精博古，家懸萬軸，既欣然操觚，復佐以馬季聲欻、鄧汝實原芳、王粹夫毓德、朱若聘國珍，鄭汝潤邦沾，兼搜互訂，遹觀厥成，俾千古此都之鑒，不當吾世而失之，諸君子之力巨矣……明萬曆癸丑長至日晉安九龍山人林材謹任甫書于在我軒中。』（萬曆癸丑）《三山志》卷首）

按：據林材序，萬曆癸丑本《三山志》主校者爲徐𤊟，協校者爲馬欻、鄧原芳、王毓德、朱國珍、鄭邦霑。[二]因爲徐爲主校者，故作跋語。

題《文選纂注》：『六臣注頗繁，張伯起纂之，信修詞家之捷徑也。伯兄批點斯本，日置案頭，會試北

[一] 馬泰來先生云：『萬曆本今已失佚。』（《新輯紅雨樓題記正編·徐氏家藏書目》，上海古籍出版社，二〇一四年，第八五頁）。按：馬說非。北京：方志出版社二〇〇四年影印《三山志》萬曆癸丑刊本，其《再版前言》云：『福建省地方誌編纂委員會副主任盧美松一行尋踪于海內外，才獲見這劫後遺珠。』惜未言原本藏於何處。

[二]《三山志》萬曆癸丑刊本《再版前言》云：『林材獲見本邑已故尚書馬森家藏淳熙《三山志》抄本後，十分欣喜，遂與謝肇淛、徐𤊟等六位里人一起「兼搜互訂」，進行整理，并「謀以授諸梓」。』按：《前言》所言非是。在馬森宅獲見淳熙《三山志》者爲謝肇淛（在杭）與王宇（永啓），謝、王持往道山向林材展示。『兼搜互訂』者六人：徐𤊟、馬欻、鄧原芳、王毓德、朱國珍、鄭邦霑，而謝肇淛、王宇不在其內。

上，携之巾箱。先兄物化十五年，覽此不勝傷悼。陸士衡云：「尋生平于響像，覽前物而懷之。」正謂此也。萬曆癸丑臘月，興公書。』（馬泰來整理《新輯紅雨樓題記　徐氏家藏書目》，第一六二—一六三頁）

按：《文選纂注》，明張鳳翼纂注。

又按：此條爲徐熥遺書歸弟徐𤊹之證。

作《癸丑除夕》（《鼇峰集》卷十九）。

作《答陳元朋明府》：『子潛將軍至省，拜手教殷殷，恍如面質。憶壬子除夕，鏡瀾閣中浮白賦詩，倏然一載，人生安得不速老哉！先人棄諸孤二十有五（按：五爲三之訛，説詳下）年，不肖貧不能襄葬。歲底支干大利，不得不假貸以營窀穸，入山兩月，化者既安，而生者僅存皮骨耳。能始近移居洪塘，日以著述爲務。出山之念，業已灰冷。每一把臂，輒思我元朋。曾有書約丈至省，結爲比鄰，不知何日能動山陰之興。云云事，弟曾與譚，然驄使不能如老祖禹。弟與能始便作磨兜堅矣。能始嘗云：軒冕之榮，禄位之高，在庸衆人視之若羶，如我元朋，即以一令掛冠，亦不爲辱。陶元亮不以柴桑令掛冠乎？今之所急，圖不朽者，移此精神，以網羅天下名士；移此輜重，以搜天下奇書，刻意撰述，以垂千古。今日東南旗鼓，必屬我元朋，未爲不快。即掛吏議，庸何傷耶？且湯海若、屠緯真、莊晋叔三君，皆早掛吏議者，而世人未嘗不以三君爲重。至于所云云事，能始勸丈付之度外，以俟河之清可耳。此皆衷曲之論，弟謹述之而塵清聽也。陶使君分符邵武，一水盈盈，何從物色野人。弟今歲苦貧，正欲寄食他邦，兄能爲我作曹丘乎？是所願也。』（《文集》册六，《上圖稿本》第四三册，第三六六—三六

八頁）

按：陳文煬，字子潛。

又按：徐𤊹葬先人在本年十一月，詳《祭酒嶺造墳記》。𤊹稱『入山兩月』，則爲先人入土逾月之謂，故仍在本年冬。萬曆四十年壬子（一六一二）除夕，與陳翼飛浮白賦詩（參見該歲）。『倏然一載』，則未逾本年。𤊹父卒于萬曆十九年（一五九一），至今歲二十三年，故文中『二十有五』當爲『二十有三』之訛。

又按：陳冀飛有事托曹學佺，曹氏請作書代勸慰之，足見曹對徐之信任及兩人關係之緊密。

作《寄鬱儀宗侯》：『北湖浮笋，南浦分襟，忽爾五年……緬想殿下著述日富，千秋事業，總屬操持，續有殺青，願以教我。邇者敝友陳四游直指過家，文酒朝夕，不佞每頌雅望不置，而直指君深嚮往焉。茲往將以《蔡端明文集》梓之豫章，而不佞所輯《别紀》附其末，必借重大方爲一校正。更携有陳孝廉薦夫遺稿，并謀剞劂，統乞留心考訂。直指公當重有以報也。社友游元封中道不禄，家計蕭然，郎君子騰挾其遺稿，謀刻貴藩，以垂不朽，惟一從臾之，地下之感，深于地上矣。外《茗譚》一帙附求博笑。臨楮神往。』（《文集》册六，《上圖稿本》第四三册，第三八〇—三八一頁）

按：萬曆三十七年（一六〇九）遊豫章，至今五年。此書所述游適遺稿，内容與上引《寄張鵬父》同，陳一元赴任江西、陳薦夫遺稿又與次歲正月《陳泰始侍御》同，當作於二書之間。

是歲，有書致張大光、呼允齡將軍，言方伯袁一驥至，當有新《福建通志》之役。

作《答張叔弢别駕》：『使者來，得手教，良慰。緑茶之惠，齒頰俱香。謝謝！近者，陸按君以《建寧郡志》送到林楚石處，必以《通志》爲不可緩，且丁撫臺亦惓惓纂修，大都待袁方伯到任，即開局矣。貴州之志，宜亟圖之，况有老丈總裁，汝翔兄考覈，想不日告成，但建寧者亦先以寫本送來，刻尚未竣。若州志成，恐一時未刻，亦以寫本先呈可也。放翁《城隍廟記》附上。』（《文集》册六，《上圖稿本》第四四册，第三五〇—三五一頁）

按：丁撫臺，即丁繼嗣，鄞縣（今浙江寧波）人。萬曆十一年（一五八三）進士，福建巡撫。袁一驥，字希我，江陰（今屬江蘇）人。萬曆十一年（一五八三）進士，時爲福建左布政使。

又按：《建寧府志》纂成于萬曆四十年（一六一二）；㣲作此書時袁方伯尚未到，而修成于萬曆四十一年（一六一三）的《福州府志》左布政使已列有袁一驥之名，知此書作於是歲。

又按：《城隍廟記》，即《寧德縣重修城隍廟記》，見《陸遊集》卷十七。

作《復呼將軍》：『向辱通家雅誼，竊聞台丈文經武緯，胸中有數萬甲兵，乃地隔數百里之遥，景慕十年，無由一執鞭弭……按臺新臨，不日且有《通志》之舉，萬一不佞預筆硯之役，則驃騎公之立傳，當如尊委，不敢不任也。』（《文集》册六，《上圖稿本》第四四册，第四二一—四二二頁）

是歲，致書陳鳴鶴，時鳴鶴往長溪修志，言及修志採訪欲博，搜集歷代碑刻，撰文欲專，手雜則不能精。

作《答陳汝翔》：『自兄宅艱後，俱不獲一面，亦不知何日往長溪見陳叔度，始知兄急急與郭君猷行也。崔道尊留兄修志，何其恰好凑巧，大都採訪欲博，撰文欲專，手雜則不能精耳。霍童、太姥之勝，甲於閩省，舊《志》太略，當加潤色也。陸放翁《城隍記》録去，先代遺文想更有存。弟前聞謝在杭説，寧德路口有古碑卧道左，皆前代文章，如此之類，亦當博訪。建善寺有建極四年吴慎辭碑，尚可查録

其文否？倘有欲查事蹟，不妨見教，弟代考家藏書，不難耳。』（《文集》册六，《上圖稿本》第四四册，第三五一—三五二頁）

按：陳鳴鶴參與修《福寧州志》。

是歲，致廖淳並詩，言及清流漁滄社及《漁滄社集》詩。

作《題扇頭答廖淳之》（詩佚，題筆者所擬）。

按：詳下條。

作《答廖淳之》：『不佞從相如遊時，即知有淳之丈風流爾雅，願投膠漆之交……然時□諷《漁滄社集》，便爾心醉，何必同堂比肩，而后稱臭味哉！去歲辱贈華篇，先施之誼至高，僕豈有胸無心，而不感念知己……裴翰卿枉臨草堂，卒卒別去。敬賦小詩，題之扇頭，請正。』（《文集》册六，《上圖稿本》第四四册，第三五五—三五六頁）

按：廖淳，字淳之，清流人，有《尚論齋集》。學佺采其詩入《石倉十二代詩選》之《社集》。

又按：漁滄潭，在清流縣東，崖上有漁滄亭。王若（相如）與廖淳等結漁滄社於此[一]。

是歲，致書張大光，討論《福寧州志》修纂，以爲福寧一州兩邑而已，去取不妨稍寬。

作《答張叔弢》：『三月終，汝翔從者歸，拜手教之惠，即修一札奉復。而致書郵，不索報章，以故稽

[一] 關於清流漁滄社的活動及興公與該社的關聯，參見拙文《漁滄舊社虚明月——王若與清溪漁滄社簡論》，《福州大學學報》，二〇一八年第三期。

違至今，罪也。郭君猷至，復辱八行，知《州志》尚未脱草。酷暑蒸人，企脚北窗納涼，猶嫌炎燠，況從事筆硯、討論簡編，揮汗作下帷功課乎！然聞賓方伯已議派錢糧，大都待喻太尊至，即開局矣。《州志》似亦不可緩也。福寧原隷省城，前朝人文日盛，與長、福并稱望邑。成化以後，判爲秦越，福、興、泉、漳，人遂比福寧爲汀、邵，猶齊、楚之視滕、薛也。竊爲不平焉。當今省會丁人物之盛，載筆不得不嚴，文章不得不短。在一州兩邑，惟恨無事可粉飾，無人可弛張，無文可紀載，若一概持之以嚴，他日附《通志》之後，譬若錐末之鋭矣。愚意須取人寬一分，收事濫一分，行文冗一分，以爲後日修《通志》者之裁割也。不知丈以爲然否？去年令侄孫往廉州歸乎？陳太守已離任，原書乞發還。并托。』（《文集》册六，《上圖稿本》第四四册，第三五六—三五八頁）

按：此書論《福寧州志》之撰寫，以爲福寧州人文當今非福、興、泉、漳可比，故去取不妨稍寬。

又按：原書，即《寄陳賓門廉州》，參見去歲。

是歲，王兆雲先後來書七通，並《龍湖》《漪園》諸集，答之，言親家陳鳴鶴才高七步，家乏五車，往往借他人書讀之；又言己前後雜著，可得四函。

作《答王元禎》：『使者遠來，拜前後手教七通。知翁丈惓惓搜輯，即古之下帷穿榻，方之有慚沮矣。辱惠《龍湖》《漪園》諸集，若貧兒驟富……閩中方物，寔不足以報瓊瑶，但悉翁丈有蠹魚佳癖，聊尋閩産書籍數十種，用答來意。至于卷帙繁多，而不佞力所弗能致者，盛使自解槖中金購之矣。莆田榕門林公，極多秘册，然從來不借外客。此公曾登甲戌進士，爲貴省衡陽太守，掛冠杜門，多所著述……恐此公靳而弗與，徒勞使者冒暑間關耳。陳伯孺乃敝親家，而豚兒寔其壻也。近往吴越未歸。伯孺才高七步，而家乏五車，往往借他人書讀之。來書并原禮，附使返璧。敝省忝稱文獻之邦，而前賢著作，代不乏人，然可以布之通都，傳之來禩者，人不數篇，又多有未入梨棗者，如佘宗漢文集盈數十帙，身死子幼，竟不能殺青。他如宗漢者，又不可枚舉耳……拙集前後并雜著，可得四函，皆陳腐支離，未經郢削，不敢獻。而《晉安風雅》中，并《閩都記》中，稍有附載。而文類繁蕪，一時筆札莫及也。遲之十年，或于此道稍窺一斑，然後就正，何如？』（《文集》册六，《上圖稿本》第四三册，第三五九—三六一頁）

按：林兆珂，字懋忠，一字孟鳴，莆田人。萬曆二年甲戌（一五七四）進士，歷任安慶、衡陽知府。著述頗豐，有《挈朋稿》等。

又按：此時陳价夫遊吴越未歸。

是歲，致書楊青城孝廉，憶鄱陽把臂朝夕。

作《寄楊青城孝廉》：『自饒陽僧舍把臂朝夕，不獨意氣相投，如膠如漆……庚戌、癸丑，佇想泥金消息，竟爾杳然……閩楚各天，鱗鴻鮮絶，後會之期，難以預卜。偶麻城王元禎先生遣使入閩，與弟定交，敬附尺一奉候起居，并豚子試藝一帙求郢正。』（《文集》册六，《上圖稿本》第四三册，第三六一—三六二頁）

按：此書與前書同時作。

又按：興公結識楊青城在萬曆三十七年（一六〇九）。

又按：萬曆三十八年庚戌（一六一〇）及今歲，兩度鄉試，楊青城落第。

是歲，致書阮自華，言自華父中丞阮鶚，《福州府志》中語有疏失，已删數語。作《答阮澹宇户部》：『去歲兩拜台翰，緣以太公祖《志》中語未有更換，每握管，輒汗愧趦趄，不敢遽作書奉復，非忘之也。今《郡志》將成，伏覩聖旨准復太公祖原爵，總裁兩公大有悔心，亟删寔録數語，始知朝廷自有公道。秉史筆者未免傳訛耳。自别台光，忽經九載……天旭行迫，草草奉候。』（《文集》册六，《上圖稿本》第四三册，第三六五—三六六頁）

按：阮澹宇，即阮自華，曾任福州司理。

又按：萬曆三十三年（一六〇五），𤊹别阮自華，至今歲九載。

是歲，侯官知縣金元嘉索圖書，答之，並附書六種，並言己搜集《三山名賢題咏》事。金元嘉請興公校訂《仁獄彙篇》，答復之。

作《答金浮弋父母》：『草澤編氓，久叨宇下之庇，然乏常何之薦，不敢通姓名于左右，反辱翰教先施……承示書目，謹檢六種，先上掌記，餘俟續呈。城中三山多名賢咏歌，□久散落，無有收者，不揣向但掇拾，尚屬草創，未成全書。承索，當從容謄正請教。』（《文集》册六，《上圖稿本》第四三册，第四二一四—四二一五頁）

按：金元嘉，字浮弋，吴江（今蘇州）人。萬曆三十五年（一六〇七）進士，侯官知縣。（萬曆癸丑《福州府志》修成于萬曆四十一（一六一三），金氏列于萬曆縣令最末一位，則其任下限不早於此歲。書云『久叨』，金氏爲侯邑令亦不是一年兩年，故將此書繫於是歲。

又按：徐𤊹輯有《三山名賢題咏》，未成全編。《名賢題咏》，當爲《榕城三山志》的部分内容。

作《復金父母》：『承發《仁獄彙篇》校定，奉璧。此書大有裨于世教，允宜授梓。但此中捉刀手有工拙，往往勤始而怠終。有魏珊、張炤者，寔某所嘗試，勑其專領之，或不減吴門簡帙耳。宋《二徐先生集》希賜一部，尤勝百朋。』（《文集》册六，《上圖稿本》第四三册，第四二五—四二六頁）

按：此條言爲金元嘉校定《仁獄彙篇》；又言刻書刻工之重要。

是歲，在漳州與黄道周把臂論心。

作《寄黄石齋》：『壬子之歲……次歲又在霞中把臂論心。』（《文集》册四，《上圖稿本》第四三册，第一二四頁）

按：霞，即霞城，指漳州。參見萬曆四十年（一六一二）。

是歲前後，代人作賀布政使竇子偁《壽啓》。

作《賀竇方伯壽啓代》：『時當泰運，台星高燭於榕城；節届中秋，卿月朗懸於薇省。眷此靈長，有道咸繇壽考無疆；恭惟師相，泰階秉籙録靈竇……某曷任戰慄，屏營之至。』（《文集》册二，《上圖稿本》第四二册，第一六三—一六四頁）

按：竇子偁，字燕雲，合肥（今屬安徽肥西）人。萬曆二十年（一五九二）進士，歷泉州知府、福建布政使。有《敬由編》。

又按：竇氏誕辰日在中秋。

又按：除了本篇，徐𤊹詩文中唯一提到『竇方伯』的只有是歲所作《答張叔弢》（見前引），知是時竇氏爲福建布政使。

是歲前後，同社曹學佺、王毓德、謝肇淛等與轉運使蔣希禹（國平）倡酬，興公亦與焉。

按：曹學佺《蔣國平使君〈閩草詩〉序》：『乃西粤蔣國平使君至，實都轉運使也。甫相見，即以詩見詢。且余社中如王粹夫、徐興公、謝在杭輩，皆若神交之久者。余因執布衣禮邀一二詞客，延使君名飲。』（《石倉文稿》卷之《浮山》）

萬曆四十二年甲寅（一六一四） 四十五歲

謝肇淛四十八歲，曹學佺四十一歲，林古度三十五歲，徐陸二十五歲，徐鍾震五歲，徐延壽一歲

正月，五日，爲《三友墓祭掃約言》撰序。

作《甲寅元日》（《鼇峰集》卷十九）。

作《〈三友墓祭掃約言〉序》：『夫友誼親情，尚矣！情深膠漆，誼篤葭莩，古之人有行之者，未聞生而結契，死而同穴者也。𤊹高祖諱孔明與吴祖諱亮者，皆娶妣施氏，兩公實爲私親。曾祖振聲公，與吴公叔厚爲中表兄弟，維時叔厚有妹婿林世和，三友者交最歡也。世和又與振聲公締姻，而予祖易叟公又爲世和之婿。迨弘治壬子歲，振聲公、世和公同時物故，壽俱不永，遺孤煢煢，叔厚不替生死，遂於癸卯年僉謀共買閩縣孝義里荔枝山地一所，坐乾向巽，一列九壙。是年，振聲、世和先葬焉。厥後三家照所分之壙，陸續安葬。不幸世和再傳而斬，獨吴、徐兩姓支派日繁，迄今百二十餘年，祭掃不絕。先考永寧府君，于萬曆戊寅致政，歸，乃約吴少榕君及弟泛宇君輪年祭掃，咸有成規。及先考既歿，而少榕、泛宇亦宦遊四方，未幾長逝。先兄幔亭君又復不禄。至於春秋展拜不無懈弛，蹉跎又十餘年，去歲墳石崩壞，兩家鳩工修砌，仍復舊規。𤊹思木本水源，不容稍怠，僭申舊約，輪年祭掃：春則正月，秋則九月，擇天氣晴朗之日，先期具單報知。是日，子孫俱要登山聚拜。祭品隨時設辦，但務成禮，勿因宴會過豐。其山場廣闊，除祔葬之外，不許私自築墳以傷風水。墓上古松，總計三十五株，如有外人侵佔寸土及盜伐等由，兩家協力鳴官，毋令退縮。今置約簿一扇登記時日，一以效尊祖敬宗之心，一以敦金蘭瓜葛之誼。如他日有賢子孫功成名就者，共立祭田，同創墳莊，以垂永久，又予所厚望也。謹序。萬曆甲寅正月五日，曾孫男𤊹百拜敬譔。』（《荆山徐氏譜·三友墓詩集詞文》）

按：三友墓，在閩縣東白碧山。王應山《閩都記》卷十一《郡東閩縣勝跡》『三友墓』條：『在荔枝林白碧山。弘治中，有徐、吴、林三人交莫逆，死而同穴，合葬之。至今子孫祭掃不絶，時號「三友墓」。』

春，致書施德政將軍，請其助普陀僧募鎮山門。送馬歘應貢之京。張燮來書，言興公擬客燕都，後不果行。練克孝兩自京華來書，答之。陳一元巡按江西，有詩送之，又致書，祈《蔡端明文集》與《别紀》合集，請爲之序。又致朱謀𡍷宗侯，言《蔡端明文集》校勘及《别紀》纂輯經過，並乞索《雅餘》。又致林嘉，言徐熥先輯《晉安風雅》，無林嘉詩，當拔其尤者補入。[一]又致蘇漢英，言擬作金陵之遊，苦資斧無策。又致張大光、林仲守，言弟徐熛設絳在永福，教林蕈塘廣文子弟。送鄭瀧之淮陰。致書許光祚並詩，時光祚爲宣城推官。又致古田高魯生並詩。又致林古度，言陳价夫自金陵歸，携《萬柳溪邊舊話》及鍾惺新詩。

作《與施元戎》：『大將軍夙禀善根，福田廣種。四方緇流，聞風踵至。又詢不肖受知于麾下。往往相托慫慂，亦屢却之，獨普陀僧以徐仲芳書至，又不得不稍爲之地。今以募疏送上，乞賜標題。更一

［一］《晉安風雅》刻於萬曆二十六年（一五九八），據此條，徐熥卒後，興公又不斷補入若干人若干詩。

卷，并求妙札數行以鎮山門。功德不可思議矣。』（《文集》册六，《上圖稿本》第四三册，第四二五頁）

按：此條言寺廟請爲疏文，屢屢却之，惟此普陀例外。

又按：此書作於春日，詳夏秋間《與施大將軍》。

又按：疏文今佚。

作《送馬季聲應貢之京》（《鼇峰集》卷十九）。

作《將客燕都别張紹和》（詩佚，題筆者所擬）。

作《寄張紹和》（書牘佚，題筆者所擬）。

張燮有《徐興公將客燕都，自榕城寄詩别余，答此送之》：『易水流澌解却寒，傳聞春色逐征鞍。案垂青玉投來遠，臺望黄金築後單。風雨濕囊供洗墨，乾坤留鬢佐登壇。飛騫絶跡名元盛，不必逢人借羽翰。』（《霏雲居集》卷八）

張燮有《答徐興公》：『前德芬歸，道足下有入燕之興，得來訊，果然。我輩業結緣湖山，屐齒高低，盡有瓜葛。方勝具足濟時，不賦遠遊；比其衰暮，撫琴動操，何以如宗少文，衆山皆響哉！宜足下驅車策駑，作宛洛間趣也。夏秋之際，政可逍遥杖履，若至霜雪中人，足下酒力不强，恐不能與嚴寒作敵，此時當覓故園矣。二緘如命，愧不能爲馳驅，足下笑我鴻毛哉！扇頭詩如沆瀣，僕直和以鹽豉，乃覺不倫。』（《霏雲居集》卷四十）

按：馬欻應貢之京，疑興公擬與其同行客燕都；興公不果行。

作《寄練克孝》：『客歲兩得京華書……陳泗游侍御過家，不佞托之至再，出其《疏草》相示，可泣鬼神……馬季聲兼程北上，聊寄八行，問逆旅無恙，北睇燕雲，不勝於邑。』（《文集》册六，《上圖稿本》第四三册，第三七一—三七二頁）

按：馬欻應貢之京，此書托之。

作《送陳泰始侍御巡按江西》（《鼇峰集》卷十九）。

按：陳一元巡按江西，是歲成行。

作《與陳泰始侍御》：『陳幼孺清才絶世，天既困以無目，而又奪之以年，人生遭際之窮，此君爲甚。而其遺言緒論，儘有可傳者，因貧，不能殺青，韞之篋笥，以故向年纂修郡乘，兩總裁公未嘗窺其著作，弗爲之傳，乃附數語于先孝廉傳末，不足盡其生平。伏冀台丈攬轡澄清之暇，求玄晏先生一言，補《郡志》之所弗及，則幼孺九原可作，寧論子孫世世之感哉！近上《蔡端明文集》，不肖求之廿年，始得此本。祈與《别紀》合梓以傳，并乞大序，以垂不朽，是所望也。』（《文集》册六，《上圖稿本》第四三册，第三七九—三八〇頁）

按：（萬曆）《福州府志》兩總裁：林烴、林材。該書卷六十二《人物志》『徐熥』條附陳薦夫數語：『同時有陳薦夫，能爲六朝文，其詩工麗情至，近體多出中晚格。舉甲午鄉薦，未第卒。』此書致陳一元，雖《郡志》仍未爲薦夫立一單傳，而興公惓惓之心，薦夫亦當感於地下。

又按：陳薦夫《水明樓集》（萬曆刊本）有曹學佺序，而無陳一元序。

作《寄鬱儀宗侯》：『陳直指行部入豫章也，爾時驄步桓桓，未遑通尺一問起居。嗣後游勿畱過洪都，始作疏問故人，想達掌記矣。直指君與不佞稱臭味交……吾閩僻在海濱，宋代名賢輩出，而蔡端明先生尤推巨擘。其遺稿散軼，弟求之故鄉幾三十年，竟不能得。嚮歲托喻叔虞覓之貴省，始獲此集。數百年不絶如綫，一旦復出人間，喜可知已。客歲直指君曾屬殿下校讎，極荷留心。魯魚亥豕，十得七八。第缺文處頗多，難得副本對證，將奈之何？兹直指君欲竟此志，仍函原稿梓之洪州，敢徼寵靈重加參訂，不惟𤊹輩後學得覩先生之遺文，即端明在天之靈，必頌異代知己于無窮也。至于《别紀》一種，中間淆亂不少，并乞參訂改正，以成完書。僕之不能俾端明，而殿下之裨僕者宏且多已。圖南令弟、安仁令姪。喻宣仲、叔虞，鄧泰素，汪魯望諸君統祈叱名致意……貴鄉熊石門公祖，曾梓《雅餘》，閩中難得，弟需之甚切。嚮托宣仲求之，竟不報，今特托之殿下，旦夕能寄我一部。豈直南金竹箭之惠已耶！』（《文集》册六，《上圖稿本》第四三册，第四二七—四二九頁）

按：陳直指，即陳一元。

又按：此條言《蔡端明集》舊刻搜覓三十年未得，求助江右友人始獲之，以及校刻過程及《别紀》的輯録甚詳。

又按：前已向喻應夔索要《雅餘》，未有結果。

作《答林天會》：『去歲謝在杭家眷行，寄一函并《閩都記》送覽……《來鶴軒草》弁拙文于其端，難逃着穢之譏，幸得宣仲游龍之筆爲弟增光，侈矣。但印章倒置，須改刻之。佳作前後捧讀三種，中多秀句。向年先兄選刻《晉安風雅》，而丈詩未行，遂不及預。弟當拔其尤者補入，定不負仁兄惓惓也。天旭歸家一載，頗招物議，燕雀處堂，古有明訓，仁兄手足至情，曷不出危辭，勸其他徙乎？弟暮春欲爲新安之行，或經信州一叙契闊耳。』（《文集》册六，《上圖稿本》第四三册，第三六九—三七〇頁）

按：林嘉時爲上饒主薄。擬暮春欲爲新安之行，後未果。詳下條。

作《寄蘇漢英太學》：『一别遂成河漢，史溪螺水，遠隔千里……弟拓落無似，去冬喪七歲仲兒，我輩鍾情，號慟幾絶。又爲先大夫襄葬事，奔馳松壟。化者既安，生者徒存皮骨耳。日下擬作白門遊，苦資斧無策。然病與懶相成，尚未能飄然作向平五岳也。友人翁朝會與不佞結爲文字交，詩詞泠泠有韻，雅慕高風，願一御李，敬附八行問起居。春霖蒸濕，强飯爲佳。』（《文集》册六，《上圖稿本》第四三册，第三七〇—三七一頁）

按：史溪，太史溪，在沙縣。據此，蘇漢英爲沙縣人。螺江，即螺女江，閩江流經螺州那一段稱螺江或螺女江。

作《寄張叔弢》：『自老丈之别會城而歸也……去冬痘疹盛行，弟喪七歲仲兒。此兒生一月失母。愛所最鍾，一旦天奪之速，觸物輒增悲愴，至今思之，淚簌簌下耳。《州志》殺青，幸寄一部見教。按臺至省，不日當有《通志》之舉也。永福新令君李公諱焞，號完樸，惠之長樂人。聞與丈交最密，稱門下士。近日蒞任，寬和平恕，永人無不稱頌之。舍弟熛今歲設絳在永，乃家表兄林蕖塘廣文延以教子弟也。館金凉薄，不足以供饘粥，敢藉老丈通家之誼見惠，薦書一通吹噓上天，俾儒生稍霑濡沫之恩，寔拜老丈明賜不淺矣……梅雨蒸濕，乍暖乍寒。』（《文集》册六，《上圖稿本》第四三册，第三七二—三七四頁）

按：此書請張大光薦弟熛于永福知縣李焞。李焞，號完樸，廣東惠州長樂人。熛時開館永福。

作《寄林仲守》：『連年擬作名山遊，蹉跎至今。每披《山志》，輒動康樂之想，未知何日造廬奉訪，共

探千巖萬壑而後快也。舍弟應林蕖塘先生之招，開絳貴邑，附此問候起居。』（《文集》册六，《上圖稿本》第四三册，第三七四頁）

作《送鄭惟寧之淮陰》（《鼇峰集》卷十九）。

按：林仲守，永福人。

按：鄭瀧，字惟寧。

作《寄許靈長司理宣城》（《鼇峰集》卷十九）。

按：許光祚時爲宣城推官。

作《寄許靈長司理》：『憶自吴山一再把臂，邈若河漢。歲月悠悠，忽淹一紀，人生歡會，寧可常哉……前後辱贈三詩，皆題扇頭短箋，筆陣可走龍蛇，珍若夜光，每出示客，照耀一堂。然不得掛幅懸之四壁，終令蓬茅無色，持平之暇，乞將舊詩録之長楮見寄，南金之贈，不啻重矣！何如，何如？舍親鄭瀧爲觀察慕塘公季子，與宣城守余公有通家之誼，久慕高名，願登龍門，一瞻道範……小詩奉寄，書之惡箋，侑以雜刻數種，統求郢正。』（《文集》册六，《上圖稿本》第四三册，第三七四—三七六頁）

按：『吴山一再把臂』，詳萬曆二十年（一五九二）。

又按：小詩，即上條《寄許靈長司理宣城》。

作《次高魯生韻》（詩佚，題筆者所擬）。

按：高魯生，古田人。詳下條。

萬曆四十二年甲寅（一六一四）　四十五歲

作《答高魯生》：『未嘗與足下接座而遊也，乃辱遠寄八行，鄭重獎借，兼以雄篇投贈，字字作金石聲……憶君家常侍五十始學爲詩，至今列於盛唐作者之林，名垂千古。足下齒未及半，而藻思羅開，雕章綺合，他日振玉田二百年四聲之譽，舍足下其誰與歸？如不佞者，雖稍窺一斑，而馬齒漸長，江郎才盡，正是今日與足下分曹並奏，譬之老姬，强施粉黛，與婷婷嫋嫋十三名姝争妍比姣，不知其顔之醜矣。漫次嚴韻，聊以效颦，惟有以教之。』（《文集》册六，《上圖稿本》第四三册，第三七六—三七七頁）

按：玉田，古田縣别稱。

作《答林茂之》：『陳伯孺自秣陵歸，携瑶翰及《萬柳溪邊舊話》、鍾伯敬新詩。知足下之念我良殷矣。曹能始讀禮洪江，相去頗遠，間一入城，不過應酬人事，無暇唱渭城也。業已修治洪江别業，以待吟屐且至，訪戴之興定於何時？予日望之。去歲之秋，閩中痘疹盛行，弟喪七歲次兒。此兒生而失母，弟數年在舍，朝夕不離左右，一旦夭閼，情何以堪！歲暮又爲先大人築窀穸，竭力經營，始得襄事。化者既安，生者僅存皮骨耳。尊堂伯母桑榆康强、善飯乎？令兒子丘生計如何？酒興不減乎？兹因鄭惟寧丈有白門之遊，附問起居。惟寧爲廉憲慕塘公季子，稔聞雅望，願定石交，且欲締結金陵諸賢如胡彭舉者，幸爲指引，以見桑梓厚誼。此君故豪舉，恐溺于俠邪平康，濡首而不知節，足下其匡之以正也。南鴻有便，毋靳八行。』（《文集》册六，《上圖稿本》第四三册，第三七七—三七九頁）

按：《萬柳溪邊舊話》，元尤玘撰。玘，常州（今屬江蘇）人，字守元，號知非子。元初辟爲中書掾，官至大司徒，封魏郡公。有《歸閑堂稿》。

又按：陳价夫遊吴越，歸，今秋卒。

作《題易了緣拜石齋》《贈胡紹進明府》《送陳永奉之金陵謁衛司徒》《寄翁朝會太學》（《鼇峰集》卷十九）。

作《贈龔別駕署印永福序》：『先是，永陽唐侯擢武林二守以去，兩臺藩臬咸推轂別駕龔公署永陽篆。蓋永陽雖山邑，稱易治，然年來紀綱廢弛，四方編氓雜處其間，調劑得宜，旦夕速化，匪異人任也。公甫下車……治永者才五十日耳，烏能奏效之速如此哉！』（《文集》册一，《上圖稿本》第四二册，第九六—九七頁）

按：龔別駕，即龔以禮，福州通判。永福縣知縣唐學仁，去歲八九月間擢杭州二守，知縣職缺。考慮到唐學仁去職，龔以禮未必立馬任命，同時㶷在作此文時龔治永福已經五十天，故系此文於是歲春。

四月，與弟熛伐石表阡，徵言于陳鳴鶴，鳴鶴作《三友墓表》；與群從子侄謁曾王父三友墓，並作《謁曾王父三友墓志感》。貽書友人，徵《三友人墓詩》。

陳鳴鶴《三友墓表》其：『三先生如諸祖，迨今百有餘年，過其墓者，莫不瞻仰嘆息，以爲希覯。徐先生之孫曰棉，仕至永寧縣令。曾孫曰熥，舉孝廉，曰㶷，曰熛。玄元孫曰陸，曰陛，皆以文學世其家。吴先生之玄孫曰一清，曰一濟，皆以人才積勞爲郵宰，官雖不達，俱以篤行。而三友墓之名，遂聞于詞林，莫不發于詩歌以章懿美，蓋積成而成帙，余得而讀焉，每披一篇，輒戀戀傾慕，讀不竟也。夫莫親于兄弟，比之手足者也。叔季之世，乃有預作壽，藏錮若金石，而兄弟暴骸不得槁葬者，亦有惑於八五撥沙之説。各物吉土，以蔭厥後者，此在同胞之内，且分人我耳，而况以義合者乎！

祖宗先壟狐兔或穴其隧，五屬群從，至不相識者有之矣，而况祖先執友、世講屬籍，駿奔於百年之後乎！是以君臣父子夫婦兄弟四者恒有，而朋友不恒有，蓋必如三先生者，乃足以備彝倫之數，若乃世之曹耦，曷足道哉！余從熥兄弟遊三十餘年矣，熥雖先謝世，而㸅、熛繩其祖武，伐石表阡，徵言於鳴鶴。鳴鶴義屬通家，予不敢以不文辭，且亦藉手以致仰止云。萬曆甲寅孟夏侯官陳鳴鶴汝翔撰。諸孫徐㸅、徐熛、徐莊、徐陸、徐陛、徐隍、徐陵、徐鍾泰、徐鍾震、徐鍾雋、徐鍾元、吴廷楝、吴廷傑、吴廷楹、吴廷樞、吴仕烜、吴仕焌、吴啓秋、吴啓熺同立石。』（《荆山徐氏譜·三友墓詩集詞文》）

按：徐陵即徐延壽。據《荆山徐氏譜·世系考》，延壽生於本年八月十七日（詳下），而陳鳴鶴此表作於四月，而已有徐延壽之名，不合常理。疑表文勒石在八月徐延壽出世之後，故補入。或《世系考》所記有誤。

作《謁曾王父三友墓志感》：『嚶鳴弗召，友道久湮。一生一死，交態誰真。曾祖王父，洵美且仁。論行交結，因不失親。三良同德，膠漆雷陳。家運不造，歲龍在辰。緊我厥祖，遽殞其身。有偉林公，筆絶獲麟。昔時三友，兩歸邙塵。吴翁後死，誼篤朋倫。買山東郭，起塚勒珉。死期共穴，葬必與鄰。易朽者骨，不滅者神。若堂若斧，歷百餘春。雲孫哭（按：此處鈔本重「孫哭」二字，據文體及文意删）奠，歲掃蕪蓁。葱菁松柏，不摧爲薪。興感今昔，俗異澆淳。願躡遐軌，繼志先民。用述祖德，廸我後人。』（《鼇峰集》卷三，《荆山徐氏譜·三友墓詩集詞文》）按：本文當作於此時。

張燮《〈三友墓詩〉序》：『三友墓者，徐公振聲與其友吴叔厚、林世和共穴而葬者也。三人平居莫逆，到底能相尋於深松茂柏間，實古今交譜所未見焉。世和不嗣，乃徐、吴二氏子孫歲歲上塚，修異姓之昭穆，又尋常孔李所難矣。徐公之曾孫惟起，與余善，貽書徵言，牽率而爲之賦。』（《群玉樓集》卷二，又《荆山徐氏譜·三友墓詩集詞文》）

崔世召有《三友墓》詩，其《序》云：『三山徐振聲、吴叔厚、林世和，成化間隱君子也，三人盟死友。徐、林先殁，叔厚鳩金買山城東桑溪，乃閩越王流觴故址，共營宅兆，同穴而葬，時呼「三友墓」云。徐公之曾孫興公索詩於余，爰筆率爾賦此。』（《問月樓詩集》）

《荆山徐氏譜·三友墓詩集詞文》所録《三友墓詩》，文繁不録，僅附作者姓氏爵里，以見譜主之交遊：

葉向高福清人，少師，謚文忠　鄧文明新建人，州守　汪元範臨清人　張燮龍溪人，孝廉　董應舉侯官人，侍郎　曹學佺侯官人，尚書　洪士英閩縣人，中翰　馬欻侯官人，别駕　陳椿閩縣人　陳价夫閩縣人　陳仲溱懷安人　崔世召寧德人　歐應昌福清人　黄上玄侯官人　陳鴻侯官人　黄槐開寧化人　陰維標寧化人　朱謀瑋南昌王孫　朱統鉔南昌王孫　朱謀晋南昌王孫　李德述鄞縣人　陳圳閩縣人　紫學尹鄞縣人　葉萬選閩縣人　邱惟直建陽人　徐大宗建寧人　徐中恒建寧人　釋元宗建安人　陳大統福安人　陳希舜寧德人　陳光麟福安人　鄭鴻照福安人　陳克勤寧德人　翁紹陽福清人　鄭紱閩縣人　繆仲寀福安人　陳鴻修莆田人　林笻長樂人　吴兆袞閩縣人　陳木松溪人　商家梅福清人　康佺期侯官人　連光藻大田人　廖淳清流人　黄逢祺閩縣人　王毓德閩縣人　朱廷訓海鹽人　鄭瀧閩縣人　吴起龍邵武人，縣令　林雲鳳長洲

人　王宸清流人　葉惇彥閩縣人　徐申幹鄞縣人　李侗鄞縣人　林雲翔閩縣人　鄭涇莆田人，守備　周之夔閩縣人，編修　林古度福清人　張于壘龍溪人　林叔學福清人　鄭國欽建陽人　楊德周思明人，縣令　柴一德沔陽人　蔡可升閩縣人，縣令　劉廣長洲人　張起吳江人，孝廉　黃春元豐城人，孝廉　張墉錢塘人　邵捷春閩縣人，中丞　陶光庠建陽人，中翰　葉樞江溪人，守備　張自修閩縣人　陳肇曾閩縣人，孝廉　林如周侯官人，廣文　周嬰莆田人，縣令　韓廷錫閩縣人，茂才　游文苑莆田人　陳元綸閩縣人，明經　章簡松江人，羅源令　章有源簡之子　陳衎閩縣人，郡丞　林賓王莆田人，茂才　陳兆藩閩縣人，刑部主政

又按：《荆山徐氏譜·三友墓詩集詞文》所録文，除陳鳴鶴《三友墓表》外，還有：福唐鄭泰《三友墓碣》，作于萬曆四十八年庚申（一六二〇）三月；寧波人李埈《三友墓銘》，作于天啓五年乙丑（一六二五）五月；古鄞徐申幹孝則《三友傳》，作年不詳。《荆山徐氏譜·三友墓詩集詞文》編定于本年，其後又有續刻，其理由：一、所録數文有作于萬曆四十八年，也有作于天啓五年者。二、曹學佺《題三友墓》編入《賜環篇》，《賜環篇》收萬曆戊辰詩[一]，戊辰爲崇禎元年（一六二八）。三、尚書，是曹學佺在唐王時之官職；思明縣爲南明所置縣。

[一] 曹學佺《石倉詩稿·賜環篇》卷首題『庚午』，然首篇《戊辰元旦》：『元日爲春日，崇禎始改元。』題『庚午』誤。

四月，往漳州，十五日，經福清鎮東，施德政將軍招飲鎮東賦海樓，有詩贈秦士鼎將軍；遊瑞巖，登鼇江塔，游靈巖。

作《望夜施正之大將軍招宴鎮東賦海樓》、《和施大將軍署中，賦得月下槐影》、《贈秦士鼎將軍》、《游瑞巖》二首（《鼇峰集》卷十九）。

按：《輓守叢上人》序：『甲寅孟夏，予以事之福清，與上人同寓鎮東九竺山三寶寺，復同遊瑞巖、靈巖、福廬諸山。』（《鼇峰集》卷十一）

作《登鼇江塔》（《鼇峰集》卷十九）。

作《游靈巖》（《鼇峰集》卷十九）。

按：曹學佺《大明一統名勝志·福建》卷二《福州府·福清縣》：『靈巖，在福廬之西二里許，有泉一泓在路左，表以片石，曰「靈泉」。有寺，在巖之麓，曰「靈巖寺」。巖踞寺頂，若噓其口而寺不足吞也。上下二大石，中茹而外吐，其狀如軒，挈之可十間。屋巖之右又一大石迫之，其所來徑，幾作峽狀。』

五月，往泉州，初一日，集東城樓，集者有何喬遠、何九雲、謝吉卿、黄虞龍等九人，興公詩先就。是夜共作七詩。題蔣中葆新構書齋。訪蘇茂相。端午日，同謝吉卿、何喬遠、王仲紹、余可著、盧一清、陳峻于集許旮夫綺雲館。過同安，訪陳基虞。至漳州，哭鄭懷魁。訪陳翼飛，同張燮、唐奉孝、陳荆生、李羲民、楊子聲宴集留寓嘯樓。解裝張燮霏雲居。爲吕潛中悼亡。集金友璵園亭。同鄭爵魁、唐奉孝、黄惟良集王子謨、子忠齋頭，子忠贈所著《測天圖説》。

作《初到泉州，何稚孝先生招集東城樓，同謝修之、王仲紹、佘可著、陳俊于、許旮夫、黄俞言、長君舅悌分韻，得無字》（《鼇峰集》卷十九）。

按：黄虞龍，字俞言，居中子，虞稷兄，晋江人。何喬遠有《五月朝日，三山徐興公至，來泉雅集東城樓，集者九人，謝修之、王仲紹、佘可著、陳駿千、許旮夫、黄俞言、予稚孝、兒九雲，興公詩先就繼復和佘一首，以後賈勇續和不輟，遂交和至儘，是夜人得七篇，二鼓焉矣，駿千、俞言則先分韻別，尚未有詩也，修之、旮夫各和二首，可著一詩》：『徐兄才調有三隅，兩探驪珠四座無。』（《鏡山全集》卷十四）

作《蔣中葆新構書齋，顔曰獲瓊，蓋以尊人憲副公方督餉征黎因取其義，索題一首》（《鼇峰集》卷十九）。

作《訪蘇弘家學憲》（《鼇峰集》卷十九）。

按：蘇茂相（一五六六—一六三〇），字弘家，號石水，晋江人。萬曆二十年（一五九二）進士。授户部主事，官至刑部尚書。

作《端午日，集許旮夫綺雲館，同謝修之、何稚孝、王仲紹、佘可著、盧一清、陳峻于，分得遊字》（《鼇峰集》卷十九）。

作《過同安訪陳志華太守，對雨夜話有作》（《鼇峰集》卷十九）。

按：陳基虞，字志華，號賓門。同安浯嶼（今金門縣）人。

作《至漳州哭鄭輅思觀察》（《鼇峰集》卷十九）。

按：鄭爵魁《行略》：『卒于萬曆壬子正月十七日，春秋五十。』（《葵圃存集》卷首）

張燮有《哭鄭輅思觀察四十韻》：『豈謂屠龍手，俄成賦鵩篇。燒丹薪未斧，埋玉土堪憐。大雅人扶轂，詞壇爾着鞭。佃漁窮典索，□降及禪玄。管擲全窺豹，堂開屢兆鱣。引商曾和楚，買骨早從燕。襆被清聲著，文章大業懸。崇門心似水，樂鏡霧披天。病渴金莖露，離憂玉米田。鷗群盟愈狎，鶴唳舞頻妍。避世蓮花社，懷人雪夜船。敝衣寧洗垢，濁酒且流涎。爲負蒼生望，還須魏闕牽。郎潛歸粉署，朝隱按朱弦。汗竹乾坤古，勞薪歲月偏。盧龍持節去，銅虎剖符前。據牘人呼父，尋峰吏覺仙。經明文蜀郡，惠著王僧虔。帝命分新鉞，山翁選大錢。臺清知憲肅，馭廣見帷褰。別有宫眉妬，翻因笥腹便。東都冠暫掛，北海客來翩。謝草諸昆夢，萊衣壽母筵。春朝鶯睍睆，秋夜月嬋娟。稼穡籌秔秫，園林課蕙荃。未煩文釋誨，時或志夷堅。獎是飈流興，評歸月旦權。松徵公十八，桃實歲三千。藥裹荒無恙，琴書輟偶然。何因箕尾化，溘爾鼠肝連。赤款葵陽外，浮生薤露邊。知非纔數日，訣絶已無年。君入春纔年五十，元夕後一日而死。麈尾棺殉否，驢鳴客在焉。臨風心欲斷，撫事涕如漣。嘆息文將喪，生憎火自煎。輟斤憑是郢，相馬忽亡甄。夙夕盟高岫，從今款下泉。典刑期彷佛，神理注延綿。幸未孤延祖，誰能並偓佺。茂陵遺草貴，檢任所忠傳。』（《霏雲居續集》卷二十）

張燮有《祭輅思鄭觀察文》（《霏雲居續集》卷四十七）。

作《初至霞城，訪陳元朋，留寓嘯樓，同張紹和、唐奉孝、陳荆生、李羲民、楊子聲宴集，選伎侑觴，同用遊字》（《黿峰集》卷十九）。

萬曆四十二年甲寅（一六一四）　四十五歲

按：楊子聲，漳州人。山人。善作六朝文，能詩畫。張燮稱其『内美而重修』（《寄何稚孝》，《霏雲居集》卷四十七）

作《李義民贊》：『彼其之子，生於海濱。矯矯絶俗，飄飄出塵。竹素爲侶，翰墨是親。腕中無鬼，筆下有神。篆籀寤寐於漢代，行草超邁乎晋人。泝隴西望族，自秦斯以及西臺、北海，皆以法書名世，而君豈其後身者耶！』（《文集》册十二，《上圖稿本》第四五册，第三〇三—三〇四頁）

按：李義民善畫，技隨年長。㷀崇禎十四（一六四一）所作《寄李義民》云：『邇來畫法，想更入神。』參見該歲。

作《客霞城，解裝紹和霏雲居，酒次有詩見贈，用韻奉答》：『故交雖滿眼，我輩屬何人？作客方無賴，尋君却有因。其歡探二酉，寧嘆隔參辰。長路紅塵苦，征車喜卸巾。』（《鼇峰集》卷十九；又《徐興公客霞城解裝霏雲居小酌》附，《霏雲居集續集》卷七）

張燮有《徐興公客霞城解裝霏雲居小酌》：『蛛絲徵喜子，鵲語至行人。不受風塵色，還修翰墨因。清齋抽菜甲，麗矚及花辰。卿莫用卿法，吾將卸葛巾。』（《霏雲居集續集》卷七）

作《夏日集金友璵園亭》《逢唐奉孝》《別元朋》《爲吕潛中悼亡》（《鼇峰集》卷十九）。

按：吕潛中，吕貞子，吕旻孫，龍溪（今漳州）人。張燮母吕氏之侄。

作《同鄭瓚思、唐奉孝、黄惟良集王子謨、子忠齋頭，子忠出其所著〈測天圖説〉見貽，分得青字，時予將歸三山》（《鼇峰集》卷十九）。

按：鄭爵魁，字瓚思，懷魁弟，龍溪（今漳州）人。舉人。

六月，自漳州歸，經泉州，同何喬遠、余可著、顧彦白集蘇茂相家園。入會城前，經五虎山。

作《漳州歸抵温陵，同何稚孝、余可著、顧彦白集蘇弘家園林，時弘家新擢符卿，分得州字》《五虎山下口占》（《鼇峰集》卷十九）。

夏、秋間，施德政將軍贈《閩海紀事》，有書致之，再言助普陀僧事。

作《與施大將軍》：『讀《閩海紀事》，稔悉台臺留心防御，觸忤税璫，年來黔首得高枕而卧者，誰之力歟！渴思摳謁，以罄積悰。炎威困人，不敢觸熱，而防坐嘯，中秋轉盼，尚期登庾公之樓授簡分題，如向年故事耳。春□〔徐〕仲芳薦普陀一僧，令某從臾于麾下，寄瓶鉢□法海寺者半歲矣。邇來翁少宰、曹觀察稍稍爲作檀越，然泛海賫筏，非藉大宰官法力不能達。兹爲通于棨戟之下，未敢廣望布金，惟稍加之意焉。』（《文集》册七，《上圖稿本》第四四册，第一五—一六頁）

按：春日，有《與施元戎》言徐仲芳薦普陀僧事，此書言此僧居法海寺已半歲，又言炎威困人，當在夏秋間。『期登庾公之樓授簡分題，如向年故事』，詳前歲，即萬曆四十年（一六一二）八月。

又按：徐世華，字仲芳，秀水（今屬浙江）人。有《遠遊篇》。

又按：翁少宰，即翁正春。正春（一五五二—一六二六），字兆震，號青陽，侯官洪塘里人。萬曆二十年（一五九二）廷試第一人。授修撰，纍遷少詹事，天啓間歷官禮部尚書兼翰林院學士。

七、八月間，喻政致仕，有詩送之，並致書。送沈伯敬還吴，因懷其父沈野。

作《夾竹桃》（《鼇峰集》卷十九）。

作《送沈伯敬還吴，因懷其尊人從先亡友》（《鼇峰集》卷十九）。

按：沈伯敬，沈野之子，吴縣（今蘇州）人。

作《贈蔣都運》（《鼇峰集》卷十九）。

按：蔣希禹，字國平，號祇吾，全州（今屬廣西）人。萬曆中舉人。福建轉運使。有《閩遊草》，曹學佺爲之序。

作《送喻郡公致仕歸養》（《鼇峰集》卷十九）。

作《寄喻郡公》：『某以駑鈍朽資，草茅賤士，蒙天臺拔之儔人之中，寵以國士之禮，每一捫心，祇增愧恧。至于豚兒譾陋，已荷陶甄；猶子凡庸，亦蒙優取，倖入府庠。一門皆沐造就之恩……困溪拜送，晦朔六更，此邦縉紳學士，以迨野老村氓，莫不引領，有還珠之望。』（《文集》册六，《上圖稿本》第四三册，第三四九—三五〇頁）

按：喻政致仕歸養，𤊹等遠送至古田困溪而別。別後作此書。

作《雪巢，爲鄭孟麐賦》《送張孟葶之武林》（《鼇峰集》卷十九）。

八月，幼子徐陵（即延壽，字存永）十七日生，作《爲壽兒命名字離合詩》。

作《爲壽兒命名字離合詩》：『征夫於邁，正月已更。離正字。途長萬里，之子有行。離之字，合成徐。筵開廣陌，竹葉載傾。離竹字，成延。疇隴參錯，田畯誰迎。離田字，成壽。洊雷出震，水流不盈。離水字，成存。咏歌祖道，言別攖情。離言字，成永。』（《鼇峰集》卷三）

按：陳鴻《徐存永初度予十四日，存永十七日也》：『老大憐予鬢已絲，輸君猶是少年時。中秋前後俱初度，只記尊開月早遲。』（《秋室編》卷八）

九月，致書顧大猷及詩，稱贊《雪坡道人傳》。與何喬遠子九雲遊鼓山，泛舟出瓊河，宿陳氏池館，至鼓山下院，憩雲際庵。過半山亭，至涌泉廢寺，遊靈源洞，夜宿露松庵。九日，登大頂峰。一路酬倡。送徐世華歸湖州；徐氏入閩與曹學佺結石倉社。有書致張蔚然，自謂所著雜，頗成一家言，苦于懸罄，未能刊刻，有求助之意。

作《讀〈雪坡道人傳〉》（《鼇峰集》卷八）。

作《寄顧所建小侯》：『未嘗與明公接塵而遊，二十年來聆鴻名、覩傑作。嚮往之私，雖隔千里，猶咫尺也。邇者何孝廉舅悌見示《雪坡道人傳》，海内名公歌之咏之，已滿緗帙，不佞何人，斯敢列作者之林？惟是先兄（維）［惟］和曾侍教于大方有日，忝在通家，漫成蕪句奉呈，郢政。』（《文集》册六，《上圖稿本》第四三册，第四三九—四四〇頁）

按：顧大猷，字所建，江都（今屬江蘇）人。私謚孝譽先生。著書數千卷，有《總草》等。

作《遊鼓山泛舟出瓊河，宿陳氏池館》《鼓山下院憩雲際庵，同何舅悌》（《鼇峰集》卷十一）。

作《半山亭酬何舅悌》（《鼇峰集》卷二十五）。

按：王應山《閩都記》卷十二《郡東》『半山亭』條：『上距靈源洞尚二里許，道周多奇石。』

作《涌泉廢寺次何舅悌韻》（《鼇峰集》卷十二）。

作《靈源洞和何舅悌》《宿露松庵同何舅悌》（《鼇峰集》卷十九）。

作《露松庵夜宿，口占示舅悌》（《鼇峰集》卷二十五）。

作《九日登大頂峰，雲霧四合，不及望海而返》：『我生性癖耽名山，千巖萬壑窮躋攀。揭來約客逢

九日，登高望遠開心顏。孤峰岃崱雄天表，一跬一步追飛鳥。』（《鼇峰集》卷八）

按：大頂峰，即岃崱峰，鼓山絶頂。『有客』，即何舅悌等。

作《送徐仲芳歸嘉興與曹能始結石倉社》（《鼇峰集》卷十一）。

按：徐世華，字仲芳，秀水（今屬浙江）人。有《遠遊篇》。

又按：徐世華與曹學佺結石倉社。

作《徐仲芳〈閩役草〉序》：『仲芳三至閩，俱與余會。會必有詩。詩多獨創語，余心折之。邇者曹能始觀察結石君社于洪江，招四方詞人，如吴門俞羡長、胡白叔諸君相倡和，而仲芳在焉，亦累招余。余憚諸君俱謝雕手，辭不敢預。然讀仲芳所爲社詩……便弢筆硯矣。蓋詩不在多，古人「海日殘夜」五字，自足千古。仲芳撚鬚苦吟，境到神會，鼎臠一嘗，自然口爽，何必連篇纍牘，始稱遊閩公案？賞音之士，當無憾此語少也。』（《文集》册一，《上圖稿本》第四二册，第三七—三八頁）

作《寄張維成》：『憶己酉修《志》之役，日聆雅教，誼深骨肉，情投膠漆，歲月如馳，舊事如夢。自仁丈拜官平湖，道路偏阻，不及一通殷勤……弟從錢塘抵舍，杜門七載，無所事事，課兒弄翰，消磨歲月而已。前後所著雜作，雖不足以鼓吹《六經》，然留連風景，摹寫山川，自謂頗成一家言。苦于懸罄，不能灾之梨棗求正大方。奈何，奈何……繡水友人徐仲芳歸，草草奉候起居。』（《文集》册六，《上圖稿本》第四三册，第四三八—四三九頁）

作《何舅悌北上夜過山齋，同吴中胡白叔、秀水徐仲芳賦送，共用陳眉公扇頭四韻》（《鼇峰集》卷十一）。

按：胡梅，字白叔，吴縣（今蘇州）人。有《玄岳草》《遊閩草》。

又按：陳繼儒（一五五八—一六三九），字仲醇，號眉公，華亭（今屬上海）人。與董其昌、王衡齊名。有《眉公全集》。

秋，陳价夫卒，哭之。又代陳伯孺諸婿（與公子陸爲价夫婿）作祭文。

作《哭陳伯孺》二首。其一：『年來哭友淚紛紛，不意今朝哭到君。床上忍看桐布斂，門前哀送紙車焚。淒涼舊事那堪憶，訣絶遺言不可聞。一片吟魂何處落，小樓長日閉秋雲。』其二：『憶昔譚詩結社年，片言相許復相憐。朱陳誼密婚姻約，元白交深唱和篇。丹旐黄棺人共哭，斷金殘粉世爭傳。生平恪守空門戒，净土應尋九品蓮。』（《龕峰集》卷十九）

謝肇淛《哭陳伯孺》：『三載闕顔面，數月斷書札。如何萬里心，竟作九原别。昔我二三子，倡和迴白雪。城壘各自樹，旗鼓競相軋。惟君潛其穎，焠掌業弗輟。衆鳥炫毛羽，孤鴻處高潔。奇音吐名理，元氣自騰越。儒冠早誤身，貧病交坱圠。藜羹困不飽，薤露儵見敓。神理未必盡，皇天不可察。君家昔季方，文采可攬結。長轡騁未遂，中道遘凶割。哀哉十年中，雙珠兩摧折。玄宫一以閉，玉樹無重茁。灑淚坐書空，愁聞鵑啼血。』（《小草齋集》卷七）

按：《寄林茂之》：『陳伯孺以去歲九月捐賓客，同調同心之友，愈益寥落。』（《文集》册六，《上圖稿本》第四三册，第四四七頁）

又按：《寄潘致虚》：『不意伯孺以去歲之秋遂捐賓客，芝焚蕙嘆，不勝感愴。』（《文集》册六，《上圖稿本》第四三册，第四五一頁）

萬曆四十二年甲寅（一六一四） 四十五歲

又按：此二書作于萬曆四十三年（一六一五）。參見該歲。

作《代陳伯孺諸婿祭伯孺文》：『萬春之爲婿也最長，與翁之周旋也最久，凡翁家庶務皆屬萬春，經晝必求，其當事不由萬春手指中出，翁弗善也。翁病侍湯藥，翁死視含斂，未嘗少離膝下，萬春雖婿，猶子也。曷能不哀？兆期與陸先聯友誼，繼締姻好，自乳齒總角時，已辱翁之撫摩教誨，既至納婚，奉翁之色笑，尤加篤焉。至於稱呼不曰「外舅」，而曰「叔伯」者，重世誼也。兆期與陵雖婿，猶侄也，亦曷能不哀？』（《文集》册十，《上圖稿本》第四五册，第四六—四七頁）

按：此篇代子徐陸等作。陸爲薦夫婿。

又按：《答王元禎》：『陳伯孺乃敝親家，而豚兒寔其婿也。』（《文集》册六，《上圖稿本》第四三册，第三六〇頁）

又按：『豚兒』，即徐陸。

作《祭陳茂才文代作》：『嗚呼！人生至情，莫如翁婿。貳室館甥，世重其事。我翁名德，穎川巨宗。賢父作宰，墨綬花封。少負長才，箕裘繼志。聞禮聞詩，鯉庭趨侍。文譽日振，名列上庠。德星輝映，元季齊芳。共擬神駒，騰驤天路。時命不由，青雲寡附。徜徉歲月，衡門棲遲。壺觴棋局，樂而忘疲。愛女牽紅，爰求匹偶。某愧不才，忝稱外舅。情深半子，誼篤東床。追陪色笑，歷幾星霜。方頌《南山》，祝翁眉壽。忽爾騎箕，玉樓賦就。』（《文集》册十，《上圖稿本》第四五册，第五〇—五一頁）

又按：『元季』，即陳元方、陳季方。此處以元方、季方兄弟喻价夫、薦夫兄弟。

又按：《伯孺像贊》：『有虎頭之技，無一者癡；有梁鴻之遇，不五其「噫」。行乎不窳，言也無卮。力田而不逢時，處世而能委蛇。樂莫樂兮，吹塤吹篪。百世而下所稱不朽者，予既已知之矣。我其君之惠子，而君其我之鍾期。』（《幔亭集》卷十九）

又按：徐熥卒于萬曆二十七年（一五九九），《像贊》必作於此前。具體作年不詳。

又按：《寄張穉通》：『海内交遊稱生平所最契厚者，莫如穉通先生。』（《文集》册六，《上圖稿本》第四三册，第四五〇頁）

按：此文當作次歲。

十月，何九雲自會城往遊武夷山，歸途，過集汗竹巢，惠小春茶。吴中胡梅來訪，讀其《玄岳遊草》；胡梅持王鑒書來，因談王穉登、沈咸、沈野物故，不無山陽之感。題湯臨初《湯堯文書指》。

作《何舅悌自武夷歸過集汗竹巢，同蔡達卿分賦》（《鼇峰集》卷十九）。

作《何舅悌自武夷歸，惠小春茶》（《鼇峰集》卷八）。

作《吴中胡白叔見訪，讀其〈玄岳遊草〉，開卷有和東坡韻六首，因次韻爲贈》《胡白叔向未相識，持王德操書來訪，因談王百穀、沈穉咸、沈從先先後物故，不無山陽之感，因寄林若撫，再用前韻》（《鼇峰集》卷八）。

題《湯堯文書指》：『近代行草書，吴中推董太史玄宰，浙中則湯司馬堯文也。堯文《書指》得運筆三昧，余不敏，妄意臨池，每一披覽，始知學書之難，不敢措手矣。萬曆甲寅初冬，惟起題。』（沈文倬《紅雨樓序跋》卷二，第八七頁）

按：《書指》，明湯臨初撰。

又按：湯臨初，字堯文，秀水（今屬浙江嘉興）人，贛州同知。參見萬曆四十三年（一六一五）。

十二月，二十日，與吴運嘉、徐世華來訪，留飲。除夕，與吴運嘉、徐世華、陳鴻、葉樞、陳圳、徐陸風雅堂守歲，誦喻應益《風雅堂守歲》詩。

作《臘月廿日，吴門吴叔嘉、檇李徐仲芳見訪，留飲小齋，共用燈字》（《鼇峰集》卷十九）。

按：吴運嘉，字叔嘉，長洲人。處士。

作《除夜，邀吴叔嘉、徐仲芳守歲，與陳叔度、陸兒同賦，因誦庚戌除夕豫章喻叔虞〈風雅堂守歲〉詩，各用其韻》（《鼇峰集》卷十九）。

陳鴻《除夕，徐興公招松溪葉機仲、同社陳長源集風雅堂守歲》：『刻漏堂前漫許沈，九微光裏坐更深。圍爐客共留殘歲，對酒人偏憶故林。漸入暮年疎懶癖，莫除今夜苦吟心。笑君爆竹仍隨俗，砍却山齋綠數尋。』（《秋室編》卷五）

按：葉樞，字機仲，松陽（今松溪）人。投筆從戎。

又按：陳圳（？—一六四一），字長源，陳椿孫，閩縣人，萬曆間布衣。有《宫閨組韻》等。

是歲，有詩送王永畏之海澄。

作《送王永畏之海澄甲寅》（《鼇峰集》卷十一）。

是歲，有書致屠本畯，憶屠氏爲轉運副使困關酬倡。

作《寄屠田叔太守》：『去歲羅高君丈還慈溪，附尺一奉候興居……憶在困關溪閣中，秉燭倡酬，忽忽十有七載，舊日交遊，凋喪殆盡……不肖某羈紲塵網，不能效吕安命駕故事，俗可知也。舍親王茂才天申，故嵊縣令和宇之子，今南職方郎永啓之從姪也，翩翩文采，世擅青箱，雅有山斗之仰，願登龍門，一望顏色。幸進而教之。倘有八行相及，請以茂才爲雁足。』（《文集》册六，第四三册，第三六二—三六三頁）

按：萬曆二十六年（一五九八），屠本畯擢辰州知府，敭送至困關，至今歲十七年。

是歲，題曹學佺居喪間摹晋人帖贈僧雙林上人。

作《爲雙林上人題曹能始所臨晋帖》：『曹郎謫居暫投牒，手板無心還柱頰。閉門讀禮何所營，潑墨揮毫臨古帖……伊余此道頗涉獵，看君運腕汗背浹。草隸雖云得一斑，筆墨安能取妍捷。聞師窗外有芭蕉，行當掃盡秋霜葉。』（《鼇峰集》卷八）

是歲，巡按陳一元携《蔡忠惠公集》至南昌。一元、王孫朱鬱儀、秀才李克家讎校，並合《外紀》刻之。

按：題《蔡忠惠年譜》：『歲甲寅，友人陳侍御（秦）［泰］始乘驄江右，余堅投以公集，侍御納之皁囊中去，下車即請王孫朱（爵）［鬱］儀、秀才李克家嚴加讎校，並《外紀》載之梨棗。』（馬泰來整理《新輯紅雨樓題記　徐氏家藏書目》，第八二頁）

又按：《蔡忠惠公集》及《外紀》校勘、刊刻，興公費盡心思。

又按：參見萬曆四十五年（一六一七）。

是歲，鄧原岳、陳价夫入祀高賢祠，爲作祭文。

作《祭鄧汝高、陳伯孺祀高賢祠文》：『隱顯殊途，文章一致。於維三公，詞壇並轡。斬截五言，陶鈞六義。奕奕賢祠，精靈攸寄。特薦馨香，同歆祀事。尚享！』（《文集》册十，《上圖稿本》第四五册，第

六七頁）

按：原岳卒于萬曆三十二年（一六〇四）。

是歲，龔伯起卒。

作《哭龔伯起秀才》（《鼇峰集》卷十一）。

是歲，鄭琰卒於真州。

按：興公有挽詩，詳次歲。

萬曆四十三年乙卯（一六一五） 四十六歲

謝肇淛四十九歲，曹學佺四十二歲，林古度三十六歲，徐陸二十六歲，徐鍾震六歲，徐延壽二歲

正月，初二日，同吴運嘉、徐世華過藥師殿茂上人房。初三日，同吴運嘉、徐世華等集趙子含齋。初六日，同吴運嘉過塔影園烹茶。初七日，同吴運嘉、徐世華等集袁羽儀宅看迎春。初八日立春，與陳仲溱、陳宏已、胡梅集高景齋頭，觀交州山木，各有詩。趙宧（頤）光以《寒山彙草》見寄，有詩答之。二十日，與吴運嘉、吴無倚、徐世華、陳明咨等集施德政將軍春風堂觀火樹。致書胡宗仁，並曹學佺所遺薛濤牋。致書林古度，勸其「毋戀戀帷房間」，並云有曹學佺在，古度歸閩必不落莫。陪轉運使蔣希禹，同王毓德、鄭登明、高景諸子集城西曹學佺園。蔣希禹招同王毓德、曹學佺、鄭登明、高景諸子集洪汝含半嶺園。

作《乙卯元日》（《鼇峰集》卷十九）。

作《二日，同吴叔嘉、徐仲芳過藥師殿茂上人房，次韻》（《鼇峰集》卷十九）。

作《三日，同叔嘉、仲芳集趙子含齋中，次韻》《六日，同吴叔嘉過塔影園烹茶夜坐，共用遥字》《人日，同叔嘉、仲芳集袁羽儀宅看迎春，分得歸字》（《鼇峰集》卷十九）。

作《穀日立春，同叔嘉、仲芳集高景倩木山齋，分得鹽韻》（《鼇峰集》卷十九）。

按：高景齋名木山，以交州山木得名。詳下。

作《集高景倩齋中觀交州木山倒插，東坡韻》（《鼇峰集》卷八）。

按：《徐氏筆精》卷五《詩談》『交州木山海南木石』條：『先輩許黄門天錫，正德中奉使安南，於僧寮中得枯木一片，狀若山峰。黄門厚酬主僧，携歸閩中，自刻詩云：「萬年木精化青牛，瘦骨不朽沈江洲。江洲水急魚龍湫，神物始出隨迴流。玲瓏崒嵂誰能鏤，山僧得之溪峒酋。蠻荒僻遠絶賞鑒，木爾韜晦誰怨尤。洞江先生好事者，邂逅願脱千金裘。古今琴材出爨下，拔爾幸免爲人樵。風雨谷偕我老，無復夢想仍丹丘。」歲久流落士夫家已百年，不知寶惜，棄之泥滓。予友高景倩，博物好古，見而賞識，遂乞以歸，洗刷塵垢，置之齋中，名其齋「木山」，同社俱有詩紀其事。然竟不知何木也。』

俞安期有《交州木山歌》，其《叙》云：『弘治中許黄門使交南，交南僧有木山供，峰勢聳拔，孔竅玲瓏，大類英山之石。黄門愛而携歸，且題詩鐫其上，字微漫滅，猶可捫讀。余入閩見之高景倩齋頭，輒有米公之顛，便欲下拜。先是陳惟秦、陳正（按：當作振）狂、徐興公、胡白叔倒用蘇子瞻《送陸渾》韻，各成短歌，遂次其韻繼作。』詩云：『木山似受神斤弄，夏雲一片如飛動。立處奇令虎豹驚，携來遠有蛟龍送。題咏曾經漢使鐫，撫摩尚繞蠻僧夢。有峰直聳蓮萼高，有盤不藉雲根重。變幻將成文梓牛，依棲儘著金車鳳。蒼紋類繡濕餘苔，赤點疑霑火後汞。風穿衆竅或有聲，雨剥全膚不知痛。崖蜂營穴欲成房，野馬飛屯豈煩鞚。珍奇元合供瑶臺，符瑞何能出銀甕。莫言腐朽材不材，側身猶可支傾棟。』（《翏翏集》卷十五）

按：安期此詩作於秋冬間。

作《送趙淇竹都閫擢粤西參將》(《鼇峰集》卷十九)。

作《趙凡夫以〈寒山彙草〉見寄,答贈二首》(《鼇峰集》卷十九)。

按:趙宧(頤)光(一五五九—一六二五),字凡夫,一字水臣,號廣平,又號寒山子,太倉(今屬江蘇)人,太學生。卜築吴郡寒山之麓,有《説文長箋》《石經論語》《寒山蔓草》等。

作《陳子潛將軍出鎮南澳》《上元後五夕,施正之大將軍招集春風堂觀火樹,同吴叔嘉、吴無倚、徐仲芳、陳明咨,分得咸字》(《鼇峰集》卷十九)。

作《送林夷侯重遊金陵》(《鼇峰集》卷十九)。

作《寄胡彭舉》:『别金陵者十年,舊時遊侣,散如晨星。仲嘉、子馬、非熊及可復令弟,皆久在鬼籙。每一念及,不勝慘怛…… 近林夷侯還閩,述仁丈髩髮皤然,而吟咏匪輟…… 欲賦一詩奉寄,春事鞅掌,未能也。容當呈教。不佞馬齒漸老,一切應酧都廢。邇來極喜蒐羅名人墨蹟,緬想當年在白門與仁丈朝夕把臂,未嘗乞得山水半幅,至今思之,猶抱懊悔。偶曹能始遺弟薛濤牋,托夷侯致上,興到爲作得意山水,并題一詩見惠。鄭虔三絶,當世世寶之,不獨供一時鑒賞耳。或暇時再作片楮一二尺寄我,尤出意外之望也。外《茗譚》一帙,附博一笑!』(《文集》册六,《上圖稿本》第四三册,第四四五—四四六頁)

按:萬曆三十四年(一六〇六),興公于金陵晤胡宗仁。

作《寄林茂之》:『林夷侯歸,知足下善病。少年人何乃嬰痼疾委頓若此?當加調攝,毋戀戀帷房間也。弟别白門十年,聞近來風景殊非昔日,王永啓故自熱腸,但做官念重,恐不能如能始向日之濫觴,倘鋭意雅道，亦不失爲賢縉紳耳。能始移居洪江，有園池林木之勝，且娥緑粉黛出入肩隨，歌童狎客，晨昏滿座，自以爲樂。足下遊閩之興，發於何日？有能始在，必不令足下落莫也。陳伯孺以去歲九月捐賓客，同調同心之友，愈益寥落。□□邇來極喜蒐求書畫，兄有得意山水求□□幅一二紙，得意詩歌爲作楷書數十篇見寄。不啻南金之惠。夷侯時時有人歸閩，幸毋吝教。《茗譚》一册，附博一笑。』

（《文集》册六，《上圖稿本》第四三册，第四四七—四四八頁）

按：萬曆三十四年（一六〇六）遊金陵，至今歲十年。

又按：陳价夫（伯孺）卒于萬曆四十二年（一六一四），參見該歲。

又按：古度委頓、善病，徐𤊹『以毋戀戀帷房間』勸之。姚旅《露書》卷十二《諧篇》記古度狎斜事云：『林茂之昵吕六。一日方秘戲，吴非熊狀之曰：「彼兩人困而又困。」蓋謂兩木兩口，以木入口也。吕貌稍遜，洪仲韋因戲之曰：「呆而又呆耳。」』已成文人口實。

作《陪蔣運長宴集曹廉憲園，分得八齊》（《鼇峰集》卷十九）。

曹學佺有《春日蔣國平使君偕王粹夫、徐興公、鄭思闇、高景倩諸子集城西小園，分得一先韻》：『城西小圃足幽偏，不到論文有幾年。若借鶯聲來舊好，從知柳色妬新篇。林間禮數渾忘却，酒裏春寒尚宛然。必定山公扶上馬，銅鞮一曲始堪傳。』（《浮山堂集》）

作《蔣國平招同粹夫、能始、思闇、景倩諸子集洪汝含半嶺園》（詩佚，題筆者所擬）。

曹學佺有《蔣國平招同粹夫、興公、思闇、景倩諸子集洪汝含半嶺園，分得十一遊韻》：『山意截城頭，層層面客遊。牽衣拂雲磴，徙席上林丘。鳥寫池光净，花藏洞隙幽。倘非公暇日，那得此優

遊。』（《浮山堂集》）

二月，謁烏石山周朴廟。鄭琰客死真州，哭之。再題倪范貽《湯堯文書指》。

作《周太朴廟》（《鼇峰集》卷十九）。

按：周太朴廟，祀周朴，又名剛顯廟。朴（？—八七八），字見素，一作太朴。曹學佺《大明一統名勝志・福建》卷一《福州府・侯官縣》：『剛顯廟，在烏石山之巔，祀周公朴。朴本吴人。唐末隱居于此。黄巢入閩，求公，得之。曰：「能從我乎？」公曰：「我尚不仕天子，安能從賊？」遂遇害。後人即其山立三賢祠……宋紹興初張公浚帥閩奏賜今額。』

作《鄭翰卿浪跡江湖二十五載客死真州，弟震卿扶櫬歸閩哭之》二首，其二：『憶昔錢唐泛雪湖，重逢還記在新都。半生自作千言賦，翰卿因予作《半生行》。一死誰存數尺孤。少日風流腸似錦，老來幽憤背生疽。翰卿疽發而死。飄零雖作他鄉鬼，猶勝全軀牖下儒。』（《鼇峰集》卷十九）

作《挽易了緣藩幕》（《鼇峰集》卷十九）。

按：興公曾爲易了緣題拜石齋。

又題《湯堯文書指》：『湯堯文官贛州二守，吾鄉倪愛卿先生官贛州司理，與堯文爲寮友，倪氏所得堯文書甚多。柯古出此見貽，雖曰墨本，而筆鋒圓勁，不減真迹。《蘭亭》《聖教》，即墨本佳者，亦自難得。此帖殊有右軍遺意，實書家之正脈也。乙卯花朝，興公又題。』（沈文倬《紅雨樓序跋》卷二，第八八頁）

按：參見萬曆四十二年（一六一四）。

二、三月間，有漳州之行。過泉州，宿江東驛，至漳州。

作《雨中宿林蓋夫齋中，次韻乙卯》《和謝修之西軒待月》《蘇子介以歙縣令卒于官，至泉聞其凶問，哭之》（《鼇峰集》卷十一）。

作《宿江東驛》：『未至龍溪邑，先停虎渡橋。平江春渺渺，殘雨夜蕭蕭。鄉語微能辨，離魂最易消。豐碑橫道左，書法賞前朝。』（《鼇峰集》卷十一）

三月，十五日，陪曹學佺招蔣希禹都運宴集後園，賞蜀中紫牡丹。有書致何喬遠，言及《閩書》爲文獻所關，宜布之通都。又致何九雲，乞清源新茗。又致陳冲虛將軍，言近紅番復侵我境土，將軍必有良策禦之。又致陳翼飛，言胡梅詩多新調，試招（漳州）霞中社，必有探驪得珠之譽。商梅過紅雨樓，有詩紀之。

作《暮春望日，曹能始觀察招陪蔣國平都運宴集後園，賞蜀中紫牡丹，歌者侑觴，分西字》（《鼇峰集》卷十九）。

曹學佺有《西園牡丹開一朵如斗大，招國平、興公過看，分得一東韻》：『今歲花開好，孤標出短叢。團團矜海日，灼灼染春風。詞伯添毫彩，針神讓女紅。似憐人寂寞，故自慰飛蓬。』（《浮山堂集》）

作《寄何稚孝儀部》：『浪跡温陵，忽復改歲……賢郎久客三山，深愧地主，不能爲敬。惟是鼓山奇緣，得徼杖履，差不落莫。别時欲修一函奉候起居，竟以懶奪，惟有此心而已。緬懷仁翁爲政山林，留心著述，千秋事業，總屬掌握，《閩書》尤爲文獻所關，亟宜布之通都，詎曰藏之名岳？兹有金陵僧如宗者，曾與蔡郡公有友許之誼，今捧朱平涵太史、陳四游待御書至温陵募化栴檀，雕刻文佛，素仰仁翁清修名德，不敢請布施，惟求稍爲延譽。』（《文集》册六，《上圖稿本》第四三册，第四四

〇—四四一頁）

按：徐𤏲前歲遊泉州，參見萬曆四十二年（一六一四）。九雲遊鼓山在去歲九月，往遊武夷過福州歸家在十月，未修一函，此書云『忽復改歲』，則在今歲。此書與下一書《寄何舅悌孝廉》同時作，下書云新茶已出，則在三月。

作《寄何舅悌孝廉》：『杖屨入三山，地主情禮缺然，冀鮑子知我，不深督過。惟是鼓山得儆題咏，他日爲山林公案，寔地主之幸也。歲月易邁，轉盻又當偕計之期，敬掃平臺片石，待足下來續舊盟之爲快耳。抑悌兄建州歸，竟不相聞，想末疾有起色久矣。并爲致聲問候。兹有金陵僧入泉之便，附通殷勤。此時清源新茗，色如翠羽，清泉烹點，香味倍佳。足下酒人也，似與此物無緣，能捐一瓶惠我，即沃我以沆瀣醍醐也。』（《文集》册六，《上圖稿本》第四三册，第四四二—四四三頁）

作《寄陳冲虛將軍》：『南閩判袂，望霓旌飄摇雲際，回思六載之間，朝夕握手……台丈擁節海上，揚僕樓船征南銅柱，正在斯日。近聞紅番復侵我境土，諒明將軍韜略素定，必有良策以禦之……姑蘇胡白叔爲施大帥、朱參戎桑梓，入閩半載，與弟交莫逆。今挾兩公薦函走南澳，訪徐副將。久欣碩望，特懷一刺謁麾下。』（《文集》册六，《上圖稿本》第四三册，第四六四—四六五頁）

按：胡梅入閩在去歲九月，參見去歲。

作《寄陳元朋明府》：『姑蘇胡白叔遊閩半載，雅爲能始所稱許。今挾范長白薦函走謁吴龍溪公，仁丈能一從臾，勿令落莫邸中，則大幸矣。白叔詩多新調，仁丈試招霞社諸君授簡分題，必有探驪得珠之譽，始信不佞非阿所好也。向唐奉孝行，薄致香儀于老伯母靈次，而奠章急迫未就，兹附白叔行

李。』(《文集》册六,《上圖稿本》第四三册,第四六五—四六六頁)

商梅有《過徐興公紅雨樓》:『相過忘掃徑,花竹各欣然。久客見爲好,暮春情可憐。鳥聲紅雨後,樓影翠微先。坐到林中静,閒談出晚烟。』(《彙選那菴全集》卷十一《種雪園》)

按:商梅萬曆四十年(一六一二)往金陵,去歲冬歸閩。

四月間,有囦溪(水口)之行;歸後,有書、詩致胡晋我。又致張大光,薦新安唐奉孝。蔣希禹運使招集洪汝含半嶺園,又致其書,贈《晋安風雅》,並建議修復爲洪水冲廢的水口屠本畯生祠。蔣有答書,並請興公讎校《閩遊草》,興公再答。鄭季卿携觴招同林春秀水口青山書院。

作《訪胡紹進運經督鹺囦關,賦答》(《鼇峰集》卷十九)。

按:胡紹進,署鹺水口。

作《同林子實、傅爾錫集洪汝含載酒航觀妓,得艭字》《送倪柯古秋試之京》(《鼇峰集》卷十九)。

作《寄胡晋我明府》:『客遊嵩陽者,無不投刺伏謁……歸航泝流而下,遥望關門紫氣,猶熒熒在暮雲春樹間也。到家擬修尺一布謝,苦乏便鴻。兹因莆友宋太學比玉秋試入京,道經囦水,附此一致區區。宋君才情爾雅,詞翰優長……梅雨蒸濕,仰惟珍攝。』(《文集》册六,《上圖稿本》第四三册,第四二九—四三〇頁)

按:胡晋我,即胡進我。

又按:嵩陽,即囦溪、水口。水口,福州、延平間水驛。

又按:宋珏過徐熥,詳九月題《横浦集》。

作《題畫軸，賀胡晉我明府太夫人八袠》（詩佚，題筆者所擬）。

按：詳下條。

作《與胡晉我》：『不肖某碌碌凡庸，叨侍教愛……恭聞太夫人八袠屆期，誠人間希有之福……兹者敬賦小詩，題之畫軸，下里俚詞，聊效南山之什而已。』（《文集》册六，《上圖稿本》第四三册，第四三四—四三五頁）

作《寄張叔弢刺史》：『胡晉我署鹾水口，弟近往訪之，不至歌無魚。每聚首，輒念叔弢先生不置……兹有新安唐奉孝者，爲施大將軍揖客，久遊漳泉間，今持方伯書使君尺牘，投謁貴州殷太守，久慕老丈重名，欲一登龍門，以快二十年願見之想。』（《文集》册六，《上圖稿本》第四三册，第四四三頁）

作《蔣都運招集洪中翰半嶺園，分得通字》（《鼇峰集》卷十一）。

曹學佺有《初夏，國平使君邀仝胡白叔、洪汝含登眺西樓，分得八齊韻》：『把酒聽黄鸝，春林接夏畦。奉陪吴苑客，來眺越城西。山翠能遮雨，湖光欲上堤。連晨遊尚倦，吾意返幽棲。』（《浮山堂集》）

作《與蔣都運》：『鄒司理公騷壇宗匠，承老公祖齒牙餘論，下問草野。雕蟲小技，安敢奏之大方。拙稿繁蕪，憚于抄録，惟是《晉安風雅》中稍備諸體，并舊稿投上。恐難逃楓落吴江之誚耳。奈何，奈何！四明屠田叔使君離閩將二十載，而口碑藉藉，人切去思。水口生祠創于衆商，近爲洪水衝崩，過客動黍離之愴。幸逢明公修舉廢墜，乞勅衆商捐資修葺。』（《文集》册六，《上圖稿本》第四三册，第四四四頁）

按：屠本畯萬曆二十六年（一五九八）離閩，至是歲十八載，故言『將二十載』。

作《復蔣都運》：『辱教大篇，氣渾而格正，調響而語工，捧誦再三，令人心折，後生末學安敢妄肆雌黄。然蒙雅愛有日，不得不搜瑕求疵，用答來意。劉季緒才不逮作者，而好爲譏評，不肖之謂矣。亟宜殺青，鯫生當任讎校之責也。』（《文集》册六，《上圖稿本》第四三册，第四五五—四五六頁）

按：蔣希禹《閩遊草》，由徐𤊹點定讎校，曹學佺爲作《蔣國平使君〈閩草詩〉序》（《石倉文稿》卷之《浮山》）。

作《寓嵩丘聖君廟》《憩石珠庵》（《鼇峰集》卷十一）。

按：聖君廟、石珠庵，在古田縣水口。

作《鄭季卿携觴招集青山書院，同林子實》（《鼇峰集》卷十一）。

按：青山書院，在古田水口。王應山《閩都記》卷三十《郡西北古田勝跡》『青山書院』條：『在分司旁。國朝嘉靖間建。』

五、六月間，赴華林寺供，逢匡山性淳上人。鄰人好友吴雨卒，年四十，哭之。有書致陳翼飛，聞其太夫人訃，慰之。又致鄭爵魁，言向索《蘭譜》，業已抄録成帙，托唐奉孝捎去。又致高魯生，贊其《四友詩》。又致吴充，言苦於著作剞劂無資：不患聲名不立，只患貧故不能立名。又致何喬遠，言胡梅善詩，有新調，《玉臺後咏》一集，用事尤奇僻。又致張燮，言胡梅長於詩歌，喜新奇，不拾人唾餘，與曹學佺同調。

作《夏日赴華林寺供，逢匡山性淳上人》（《鼇峰集》卷十一）。

作《哭吴元化》二首，其一：『幸托芳鄰三十載，斷腸忍聽哭聲時。』其二：『更無琳檄愈頭風，四十

行年氣運終。漢篆雕鏤摹鳥隼，毛詩箋疏辨魚蟲。』（《龕峰集》卷十九）

按：吴雨卒時年四十，與徐氏結鄰成居三十年。吴雨著有《〈毛詩〉鳥獸草木疏》，曹學佺爲之序（《石倉文稿》卷一）。

又按：《吴元化贊》：『以堅白鳴，視寵辱弗驚。丘壑攖情，勵幽人之貞。友曲生，五斗解酲；侣墨卿，六書縱横。莫謂學也博，而不精誠哉？誦《詩三百》，多識于鳥獸草木之名。』（《文集》册十二，《上圖稿本》第四五册，第二九六—二九七頁）

又按：謝肇淛有《吴元化像贊》：『踞於磐石，不行也。蒿目耽書，言乃成也。遊于酒，人心無營也。形得其十三，神得其十一，吴生也。』（《小草齋文集》卷二十三）

又按：以上兩篇《贊》作年不詳，附於此。

謝肇淛有《哭吴元化》：『慧根良可惜，浮世竟難留。自得酒中趣，時爲物外遊。泥穿雙屐齒，書占一齋頭。每憶閒行伴，如君不易求。』（《小草齋集》卷十五）

謝肇淛又有《詩成之夕，夢見元化抵掌若平生，異而紀之》：『誰道隔幽明，詩成見故人。頓忘生死別，寧識去來身。魂豈招能返，容猶識未真。殘燈孤枕上，相對一沾巾。』（《小草齋集》卷十五）

作《寄元朋》：『初夏令弟過三山，弟方有水口之役，歸讀遠書，故人念我，寔出肝膈。唐奉孝再至，遂聞太夫人棄人間世矣……生芻一束，寄將靈次。』（《文集》册六，《上圖稿本》第四三册，第四三五—四三六頁）

按：唐奉孝首次入閩在萬曆三十五年（一六〇七），『再至』在萬曆四十三年（一六一五）。詳《張

萬曆四十三年乙卯（一六一五）　四十六歲

燮年譜》。

作《寄鄭瓚思孝廉》：『去歲浪跡霞城，辱仁丈盛情有加……向索《蘭譜》，業已抄録成帙，苦無便鴻寄上。兹附唐奉孝往貴鄉，有好事者能授諸梓，亦兩種奇書也。仁丈當考二公行事，爲序數言于首，俾先朝已朽之骨與蘭草同其香。何如，何如？《蔡忠惠集》，弟付陳四游侍御持之豫章，中所載貴漳詩文頗夥，俟文旌莅省，出之帳中耳。』（《文集》册六，《上圖稿本》第四三册，第四三六—四三七頁）

按：霞城，即漳州。遊漳州在去歲四月，參見去歲。

又按：此條言重刊古籍，應有序言考其作者行事。

作《題高魯生茂才〈四友詩〉》（文佚，題筆者所擬）。

按：詳下條。

作《答高魯生茂才》：『讀遠書纍纍數百言，令人恨識面之晚……《四友詩》才情風調，足振騷壇旗鼓，漫題數語于首，難逃着穢之譏。惟高明裁教之。於中僭易數字，諒同調者不督過也。』（《文集》册六，《上圖稿本》第四三册，第四三七—四三八頁）

按：此書列于《寄鄭瓚思孝廉》之後，暫繫於此。

作《寄吴德符》：『西湖别後，踪跡遂成河漢……弟愈老愈拙，愈疎愈懶，長日閉門，蠹魚爲伍，雖有一二雜纂，苦於剞劂無資。身既隱矣，焉用文之？弟深佩服斯言也……吾輩不患聲名不立，只患貧故不能立名。以兄胸中何所不有，筆端何所不璀璨，越中書坊林立，奇文一出，不脛而走四裔，凡有撰述，早宜傳之海内也。望之，望之！向輯茂吴先生遺稿，曾殺青否？弟向受茂吴之知，不啻飢渴耳。

漳友楊子聲能爲六朝文，在五岳有泉之流然，而詩畫亦稱當家。今將訪昌化令，道經虎林，久慕高名，冀一識面。此時明聖湖頭，芙蓉如繡，得步修堤吊古今興衰之迹，分題受簡。』（《文集》册六，《上圖稿本》第四三册，第四五六—四五七頁）

按：『芙蓉如繡』，當在五、六月間。

作《寄何稚孝》：『楊子聲自温陵至，拜瑶函鄭重，盤桓兩月，遂走虎林……姑蘇胡白叔善詩，有新調。《玉臺後咏》一集，用事尤奇僻，亦世間一種道理，久慕仁翁名德如泰山，試招同社諸君授簡分題，必無楓落吴江之誚。聞許沓夫頭上進賢岌岌矣，能下白叔之榻否？舅悌北上在即，當掃荒齋以迎色笑。』（《文集》册六，《上圖稿本》第四三册，第四六六—四六七頁）

作《寄張紹和孝廉》：『鄭瓚思過山齋，知仁丈以孟冬始發行李。姑蘇胡白叔長於詩歌，喜新奇，而不拾人唾餘，與能始同調；而其詩則能始序之，可以知其人矣。兹行持范長倩薦書謁龍溪令公。瓚思云令公與仁丈交最密，乞以君卿唇舌助子雲筆札。』（《文集》册六，《上圖稿本》第四三册，第四六七—四六八頁）

按：是歲冬張燮北上春官，詳《張燮年譜》。

曹學佺《胡白叔〈閩草詩〉序》：『予又與白叔論詩，譬若書者、弈者、謳者，其初未有傳授，罕窺古法，而但本一己之聰明，則必趨于邪路，終其身不能精進，必不能成名。然稍就規矩，效法古人，其難乃若登天。世人往往畏難而樂其所易，勢不可挽，祗誤一世耳……白叔之爲詩，避俗套，如湯火，驅使己意；如石工之礤嵁巖，篙師之下灘瀨，所未免者，有斧鑿痕及喧豗聲耳。白叔以詩質予，予故不爲字剖句析，輒用古人諷之。白叔開悟敏疾，欲一切改弦而後已。予以爲寧舒遲，毋急遽，亦古法也。』(《石倉文稿》之《浮山》)

七月，致書並詩温麻劉鍾孺將軍，劉曾委請興公作《關侯廟碑》，憶及十年前與鍾孺父等於金陵賦《梅下調鶴》詩事。又致羅源知縣吴文英，言弟徐熛，子徐陸俱參加秋試。劉之罘以江右都閫擢福寧參戎，携豫章朱謀㙔宗侯書見訪。送布政使袁一驥還毗陵。致書鄭爵魁，言麻城王兆雲彙刻四大部書，特遣使入閩，求吾鄉國朝文集有關于『四苑』者。

作《寄劉鍾孺將軍》：『秋高遠海飛樓艣，夜冷清霜拂劍函。』(《鼇峰集》卷十九)

作《答劉鍾孺將軍》：『不佞竄伏草莽，側聞温麻海上，有劉將軍備文武才，心竊慕之……寔通家世好也。憶丙午之春，薄遊白門，陳幼謙携酒于姚伯彂園中，分賦《梅下調鶴》詩，爾時尊公……并不佞九人，良會勝友，雖一時把臂入林，寔定杵臼之交。倏忽十年……辱委《關侯廟碑》，敢不從命。弟不佞文鈍如椎，筆花將盡，勉爾成篇，惟嚴加斧削，方可勒之貞珉，不則，關侯在天之靈不呵叱小子無禮哉！』(《文集》册六，《上圖稿本》第四三册，第四三三——四三四頁)

按：温麻，連江縣。李賢《大明一統志》卷七十四《福建·福州府》『連江縣』條：『在府城東北九十五里，初晋武帝以温麻船屯，置温麻縣，屬晋安郡。隋省入閩縣，唐初復置，移於連江之北，改名連江縣。』

又按：《梅下調鶴》，即《陳幼謙携酒集姚伯彂園林，同葛震父、周喬卿、郭聖僕、聖胎、余公傳諸君賦得梅下調鶴，分得無字》，詳萬曆三十四年丙午(一六〇六)。詩題共列七人姓字，加上𤊹及鍾孺父，共九人。丙午至今十年。

作《寄吴潛阿明府》：『自台丈綰墨綬領邑符之上猶也，野人竄伏草莽，無由修尺素一問興居……舍弟、豚子俱叨觀場，未審得附郎君驥末否……偶因竹崎方巡司之便，附候萬福。』（《文集》册六，《上圖稿本》第四三册，第四五四—四五五頁）

按：吴文英，字潛阿，進賢（今屬江西）人。羅源知縣。

又按：此書作於閩省鄉試之前。

作《劉之罘以江右都閫擢福寧參戎，携豫章欝儀宗侯書見訪，賦贈》（《鼇峰集》卷十九）。

按：寧德崔世召有《送劉之罘將軍還東嘉》（《問月樓詩集》）。

作《送馮啓明還漳》《送田生之京省親》（《鼇峰集》卷十九）。

作《送袁中丞請告還毗陵》（《鼇峰集》卷十九）。

按：袁中丞，即袁一驥。一驥曾任福建左布政使，時爲福建巡撫都御史。

作《復鄭瓚思》：『唐奉孝再至漳，業修荒函并《蘭譜》寄上。前輩有著作而名不彰，乃後進之責也。貴鄉有好事者梓而傳之，則閩蘭當與洛陽牡丹並駕矣。二陳遺詩，細看非初唐人口吻，必宋末老學究僞譔以欺後學者。今附返記曹。從展語録，中多奥旨，尚未校對，且留小齋，候道駕過三山時奉還。楚麻城王君名兆雲者，老於詞場，彙刻四大部書，曰《詩苑》、曰《文苑》、曰《稗苑》、曰《儷苑》，特遣使入閩，求吾鄉國朝文集有關于「四苑」者，又雅慕盧大參希稷、徐司馬鳴卿、張孝廉紹和、高太史朝憲諸集，乞一一索寄。王君使者期冬初來領也。《[葵]圃集》向惠教者，弟先寄之矣。惟仁丈著作尚未殺青，能録一種出之帳中，爲吾閩赤幟，尤所殷望。令侄遠來場前，彼此相拜不遇，尚擬場畢，稍叙通家雅誼，乃急急言旋，何耶？』(《文集》册六，《上圖稿本》第四三册，第四四八—四五〇頁)

按：『修荒函并寄《蘭譜》』，詳今歲夏。

又按：《葵圃集》，爵魁兄懷魁撰。

又按：鄭爵魁侄，爲鄭兆(肇)中。鄭龍正，字兆(肇)中，懷魁子，龍溪人。天啓七年(一六二七)省試第三。

八月，十四日，集陳一元宅觀伎。

作《中秋前一夕集陳泰始侍御第觀妓》(《鼇峰集》卷十九)。

八月、閏八月，致書、詩朱謀瑋宗侯，朱寄《古文奇字》《水經注箋》。俞安期造訪。守叢上人卒，有詩挽之。

作《朱欝儀王孫遠寄〈古文奇字〉及〈水經箋注〉，并侑以詩，賦答》(《鼇峰集》卷十九)。

按：八月，俞安期自江西至，中秋到石倉園訪曹學佺，遂寓石倉。朱欝儀所寄《水經注箋》，安期所携至。

作《寄欝儀宗侯》：『劉之罘將軍至海上，槖中出芳訊及《水經注箋》見貽，開函捧誦，光動四壁，不佞初得黄勉之吴中本，以爲校讎精善矣；再得陸無從揚州本，以爲考異訂訛不遺餘力矣；兹覩《注箋》多發前人所未發，旁通曲引，必求其是，允爲桑氏之藎臣，功掩先達，識超前喆，後之覽者，烏能贊一詞哉！先是莆田游生歸，見惠古文奇字，令人神遊秦漢之光日者，豫章寄到《蔡忠惠文集》，多煩留心校勘，雖侍御君闡其幽光，寔翁丈俾以不朽，九原有知，當稱異代知己……承寄佳什，勉和一篇，題之扇頭求正。』（《文集》册六，《上圖稿本》第四三册，第四七一—四七三頁）

按：游生，即游勿𢍰，去歲往豫章。侍御君，即陳一元。

又按：『勉和一篇』，即《朱欝儀王孫遠寄〈古文奇字〉及〈水經箋注〉，并侑以詩，賦答》。

作《答贈俞羡長見訪》（《鼇峰集》卷十九）。

按：俞安期，初名策，字公臨，更字羡長，吴江（今蘇州）人，徙陽羡，老于金陵。萬曆間布衣。有《翏翏集》。

又按：謝肇淛《俞羡長像贊》：『貌魁奇，天所畸。腹鴟夷，笥無遺。體委蛇，戰勝肥。芙蓉裳，芰荷衣。有書淫，有情癡。遊酒人，擁艾姬。儒隱俠，似而非。今老矣，逃之緇。修浄業，種福基。橐千古，誰能窺？貌子者，得其皮。我適來，子將歸。對紫芝，擘荔支。懷美人，天一涯。』（《小草齋文集》卷二十三）

又按：謝氏《像贊》作於次歲，詳《謝譜》。

作《挽守叢上人》（《鼇峰集》卷十一）。

按：《挽守叢上人》，其《序》云：『上人，名如衡，幼出家于芝山，後徙順昌，近又徙福清。甲寅孟夏，予以事之福清……臨别，約余今春至三山。聞上人病劇，遂以八月某日歸寂，年未四十也。上人善畫墨蘭，嘗贈予一卷，今寶藏之。』（《鼇峰集》卷十一）

又按：約今春，則爲甲寅福清之行之次年。

九月，有詩答林祖恕弟林仲漁。與胡梅、楊子聲、陳荆生、江仲譽、林存古集風雅堂。送匡上人遊霍童、太姥，送楊子聲之武林。施正德招同俞安期、胡梅春風堂觀劇。徐熥生前作《古意新聲》十首，俞安期和之，興公再和，此後二三十年間，和者甚衆，後人都爲一集；清初周亮公極賞二徐所作。望前，又題宋張九成《横浦集》。十五日，集高景載德堂，爲其子楚材賦花燭詩。送湛寰上人還天台。胡梅、鄭爵魁先後過訪。致書蘇州知府陳詡謨。歐世叔從琉球歸，見訪。得張蔚然平湖書兼惠《讀易齋講義》，有詩、書答之。吴爾施五上春官，送之。

作《秋夕集諸客于風雅堂，次韻答林仲漁》（《鼇峰集》卷十九）。

按：林仲漁，林祖恕之弟，莆田人。

俞安期有《同胡白叔、楊子聲、陳荆生、江仲譽、林存古集徐興公風雅堂，次韻》：『仙居直似海雲中，地逼三山一畝宮。争席林間逢野老，建標霞際對興公。庭花香落秋深月，簷樹凉飄晚度風。縱飲尊罍那易罄，墻頭濁酒過鄰翁。』（《翏翏集》卷三十四）

作《次韻答俞羡長》《送匡山淳上人遊霍童、太姥二山》（《鼇峰集》卷十九）。

作《集絓月蘭若送楊子聲之武林》（《鼇峰集》卷十九）。

俞安期有《楊子聲之武林，寄送秋社諸君子》：『論文憶昨西湖濱，樓船筆札争紛紛。左席先登推皂帽，新詩一出賡紅裙。送歸秋色鴈無侣，泛罷湖光鷗失群。武夷周遊我未返，奇字可詢楊子雲。』（《翏翏集》卷三十四）

作《施正之大將軍招同俞羡長、胡白叔宴集春風堂觀雜劇，分得寒字》（《鼇峰集》卷十九）。

俞安期有《秋集施正之總戎園亭，同徐興公、胡白叔分韻，得九青》：『樂部伶歌出畫屏，風清閣外不聞鈴。晚陰荔葉青浮座，秋色蕉花赤滿庭。故態狂來忘約束，醉鄉封處入沈冥。登臺今夜看垂象，豈使文昌犯酒星。』（《翏翏集》卷三十四）

作《贈朱參戎》（《鼇峰集》卷十九）。

按：朱參戎，吴（今蘇州）人。曹學佺有《送朱參戎還吴》（《浮山堂集》）。俞安期有《朱參戎初度日同叔嘉、興公席上作》：『陰符已向枕中探，孟氣還飛稷下談。秉鉞由來能蕩寇，懸弧真不媿稱男。日車曉挽扶桑外，樹色春迴細柳南。朱鷺鐃歌催進酒，霞杯流紫日同酣。』（《翏翏集》卷三十四）

作《古意新聲十首和俞羨長》（《鼇峰集》卷十九）。

按：俞安期《古意新聲十首》《序》：『世爲七言近體者，效法于唐，取材櫛字，上者神龍，下乃規規大曆，至於漢魏古辭，若弁髦之矣。余讀古樂府，愛其語直而真，情婉而切，時發艷辭，終無雕繪，其猶存列國之風乎！竊取其語意漫爲時體，名曰「古意新聲」。苟云善用，孰謂古今異宜哉！存之於集，是亦不廢鄭衛之意歟！』（《翏翏集》卷二十九）安期此詩作于萬曆十八年（一五九〇）之前。安期入閩，興公和其舊作，足見此詩當時廣爲流傳。

又按：周亮工《閩小紀》卷三『徐惟和』條：『徐惟和才情藻麗，爲晋安巨擘。其弟興公《古意新聲》十首，以宋錦裁新衣，彩色奪目，當與並驅。』

又按：興公之後，二三十年間，繼和者有鄭登明、高景、林寵、徐鍾震、徐存永、黄仲丹等。徐鍾震

《黄仲丹刻古意新聲小引》：『左克明《樂府》一書，修詞家無不奉爲龜鑑，以其古法犂然可睹，而非晚近之音也。若夫意欲古而聲欲新者，則古人未及爲之，爲之，自東吴俞羨長先生始。先生博學宏辭，纂述充棟。予先大父交善和之者。又自先大父始，後廿餘年，則有鄭登明、高景倩、林懋禮及愚叔侄輩，咸如其數和之。歲月遷延，雅音不作，予録爲枕中秘，久矣。前歲佟懷東中丞投□閩地，鋭意談詩，日與予輩倡酬，言及閨房塞上、艷情麗語之難，予爲舉似其一二，中丞亟索觀全編。既而嘆賞諸公組織之巧也。曰：「始作者不難於取材，而難以創格；繼作者不難於命□，而難於鑄詞。其孰爲後來者居上乎？」謀合授梓，而附以己作。時同遊諸子，亦先後操觚，遂有騁才而用全韵者，有溢格而用六朝者，中丞咸收之，而最□所擊節者，則莫如仲丹。』（《雪樵文集》）

又按：徐延壽《古意新聲》十首，見《尺木堂集·七言律詩》一。

題《横浦集》：『萬曆乙卯仲夏，莆中宋比玉應試金陵，過余曰：「金陵新梓《張無垢集》，知之乎？」余曰：「未之聞也。」遂寄書索之林夷侯，夷侯覓之見惠。九月望前，風日晴好，菊花滿階，取閲終卷。時夷侯方在王永啓兵曹署中，不無遠想。興公漫識。』（馬泰來整理《新輯紅雨樓題記　徐氏家藏書目》，第一三二頁）

按：《横浦集》，宋張九成撰。刊本。

又按：宋珏（一五七六—一六三二），字比玉，自號國子仙、荔枝子，莆田人。諸生，以詩畫名世；工小詩。有《宋比玉遺稿》《荔枝辭》。

作《九月十五日，集高景倩載德堂，爲乃郎楚材賦花燭詩》(《鼇峰集》卷十一)。

曹學佺有《九月十五夜，社集高景倩宅，爲其郎君楚材賦花燭詩》：『誰倩催妝好，詩成妝自成。不知詞客意，何預阿嬌名。望夜月華滿，深秋凉吹生。此時交頸語，多是唤卿卿。』(《浮山堂集》)

俞安期有《九月十五日，同社諸君子集高景倩戴德堂，爲乃郎楚材賦花燭詩，分韻得八齊》：『堂上客來齊，香雲出繡閨。當筵聞珮細，隔幕唤郎低。乘霧鸞雙下，巢梁燕並棲。新人看不禁，花下欲成蹊。』(《翏翏集》卷二十八)

作《胡白叔見過山齋小集，次韻》(《鼇峰集》卷十一)。

作《送湛寰上人還天台》(《鼇峰集》卷十一)。

俞安期有《送湛寰法師還天台》：『貝葉非難譯，曇花豈易生。南來少檀越，西嚮有松迎。僊飯供持鉢，霞標入化城。儻求通彼岸，前澗石梁横。』(《翏翏集》卷二十八)

作《鄭瓚思孝廉北上過集小齋，口占送之》《送胡紹進運幕入覲》(《鼇峰集》卷十九)。

作《得張維誠平湖書兼惠〈讀易齋講義〉，且云藏書已滿七萬卷，又當計偕上春官，賦此寄懷》(《鼇峰集》卷十九)。

作《復張維誠》：『繡水徐仲芳再入閩都，譚高誼不去口。蘧使旋至，辱手書惓惓，并《讀易齋講義》，無非心身性命之奥，扶風儀範，康成經術，兼而有之。古人積書，除帝王秘府所儲，而民間最稱圖史之富者，莫如任昉，不過四萬止矣。如尤延之、葉夢得、晁公武，號稱博洽，亦不過三萬。今仁丈所收七萬餘卷，已兩任昉而三尤、葉諸公。古云：擁書萬卷，何假南面百城，若以七萬等之，則仁丈之掌，固東湖超於藩屏之尊矣，何嫌青氈之冷哉……如弟者，未窺一（班）［斑］，虛藏四部，惟是好學一念，自少至老，未嘗敢懈，雖識見頗深昔日，而精神不逮前時。愚嘗慨夫世之稱山人、布衣者，皆習舉業不成，去學爲詩。其造語不過烟雲草樹，山川花鳥而已。求其出入經史，貫串百家，千無一焉。焦太史云：不持寸鐵，而欲鼓行詞場，寧不怖死。旨哉，言也。頃讀仁丈《講義》，謂近時一種邪説，指好色好貨好名，爲真性，後生飲此狂酖，害入骨髓。斯論大有功于名教。愚謂爲詩而不本於六經中來，是爲無源之水。然則，積書博覽，譚身心性命之旨，足以砭今日之陋習也……豚兒今歲就試科舉，已先蒙令公賞識，既而名落孫山……使還，附候起居，并侑小詩書刻，另具別狀。』（《文集》册六，《上圖稿本》第四三册，第四五九—四六二頁）

按：『小詩』，即《得張維誠平湖書兼惠〈讀易齋講義〉，且云藏書已滿七萬卷，又當計偕上春官，賦此寄懷》。

作《寄陳蓮湖蘇州》：『自雙旌之蒞金昌也，野人懶如嵇生，未遑裁尺牘一候福履……當今海内屈指詞翰之工，必首姑蘇。先輩典刑，漸以凋謝，至于斯時，亦自寥寥，惟是諸生中有林雲鳳者，才藻橫逸，工于古文詞，台丈行春之暇，倘進而禮焉，亦足以供筆札之役，敢私布之？』（《文集》册六，《上圖稿本》第四三册，第四六二—四六四頁）

按：陳訏謨，字以弼，號蓮湖，長樂人。萬曆二十九年（一六〇一）進士。蘇州知府。有《蓮湖草》。

又按：此書列于《復張維誠》之後，附繫於此。

作《酬歐世叔見訪，次韻時自琉球歸》《送吴仲聲孝廉五上春官》《送鮑梁父還新安》（《鼇峰集》卷十九）。

十、十一月間，雨夜，與王毓德、俞安期、胡梅集林司農宅。轉運使蔣國平北上，有詩送之。

作《雨夜同王粹夫、俞羡長、胡白叔集林司農宅》（詩佚，題筆，者所擬）。

俞安期有《雨夜同王粹夫、王玉生、徐興公、胡白叔集林司農宅》：『丹徼氣恒暖，玄冬雨驟寒。是時貪縱飲，卜夜始成歡。跋燭雙花落，添香五木殘。主人歌勸酒，客醉欲酬難。』（《翏翏集》卷二十八）

作《送蔣國平都運入覲》（《鼇峰集》卷十九）。

曹學佺有《結交行，送蔣國平運使北上》：『結交行，堪嗚咽。不用署門譏，徒勞著論絶。意氣難持久，功利恒相傾。孰如談菽者，結交殊有情。春山歌伐木，黄鳥鳴嚶嚶。騷人挾秋氣，所悲無友生。節序由來遞，相感誰分人。前匿肝膽，但舉一篇。頭欲白吟成，五字功何限。眼中懸着古今人，域外不分秦楚産。即使幽居在户庭，勝于四海爲延攬。予也乏文藻，丘澤甘枯槁。使君一相逢，相逢恨不早。此時薦士無人收，惟有使君能款留。此時談詩争獻媚，惟有使君堪直遂。使君辭我以北征，因君爲賦結交行。結交行，期後日。君當再來，予終不出。門前陂水長，青山掩蓬壁。』（《浮山堂集》）

俞安期有《送蔣國平轉入覲》：『炎徼波濤戍守同，軍興不少佐南中。珥貂既罷横行使，煮海仍高轉運功。述職無慚尊吏治，濟時有策慰宸衷。柏梁成後應開宴，重爾詞才集漢宫。』（《翏翏集》卷

三十四）

作《寄林允卿》（《鼇峰集》卷十九）。

按：林允卿，福州人，舉人。有《轂音集》，謝肇淛爲之序。

作《寄林允卿廣文》：『不肖年方志學，便讀先生場屋文字，知五虎嵯峨，獨鍾靈秀。然濁水清塵，元不相類，城郭山林，又復阻絶。坐是三十年間，無由一奉耿光……向在歸善，始讀先生所爲歌行、律絶，已窺豹斑，近復得覯《早朝》《郊壇》《石竹》《彭城》《公瑾》伍律，又嘗鼎臠。不肖於此道染指二十餘年，所交遊盡海内士，如先生雄才高調，真足以馳騁藝林，縱横當代者也。不揣漫成拙句，用訂交期，并録近草求正。』（《文集》册六，《上圖稿本》第四三册，第四七〇—四七一頁）

按：『漫成拙句』，即上條《寄林允卿》。

作《送丁亨文赴銓曹》《送許廣文擢象山令》（《鼇峰集》卷十九）。

十一月，小至夜同姑蘇陶神甫、陳明咨，漳南張燮集施德政將軍春風堂；施將軍次早習儀，觀賞軍中儀式。張燮北上，過訪，留酌。唐奉孝惠箨冠。

作《小至夜，施大將軍春風堂同姑蘇陶神甫、陳明咨，漳南張紹和分賦》（《鼇峰集》卷十九）。

按：冬至，十一月初三。

張燮有《小至前一日，施大將軍招飲署中，同徐興公在坐，分得鐃字》：『風催廣莫到輕梢，静几罏烟坐素交。玉井冰開雲映渚，青嵐帚拂鳥依巢。文心吐盡疑成鳳，劍術談深好截蛟。搔首御床天北極，漏殘委佩聽鳴鐃。大將軍次早習儀，因及之。』（《霏雲居續集》卷十五）

作《張紹和北上過集小齋，再賡前韻》（《鼇峰集》卷十九）。

張燮有《過徐興公齋頭留酌》：『最愛書連屋，仍堪瓦作盆。地幽兼蔭竹，佩古雜芳蓀。瘦覺清虛集，儀應山澤存。遊人有行障，時爾亦蘇門。』（《霏雲居續集》卷八）

作《送翼溟上人遊五臺》《謝唐奉孝惠籜冠》（《鼇峰集》卷十九）。

十二月，有老態之感，猶幸夢筆未還。十七日迎春，陳圳父壽辰，開筵燕客，與俞安期、林春秀集其宅觀舞獅子。是日，施德政將軍招同俞安期、吴運嘉、陳誠將、陶神甫宴春風堂。

作《老態》：『老態相尋懶病餘，自憐無用類莊樗。髮于秋後常嫌短，齒到年多漸覺疏。欲作細書憑眼鏡，要行長路藉肩輿。不須徵夢吾衰盛，差有雄心尚未除。』（《鼇峰集》卷十九）

作《冬夜山齋即事》（《鼇峰集》卷十九）。

作《臘月十七日迎春，集陳長源宅觀舞獅子，同俞羡長、林子實諸君，各賦短歌》：『歲在旃蒙偏值閏，殘臘迎春報春信。』（《鼇峰集》卷八）

按：旃蒙，太歲在乙。是歲閏八月。

俞安期有《十二月十七日迎春，同諸社友集陳長源宅觀舞獅歌》，自注：『是日長源尊堂開壽筵讌客。』詩云：『東郊春色迎已罷，北堂春酒筵初張。彩仗街頭各分散，舞獅庭下來騰驤。始看奇毛青𩮚卷，猙獰怪狀環紅眼。低蹲高跳儼猶生。東突西馳那可辨。須臾蠻官出牽曳，羈絡猶然不受制。千迴百挽力稍疲，餘威尚有咆哮勢。吁嗟獅乎，我聞百獸皆稱臣，猛噬見之無不馴。胡爲庭犬亦不避，豈于王者非其真。又聞漢宫有角觝，魚龍百獸皆成戲。幻人西域古流傳，獅乎獅乎無乃

是。』(《翏翏集》卷十五)

作《立春日,宴施正之大將軍春風堂,同俞羡長、吴叔嘉、陳誠將、陶神甫賦》(詩佚,題筆者所擬)。

按:十二月十七日立春。

又按:陳誠將,姑蘇(今蘇州)人。游閩,參與曹學佺石倉社。《九日首舉石倉社分得六麻韻》題下自注:『客爲俞羡長、陳誠將、胡白叔、俞青父、鄭汝交、趙十五、李季美、李明六、陳可權、包一甫、舍弟能證。』(《浮山堂集》)

俞安期有《立春日,宴施正之大將軍春風堂,同徐興公、吴叔嘉、陳誠將、陶神甫賦》:『春風乍滿鬱金堂,柳色鵝黄酒復香。却有新聲翻樂部,曾無兵氣動文昌。林殘梅萼除餘臘,地暖桃花比艷陽。酬酢稱詩賓主合,争看武庫在詞場。』(《翏翏集》卷三十四)

作《乙卯除夕》:『猶幸未成還筆夢,不曾留得賣文錢。』(《鼇峰集》卷十九)

冬,爲張大光園題字,大光致謝,興公有書答之。以爲馬尾羅星塔風水有關文運寢興,議興復之;又有呈詞。遊城内萬歲寺;除夕,感嘆來日無如去日多。

作《答張叔弢》:『汝翔丈歸,談翁丈林居之適……明春或藉劉將軍寵靈,稍給杖頭之費,爲太姥、霍林之遊,亦足快平生至願,不然,名山洞府在壁籬間,不能一履其地,俗亦甚矣……俞羡長寓能始家,亦少進城,見間當爲翁丈致意。拙書漫爾應命,不無野雉之誚,豈堪爲名園之辱耶?承惠對蝦,敬飽盛意,尚容入春再布并申謝也。』(《文集》册六,《上圖稿本》第四三册,第四七六—四七八頁)

按:次春仍無太姥、霍童之行。

作《興復羅星塔議》：『福郡人文之興，自唐貞元陳通方及第始。惟時草昧始闢，風氣漸開。沿及宋季，文運寖興，南渡尤盛，每歲登第者多至五十餘人，咸秩顯官，志乘班班可考已。國朝設鄉試之科，至萬曆壬子，計爲賢書者二千三百有奇，内舉進士者六百餘人。他郡如興、如泉，最稱文獻之藪，尚不能得其半，可謂冠蓋肩摩，軒裳踵接矣。迨夫今日，家詩書而户禮樂，呫嗶之聲達于閭巷，人材秀發，文藝清奇，乃放榜之晨，十庠僅得八士，泉、漳士子，十占其七，豈吾郡人材果遜泉、漳乎，抑泉、漳文藝真超吾郡乎！何其懸絶至是耶……晉嚴高太守遷城時，作圖以咨郭璞，璞指馬江水瀉爲病，及更圖見江中有小山，乃遂定議舊名。羅星山，實爲會城砥柱。宋嶺南柳七娘者，有美色，里豪謀奪之，抵其夫以法，謫死閩中。柳氏斥賣其産入閩，損貲造巨塔于江心，以資故夫冥福，以培吾郡風水，名羅星塔，俗呼磨心塔。塔成，而科第蟬聯五百餘載。此塔不知廢自何年，自嘉靖辛酉以來而科目日衰……以此觀之，則會城之羅星所係甚重，前人造塔，良有深意。大抵通都大邑，皆有浮屠以鎮門户，歷歷有徵。夫塔存而文運興，塔毀而文運歇……苟復蹉跎歲月，不豫爲之所，三年轉盼又成今日故事，悔何及焉？蒭蕘淺識，高明以爲何如？』（《文集》册十二，《上圖稿本》第四五册，第三八一—三八五頁）

按：曹學佺《大明一統名勝志·福建·福州府·侯官縣》：『羅星山，在馬江北岸，登之，百里諸山皆在其左右。晉嚴高將遷城，作圖以咨郭璞，璞指馬江以水瀉爲病。及更圖，見此山，遂定議。相傳宋時有柳七娘者，嶺南人，從夫謫戍來閩。夫亡，因竭其貲産，造塔七層。閩中文運由是益興。歲久而毀，今始更造。』

又按：萬曆四十七年（一六一九）羅星塔啓土重修，天啓初落成。參見（乾隆）《福州府志》卷五

《山川》。

按：閩江（俗稱白龍江）與烏龍江匯合處，水面開闊，羅星塔立於臨近北岸的江中羅星山。是山今已與北岸連接爲陸地。

又按：徐㶿子陸與乙卯科鄉試，不利。『十庠僅得八士』，福州府領十縣，萬曆四十三年（一六一五）乙卯科，據（乾隆）《福州府志》卷四十《選舉》五，僅有八人中式：王叔穎、王國珪、薛喬相（以上府學）、李時興（閩縣）、林聞詔、黄朝達（以上長樂）、張世樑（永福）、李允佐（福清）。故輿公加意於閩省自宋至今的科考史，尤其是入明之後閩省賢書名單的區域分布，發現嘉靖以來福郡漸衰，泉、漳崛起，其原因在於羅星塔廢而不修所致，故議重修。此文雖涉堪輿，而明中葉之後鄉試中式者的區域分布起了變化，福州不如泉、漳的事實，研究者似當加以留意。

又按：徐陸卒於次歲，陸子鍾震參加鄉試，已在十餘年之後。

作《興復羅星塔呈詞》：『興復古蹟，重創石塔，以培風水，以振文運事：竊惟閩省雄據海邦，地接女牛分野。晋安夙稱首郡，家遵鄒魯遺風。九山棋布於域中，列岫幛開于郭外。遷城肇從晋代，登第盛自唐朝。由宋迄明，文人蠭起，沿今溯古，科甲蟬聯。良由形勝周遭，水勢匯流于馬瀆；山川綿結，嶼垠關鎖乎羅星。山頂昔建浮屠，方隅正當巽位。播天文筆，聳龍角於東維；涌地木星，矗鼇簪於中柱。何期向歲，遽見傾頹，遂致邇年漸成衰敝。秋闈拔雋，不侔往日之二三；春捷登瀛，亦減昔時之大半。形家占地脈，咸謂咎有所歸；郡乘志遺基，僉云事不可緩……乞照察輿情，主盟勝事，力挽既衰，旺氣宏開；久鬱魁名，少假渥恩。俾成巨鎮，詳查上下，無礙之公帑；永垂億萬，不朽之良圖。將

經始於是冬，擬告成於不日。』（《文集》册九，《上圖稿本》第四四册，第三五三—三五五頁）

按：此《呈詞》與《興復羅星塔議》文體不同，内容相近；『經始於是冬』，兩文所作時間當亦相近。

是歲，彙輯陳价夫遺文，有書致張睿卿，請其爲价夫作傳。

作《寄張穉通》：『前歲陳伯孺歸自苕溪，譚仁丈動定甚悉。不意伯孺遂成古人矣。伯孺自云，海内交遊稱生平所最契厚者，莫如穉通先生。死當穉通傳之。伯孺自爲《狀》，仁丈能操董狐之筆而華衮之，令九地有起色乎！其郎君且食貧，尚未能買山而瘞其骨也……友人林元達，少與弟同塾，善爲詩歌，清新有致，兹援例爲貴鄉泰定倉曹……每於弟處，稔聞張先生盛名，願登龍門一聆雅誨。』（《文集》册六，《上圖稿本》第四三册，第四五〇—四五一頁）

按：陳价夫（伯孺）卒於去歲。价夫有《招隱樓稿》。參見萬曆四十二年（一六一四）。

是歲，致書潘致虚，請其引薦林元達。

作《寄潘致虚》：『伯孺苕溪歸，頌道兄盛情有加，又出見寄扇頭佳什，譬以仙家沆瀣瀹我胸胃中十斛塵埃也。不意伯孺以去歲之秋遂捐賓客，芝焚蕙嘆，不勝感愴。弟方彙輯其遺文，附以輓章，道兄能賦一篇長歌，勝於痛哭耳。友人林元達幼習儒業，與不佞交甚驩，有詩才而喜吟咏，今拜貴郡泰定倉曹，官至卑也。其爲人不類文，無害恂恂有道君子。與孫子長最稱厚善，子長有□爲游揚。又雅慕道兄風雅，願結友許交……作書介紹，惟道兄引而進之。臨楮神往。』（《文集》册六，《上圖稿本》第四三册，第四五一—四五二頁）

是歲，有書致王兆雲，言閩地先輩著述尠傳，近代篇章多半未梓。

作《答王元禎》：『蘧使自楚入閩，不遠數千里，辱惠隆函，兼拜腆貺，并《楚志》諸書……敝閩僻在海濱，士習帖括和鉛握槧之客，代不數人。向年蒐採頗勤，東南之寶盡矣。先輩著述，或以孫支浸微而尠傳；近代篇章，半以因循而未梓。文獻不足，杞宋無稱。謝在杭舊年以新著説部十册函入金陵，并侑輶儀奉寄，詢知道駕歸楚，恐致浮沉，仍携返張秋公署，明春假滿還家，當有以報記室也。』（《文集》册六，《上圖稿本》第四三册，第四五二—四五四頁）

按：謝肇淛『説部十册』，當爲《五雜俎》。

又按：謝肇淛『明春假滿還家』，在萬曆四十四年（一六一六），詳《謝譜》。

是歲，長子陸年二十六，鄉試，不利。

按：詳以下條。

是歲，有書答鄭四如，言子徐陸萬曆四十年（一六一二）、四十三年（一六一五）兩科鄉試皆不利。

作《答鄭四如明府》：『自文旆之入臨江也，地里不遥，魚鴻雜遝，而弟多半餬口于漳泉間，未獲裁尺一奉候起居。故人疎節，如何可言！及雙舄遠趨貴陽，地去中華，尤稱遼邈……若「乘驄入瑣」之語，乃諛茂宰者之套譚，托在廿年知己，不敢以虚文作佞辭也。賢郎英英玉立，將來必一鳴驚人。豚子壬子、乙卯兩試棘闈，皆不入格。株守一經，未知税駕，不堪爲知己道也。』（《文集》册六，《上圖稿本》第四三册，第四五八—四五九頁）

按：去歲，興公奔走於漳州、泉州之間。

又按：此條言不可虛言作佞辭。

又按：徐陸萬曆四十年壬子（一六一二）及今歲兩試。

是歲，有書致趙宧光，贊其《寒山彙草》。

作《答趙凡夫》：『乙未歲，得含玄先生著作讀之，包羅天地，貫穿古今，繼又得《雲臥閣考槃集》讀之，咏雪不足方其才，續史不能擬其博。昨始於曹能始借《寒山彙草》，讀之駭目驚心，解顔動魄，非下鍵苦心，何以臻此。某於《六書》茫然不省……介徐仲芳漫投二詩，聊申嚮往，乃辱手札殷殷，始知先伯兄投分有日……敝里作《易詩古音》陳季立者，棄儒就武，曾拜雁門遊擊將軍，垂老著書，吾閩推其博洽。兹年望八袠，尚遊江湖，不肖雖同桑梓，未識其面也。聞在白門焦太史家，俟其返，當爲致盛情耳。辱寄《彙草》，仲芳途次爲緑林所睥睨，豈神物作怪，遂致飛騰耶！有便，幸再賜教，何如？』（《文集》册六，《上圖稿本》第四三册，第四六八—四七〇頁）

按：此歲正月，徐㶿作《趙凡夫以〈寒山彙草〉見寄，答贈二首》贈趙宧光，宧光有回書，與公此書答之。宧光贈《寒山彙草》，而書爲緑林所睥睨，未至㶿手。㶿于曹學佺處讀此書。

又按：陳第（一五四一—一六一七），字季立，號一齋，連江人。萬曆間，以諸生從軍，官至薊鎮遊擊。有《一齋集》（即《陳一齋全集》）。

是歲，有書致阮自華，言其祖大中丞昭雪之事。

作《復阮堅之民部》：『自法星之别閩土……太公祖叠膺褒卹，黄壤如生，蓋世功勛，淹抑五十餘禩，今始昭雪，足知聖明之世，公論猶在人心，尚未泯滅。老公祖可謂國之忠臣、家之孝子矣……不肖壯志漸衰，雄心頓減，深栖掃軌，已成棄世之君平。豚子頗能文章，輒叨首選，子、卯二試，竟寂無聞，不堪爲長者道也。季聲客都門，明歲當有一命之寄。』（《文集》册六，《上圖稿本》第四三册，第四七三—四七五頁）

是歲或稍晚，爲阮中丞入祠作祭文。

作《送阮中丞入祠祭主文》：『帝眷南服，特簡精忠。勳猷克壯，開府閩中。蠢矣島夷，躪踐我土。禦侮折衝，櫛風沐雨。文經武緯，恩普生靈。峴山墮淚，銅柱鎸銘。奕奕新祠，崇功報德。俎豆千秋，仰祈昭格。』（《文集》册二，《上圖稿本》第四二册，第二四〇頁）

按：阮中丞，即阮鶚。詳萬曆三十二年（一六〇四）。

是歲，莆田游勿休來書並《雪中見懷》之作，答之。

作《答游勿休》：『春初辱手札遠及，并《雪中見懷》之作，偶值囦溪之行，未遑裁答……朱君抵三山，感惠芳訊，又得扇頭新詩，一諷一吟，令人有天際真人想。以足下長才逸韻，自當遭時遇合，乃至拮据家食，苦無寧歲，豈有美如冠玉而長貧賤者乎！時時爲足下畫餬口地，當兹末世澆風，誰能意氣相許者？計惟明春謝在杭水部過家，不佞當爲從臾，不令足下呼庚癸，始快鄙願。蓋在杭向與尊公有一日之知，定不以秦越視耳。』（《文集》册六，《上圖稿本》第四三册，第四七五—四七六頁）

按：春初囦溪之行，詳上；謝肇淛次歲夏抵家。

又按：曹學佺稱莆田遊氏能詩爲『三游』、爲『五游』，詳其《竹香齋詩序》（《西峰六四文》），均無勿休之名，觀㶿讚譽勿休之詩，則爲『六游』矣。

萬曆四十四年丙辰（一六一六） 四十七歲

謝肇淛五十歲，曹學佺四十三歲，林古度三十七歲，徐陸二十七歲，徐鍾震七歲，徐延壽三歲

元月，曹學佺有鎸書之役前往建州。元日，新晴，集塔影園。初二日，趙子英携酒同集平遠臺，因過法雲寺，是夕憩於禪房。同俞安期集高景齋中賞殘梅。集鄭邦祥雪巢，望前山微雪。十三燈夜，與俞安期、陳誠將、陶神甫、陳圳等集鄧慶寀博雅堂。元夕，開社於萬歲寺，與社者有俞安期、吴運嘉、陳宏已、王崑仲、陳仲溱、王毓德、陳鴻、陳圳、鄭爵魁、黄應恩等十餘人。廿三夜，同集施德政將軍燈宴，與俞安期同吴運嘉、陳誠將、陶神甫等同集。

作《丙辰元日》（《鼇峰集》卷二十）。

俞安期有《丙辰元旦》，題下自注：『時借宅曹能始，有鎸書之役。是日禮千佛名經。』詩有云：『柏酒盈觴歲已除，自慚犬馬此生餘。筭當六十加年七，經得三千禮佛初。法寶轉輪先懺罪，黄金懸市未成書。游揚幸借曹丘舌，一往寧論客計疏。』（《翏翏閣全集》卷三十四）

按：謝肇淛《〈春社篇〉序》：『丙辰之春，姑蘇俞羨長諸君子僑寓三山，偕我二三同志命駕探奇，拈酒賦詩。蓋自元日以及季春之晦，無日不社，而無社不詩也。其詞麗以則，其韻逸以遒，其取興遠而奇情微，歌舞太平，發抒靈性，固不徒翫過隙之物華、騁花月之浮藻已也，視之靈均遲暮之傷、宋玉摇落之感，何如哉？』（《小草齋文集》卷五）

作《元日新晴，集塔影園，得交字》《初春二日趙子含携酒同集平遠臺，因過法雲禪房，共用僧字》《是夕憩法雲房，再和前韻三首》《送朱君聘應貢北上》《初春同俞羨長諸君集高景倩齋中賞殘梅，限韻三江》（《鼇峰集》卷二十）。

作《初春集鄭孟麟雪巢，望前山微雪八韻》（《鼇峰集》卷十二）。

作《鄧道協博雅堂，十三夜燈宴同俞羨長、陳誠將、陶神甫、陳長源》（詩佚，題筆者所擬）。

俞安期有《鄧道協博雅堂十三夜燈宴，同徐興公、陳誠將、陶神父、陳長源》：『家家酒事接新年，賓客高堂又綺筵。厨出辛盤人日後，燈燃甲夜上元先。畫屏掩壁迴朱火，絳燭懸空散紫烟。西域誰來教幻術，更看角觝戲庭前。』（《翏翏堂全集》卷三十四）

作《元夕開社啓》：『花信兩三番，風光報柳；蓂開十五葉，節值傳柑。敬陳翠柏清觴，爰啓白蓮雅社。寺尋萬歲，樂擬通宵。佇聆郢雪飛聲，仰候德星聚彩。謹啓。』（《文集》册二，《上圖稿本》第四二册，第一七四頁）

按：『寺尋萬歲』，詳下條。

作《元夕開社於萬歲寺，分得七虞》（《鼇峰集》卷二十）。

俞安期有《徐興公、高景倩、陳叔度、王永畏、趙子含、鄭孟麟元夕結社萬歲塔寺》，題下自注：『同社者吴叔嘉、陳振狂、陳惟秦、王玉生、陳汝翔、王粹夫、陳誠將、張集虚、陳長源、蔣子材、鄭思黯、黄伯寵分韻作。』詩云：『紺園祇樹擁金沙，白社重依梵帝家。燈借神藜吹幻火，人携夢筆散天花。輪光繞殿銜朱曜，塔景標空掛赤霞。誰道桑門幽寂地，驟令今夜變繁華。』（《翏翏堂全集》卷三十

四）

作《送匡雲上人遊雁宕》（《鼇峰集》卷二十）。

作《施正之大將軍廿三夜燈宴，同吴叔嘉、陳誠將、俞羨長、陶神父》（詩佚，題筆者所擬）。

俞安期有《施正之大將軍廿三夜燈宴，同吴叔嘉、陳誠將、徐興公、陶神父》：『列藉華堂散紫氛，然燈綺席擁彤雲。當庭樹幻千花影，繞壁屏開五彩紋。月待下弦看欲上，醉同元夜坐將分。喧闐更奏伶人曲，簷外難教鼓漏聞。』（《翏翏堂全集》卷三十四）

元、二月間，春日集王永畏塔影園賞瓶中紅白桃花，又集綎月蘭若賞瓶中剪綵梅花。長樂知縣彭哲與卒，哭之。古田林春秀過訪。

作《春集塔影園咏瓶中紅白桃花》（《鼇峰集》卷二十）。

俞安期有《春日王永畏塔影園咏瓶中紅白桃花》：『春入園居春事奢，瓊枝采供並瑶華。驚看一種仙家實，何意雙開間色花。度索平懸梁苑雪，綏山低度赤城霞。閨中試取姬人比，濃淡分妝盡可誇。』（《翏翏堂全集》卷三十四）

作《哭彭有貽明府》（《鼇峰集》卷二十）。

按：彭有貽，即彭哲與。詳萬曆三十二年（一六〇四）。

作《贈李都閫》《集綎月蘭若咏瓶中剪綵梅花》《和咏杜鵑花》（《鼇峰集》卷二十）。

作《喜林子實過訪》：『春風雙鬢改，夜雨一燈親。』（《鼇峰集》卷十一）

二月，偶患沉痾，卧於山齋。庸醫誤投藥，死而復蘇者四。

按：《亡兒行狀》：『丙辰仲春，予患沉疴。爲庸醫誤投藥劑，死而復蘇者數四。』（《荆山徐氏譜・詩文集》）

陳衎《徐存羽墓誌銘》：『丙辰春，興公暴得疾，庸醫誤下藥。遂殆。』（《大江集》卷十九）

三月，臥疴，長子徐陸立床前十七朝，寢食頓忘；初六徐陸竟卒，年二十七。陸子鍾震，時方七齡。陸卒，興公尚在病中，徐陸卒半月之後，始知其事，有詩哭徐陸。十年後，興公作《亡兒行狀》。

按：據《亡兒行狀》，徐陸卒於三月初六，不令知。半月後，興公能起床，下山問兒病，家人方以實告。

按：《祭謝氏姊文》：『丙辰，長兒陸……又逝矣。』（《文集》册十，《上圖稿本》第四五册，第一〇三頁）

又按：陳衎《徐存羽墓誌銘》：『生於萬曆庚寅二月廿一日，卒於丙辰三月初六日，得年僅二十有七。』（《大江集》卷十九）庚寅，萬曆十八年（一五九〇）。

又按：《亡兒行狀》：『嗚乎！予兒之亡將十易星霜矣。自兒亡後，含哀忍淚，强顔爲歡。每欲泚筆爲狀，而肝膽寸裂，以故輒廢。古來子先父死者，不可勝紀，匪獨予也。然予兒之先父死者，非自戕性命也，實予有以貽之也。兒生即聰穎，五六歲，胸中了了，好親筆硯，不逐群兒嬉。年十一，能作舉子業，文字纚纚不絕如宿構者。予友王永啓見而奇之，召試二義，頃刻成篇。永啓曰：「此兒有慧解，他日當以文名世，誠遠器也。」乃進之家塾，師林夷侯。夷侯善啓迪，兒欣然受教，永啓則飲食之。逾年，余時踪跡多四方，無暇督課，而余弟惟揚教之學《易》，專心致至，攻苦不少懈。歲丁未，兒年十八，予方爲粵東遊，室人高氏忽棄世。兒居母喪，哀毁勞瘠幾殆。予歸，見其色瘁，憂之。多方勸諭，始稍稍食。新理故業愈益，下帷鑽研，冀博功名，爲父母榮也。庚戌服除，就試闔邑，邑侯徐公鳳翔得其文，拔爲第一。再就郡試，郡公喻政亦擬首選，以予與郡公有相知之雅，避嫌抑之第二。督學使者，馮公烶取入泮，仍第二，補闔庠弟子員。壬子，入棘，不第。予構小軒於荔枝樹下，兒閉户下鍵，伊吾不輟，期一得當而後爲快，且旁及子、史、詩、賦諸書，雖溽暑祁寒，夜分不寢，勞勤彌甚。乙卯秋試，復不第，鬱鬱如有所失。予再三慰勉之。丙辰仲春，予偶患沉疴，爲庸醫誤投藥劑，死而復蘇者四。兒匍伏床榻下，侍湯藥、浣厠，晝夜彷徨，憂悸數日，不進匕箸，私自禱天，願以身代。迨予稍知人事，幸不死，而兒積勞十七日，病發矣。予病卧山齋，兒病卧房闥，相隔僅百餘武。兒雖伏枕，朝夕但以予爲慮，不自覺其病入膏肓也。越四朝，忽支床而起，即奄奄氣絶。弟侄親友輩，咸以予病尚在危疑之際，不令予知。半月後，予能起床，堅欲下山問兒病。家人始實告。嗚乎！兒真死矣，兒死而予不知，天乎何辜，俾死者存而壯者斃耶？兒既以孝死矣，爲父者何以生耶？兒生平無苟言，無苟行，與人交，坦度冲襟，渾然無競。予既喪室，事副室猶母，與猶子陛幼共學，相愛如同生。一旦夭折，行路之人莫不嗟嘆。予之不德，禍及予兒，夫復何尤。今每覽其制義，讀其聲詩，睹其墨蹟，見其手澤，未嘗不抆西河之淚也。老牛舐犢，愛根莫斷，寧不悲哉！兒生於萬曆庚寅年二月二十一日子時，卒於丙辰三月初六日午時，年僅二十有七。娶義溪陳价夫季女，生孫鍾震。兒歿時，震七齡。令入學爲文，能識義理。乃述《行狀》，俾震知之，他日瀧岡阡表，

闡揚孝行，震其勉哉！』（《荆山徐氏譜·詩文集》）

又按：據『兒之亡將十易星霜』，此文當作於天啓四年。詳該年。庚寅，萬曆十八年（一五九〇）。

又按：陳衎《徐存羽墓誌銘》：『器之（按：鍾震，字器之）乃謀葬其父，以祖興公之《狀》索銘於余。』（《大江集》卷十九）『興公之《狀》』，即此文。《徐存羽墓誌銘》當作於天啓四年。詳該年。

又按：《荆山徐氏譜·世系考》載陸生卒年：『生萬曆二十八年庚子二月二十日子時，卒天啓六年丙寅三月初七日午時，年二十七。』按：《世系考》誤。陸生卒年當據興公《亡兒行狀》及陳衎《徐存羽墓誌銘》。

作《哭陸兒十首》，其二：『我方病劇垂亡日，汝立床前十七朝。寢食頓忘形頓憊，忽然魂去不能招。』其四：『悠悠二十七年身，真是黄粱夢覺人。』其七：『七歲孤兒三歲弟，幾時當户解承歡。更須十五餘年後，恨始能消淚始乾。』（《鼇峰集》卷二十六）

陳鳴鶴有《吊徐存羽文》，其《引》：『徐存羽者，名陸。余友興公之元子也。少秉異姿，長當文藝，弱冠就試鎖廳，即以第一人補邑博士弟子。諄諄孝友，粥粥温恭，屬戚推睦，曹耦歸義。題紫毫於仙籍，播香名於人耳。蓋預知其可以立致矣。丙辰仲春，乃以厥翁痾綿痟首，蓐卧齋頭，於是神喪於憺煩，體疲于勞勩。及其翁安穀，而存羽已不食新矣。嗚乎哀哉！乃爲文以吊之。其詞曰（下略）。』（《荆山徐氏譜》）

陳仲溱有《挽徐存羽茂才》，其一：『歲值辰龍數值奇，子安名奪少年時。魂吟夜雨寒藜火，淚泣春風冷竹枝。閲世總成駒過隙，傷心空望羽爲儀。茘奴軒裏收書蠹，且待徐卿七歲兒。』其二：

『遊魂何處更依依，薤上空傷露易晞。一死自甘蘇病父，九泉應喜覲慈闈。婦拋殘粉當年匣，兒怯新麻此日衣。歷數通家賢子弟，不禁爲爾淚長揮。』（《荆山徐氏譜》）

按：『七歲兒』，指鍾震，則此二詩作于本年。

缺名《挽徐存羽茂才》，其一：『龕峰山月冷，一夕化清猨。病豈深爲祟，醫能暫駐魂。家人訣未永，樓使召何煩。風竹當軒動，猶疑形影存。』其二：『厄運丁龍歲，芝焚更可嘆。護親嚴侍久，解帶自珍難。素帙春風亂，青燈夜雨寒。承歡華萼在，況復長猗蘭。』（《荆山徐氏譜》）

林春秀有《吊徐存羽茂才》，其一：『徐郎傳控五花虯，不住人間何處遊？唱嘆衹遺文割錦，臨摹空見筆營邱。目瞑尚漬思親淚，神返無勞顧子憂。深意客冬嘗寄食，殷勤情事已難酬。』（《荆山徐氏譜》）

缺名《挽存羽徐茂才》，其一：『拊罷靈床思轉哀，中原驚嘆失奇才。顧雍曠遠三號盡，山簡忘情一旦來。弦絶龍唇同調惜，家藏鴻寶阿翁開。知君應有心相許，他日爭傳掛劍臺。』其二：『秋水爲神傷可憐，鹿車乘至共潸然。法言從少玄親授，大令如今書並傳。玉樹土新空自瘞，丹砂年促豈能延？朗陵夜夜悽其處，忍見遺孤著膝前。』其三：『少小操來汗管斑，玉樓索賦別人寰。西風哭慘南州里，薤露歌殘羸博間。已信龍蛇偏在歲，誰憐虎豹更當關？龕峰山下雲來往，徐福求仙去不還。』其四：『孔李通家有幾存？數聲楚些可無言。世間蝴蝶方成夢，地下慈烏已報恩。洗馬風流敲舊好，鳴驢賓客起英魂。傷心恐似西河叟，慟絶潺潺淚眼昏。』（《荆山徐氏譜》）

王毓德有《挽徐陸》：『鳳出丹山穴，駒生渥水濆。未馳千里足，俄鎩九苞文。塵世哀何極，冥途

哭不聞。他時懸墓劍，心（下殘缺）。』（《荊山徐氏譜》）

陳鴻有《哭徐存羽》：『年少人何處，哭君添淚痕。書檠燃雨寂，紙帳著塵昏。筆底花纔謝，窗間草尚存。荔奴當日樹，依舊映前軒。』（《秋室編》卷四）

四月，有詩和鄭邦祥傷兒徐陸。張燮過福州，有詩傷徐陸。

作《和鄭孟麟留春》：『春光九十不堪添，尊酒相留未易淹。社燕傷離音語咽，杜鵑啼別血痕沾。麥苗風起先占候，棗杏烟生欲吐炎。腸斷賣花聲漸悄，香閨人靜懶開奩。』（《鼇峰集》卷二十）

鄭邦祥有《吊徐存羽茂才》，其一：『玉樹凋三秀，悲鄰動此邦。殘書飄蛀粉，亂竹閉螢窗。婦結腸千結，親枯淚一雙。短長蘆外笛，凄凉不成腔。』其二：『把臂余偏早，於君親友兼。子安纔久避，文考喪何奄。體爲躭勤瘦，身因侍病殲。荔奴軒裏帙，那得到重拈。』其三：『白駒書未就，石兔兆隨文。屬纊親難訣，遺文友代抄。筆枯圖裏陣，經廢易中爻。二十七年夢，悠悠悲幻泡。』其四：『誰信君能夭，奇文舊不凡。登堂惟素旐，附木竟青衫。慈母魂應覯，孤兒語尚喃。篋中開往劄，猶是昨朝函。』（《荊山徐氏譜》）

張燮《徐興公有大兒之喪，至是余亦同病，執手凄然，以詩見悼，用韻答之》：『傳玄問字客依然，不見童烏倍可憐。種玉共縈埋土恨，拂簪誤指落花鮮。蓬萊水淺歸何處，王屋山移待幾年。較幸眼光牛背上，未因離索怨呼天。』（《霏雲居續集》卷十七）

按：張燮長子于堂卒於去歲十二月，年十九，故有同病之痛。

五月，初四日，大水，作《大水謠》。旋有倭警，避倭；以爲倭犯爲互市不通所致。二十六日午，雷擊萬歲塔，烈炎烟騰。又題《漢泰山都尉孔宙碑》。

作《大水謡》：『萬曆丙辰五月四，建南諸溪水俱至。奔濤直抵無諸城，四野茫茫滚如沸。稻田蔬圃都湮沉，流注人家數尺深。撑舟駕艇入城市，雨聲不絶天垂陰。海潮一日兩應候，水勢奔騰更來驟。釜裏生魚竈産蛙，寡婦哀哀向誰叩。』(《鼇峰集》卷八)

曹學佺有《端陽苦漲二首》其一：『聞道水來急，悽遑免此身。琴書皆累念，鳥雀倍依人。豈羡樓居好，難周巷泣貧。不知造物者，何意困斯民。』其二：『避地嗟無術，滔天勢未降。寒聲來灌瓦，積氣上横窗。節日不成五，灾年恒苦雙。詎須仍吊屈，處處汨羅江。』(《浮山堂集》，《石倉詩稿》卷二十三)

作《丙辰五日雨水方天樹，緑玉齋聽雨丙辰》(《鼇峰集》卷十一)。

作《避倭行》：『洪水既退民安堵，忽傳倭奴犯中土。巨艘渡海恣殺掠，白日羽書報開府。閩中久矣歌太平，驟聞警急人皆驚。窮鄉僻壤各騷動，扶老携幼趨榕城。行者肩摩車轂擊，挈筥提筐若雲集。城中穀價方涌貴，燃桂兼之炊玉粒。民心思亂正洶洶，避寇移家焉適從。開府安民下禁令，此邦倉赤賴帡幪。憶昔嘉靖中年苦，倭變無兵無食空拳戰。今年幸喜猶虚傳，烽火毋令四郊見。嗟哉！互市今不通，致命夷舶侵閩中。何因盡斬鯨鯢遯，得似當年戚總戎。』(《鼇峰集》卷八)

按：曹學佺《倭患始末》：『四十四年四月，琉球國夷來報，日本造船三百隻，將來犯順，上下戒嚴。至四月末，果有倭船飄飄海上。寨、游告急，巡撫黄承玄懸賞招人偵探。時有閩縣人董伯起者，應募奉文往東涌外洋，遇倭酋明石道友，令通事語起曰：「我係長砂磯國王差往鷄籠復仇耳。

共船十四隻，遇風飄散，獨我二船停泊東涌，候風順，衆船至，即共發，不入大明境界也。我欲遣人還報國王。」遂挾伯起偕往。』（《湘西紀行》下）

又按：董應舉《中丞黄公倭功始末》：『内地不知多寡，大家争奔入省城，城門晝閉。』（《崇相集·議二》）

作《洊雷引》：『城中避倭稍寧息，白晝無端聞霹靂。五月廿六時當午，豐隆震動天地赫。萬歲古塔城南隅，木梯繡栱何縈紆。忽然一聲震其内，烟光烈焰騰須臾。塔頂五人方飲酒，雷火驟來争遁走。』（《鼇峰集》卷八）

按：《萬歲塔始末考》：『歲在丙辰，五月二十六日白晝，轟雷震擊，塔内木梯橑栱，一時焚盡。鄉民五人，方聚飲塔上，有何姓者竟爲雷裂其腦，焚死塔中。』（《文集》册十二，《上圖稿本》第四五册，第三四一頁）

題《漢泰山都尉孔宙碑》：『《孔都尉碑》，隸法甚古。漢隸固自難得，此雖剥落，而一段蒼然古意，非今人所能摹者也。楊用修收此文入《金石古文》，難辨處用修皆譯出矣。丙辰長至，興公題。』（沈文倬《紅雨樓序跋》卷二，第六五頁）

按：《漢泰山都尉孔宙碑》，漢碑，佚撰人名。

又按：孔宙，孔融之父。

五、六月間，送施德政總戎歸吴。莆田周千秋移居省城，有詩贈之。

作《送陳畫史之九鯉》《送張集虚之新喻，應劉明府之招》《送施總戎歸吴門》（《鼇峰集》卷二十）。

作《周喬卿移居三山，贈之》（《鼇峰集》卷二十）。

謝肇淛有《周喬卿移居三山，喜贈》：『廿年踪跡半無諸，今日真成賦卜居。舊業拋來惟有劍，新齋構就盡藏書。山鄰鳥□何須□，水近璚河亦可漁。課子一經催婦織，春風隨處是吾廬。』（《小草齋續集》卷二）

按：《周喬卿像贊》：『蒼乎其容，樸乎其質。既丘壑以置身，復江湖而托跡。茗椀爐香，長吟抱膝。神遊象帝之先，詩闖唐人之室。然諸如山，交情若漆。是以與君投分，歷二十五年如一日也。』（《文集》册十二，《上圖稿本》第四五册，第二八三—二八四頁）

又按：謝肇淛《周喬卿像贊》：『爾目蒿如，而非山澤之癯；爾衣褎如，而非逢掖之儒。抱膝高吟，左圖右書。猿鶴之與徒，而鞅掌之與居。人鮮不以爲迂、爲踈、爲愚、爲拘，而吾業已見其大都。要一言以蔽之曰：忠於謀人，而拙於謀其軀。』（《小草齋文集》卷二十三）

又按：以上兩篇《像贊》作年不詳，附於此。

作《送林羽侯之東粤》（《鼇峰集》卷二十）。

夏，與王崑仲、周千秋、王叔晦、俞安期、高景、鄭邦祥應趙子英邀集法雲寺古香書舍。

作《趙子含邀同王玉生、周喬卿、王叔晦、俞羨長、高景倩、鄭孟麟集法雲寺古香書舍》（詩佚，題筆者所擬）。

俞安期有《趙子含邀同王玉生、周喬卿、王叔晦、徐興公、高景倩、鄭孟麟集法雲寺古香書舍》：『梵天逃暑日，書室作糟丘。蔭以淮南樹，成兹河朔遊。天空山近遠，江出地沉浮。醉起憑闌望，飛來

片雨秋。』(《翏翏閣全集》卷二十八)

七月，有書致汀州連凫明、丘本元，言喪子之痛。十二日，倪范初度，招集陸楂館，出荔子餉客，王崑仲爲作《延壽紅圖》。二十八日，與謝肇淛、陳鳴鶴、王崑仲待潮白龍江上；二十九日，次岐山寺，出游永陽(永泰)山水。

作《寄連凫明》：『芝山把臂，已歷兩秋……不佞痛抱西河，目枯淚盡，餘生殘喘，歲月苟延而已。悽愴鬱結之況，叔度能道之。』(《文集》册七，《上圖稿本》第四四册，第一三—一四頁)

作《寄丘德長》：『春初一再把臂，遂爾河漢……不佞痛抱西河，心緒悲愴，杜門却掃，無以爲歡，彈鋏臨汀，竟成虚語。未識何日支竹筇，躡草屩，遍遊東西兩巖，與仁兄作平原十日歡之爲快耳！兹因叔度行便，草草奉問，秋暑困人，作疏厓略。』(《文集》册七，《上圖稿本》第四四册，第一四—一五頁)

按：丘德長，字本元，寧化温泉人。曹學佺有《寧化温泉丘君墓誌銘》(《石倉文稿》卷之《夜光堂》)

又按：以上二書，陳鴻往汀州充當書郵者。

作《七月十二日，柯古初度招集陸楂館，出荔子餉客，玉生爲作〈延壽紅圖〉，即席題贈》(《鼇峰集》卷八)。

按：延壽紅，荔枝名。

作《泊舟新岐，因憩岐山寺》：『翠靄迷珠網，香風動寶幡。數聲鳴石磬，花雨落黄昏。』(《鼇峰集》卷十一)

按：王應山《閩都記》卷二十《湖南侯官勝蹟》『仙崎』條：『一名陰崎，在十一都。江源出永福明溪，與陽崎村對峙。山顛樹木蔭翳，居民稠密，臨於江滸，有岐江寺。明徐𤊹《憩岐江寺》……』謝肇淛有《重過岐江寺》：『竹門蘿徑欲荒蕪，重到何須更問途。斷磬十年懸未改，舊題半壁字全無。階前老樹存羅漢，榻上新苔没苾蒭。一片寒潮催客去，大江微雨布帆孤。』（《小草齋續集》卷二）

按：謝肇淛《游永陽山水記》：『丙辰之秋七月丁酉，謝子有事於永陽，待潮白龍江上，次新岐之岐山寺。永福在郡西百二十里，逆水程也。從白龍江登舟，乘潮落始得出。六十里至新岐寺，濱於江。竹門松徑，一榻蕭然。孤僧擁衲焚香，腹未嘗果也。辛亥之秋，嘗一到此，倏忽六年，風光如昨，而壁上舊題已盡爲泥土矣。』（《小草齋文集》卷九）

又按：丁酉，二十九日。

又按：辛亥，即萬曆三十九年（一六一一）。謝肇淛與徐𤊹等游方廣巖。

八月，初一日至九月十五日，與謝肇淛、陳汝翔、王崑仲遊永陽山水。乘潮至小雄，觀龍塘瀑布。過汰王灘，觀唐永福令妻王氏詩刻。至永陽重光寺，夜宿。初二日，過花林莊，至埔埕壽山草堂寺，過兩夜。初四日，度耶呼嶺，宿杉洋鮑叟家。初五日，遊杉洋鳳凰寺，鳳凰寺僧覺印贈方竹杖。出十里林，達名山院，登石室。夜宿名山院。初七日，取道花林莊，至于方壺。初八日，次半莊院，陟姬巖，題詩壁上而去；王崑仲先歸。初九日，再宿姬巖。初十日，自姬巖歸，遇雨，憩魚溪，過清涼亭，返於重光寺。十二日，過懸漢巖、懷陳益祥，登方廣巖，觀萬曆十八年（一五九〇）、三十九年（一六一一）兩次游方廣刻石題名。十四日，返城。十五日，謝肇淛作《游永陽山水記》。

作《遊小雄澗觀龍塘瀑布，次王孟敭韻》（《鼇峰集》卷五）。

按：〔萬曆〕《永福縣志》卷一《地紀》『小雄溪』條：『在一都。源出興化諸山，至龍塘噴爲瀑布三十餘丈，瀉入塘中入溪。』

又按：謝肇淛《游永陽山水記》：『艤舟小雄溪，入龍潭觀水簾而出。從岐江乘潮上二十里，至小雄溪，澗水淙淙，自山中落，其源爲龍灘瀑布，國初王用文及子孟敭隱居處也。舍舟沿溪而上，脩竹夾之。磴道紆迴，隨水東西。二里許爲鋪錦灘，又里許爲流觴曲水，皆有用文石刻。水中磐石，又有林琦遊記。稍進爲飲牛潭，其上爲鷄冠巖。樹影蔽虧，蟬聲咽露，不知赤日之行天也。澗道既窮，峭壁倚天，飛泉從峰頂噴空而下，是爲水簾。其下爲潭，其腰爲石室。石室之中，毀鉎頹扉，枕藉泥塗。自此以往，不可復登矣。按林琦遊記，此爲二潭，尚有初潭踞其巔，而孟敭詩亦有「小雄、仙巖二潭」之語，意其上必有水源，若崑崙星宿海也者，惜爲榛莽塞耳。日表既昃，乃循故道歸舟。』（《小草齋文集》卷九）

謝肇淛有《由小雄溪入龍潭觀瀑布是王孟敭讀書處》：『艤舟小雄澗，策杖觀龍潭。盤迴高復下，竹影何毿毿。客行傍竹沿溪去，遠訪高人讀書處。千重嵐靄濕幽苔，一片蟬聲咽殘露。度嶺初過鋪錦灘，翠藤碧草披層巒。水中古篆半澌盡，石上遺文猶未刊。飲犢溪空二百載，流觴曲水依然在。峰頂金鷄聞夜啼，雲中紫鳳揚朝采。捫蘿披莽石梯窮，一徑始與仙源通。瀑布潺湲噴晴雪，珠簾錯落飛天風。蒼洞硿砑窅莫測，丹竈饃餬蘚花碧。哀猿嘯雨暮林寒，孤鶴啼烟曉山白。學士遺蹤安在哉？草堂雲構總蒿萊。祇今惟有龍塘月，時照精靈自往來。』（《小草齋續集》卷二）

作《過汰王灘，觀唐永福令妻王氏詩刻》(《鼇峰集》卷二十六)。

按：謝肇淛《游永陽山水記》：『八月朔己亥，泝諸瀨，抵永陽，宿重光寺。溯小雄而上，溪流漸迅，蒼壁嵯岈，雲樹晻曖。丹崖一片，王用文題曰『赤壁』，是爲赤壁瀨。稍進爲堤頭，爲葛嶺，即走方廣道也。又進爲石塍瀨、八港瀨，亂流齧石，雪花捲地，舟迴其罅，大費牽挽。又數里爲汰王灘，即唐潘令室人題詩處也。行四十餘里，始抵永福。郭外濱溪，有寺曰重光，踞翀峰之陽，唐大中初建也。』(《小草齋文集》卷九)

又按：王應山《閩都記》卷二十八《郡西南永福勝蹟》『太原石』條：『在十一都太原山上……《閩中記》：「唐太初中，縣令王君秩滿去縣，艤舟於此。令因縣人留餞，夜深未至，其室人題詩石上……唐王令室人詩：何事潘郎重別筵，離心未斷妾心懸。太原灘上相思處，猿叫山山月滿船。」』

謝肇淛有《過太原灘有懷》：『相思兩地淚闌干，猶有殘題石上看。猿叫月明今似昔，孤舟怕過太原灘。』(《小草齋續集》卷二)

作《入重光寺》(《鼇峰集》卷二十)。

按：王應山《閩都記》卷二十八《郡西南永福勝蹟》『重光寺』條：『在縣南開平里。唐大中二年建。有放生池、羅漢閣。國朝隆慶三年，知縣陳克侯重建祝聖道場，郡人王應時撰《記》。』

謝肇淛有《永陽重光寺》：『扁舟百折石灘窮，却望叢林縣郭東。幢影曉飛翀嶺月，磬聲寒度洑溪風。上方僧定諸天寂，下界人稀萬念空。疏竹兩廊荷半沼，禪關不閉夕陽中。』(《小草齋續集》卷二)

作《宿重光寺，用壁間韻》(《鼇峰集》卷二十)。

謝肇淛有《宿重光寺，用壁間韻》：『古刹臨溪半倚山，清齋留客宿雲間。紫烟滿地香浮篆，翠色生衣竹映關。枕上灘聲隨磬咽，松陰鶴夢伴僧閑。半生未了皈依願，羞向空門到復還。』（《小草齋續集》卷二）

作《過花林莊》（《鼇峰集》卷二十六）。

作《壽山草堂寺》（《鼇峰集》卷二十）。

按：謝肇淛《游永陽山水記》：『庚子（初二日），舟上三門、斗甕，至於埔埕，過草堂寺，信宿乃發。自縣以西，亂石棋布，水益迅怒，馳驟奔瀉，遇石輒翻，狂吼若雷。其最險者曰三門，曰倒甕，曰六尺、七尺。數十里中聯屬不斷，喧豗相應。雖上水險覺少殺，然牽挽力争，進寸退尺，稍緩輒旋入渦中，觸手糜碎。長年心力俱憊，神色沮喪。顧視下來之舟，廻旋若飛，瞬息千里，反覺其快耳。四十里至埔埕，始就陸，有寺曰「草堂」。』（《小草齋文集》卷九）

謝肇淛有《草堂寺在永陽之埔埕》：『賨幡高揭傍村莊，共説禪宫舊草堂。四壁亂峰雲木合，一林祇樹雨花香。客貪佛日來初地，僧供齋筵出上方。仙梵泠泠車馬絶，芙蓉開滿翠微房。』（《小草齋續集》卷二）

作《邪呼嶺》（《鼇峰集》卷二十六）。

按：謝肇淛《游永陽山水記》：『壬寅（初四日），觀於温泉，度耶呼嶺，宿杉洋。出埔埕東里許，渡溪而北，有温泉，其沸可燖鷄豕，甘可瀹茗，亦奇蹟也。過數里，度耶呼嶺，石磴盤空，蹊徑偪仄，賫葹蒙茸，杉栝交加……日昃，始達嶺表。自上視下，恍在雲際。嶺下爲杉洋村，平田百畝，峰巒迴抱。民鮑氏者，叢族環居，歷數百載，

畢世不識郡縣門，蓋依稀菊谷、桃源風景矣。』（《小草齋文集》卷九）

謝肇淛有《耶呼嶺二首》，其一：『嵐靄共朝霏，濛濛濕客衣。山圍疑路盡，谷轉見人稀。林影看逾密，泉聲聽漸微。巖花開似繡，相對亦忘機。』其二：『山空溪復險，盡日少人行。偶辨荒榛路，時聞伐木聲。高峰危欲墮，絕壁削初成。十里林頭望，遥遥隱化城。』（《小草齋續集》卷二）

作《杉洋憩鮑叟家》（《鼇峰集》卷十一）。

按：（萬曆）《永福縣志》卷一《地紀》『里圖』條：『中和鄉舊名通化，在縣南……其村則曰埔埕、曰壽山……曰杉洋。』

謝肇淛有《宿杉洋鮑氏》：『披榛行十里，嶺盡見孤村。遊客倦山路，主人開竹門。晚風鳴稻穗，新月落松根。把酒桂花下，逌然清旅魂。』（《小草齋續集》卷二）

謝肇淛有《贈鮑叟》：『避世寧知老，龐眉亦可尊。問年踰大耋，閱世見玄孫。鷄黍山中饌，桑麻洞裏村。却憐遊屐到，輾破緑苔痕。』（《小草齋續集》卷二）

作《杉洋鳳凰寺》（《鼇峰集》卷十一）。

按：謝肇淛《游永陽山水記》：『癸卯（初五日），歷鳳凰寺而東，出十里林，達名山院，登石室。

寺故在鳳凰山下，今徙杉洋之北。金碧輝煌，竹木薈蔚。老僧自四明來，稍可與語。遂過十里林，荒穢尤甚。下臨谿谷，或高或下，畲人結草泊居，藝藍爲業。崎嶇跋涉，蓋二十餘里始達名山院云。院，故高蓋山寺也，巖壁奇聳，常有紫雲如蓋，故名。其對峰則石室也。磴道齒齒，望之如登天，然老樹、怪石、峭壁、懸崖夾峙左右，客子應接不暇，忘其升降之疲矣。』（《小草齋文集》卷九）

萬曆四十四年丙辰（一六一六） 四十七歲

謝肇淛有《鳳皇寺在永福之杉洋，從鳳皇山下徙此》：『鳳皇山下寺，寺改鳳名留。金碧人天相，香風桂柏秋。亂峰青靄合，疏竹翠雲流。僧定空廊寂，蟬聲咽不休。』（《小草齋續集》卷三）

作《鳳凰寺僧覺印惠方竹杖》（《鼇峰集》卷二十六）。

作《十里林》（《鼇峰集》卷二十六）。

謝肇淛有《十里林二首》，其一：『十里荒林路，崎嶇傍澗行。水分巖瀑遠，樹接野村平。叠石東西渡，開山高下耕。亂蘆圍仄徑，一片蟪蛄聲。』其二：『謾説叢林好，其如宿莽何？山田得水少，畬户種藍多。路盡緣塍轉，崖崩接樹過。諸天知不遠，猶自隔藤蘿。』（《小草齋續集》卷二）

作《登名山室四首》（《鼇峰集》卷二十）。

按：王應山《閩都記》卷二十八《郡西南永福勝蹟》『高蓋名山院』條：『在縣西南二十都高蓋山下。唐文德元年建，五代唐天成中賜額……東、西二石室，有高僧師二人坐化於此。』

謝肇淛有《名山室四首》，其一：『名山寶地鬱清嚴，平楚層巒翠色添。絶壁倚雲千級磴，懸崖覆地百重簷。洞從石底開成室，水向空中掛作簾。白鶴歸來松樹老，半天倒插紫龍髯。』其二：『東西二室一巖分，片片峰巒處處雲。古洞泥金埋法相，靈祠香火祝真君。上方鐘響諸山應，下院經聲絶頂聞。歷險欲窮前代事，亂崖剔盡碧苔紋。』其三：『佛地仙巖世所無，曾聞西嶽表閩都。峰頭鳳是何年立，室外龜非舊日趺。石壁磋砑無鳥度，藤蘿昏黑有猿呼。塵囂不到僧高卧，何用黄金布給孤。』其四：『真人拔宅此飛昇，法席重開兩聖僧。雲幄已封仙界路，雨花猶濺佛堂燈。盤空鳥道依修竹，拂地虬枝挂古藤。欲老烟霞隨處是，萬峰孤月證三乘。』（《小草齋續集》卷二）

作《宿名山院》(《鼇峰集》卷二十)。

作《方壺》(《鼇峰集》卷二十)。

按：謝肇淛《游永陽山水記》：『乙巳(初七日)，道花林莊，至于方壺。出名山院五里許爲花林莊，相傳徐、趙二仙噴酒成花處也。十里爲箬洋。度小嶺，又十里爲白夾，望雲木中石壁黝黑，層簷隱見者，方壺也。方壺爲宋里人張聖得道之所，然其高廣不及高蓋十一。上有小屋，屋有石筍。下有泉，泉中有四足魚。循傍徑上，有石觀音。其麓有閣，可以眺遠。其山多苦荈，多野菊。石間有王用文鐫「方壺」字，及薛子顒等同遊姓名。』(《小草齋文集》卷九)

又按：方壺，在永福。曹學佺《永福山水記》：『方壺純乎巖也，以形似，故名。有閣背巖，而他縣山雜在閣前，水自巖涌出爲池……亦有石室在巖頂，自池上望見，必出寺而斜繞始可到。所望益遠，有石大士像，甚端好。』(《石倉文稿》卷三)

又按：王應山《閩都記》卷二十八《郡西南永福勝蹟》『方壺巖』條：『在縣東南二十里。陗壁百仞，下有負壑……面對遠峰，即二妃山。』

又按：(萬曆)《永福縣志》卷一《地紀》『方壺巖』條：『去城六十里……舊建佛殿跨其上，高半於巖，歲久頹廢。隆慶二年重建。規模不逮其舊。殿前爲樓，左右爲鐘鼓樓，東爲朝天宮。』

謝肇淛有《方壺三首》，其一：『欲窮丘壑勝，高蓋又方壺。山徑半無路，野花時載途。樹深虛閣隱，地僻老僧孤。到此塵心絕，如遊太乙都。』其二：『雲巒圍紺殿，巖屋逗蒼霞。樓俯千峰迥，泉飛一徑斜。靈祠標石筍，古篆蝕苔花。白鶴中宵影，猶疑駕羽車。』其三：『履險不容足，探幽愜素

心。泉魚時隱見，雲洞極高深。古閣重簷朽，殘碑宿莽侵。從來人罕到，灌木亂猿吟。』（《小草齋續集》卷二）

作《姬巖一名鷄巖》（《鼇峰集》卷十一）。

按：謝肇淛《游永陽山水記》：『丙午（初八日），次半莊院，陟鷄巖。下方壺巖，遥見秀峰黛色，横插天表。輿人曰「鷄巖」也，可三十里許耳。然山路蘙薈，無復行踪。菅茅割面，迷陽刺足。上緣峭磴，下頫危谿，行者心悸毛竪。自辰至午，始抵半莊院。問鷄巖，曰尚二十餘里，始知村鄄之無稽也。院居山坳中，前有爐峰，巍然正峙。門徑脩飭，輪蹄罕及。階前鷄冠百株，霞錦照曜。飯罷，題詩壁上而去。』（《小草齋文集》卷九）

又按：姬巖，又作鷄巖。曹學佺《永福山水記》：『出方壺，爲姬巖。姬巖者，以閩王葬宮人處。又曰「鷄巖」「白日巖」，内見有金鷄飛出也。』（《石倉文稿》卷三）

又按：妃巖，有大妃、小妃。王應山《閩都記》卷二十八《郡西南永福勝蹟》『大小妃山』條：『在七都。舊傳，越王葬二妃於此。一在可杭道旁，一在羊埔山麓。』

謝肇淛有《鷄巖二首》，其一：『方壺巖下望仙峰，猶隔林巒數百重。藥竈丹成鷄已去，洞門石老蘚全封。山排積翠中天列，風起寒濤萬壑從。目極東南雲盡處，海潮晴涌玉芙蓉。』其二：『鐵嶂硿砑古樹秋，懸梯攀盡見丹丘。平臨百里群峰頂，直到諸天最上頭。鶴叫星壇寒月落，龍蟠石壁暗泉流。大江如練雲如馬，擬挾飛仙過十洲。』（《小草齋續集》卷二）

作《姬巖歸遇雨，投清涼寺》（《鼇峰集》卷十一）。

按：〔萬曆〕《永福縣志》卷一《地紀》『清涼山』條：『去城十里。梁乾化三年建寺於山下之平洋，溪流環繞，寺若浮筏。』

又按：謝肇淛《游永陽山水記》：『戊申（初十日），自鷄巖歸。乃雨，憩魚溪，過清涼亭，返于重光。再宿鷄巖，質明亟下，懼雨也。乃巖頂雲霧時開時合，磴道浸淫，顛仆者屢矣。巖雖一峰，而左右周遭環簇者，不可數計。仰視之，皆有石屋，皆有泉，倘得高人幽士，命駕探闢，武夷之三十六峰不足擅美也。三十里至漁溪，雨漸甚，衣屨淋漓，顧田間無可駐足者。又十里至清涼寺，憩焉。』（《小草齋文集》卷九）

謝肇淛有《鷄巖歸遇雨，憩清涼寺在永福縣北十里》：『百里行將暮，孤村望欲陰。亂峰秋雨急，古寺暝烟深。灘響妨僧夢，樵歌答梵音。雖云近城市，亦足洗塵心。』（《小草齋續集》卷二）

作《過懸漢巖懷陳履吉》（《鼇峰集》卷二十六）。

按：陳履吉，即陳益祥。詳隆慶四年（一五七〇）。

又按：謝肇淛《游永陽山水記》：『庚戌（十二日），登方廣巖。又二日，乃返。雨止登舟，千山之泉俱滙，勢若建瓴，瞬息即抵葛嶺。方廣僧來迎，且覓輿人相遲，遂至懸漢巖，昔者吾友陳履吉所創也。地雖小，亦有石室，有瀑布，斗閣踞焉。履吉死，杖屨不時至，僅爲遊僧假寓，奉香火而已。五里至巖，覓辛亥秋石上題名，半爲渦涎蘚花侵剥……遊凡十有六日矣，同行者陳鳴鶴汝翔、王崑仲玉生、徐𤊹興公，而玉生自鷄巖先歸，不與方廣之遊。八月望記。』（《小草齋文集》卷九）

謝肇淛有《重過懸漢巖悼陳履吉》：『石室依然在，山河感不勝。烟霞更舊主，香火寄流僧。徑斷埋秋草，崖荒脆古藤。寒泉知客恨，嗚咽下層層。』（《小草齋續集》卷二）

按：上次過懸漢巖悼陳益祥在萬曆三十九年（一六一一）。參見該年。

作《三至方廣巖》（《鼇峰集》卷二十）。

謝肇淛有《重游方廣巖，同徐興公、陳汝翔作》：『重到名巖又六年，水簾丹嶂尚依然。蒼苔未蝕山門字，古木猶蟠石壁烟。樹杪暝鐘傳萬壑，雲中香閣敞諸天。繩床布衲寒秋雨，一夜泉聲攪客眠。』（《小草齋續集》卷二）

按：謝肇淛《游永陽山水記》：『乙巳，道花林莊，至于方壺。』（《小草齋文集》卷九）

作《看方廣巖題名》：『二十六年三到此，幾回勒石紀經行。舊遊一半俱零落，不忍摩崖看姓名。』（《鼇峰集》卷二十六）

按：興公萬曆十八年（一五九〇）、三十九年（一六一一）遊方廣巖，至此，三十六年已三遊。舊遊陳价夫、陳薦夫等俱已零落。

秋，題李陽冰《城隍廟記》。與陳鳴鶴、謝肇淛至曹學佺石倉園，居停兩夜。法雨上人來訪，出畫菊索題爲別。

按：法雨上人來訪，參見次歲冬。

題李陽冰《城隍廟記》：『陽冰篆書，世稱縉雲《城隍廟記》與麗水《忘歸臺銘》、福州《般若臺》爲三絶。此乃宣和中摹本，末署立石官爵，先尉簿而後丞令，亦碑刻中之僅見者也。萬曆丙辰秋，興公書。』（沈文倬《紅雨樓序跋》卷二，第七〇頁）

按：縉雲《城隍廟記》，唐李陽冰書。

又按：曹學佺《陳汝翔、謝在杭、徐興公到園内》：『選勝如談藝，天然趣較饒。水心難在樹，月

色盡於橋。信宿朋來樂，淹留隱可招。請看松菊意，秋老肯蕭條。』（《浮山堂集》）

作《鏡堂上人六十初度》（《鼇峰集》卷二十）。

謝肇淛有《鏡上人六十》：『布衲繩床到處禪，閑雲孤鶴自翩翩。手翻南藏維摩室，名在西方兜率天。首座能傳燈下鉢，故人共結社中蓮。本來明鏡原無物，僧臘何須問歲年。』（《小草齋續集》卷二）

秋、冬間，有詩答寧化丘德長，又有詩贈永嘉何白。忠懿王祠墓有司重興修治，爲其裔孫題詩。匡雲上人遊閩兩載，携荔枝圖歸，送匡其還廬山。有詩咏會城兩塔：萬歲寺（俗名烏塔）、定光塔（俗名白塔）。

作《答贈丘德長太學》（《鼇峰集》卷二十）。

作《寄贈何无咎》（《鼇峰集》卷二十）。

按：何白，字无咎，永嘉（今浙江温州）人。龍君御異其才，爲其延譽。隱于梅嶼山中。有《汲古堂集》。

作《寄題永嘉王昭文太玉樓》《送匡雲上人還廬山》《壽意安上人》（《鼇峰集》卷二十）。

作《忠懿王祠墓有司重興修治，春秋遣官致祭，裔孫諸生一騰索題》（《鼇峰集》卷二十）。

按：忠懿王祠墓，即閩王王審知墓。參見萬曆二十五年（一五九七）。

作《匡雲上人游閩兩載，閩中荔子飽啖不足，乃圖其像携歸，欲驕客之未到閩中者，予爲戲題一絶，上人何以解嘲》（《鼇峰集》卷二十六）。

作《萬歲寺》，自注：『唐黄滔御史作寺碑。』（《鼇峰集》卷二十）

按：萬歲寺，即定光塔寺。黄滔所作寺碑，即《大唐福州報恩定光多寶塔碑記》。

作《定光塔》(《鼇峰集》卷二十)。

作《丙辰除夕》:『半生哀樂夢中過,來日無如去日多。丙夜寒聲聞北吹,丁年冷淚灑西河。不談世務恒捫虱,雖習名書莫换鵝。却爲春喪絲竹廢,愁聽臘鼓響靈鼉。』(《鼇峰集》卷二十)

是歲,趙子英之母包氏七袠,爲作頌。

作《瑶池頌壽趙母七十》,其《序》:『趙母包孺人,以萬曆丙辰壽登七袠。婦德母儀,彰彰於壼以内外,一時縉紳文學爲文佐百歲之觴。母之生平懿德,醇行已闡其大都矣。季子子英,同社生,復命工繡《瑶池降王母圖》申祝之。』(《文集》册十二,《上圖稿本》第四五册,第三三一頁)

按:趙母,趙子英之母。子英,徐興公同社友。

是歲,施德政歸,有書致之,並言己病後體虚。

作《與施大將軍》:『自辛亥祓除之宴,忝結知交,六載之間,仰覿耿光,時聆雅教……一旦飄然賦歸,真令人有黯然消魂之意。誼當追送數百里始盡攀卧之私心,奈病後體尚虚弱,方以藥餌代饔飧,不能遠涉,非恝然也。』(《文集》册六,《上圖稿本》第四三册,第四七八—四七九頁)

按:萬曆三十九年辛亥(一六一一)至今六載。『祓除之宴』,萬曆三十九年三月,施將軍招集與徐熥、張燮等修禊,徐熥作《修禊日施大將軍席上送張紹和還霞城》,參見該歲。

是歲,鄭正傳卒。

按:據謝肇淛《太學生嗣真鄭君墓誌銘》(《小草齋文集》卷十八),正傳生於萬曆元年(一五七三),卒於四十四年(一六一六)。

萬曆四十五年丁巳（一六一七） 四十八歲

謝肇淛五十一歲，曹學佺四十四歲，林古度三十八歲，徐鍾震八歲，徐延壽四歲

正月，元日，鄭邦祥携觴法雲寺，歸過風雅堂。初七日，集塔影園送喻應夔還豫章，徐昭質還白下。元夕，集喻應夔、徐昭質、楊德周、僧敬中、趙珣等集風雅堂，同賦蓮花燈。同楊德周、喻應夔、徐昭質、僧敬中集高景松雲館。喻應夔來宿山齋，夜話。

作《元日，鄭孟麟携觴法雲寺，歸過風雅堂小集，分得十四鹽》（《鼇峰集》卷二十）。

作《人日，集塔影園送喻宣仲還豫章，徐昭質還白下，分得五微》（《鼇峰集》卷二十）。

作《徐昭質贊》：『向識君之名字，已知質有其文；今挹君之言論，又喜過於所聞。裁詩也千篇月露，作畫也四壁烟雲。結江上之草堂，隱矣自適；戴風前之箬笠，飄然不群。信吾宗後來之秀，豈曰美如城北之徐君哉！』（《文集》册十二，《上圖稿本》第四五册，第三〇三頁）

作《元夕夜，邀喻宣仲、徐昭質、楊南仲、僧敬中、趙十五集風雅堂，同賦蓮花燈》（《鼇峰集》卷二十）。

按：楊德周（一五七九—一六四六），字南仲，一字孚先，别號齊莊，鄞縣（今浙江寧波）人。萬曆四十年（一六一二）舉人。曾官古田知縣。

又按：趙十五，即趙珣（？—一六四六），本名璧[一]，字枝斯，莆田人。入清後客死福州，周亮工將其與陳鴻合葬西湖側，爲書碑曰：『明詩人陳叔度、趙十五合墓。』

商梅有《正月十七夜集友》：『古人遊秉燭，今夕殆如何。燈與月同豔，情於春較多。墻花留影宿，簾鳥觸香過。勝集兼良夜，更殘尚雅歌。』（《彙選那菴全集》卷十七《庭草》）

按：十七夜，時間較爲具體。

作《爲徐昭質贈婦》《挽林可繼先生》《寄答休遠上人》（《鼇峰集》卷二十）。

作《早春同甬東楊南仲、豫章喻宣仲、金陵徐昭質、四明僧敬中夜集高景倩松雲館，共用僧字》《喻宣仲至，留宿山齋夜話》（《鼇峰集》卷十二）。

二月，倪范、商梅過山齋；商梅爲倪范作《柳岸維舟圖》，爲其題詩。送楊德周還寧波，因懷楊德政。

作《倪柯古、商孟和偶過山齋，孟和爲柯古作〈柳岸維舟圖〉，漫題其次丁巳》：『小艇維新柳，依依似漢南。』（《鼇峰集》卷十一）

商梅有《雨後同友人訪城南園池》：『柴門閉烟水，况是此城中。雨後何人至，春遊偶爾同。閣虚山影進，徑遠鳥聲通。最好長堤上，微波生柳風。』（《彙選那菴全集》卷十七《庭草》）

按：興公宅城南，虚閣山影，山齋；長堤柳風，《柳岸維舟圖》景。

作《送人遊北雍》（《鼇峰集》卷十一）。

[一]『名璧』，據周亮工《閩小紀》卷二『陳叔度』條。錢海岳《南明史》卷九十九《文苑傳》六『字之璧』。

商梅有《送友之南雍》：『豈是閒遊者，今朝向白門。落花行色動，芳草夢魂存。月肯照前路，雲看出故園。翻然千里別，握手事難言。』（《彙選那菴全集》卷十七《庭草》）

作《賦得箬溪釣隱，寄古田張子文》（《鼇峰集》卷十一）。

作《送楊南仲還四明，因懷楚亭太史》：『江上垂楊嫩緑初，不堪攀折繫離裾。』（《鼇峰集》卷二十）

按：楚亭太史，即楊德政。

作《龍泉寺》《送林叔賓之池陽、吴興省二兄》（《鼇峰集》卷二十）。

作《挽安敬齋將軍》（《鼇峰集》卷二十）。

春、夏間，洪士英建假山初成，招同喻應夔諸子宴集。有詩寄王宇，時宇督學山東。

作《洪汝含中翰假山初成，招同喻宣仲諸子宴集分賦》（《鼇峰集》卷二十）。

按：洪中翰，即洪士英，字汝含，已見前。

作《寄王永啓督學山東》（《鼇峰集》卷二十）。

按：王永啓，即王宇。詳萬曆二年（一五七四）。

作《送長泰吴令公擢太平別駕》《無題調友人》《送朱參戎歸吴中》（《鼇峰集》卷二十）。

四月，題畫贈倪范。

作《題畫貽柯古》：『空山四月黄梅雨，亂竹聲中香一縷。寂寂茅齋筆硯閑，扣門有客倪柯古。』（《鼇峰集》卷八）

五月，跋《蔡忠惠年譜》；又爲倪范題《傅木虚〈丁戊山人詩〉卷》《陶雲湖〈嘉蔬圖〉》。

跋《蔡忠惠年譜》：『歲甲寅，友人陳侍御（秦）［泰］始乘驄江右，余堅投以公車，侍御納之皁囊中去。下車即請王孫朱（爵）［鬱］儀、秀才李克家嚴加讎校，並《外紀》載之梨棗。甫一周而吴興蔡侯伯達來守泉郡，以公同姓同官又同地也，於是從盧（副憲）［憲副］求録本，［屬］張廣文啓睿訂正，鏤板以傳……余得二方善本，反復潛玩，有契於心，更採公生平官爵著述，編爲年譜，歷歷有徵，庶後之覽者有所考鏡，因述所繇如此。萬曆丁巳仲夏，閩邑後學徐𤊹興公謹跋。』（馬泰來整理《新輯紅雨樓題記　徐氏家藏書目》，第八二頁）

按：《蔡忠惠年譜》，徐𤊹撰。

又按：蔡善繼，字伯達，浙江烏程人。萬曆二十九年（一六〇一）進士。時爲泉州知府。

又按：二方善本，一爲陳一元刊，署『萬曆乙卯仲夏南州朱謀㙔李克家重校』本，此本興公已先行校過，請陳一元帶往江西，朱、李加以重校。一爲蔡善繼刊、張啓睿校訂本。

又按：參見萬曆三十九年（一六一一）、四十二年（一六一四）。

題《傅木虛〈丁戊山人詩〉卷傒官傅汝舟〈丁戊山人稿〉》：『吾郡二百年來能書之家，指不數屈。國初孟揚、廷禮二太史，及浮邱、黄山、伯煒諸公，兼長八法，駸駸入晋人之室，名重當時。洪、宣以降，不聞有能操觚者。成化中有林州倅景清，弘治中有邵尚寶文恩，皆運筆圓勁，可方古人，世無知者。嗣是，鄭吏部繼之、傅處士木虛承其統緒，繼之專學《聖教》，木虛稍變其體，筆力蒼古，可與繼之雁行，愈老愈工。此卷乃晚年所書，雖不能擬國初、成、弘之奔逸生動，而嘉、隆之季，殆無以過之。柯古倪君收藏名人墨迹，什九吴人，木虛先生詩品兩絶，寧復以家鷄視耶？後六十八載，偶與柯古閲而賞之，敬題

其殿。萬曆丁巳仲夏，徐𤊹興公跋。』（沈文倬《紅雨樓序跋》卷二，第八六頁）

按：《丁戊山人詩》，明傅汝舟撰並書。倪范藏。

又按：此條云倪范藏書畫以吴人十有其九，閩人作品反而不多，故此件值得珍惜。

又按：王應山《閩都記》卷三《城郡東南隅》『丁戊山』條：『名嵩山，又名中山，在郡城之中。隱隆磅礴闤闠間。』

題《陶雲湖〈嘉蔬圖〉》：『先輩楊成玉先生，以天順八年進士爲侍御史，出守廣陵，雅好書畫。余嘗見盛行之《雪梅》長卷，爲楊氏故物，華亭張中翰天駿所題，友人林夷侯收得之。斯圖嘉蔬，乃爲郡日寶應陶雲湖孝廉所作，倏然有農圃家風，東海翁與族弟天駿題其後，筆勢縱横，猶唐二張之顛旭也。東海翁書名震霄壤，然贋者什之七，如死蛇挂枯樹，生意頓盡，都不入眼。此卷儼然右軍《筆陣圖》法，至於「珠簾十里瓊花月，都屬清風五馬侯」，尤清麗可誦。集不載翁書此詩，後二載捐館，故晚年之筆愈真耳。楊先生，吾邑扈嶼人，後昆寖微，柯古倪子重裝而寶藏之，得所歸矣。萬曆丁巳仲夏晦日，徐惟起興公書。』（沈文倬《紅雨樓序跋》卷二，第七三頁）

按：《嘉蔬圖》，明盛行之畫，倪范藏。此則爲倪范題。

六月，爲倪柯古題《文衡山〈雜畫册〉》《沈石田〈别意畫卷〉》《文待詔尺牘卷》。

題《文衡山〈雜畫册〉》：『萬曆丁巳夏五，梅雨經月，無人不興愁霖之嘆。六月朔日，忽陰雲盡斂，晴旭射窗牖間。倪柯古携觴具酒觥，過我竹中，時盆蘭盛開，秋海棠初吐，掃地焚香，意況甚適，徐出文太史雜畫共賞，畫饒意，詩饒韻，書饒態，正不必拘拘一律，各臻其妙。時商益和、趙子含同觀，皆嘆服

不已，二子亦能畫，宜其有當於心耳。漫書以紀一日之會。東海徐惟起興公。』（沈文倬《紅雨樓序跋》卷二，第七九頁）

按：《雜畫册》，明文徵明畫，倪范藏。此則爲倪范題。

又按：文徵明（一四七〇—一五五九），原名壁（或作璧），字徵明，私謚貞獻先生，長州（今蘇州）人。因先世衡山人，又號『衡山居士』，世稱『文衡山』。貢生。官翰林待詔。有《甫田集》。

題《沈石田〈別意畫卷〉》：『余嘗慨人家所藏書畫不能傳一二代，便爾散落，即賢子孫身紆金紫，往往付先世手澤於蟲鼠之餘而不知惜。倪汝聲公，余友柯古之曾王父也。恒往返吴門，獲交石田、西室、雅宜諸名公，得其真迹最多。此贈行卷歷百餘年猶世守之，誠難矣！倪氏固多顯者，若柯古可謂繩祖武也。萬曆丁巳季夏之月朔，徐惟起書。』（沈文倬《紅雨樓序跋》卷二，第七四頁）

按：《别意畫卷》，明沈周畫，倪范藏。此則爲倪范題。

又按：沈周（一四二七—一五〇九），字啓南，號石田、白石翁、玉田生，長洲（今江蘇蘇州）人。絶意科名。畫家，與文徵明、唐寅、仇英並稱『明四家』。有《石田集》等。

題《文待詔尺牘卷》：『古人交與，毋論師弟朋友，一本於質實無文。雖近而咫尺，遠而千里，尺一往還，直叙情愫而已。閱文待詔先生諸札，前輩敦厚，襟期自可想見。濫觴至於今日，吴人削牘於闔，必武夷君、十八娘不去口，實何所裨於交誼之重。蒲澗鄭公名鵬，先爲吴郡廣文，待詔爲其門下士。東皋倪公名鏡，官工部主事，待詔友也。至於書法之工，古今有定評，烏用贅矣。萬曆丁巳季夏之朔，東海徐惟起題於柯古陸楂館。』（沈文倬《紅雨樓序跋》卷二，第八四頁）

按：《文待詔尺牘卷》，明文徵明撰並書，倪范藏。此則爲倪范題。

夏，張燮下第，過省城，確知仲春喪長子，興公同病相憐。戴燝僑寓武夷，遠寄《黔中草》；致書戴燝，言《武夷山志》，謝肇淛曾稍删潤，尚未脱稿，請戴氏起而主其事。陳勳卒，有詩哭之。吴爾施掌教永春，贈《香雪新編》，有書及詩答之，摘句稱美其詩。張慰然贈《和靖先生集》，答之，言該書刻板精工，紙烟明朗，然仍有疏漏之處。鄭憲左遷歸家。宣城沈有容將軍東沙大捷之後去職，有詩送之。送巡撫黄承玄守制歸嘉興。有詩壽福建總兵徐一鳴。

作《張紹和入三山，值有子之喪，感而有作》：『旅舍逢君倍黯然，却因同病轉相憐。哀深舐犢腸空斷，哭比啼鵑血更鮮。淚盡西河應此日，葬歸嬴博是何年。由來我輩鍾情甚，修短無由問九天。』（《鼇峰集》卷二十）

按：張燮《哭堂兒三十首》，其六：『閟景甘蕭索，寒年近逐除。身隨殘臈盡，事到早春虚。』自注：『兒以除前二日亡，除日立春。』（《霏雲居續集》卷九）張于堂，張燮長子，生於萬曆二十六年（一五九八），卒於萬曆四十四年（一六一六）十二月，年十九。

又按：徐𤊹長子陸卒於萬曆四十四年（一六一六）。

作《戴亨融以貴竹學憲聽調，僑寓武夷，遠寄〈黔中草〉見示，賦此奉答》（《鼇峰集》卷二十）。

作《復戴亨融督學》：『使節過三山，追隨宴笑，鄙陋如某，乃辱明公注之交藉之中，留別佳章……黔山閩海，迴隔萬里，莫由修候興居。嵇生之懶，不足問也。張紹和入芝城，正擬裁八行問訊，奈行色倥偬，遂不及附致區區……武夷三十六峰，奇絶冠南服，以明公高懷逸韻，逍遥于其間，不與山川相映發哉！第恐璽書催起東山，丹厓碧水，不能長徼杖屨，武夷君又當賦《移文》如稺圭故事耳。漫成小詩，題之扇頭，聊見情愫。哀感之餘，語不能工，幸祈郢教。』（《文集》册七，《上圖稿本》第四四册，第一一一二頁）

按：戴燝往貴州，便道遊武夷。小詩，即《戴亨融以貴竹學憲聽調，僑寓武夷，遠寄〈黔中草〉見示，賦此奉答》。

又按：去歲長兒陸卒，故云『哀感之餘』。

戴燝有《徐興公二詩見貽，賦此爲答》：『中原旗鼓動相聞，豈有詞人不識君。梓里自憐傾蓋晚，蘭心宛似素交芬。投來雙璧春同瑩，告别三山日未曛。正好問奇車已駕，知君欲動稺圭文。』（《天柱山集》，曹學佺《石倉十二代詩選·明詩七集》卷四十七）

按：據戴詩，興公詩原有二首，集僅録一首。

作《又[復戴亨融督學]》：『武夷山川映發，而郡城梅山、芝山，亦仙靈窟宅……第武夷爲吾閩山川之最，列名洞天，自古以來所修《山志》，淆混雜亂，未有操椽筆勒成一家言者。去歲謝在杭過家，曾稍删潤，尚未脱稿，而王程迫去，嘗囑費使君完此功案。今明公一代文宗，千秋盟主，得無意于籛氏二子乎！不肖雖乏三長，而家有藏書足備任使。幸再商之使君，亦不朽之盛事也！』（《文集》册七，《上圖稿本》第四四册，第二一一三頁）

按：郡城，指建寧府城。

又按：傳説彭祖隱於此山，有二子，曰「武」曰「夷」，遂名山曰『武夷』。

作《哭陳元愷計部》(《鼇峰集》卷二十)。

蔡復一有《哀陳元愷》:『前君没一年,交臂願始畢。後君没五年,哀絃始能出。人有知不知,嘆息聲如一。想其抱膝時,汲古惟恐失。畏官兼畏人,閉户影爲匹。歸雲亦偶然,出岫理無必。常抱秋冬情,興文存其質。貧病事不孤,千秋環堵室。取友意何深,冥契齊疎密。展面各無恨,山水留生筆。精神炯相睞,照此不夜日。一議藏今古,吾言敢倉卒。春華易爲玩,永哉根與實。畢諾古松旁,如君初撤瑟。』(《遯菴全集·詩》卷一)

商梅有《寄挽陳元愷先生》:『先生遽云逝,痛哭是深知。寄迹多清遠,居心自等夷。行堪爲世法,廉不受人疑。幸有遺言在,千年係我思。』(《彙選那菴全集》卷十六《湖山草》)

作《集〈國風〉語作情詩》(《鼇峰集》卷二十)。

作《寄吴仲聲掌教永春》(《鼇峰集》卷二十)。

崔世召有《用韻送吴仲聲之永春廣文》:『握手雄心在,行藏未可悲。憑將千古意,且聽一官爲。署對青山好,詩稱白雪宜。春來還憶我,應寄隴頭枝。』(《問月樓詩集》)

作《寄吴仲聲》:『枉寄扇頭佳什,泠泠大雅之音。□誦《香雪新篇》,趙璧隋珠,燦然驚目,如:「緑野暫看盟獨鶴,紫宸還説夢非熊。」「千聲爆竹催殘臘,萬疊烟波滯去身。」「剔罷紅燈愁剪素,敲殘明月怨流黄。」「盤惟苜蓿頻沽酒,齋有芙蓉且擁氈。」可謂七言長城。弟所佩誦不忘者,又不獨何稚孝所賞五言數聯已也。弟自西河罷變,魂斷目枯。非復作向時面孔,仁丈何以策之?江右曾君敬梅,向在新都相識,兹携湖筆入閩,至三山,但售其半。今且挾之温陵,乞爲推廣於諸衿。』(《文集》册七,

《上圖稿本》第四四册，第八—九頁）

按：『西河罹變』，去歲喪子。吴爾施（仲聲）時在永春，魯君入温陵（泉州）故請爲推廣。『苜蓿盤，教職常典。

作《寄王息父》（《鼇峰集》卷二十）。

作《林和靖墓》（《鼇峰集》卷二十）。

作《復張維誠》：『承惠《和靖先生集》，刻板精工，紙烟明朗，如獲拱璧。大序摘其佳句，比湖之情趣、景色，尤爲處士傳神。向令坦捐資授剛，甚盛心也。弟細閲之，更有一二踈漏處，如《省心録》一書，朱文公斷其非和靖所作，乃沈道原筆也。宋景濂學士又申言之，二公之名若揭日月，且歷考本傳及宋人小説，皆言和靖詩詞清逸，人品孤高，并無一人譚及《省心録》一句，則考亭、潛溪之言可爲的據。兹復附于集後，恐和靖在天之靈亦有所弗安者。何文叔附言亦稍譚及，尚未痛快。愚意當以朱、宋二公之言録之末簡，以存傳疑之義，何如？更附録如陳剛中一絶，乃元天台人陳孚字剛中者所作，見乎本集，非宋葬風篁嶺之陳剛中也，當改宋爲元……若夫宋元小説、國朝文集，尚有切于和靖事蹟者，恐亦未盡，嗣當廣搜博采，一時未能拈出耳。』（《文集》册七，《上圖稿本》第四四册，第五—八頁）

按：此條討論林逋《和靖集》編輯，指出附録之失數條。此書當與《林和靖墓》先後作，故附於其後。

又按：此條考證精審，可視爲一篇學術短論，其意義不僅僅局限於《和靖集》而已。

又按：此條可作爲跋語，收入《紅雨樓序跋》或《紅雨樓題記》。

作《送智庵上人遊金陵》《鄭吉甫解鎮遠令，左遷還家，有贈》（《鼇峰集》卷二十）。

作《送沈參戎》：『海濱烽燧忽南侵，報國將軍抒赤心。士卒捐軀争死戰，倭奴泥首盡生擒。折衝自草平蠻儌，談笑能辭納款金。三立奇勳閩晏堵，銅標千古不消沈。』（《鼇峰集》卷二十）

按：沈有容（一五五七—一六二七），字士弘，安徽宣城人。武舉人。先後爲銅浯遊擊、陞浯嶼欽總，官至登萊總兵。曾入臺剿倭，又於長樂東沙擒生倭六十七人。輯有《閩海贈言》。

又按：此詩當作於沈有容將軍東沙大捷之後[一]。東沙島，明屬長樂縣，今暫由臺灣地區馬祖管轄。大捷時間爲丁巳五月。傅啓祚《寧海將軍東沙獲捷暫還宛陵長歌一首贈别》紀大捷經過：『五月十二昧爽初，樓船開向滄溟渡。欲至東沙夜北風，傾盆狂雨昏濛濛。浪高萬丈天地黑，桅傾柁折愁舟工。從征舟師各散失，近可呼者十僅一。中流翻覆不可支，共勸旋帆待來日。將軍捩舵眼獨瞪，櫛風沐雨看形情。浮沈汩没五晝夜，敢言歸者軍法行。望日申時抵其所，再三經畫煩區處。群盜憑依斷嶼山，石巉濤涌多迴阻。欲往征之難概升，勢須小艇頻煩登。彼合我分難駐足，以卒與敵徒兢兢。縱然得算我軍競，彼亦交鋒拚死命。事窮必共赴深淵，安得臨流斬梟獍！若用困之又不宜，狂風怒浪難停師。萬一玄冥不呵護，三千兵士隨馮夷。因思制府昔授旨，曾令生擒付諸理。密令偏裨往諭之，備陳利害俾進止。昔日將軍蒞海營，外邦久爾知雄名。一聞威令俱悚息，倭目先下來輸誠。十六日午領諸寇，投戈束箭同來叩。除將沈水所餘倭，一一就

[一] 關於東沙大捷，參見拙文《東海擒倭與董應舉〈海石銘〉——紀念東沙大捷四百周年》，《福建師範大學學報》，二〇一八年第三期。

擒無滲漏。南夷健猛雄百夫，百倭能令全城屠。防秋大將見如虎，將軍撫畜同侏儒。獨坐樓船倭環視，賜以酒肉歡唯唯。午刻獲功申凱旋，儼驅群羊入城市。』（《閩海贈言》卷四）

作《送丘文舉》《秋千》《送施麟陽計部還朝》（《鼇峰集》卷二十）。

作《送撫臺黄公守制歸嘉興》：『文武威名吉甫尊，清時鼓角靖轅門。鯨鯢已破跳梁膽，烏鳥深懷返哺恩。』（《鼇峰集》卷二十）

按：撫臺黄公，即黄承玄。承玄（一五六四—一六一七或一六一八），字履常，秀水（今屬浙江）人。萬曆十四年（一五八六）進士，官右副都侍御史、福建巡撫。有《盟鷗堂集》。

又按：東沙大捷前，黄承玄果斷起用沈有容，授以水師參將銜。

作《挽劉衛尉》《壽陳都閫》（《鼇峰集》卷二十）。

作《壽徐都督》（《鼇峰集》卷二十）。

按：徐都督，即徐一鳴，福建總兵。

作《送歐陽開美藩幕守制歸吉州》（《鼇峰集》卷二十）。

夏，爲倪范跋《鄭少谷詩卷》；又題《文太史〈仿宋四家字卷〉》；又題高棅《嘯臺集》。

跋《鄭少谷詩卷》：『倪柯古收少谷先生墨迹數幀，似是高、傅二家故物，合而成卷。最後林納言跋語，實從他處移入，所謂集翠爲裘者也。《愍竹賦》及大田《讀黄伯固詩》，皆嘉靖癸未秋所書者……先生化且百年，斷金殘璧，爲世所珍。語曰：「人生非金石，榮名以爲寶。」其先生之謂乎！萬曆丁巳夏，徐惟起跋。』（沈文倬《紅雨樓序跋》卷二，第八三頁）

按：《鄭少谷詩卷》，明鄭善夫撰並書，倪范藏。此則爲倪范題。

題《文太史〈仿宋四家字卷〉》：『宋四大家書，各自成佛作祖，不以摹臨爲工。文太史戲爲仿效，於豫章得其神，於眉山得其意，於襄陽得其格，於莆陽得其形。然莆陽書如翔龍舞鳳，爲宋代第一手，自是難效。太史四時清和閑適，可當山林清課。柯古於四者頗有合，宜三復之。萬曆丁巳夏，書於茘軒中，徐惟起。』（沈文倬《紅雨樓序跋》卷二，第八四頁）

按：《仿宋四家字卷》，明文徵明書。

題《嘯臺集》：『高漫士《木天清氣集》，先正鄧大參公珙曾梓而行之。此《嘯臺集》也，僅存近體，而古風則散逸，無從覓矣。斯本墨紙薄弱，年久蛀蠹，高景倩、謝在杭先後借録各一副，尚俟廣求藏書家以成全璧。萬曆丁巳夏，徐惟起識。』（馬泰來整理《新輯紅雨樓題記 徐氏家藏書目》，第一四八頁）

按：《嘯臺集》，明高棅撰。成化刊本。

又按：鄧珙，字弘中，閩縣人。成化二年（一四六六）進士，官至貴州參議。

又按：高景鈔本，參見萬曆三十五年（一六〇七）。

九月，題《文氏父子書畫卷》。

題《文氏父子書畫卷》：『昔趙文敏雅善書畫，而子雍能畫，欒能書，時稱一門之盛。歷數百年能追踪文敏者，其惟雁門父子乎！披展之餘，前哲之風流可挹，誠爲文氏碎金矣。評者謂畫勝草，草勝隸，皆偶然耳。若曰青出於藍，吾未敢信也。丁巳杪秋，徐惟起題。』（沈文倬《紅雨樓序跋》卷二，第七九頁）

按：《文氏父子書畫卷》，明文徵明、文嘉書、畫。

又按：趙文敏，即趙孟頫。

又按：文氏父子，文徵明及其次子文嘉。文嘉（一五〇一—一五八三），字休承，號文水，徵明次子，長洲（今蘇州）人。以歲貢授吉水訓導，官至和州學正。以書畫名。有《和州集》。

九月至十二月，應福安知縣張蔚然之邀往福安。經羅源，遊白塔寺，觀宋蘇舜欽刻石。過金垂渡。過白鶴嶺，至寧德，同陳伯禹集崔世召問月樓。至福安，訪吴仕訓。寓龜湖寺僧寮，宿黛凝寺，張蔚然、吴仕訓來訪，相與酬倡。彼岸閣拜法雨上人影堂。遊獅峰寺、南峰庵、龍泉庵。朝旭堂祀唐補闕薛先生令之。同吴仕訓遊棲雲寺，過西溪李鱗伯秀才園看菊，登重金山，觀宋學士北山題刻。張大光招游南山別業。遊聖水庵。同何俊卿將軍登蓮花山烟墩觀海。邀張蔚然集薛氏園亭。游仲卿贈其父游朴所著《藏山集》，答之，言該書編輯體例之失數條。其間，馬歘往湖北興國通判任所。

作《羅源白塔寺，觀宋蘇舜欽刻石上『才翁所賞樹石』六字》（《鼇峰集》卷十一）。

按：李賢《大明一統志》卷七十四《福建·福州府》『羅源縣』條：『在府城東北一百五十里，唐咸通中析連江、閩縣地置永貞縣，宋天禧中改曰「永昌」，乾興初又改羅源，元乃舊。本朝因之。』

又按：王應山《閩都記》卷三十二《郡北羅源勝蹟》『白塔禪寺』條：『在鐵嶂山下。宋開寶二年建，後燬。明萬曆癸酉重建。』

又按：謝肇淛《長溪瑣語》：『未至羅源十里許，有白塔寺。相傳臨水夫人子乘紙驢過此，爲寺僧所辱，怒而焚之。寺迄今不能興，塔僅存二級耳。寺外有石，突出如倒。崖上鎸「才翁所賞樹石」六字，徑寸許。當是慶曆間蘇才翁爲郡守時所題，今半爲糞壤塞矣。』

又按：蘇舜欽（一〇〇八—一〇四八），字子美，梓州銅山（今四川中江）人。北宋景祐元年（一〇三四）進士。歷任蒙城、長垣知縣，范仲淹薦爲集賢殿校理。有《蘇舜欽集》。

又按：蘇舜元（一〇〇六—一〇五四），字才翁，舜欽兄，梓州銅山（今四川中江）人。北宋慶曆間爲福建路提刑。

作《金垂渡》（《鼇峰集》卷十一）。

按：金垂渡，在寧德。謝肇淛《長溪瑣語》：『過西陂十里，爲東墻渡。二十里，爲金垂渡。又二十餘里，爲黃崎渡。』

作《白鶴嶺》（《鼇峰集》卷二十）。

按：王應山《閩都記》卷三十三《郡東北福寧勝蹟》『白鶴嶺』條：『在縣西五里。鶴峰之北有巖，懸崖空洞，可坐數十人。洞泉清冽，舊爲龍湫。有峰脈起白巖，透迤數里，尖鋭插天，南連飛鸞，北接蓮花峰。下有嶺，通道羅源。』

又按：謝肇淛《長溪瑣語》：『白鶴嶺，距寧德可十里，高數十仞。自羅源來者，初不覺峻，既造其巔，下視茫然一氣，海色際天，孤城如斗，四面群峰伏而無敢賓者。』

作《同陳伯禹集崔徵仲問月樓》（《鼇峰集》卷二十）。

按：問月樓，崔世召所建，在寧德。劉家謀《鶴場漫志》卷下：『刺史家遵化門内，問月樓在焉。』

又按：據興公《問月樓集序》，問月樓在城東後戾鶴峰，詳下。

又按：《問月樓集序》：『憶予丁巳一過徵仲，在季秋望後。』（《問月樓詩二集》卷首）

作《訪福安吴光卿廣文》（《鼇峰集》卷二十）。

作《寓龜湖寺僧寮》（《鼇峰集》卷十一）。

按：李賢《大明一統志》卷七十四《福州府》：『龜湖寺，在福安縣西南，元建。』王應山《閩都記》卷三十三《郡東北福寧勝蹟》『龜湖寺』條：『湖在山巔。相傳湖水視海潮盈縮，龜如巨石，浮海而來，僧以飼虎，遂化爲石……寺廢址存。』

作《郭鳳起招遊東皋别業》《寺舍病懷》（《鼇峰集》卷十一）。

作《宿黛凝寺》（《鼇峰集》卷十一）。

按：黛凝寺，在福安。王應山《閩都記》卷三十三《郡東北福寧勝蹟》『黛凝寺』條：『唐咸通二年建。』

作《黛凝寺次張叔弢、吴光卿壁間韻》（《鼇峰集》卷十一）。

按：吴仕訓，字光卿，號六負，潮陽（今廣東潮州）人。萬曆二十五年（一五九七）舉人。長溪（今福安）廣文，福州同知。有《長溪草》《三山小草》等。

作《獅峰寺》（《鼇峰集》卷十一）。

作《福寧資壽寺訪超上人》（《鼇峰集》卷十一）。

按：謝肇淛《長溪瑣語》：『資壽寺，在城西南隅。』

作《彼岸閣拜法雨上人影堂，兼訊續燈高足》，《小序》云：『上人，燕人也，卓錫秦川城南之觀音閣，嘗往來三山，與予最密。去歲之秋，訪予山居，出畫菊索題爲别。今冬予至秦川，聞上人以初夏皈寂，年僅四十。拜哭影堂，不無今昔之感。』（《鼇峰集》卷十一）

作《南峰庵》（《鼇峰集》卷十一）。

按：王應山《閩都記》卷三十三《郡東北福寧勝蹟》『南峰庵』條：『在州南三里許。有大榕樹，根怒起丈餘，中塌爲門，以通人行。』

又按：［乾隆］《寧德縣志》卷二《建置志》：『（南峰庵）在一都縣南山石笋上。明隆慶元年建。』

作《龍泉庵同何俊卿遊》（《鼇峰集》卷十一）。

按：謝肇淛《長溪瑣語》：『龍泉庵，出城東五里許，居山之趾。修竹成徑，翠藹参天……庵亦隘陋，有泉彌漫庵後，薦茗亦不甚佳。』

作《爲法雨上人題畫菊》《題匡顛和尚小像》（《鼇峰集》卷二十六）。

作《朝旭堂祀唐補闕薛先生令之，恭謁一首》（《鼇峰集》卷二十）。

按：薛令之，字君珍，號明月先生，長溪西鄉石磯津（今福安溪潭鄉廉村）人。唐神龍二年（七〇六）進士。官至太子侍講，辭歸。

崔世召有《朝旭堂謁薛明月先生二首》，其一：『補闕清班翰墨林，蕭蕭苜蓿想遺音。唐家舊事傳猶昨，韓坂高風説到今。對爾衹堪明月夜，何人能識歲寒心。請看故里廉溪畔，山自孤懸水自深。』其二：『草滿空階露色纖，千秋靈爽斗山瞻。堂因朝旭長留照，村爲先生亦賜廉。精舍近依幽頖址，詞壇高並遠峰尖。臨風憑弔思無限，寂寂寒花護短檐。』（《問月樓詩集》）

作《同吴光卿遊棲雲寺》《同吴光卿、郭君勉過西溪李鱗伯秀才園，雨中看菊》《吴光卿招登重金山，觀宋學士北山題刻》(《鼇峰集》卷二十)。

作《張維誠携觴過龜湖寺，聽歌者侑觴，觀武士擊劍，同虎林陳以寧宴集，次維誠韻》《留别陳二石，用前韻》《遊岩湖石坂嶂》《留别陳季周，用前韻》《留别蔡古狂，用前韻》《陳以寧、陳季周、陳二石、蔡邦書過訪龜湖寺小集，共得方字》《溪口橋别張維誠令君》(《鼇峰集》卷二十)。

作《張叔弢招遊南山别業四首》(《鼇峰集》卷二十)。

按：曹學佺《大明一統名勝志·福建》卷三《福寧州》：『南峰，在城南三里……山下有南峰庵。徑路詰曲，中有古榕樹，懸根對峙，人行其下，宛若闕門。』

又按：崔世召有《丙辰仲春，重遊張叔弢南山弊廬，賦得一先二十四韻》(《問月樓詩集》)。

又按：先是，兄徐熥以三金的價格將一方宋硯售予張大光，徐𤊹過張，張有意讓興公贖回。興公以歲暮囊空，未敢許之。參見《寄張公子書》，參見天啓五年(一六二五)。

作《遊聖水庵》(《鼇峰集》卷二十)。

按：聖水庵，在福安。謝肇淛《長溪瑣語》：『聖水庵，在龍首山巔，僧某所建也。新松夾道，綠篁成陰；朱門碧瓦，丹堊輝焕。方丈雖狹，雅飭幽净。庵前有井，甘而不冽。相傳飲者可以愈疾，故名「聖水」。今僅堪烹茗耳。』

作《同何俊卿將軍登蓮花山烟墩觀海》(《鼇峰集》卷二十)。

按：曹學佺《大明一統名勝志·福建》卷三《福寧州》：『龍首之東曰「金字山」，又東曰「獅山」，其西曰「蓮花山」，一名「明宗山」。』

作《冬夜集劉長孫參戎署中，同朱澹如分韻》《邀張維誠明府集薛氏園亭，次韻》《丁巳除夕》（《鼇峰集》卷二十）。

作《寄游文學書仲卿》：『三山去秦川僅數舍耳，久欽令祖參知公碩德宏抱，竟當吾世而失之，至今有遺恨焉。日者承惠《藏山集》，伏而讀之，如入萬寶之山，琳球畢具……然不佞猶有説焉。凡縉紳豪杰之士，其人已往，其骨已枯，所藉以垂不朽者，詩與文耳。當日苦心，冀後世有子雲而知《太玄》也。編次必須次第精詳，讎校必須字句磨勘，然後傳之通國大都，庶免魯魚帝虎之誚。今觀斯集，訛誤紊亂，不一而足。如卷數之分，必須隨體而列，方爲合例。今七言律以數十首，而附五言律之末，而不另提；五言、七言絶句，又附五言排律之末，亦不另提，雖曰分體、分卷，其實因分而反紊矣。如七言排律，《讀定遠遺愛傳》，題署二首，而詩則混爲一首矣。如「文集」與「詩」，原當一式，何詩曰「藏山集」，而文則曰「文集」，而異其名……至于參知公曾序謝皋羽《晞髮集》，正秦川文獻所關，今乃遺之，不爲缺典乎？然則，所遺者似不止此矣。其中一點一畫，舛訛差錯，又難以枚舉矣。按：陳汝翔前《序》云：先兄惟和與鄧少參選詩，弗及參知公，以爲不識參知公能詩。斯言過矣！蓋先兄於此道極其苦心，向習參知公之爲人，有投分之雅，生平執鞭所欣慕者，往往與鄧少參談詩，必曰秦川少澗先生爲吾閩巨擘。然其所選《風雅》一書，但限以福州十邑，而秦川例在鄰□，故弗録，非弗知而弗録也。至于隆中半榻，參知公常命賦詩，先兄之言具在也。乃謂不識參知公之能詩，不亦銜冤于地下哉！耳目之近，尚且瞶瞶如此，何以示信于來世耶！仁丈既承箕裘盛業，不惜繡梓之費，必宜再加詳審一番更補，則不佞一得之愚，庶幾爲參知公之藎臣也。若曰未同而言，越俎而代，則不佞安所逃其罪乎！惟高明察之，校正訛字，另開別楮。』（《文集》册七，《上圖稿本》第四四册，第九一一三頁）

按：秦川，福寧州別稱，今霞浦縣。《藏山集》當爲過福寧州時游仲卿所贈。

又按：《藏山集》，游朴撰，陳鳴鶴序，萬曆四十五年（一六一七）刊本。游朴，字太初，號少澗，柘洋（今柘榮）人。萬曆二年（一五七四）進士，官至湖廣參政。

又按：此書言二事，一、刻書『編次必須次第精詳，讎校必須字句磨勘』；二、徐熥《晉安風雅》所選爲福州十邑詩，不選他郡，耳目之近（同社陳鳴鶴等）尚且瞶瞶，如何取信來世？

又按：此條亦可視爲《藏山集》跋語。

是歲或次歲，作《銅雀硯歌》（《鼇峰集》卷八）。

是歲，有書致張啓睿廣文，討論蔡襄卒年。

作《復張昆水廣文》：『按：《宋史》蔡君謨卒于英宗治平四年，年伍十六。次歲，始爲神宗熙寧元年。蔡郡公《序》曰：「忠惠爲熙寧、慶曆間有數人物。」年月似不相符。又曰：「忠惠去今四百餘禩。」何稚孝《序》曰：「今其文章去之且八百歲。」皆非實録也。夫忠惠卒于治平四年，去今萬曆丙辰伍百伍十年。郡公與儀部各誤二百載。不宜懸絶矛盾至是。倘晉謁郡公，譚及於此，各改爲「數百年」，便自渾融，不相牴牾。又易「熙寧」爲「天聖」，庶後之覽者，無所訾議，則不佞忝爲郡公、儀部之忠臣也。蓋郡公向未相聞，而序中齒及賤名賤字，不敢不攄愚衷以報知己耳。』（《文集》册七，

《上圖稿本》第四四册，第三—四頁）

按：張啓睿，字昆水，永泰人。

又按：蔡郡公，即蔡善繼，已見前。

又按：儀部，即何喬遠。

又按：今萬曆丙辰，就蔡郡公和何喬遠作序時間言之，非此書作年。綜合以下致張氏另一書，定此書亦作於是歲。

作《與張昆水》：『自束髮讀先孝廉社課，即奉張先生制業爲正鵠……年來家難相尋，有缺修候。去歲爲姬巖、高蓋之遊，又獲交長君，誼叙通家，交聯杵臼，邇者復見貽《蔡忠惠文集》，始知尊丈留心校勘，較之豫章刻板，尤爲詳審。至于謬作《别紀》，亦附忠惠以行，不佞不能有裨于忠惠，而蔡郡公與門下裨不佞者宏且多矣。』（《文集》册七，《上圖稿本》第四四册，第五頁）

按：姬巖、高蓋之遊，參見去歲。

是歲，林世吉卒，作《祭林天迪民部文》。

作《祭林天迪民部文》：『晋安之林，海内甲族，三世五公，鼎彝鈞軸。繄惟先生，承華鍾淑，藻海文江，蘭馨芝馥。蘇環有子，登名奏牘，釋褐趨朝，參軍肇轂。晋秩司農，飛芻挽粟。榷税清源，持盈計縮。投杼賦歸，屏居林麓，緑野烟霞，平泉花木。社結瑶華，筵開金谷。騷客如雲，詩筒相續。慕義好施，賑飢萬斛。閭里感恩，路人頌祝。積善之家，降之百福。邇者兩臺，奏聞黄屋。行起東山，拖金佩玉。正及温綸，沉疴發伏。弦斷征鴻，賦成止鵩。忽謝朋簪，俄登仙籙。某叨同社，文酒追逐。壚邈山河，撫棺涙匊。白日無光，陰風動幄。桂醑盈尊，生芻在束。廿載交情，盡兹一哭。尚享！』（《文集》册十，《上圖稿本》第四五册，第二七—二八頁）

按：《寄屠田叔使君》：『林天迪民部已于丁巳之夏捐賓客，兒孫俱幼，向時厚積，今且蕭然矣。』（《文集》册七，《上圖稿本》第四四册，第三一頁）

是歲，陳第卒。

是歲或次歲，王永畏卒。

作《哭王永畏》（《鼇峰集》卷十二）。

萬曆四十六年戊午（一六一八） 四十九歲

謝肇淛五十二歲，曹學佺四十五歲，林古度三十九歲，徐鍾震九歲，徐延壽五歲

正月，有詩寄葛一龍，一龍答之。讀謝翱《晞髮集》，慕其爲人；與張蔚然等校訂《晞髮集》，爲撰序；考證謝翱或原名『杞』。

作《戊午元日》（《鼇峰集》卷二十）。

作《寄葛震甫》（《鼇峰集》卷二十）。

葛震甫《答徐興公閩中見寄》：『索居轉與懶相親，或得經年不見人。鳥散日高清樾下，草芳天遠緑愁新。書通海國三千里，語共山房一半塵。香絮滿衫頭自白，可堪重問酒胡春。』（《葛震甫詩集·修竹編》）

作《謝皋羽〈晞髮集〉序》：『虎林張維誠先生來令福安，正皋羽所生之地，下車首徵文獻。郭君時鏘乃取予所訂《晞髮集》以進，維誠先生復加考核，梓而傳之……皋羽牢騷不平之念，賦楚歌而哀號，擊如意而伏酹，譚勝國事輒悲鳴煩促，涕泗交睫。嗚呼，哭丞相者其哭宋社乎，擊如意者其擊强胡乎！視漢之咸、晋之潛，卓行高節，誠無軒輊。張令君之惓惓於斯集也，毋亦忠義之所激耶？若夫思肖之遺言，可與皋羽凌駕。予求之四方二十年而不能得，或有發名山之藏，出帳中之秘，予將稽首而受之，庶知吾閩宋有兩義士，皆以詩稱者也。萬曆戊午孟春，晋安徐𤊹興公撰。』（馬泰來整理《新輯紅雨樓

題記　徐氏家藏書目》，第一三六頁）

按：《晞髮集》，宋謝翶撰。萬曆張蔚然刊本。

又按：謝翶（一二四九—一二九五），字皋羽，一字臯父，號晞髮子，長溪（今福安）人。應進士舉，不第。文天祥開府延平，任諮議參軍；兵敗，避地浙東，與方鳳等結『月泉吟社』。

又按：張維誠，即張蔚然。

又按：郭君，即郭鳴琳。鳴琳（一五六七—一六二八），字時鏘，福安人。天啓間以恩貢選靖藩右長史。曹學佺《靖藩長史長溪郭公墓誌銘》：『生平尤慕謝皋羽之爲人，而力贊張公維成［誠］，爲刻其集。』（《西峰六二文》卷四）馬泰來曰：『《晞髮集》編者爲徐𤊹，主刊佈事者爲福安知縣張蔚然，郭鳴琳學養不足以修訂徐稿，「力贊」云云，當止於財力資援。』（馬泰來整理《新輯紅雨樓題記　徐氏家藏書目》，第一三七頁）

又按：咸，阮咸；潛，陶潛。

又按：興公撰此序之後二十年，崇禎十一年（一六三八）冬，蘇州承天寺浚井獲一鐵函，沉寂三百五十多年的鄭思肖著作重見天日；崇禎十三年（一六四〇），友人曹學佺、林古度爲之撰序。詳《曹譜》。

崔世召有《謝皋羽〈晞髮集〉序》：『余少小弄韻語，即喜誦謝皋羽詩，輒大叫稱佳。已而得繆丁陽公所刻，卒業之，然不無西河三豕之訝。已而郭時鏘再校鍥以行，則武林張維誠、三山徐興公所訂善本也。戊午秋，余刺棹入韓陽，訪張令公，客時鏘齋頭，相與探討今古。隨意抽庋上帙，日翻閲一過，每朗誦罷，呼童浮一大白賞之。庶幾簷花砌草、淡月微飈之餘，恍惚若見謝遺民僊僊歸來，因賦短章二律，以寄憑吊焉。嗟夫！先生生於吾長溪而屐跡滿四方，或於鐔津，或於建浦，或於婺水，於臨安。其從信國也，又或於漳泉、於粵洲五坡間，而結局埋玉，則在釣臺白雲之壑。即使死者有知，其遊魂淼宕，何處可招？而千載而下，徒想先生之哭聲，謂其欷歔知己，一腔熱血直爲文山傾灑，嘻，亦甚矣……大抵吾斗大長溪，其山川磦砢多奇，其人往往有俠烈豪爽之氣，不可磨滅。先生信地靈所鍾，亘天忠憤，照耀今昔，尚矣。後此數百年，復有傾貲捍賊如郭君大科者，竟以死難祀其志。行略相埒，豈慕先生而起也與，抑亦山川所佹值也？郭君者，時鏘大父，蓋嘗向余嗚咽述其事云。』（《問月樓文集》）

作《謝皋羽考證》：『予既校訂《晞髮集》……（丞相文天祥）時幕府選辟皆一時名士。詩云：「劍外青天遠，江閣臨石面。幕府盛才賢，意氣今誰見？」斯時正皋羽傾家貲率鄉兵數百人赴難，署參軍事。所謂「幕府」「才賢」者，指翺也。丞相又云：「督機秘書謝杞，閩士之秀。」空坑之敗，不知所終，詩云：「俊逸鮑參軍，優游謝康樂。豻虎正縱橫，南行道彌惡。」予考丞相空坑之敗，妻妾子女皆被執，謝杞不知所終，與翺吻合，第同姓而名稍異耳。豈遇難之後，逃匿民間，欲人不知其爲天祥客，乃變其名曰「翺」耶？蓋父名鑰，從金；子名杞，從木，豈父子取五行命名耶？又按：翺舉進士不第，作《宋祖鐃歌鼓吹曲》，上太常丞相，以「太學名士」「鮑參軍」目之。然則，翺之見重於丞相，歷歷有徵矣。又考德祐、景炎之際，閩士以文學知名，捨翺而外，無別有所謂謝杞者。杞之爲翺，或是一人也。漫識以候知者。』（《文集》册十二，《上圖稿本》第四五册，第三四六—三四八頁）

按：興公精於考證，此即一例。

作《讀謝皋羽〈晞髮集〉》：『著述多遺亡，晞髮尚可讀。奇文鑿天真，警句響球球。至今修詞者，往往沾剩馥。首陽有蕨薇，恒饑耻周粟。田横既已亡，義士甘瞑目。寄奴草連天，徵君采黄菊。翛然繼高風，能清我邦族。感嘆切維桑，千秋仰芳躅。』（《鼇峰集》卷五）

崔世召有《讀謝皋羽集二首》，其一：『俠骨奇踪世所稀，遺編讀罷淚沾衣。魂隨宋寢冬青樹，墓傍嚴陵古釣磯。天地祇餘身可漆，江湖何處髮堪晞。寄言精衛休填海，一哭西臺事已非。』其二：『生平一劍許難忘，慟哭高原夢未央。姓字短碑題百粤，悲歌長恨寄三湘。文拈太姥金光草，詩逼奚奴古錦囊。南國騷人君獨唱，少微千古拜寒芒。』（《問月樓詩集》）

二月，商梅過訪。送商梅往南都應試。過康彦揚香霧樓。送林子同之廣德。送王若遊吴。林魯生過訪，以新詩見貽索序。雨中與范文熙、陳宏己、陳一元、曹學佺等集鄭憲書帶草堂。過鄭正傳墓。雨夜讀陳价夫遺稿。

作《答商孟和見過山居戊午》：『露壓竹微醉，日薰花欲然。』（《鼇峰集》卷十二）

商梅有《臨行》：『兹行知不免，自鄙復栖栖。未息風波事，難聞春鳥啼。老親恒顧别，良友偶思齊。忍對花開落，明朝趁馬蹄。』（《彙選那菴全集》卷十九《遥尋草》）

作《送商孟和應試留都》：『期爾看花破寂寥，可堪離别在花朝。』（《鼇峰集》卷二十）

作《送林子同之廣德省舅氏薛刺史》：『垂柳垂楊二月天，江南行客折爲鞭。』（《鼇峰集》卷二十）

作《過康仙客香霧樓，時納新姬有贈》《送王相如遊吴》《林魯生過訪以新詩見貽，且索爲序，率爾賦贈》(《鼇峰集》卷二十)。

作《雨中同范穆其、陳振狂、陳泰始、曹能始集鄭吉甫書帶草亭，分韻》(《鼇峰集》卷十一)。

按：范文熙，字穆其，休寧(今屬安徽)人。有《甲乙集》。學佺采其詩入《石倉十二代詩選》。陳一元有《同范穆其、曹能始、陳振狂、徐惟起、陳軒伯諸仝社集鄭吉甫齋頭小飲，遲小雙不至，分得六麻》：『城西陶令宅，徑與竹俱斜。草榻聽疎雨，幽窗伴艷花。杯中詞客共，天際美人賒。興劇頻歌嘯，庭昏起暮鴉。』(《漱石山房集》卷三)

作《題張平山〈醉漁圖〉》(《鼇峰集》卷二十六)。

作《過鄭嗣真墓》(《鼇峰集》卷二十六)。

按：鄭正傳卒于萬曆四十四年(一六一六)，詳該年，又參見萬曆三十七年(一六〇九)。

作《雨夜讀陳伯孺遺稿》(《鼇峰集》卷二十六)。

按：陳价夫卒于萬曆四十二年(一六一四)，參見該年。

作《留別春卿》《代答》(《鼇峰集》卷二十六)。

三月，送王毓德往德州訪阮自華；數月後，毓德歸閩，自華有詩送之並柬興公。兩過鄧慶寀烏石山石林新園，臨近清泠臺、霹靂巖古跡，觀宋人題刻。有詩寄興國通判馬欻。王用立將軍招集鄭氏池館。重過鄧慶寀石林，同觀土中新開咸淳題刻。

作《送王粹夫之德州訪阮堅之計部》：『花事闌珊鳥變音，可堪離別在春深。』(《鼇峰集》卷二十)

阮自華有《安德送王粹夫歸閩，兼柬興公、能始、伯寵諸子》：『卿來滄海到桑田，離合分飛風雨前。

離似閩鴻過嶺嶠，合如淇水望源泉。凌雲無徑窺宣室，繁露何心綴廣川。一去三山皆白首，艱難此會是何年。』（《霧靈山人詩集》卷九之十）

按：阮詩當作于夏、秋間。

作《題鄧道協道山新園，有清泠臺、霹靂巖古跡，宋人題刻甚多》（《鼇峰集》卷二十）。

按：鄧道協，即鄧慶寀，原岳子。

又按：清泠臺，詳萬曆三十七年（一六〇九）。霹靂巖，在烏石山。郭柏蒼《烏石山志》卷二《古跡》『霹靂巖』條：『（烏山）三十六奇之一。在清泠臺左，楷書「霹靂巖」三字。相傳宋熙寧初郡守程師孟筆也。』

作《偶成》《送傅爾錫之檇李，謁黄大中丞公》（《鼇峰集》卷二十）。

作《王用立將軍招集鄭氏池館，聽雙美人度曲，分得花字》（《鼇峰集》卷二十）。

作《王用立參戎目秦川訊歸，招同社宴集，賦得〈醉歌行〉》（《鼇峰集》卷八）。

按：王守魁，字用立，曾任福寧北路參將。

作《寄馬季聲判興國州》（《鼇峰集》卷二十）。

阮自華有《丁巳秋杪集詞人二十輩黄先引司城宅，送馬季聲之官興國、張君羅還金閶，得情字》：『高堂列炬爛長榮，有美東南集玉京。故國松榆懷歲晏，上都槐柳飛秋聲。漫遊魂訝三山路，薄宦吟成七澤行。夭菊將殘人欲散，誰能堪此別離情。』（《霧靈山人詩集》卷九之十）

按：阮詩作于去歲，時在京城。

作《重過鄧道協石林，同觀土中新開咸淳題刻》（《鼇峰集》卷二十）。

按：石林，在烏石山。郭柏蒼《烏石山志》卷五《第宅園亭》『石林』條：『在山之南神光寺側。』

又按：石林後歸提學許豸及其子孫所有。

三、四月間，壽葉向高六十初度，壽高元井九十初度。送倪范之端州，送陳鴻入粤。歐世叔贈《萬石山筆記》。

作《劉長孫書來云，掛冠歸，三徑就荒，寄居墓廬，作此爲寄》《壽葉相公六十初度》《壽高元井明府九十初度》《漁火》《送倪柯古之端州》《送叔度入粤》《歐世叔貽〈萬石山筆記〉》（《鼇峰集》卷二十）。

作《酬萬伯文見寄》《再送叔度》（《鼇峰集》卷二十）。

作《别林異卿》（《鼇峰集》卷二十）。

按：林寵（一五七一或稍早—一六五四），字異卿，一字墨農，閩縣人。天啓諸生，與陳鴻、李岳、孫昭、林匯、徐延壽結社。工楷書。清順治間卒，年越九十一。有《聊樂齋小草》。

又按：《林異卿像贊》：『綣然規圓，充其實也。毅然矩方，踐其跡也。眼杜白黑，口謝雌黄，儀其一也。楷法妍妙，龍起鵬翔，猗歟異卿，絶世之筆也。』（《大江草堂二集》卷十四）

又按：陳衎《像贊》作於崇禎間，盛贊寵楷書。

作《無題》（《鼇峰集》卷二十）。

作《送空生上人遊方》（《鼇峰集》卷十一）。

四、五月間，與陳鴻同行，往清流。雨中經古田林春秀山樓。次延津，懷楊德政，重過普通寺懷徐熥。延平金沙阻漲。夜泊沙縣高沙，過沙縣。過永安貢川堡。遊永安桃源洞，旋往栟櫚寺，是爲宋鄧肅讀書處，觀法堂熙寧碑刻。

作《雨中過林子實山樓》（《鼇峰集》卷十一）。

按：林子實，即林春秀，古田人。詳萬曆二十五年（一五九七）。

作《題〈牡丹畫帳〉贈友》《題〈畫梅〉寄懷林子實》（《鼇峰集》卷二十六）。

作《次延津懷楊楚亭太史》（《鼇峰集》卷二十）。

作《重過普通寺有感》：『二十年前宿上方，重來風物倍凄涼。』（《鼇峰集》卷二十六）

按：過普通寺在萬曆二十七年（一五九九），參見該年。

作《舟泊金沙再阻漲》（《鼇峰集》卷二十六）。

按：金溪，在南平縣（今南平市延平區）。〔嘉靖〕《延平府志》卷二《地理志》『金砂』條：『溪砂淘之有金，因以名。』

作《舟中雨夜口占示柯古叔度》（《鼇峰集》卷二十六）。

作《高沙夜泊》（《鼇峰集》卷二十六）。

按：在沙縣，太史溪支流。〔嘉靖〕《延平府志》卷二『太史溪』條：『一經縣南門，會洛溪、洛陽溪、高沙溪、九曲水……至沙溪口，與順昌、將樂溪合流，直抵延平府下。』

作《重過沙陽感舊》（《鼇峰集》卷二十）。

按：沙陽，即沙縣。

作《過貢川堡》（《鼇峰集》卷二十六）。

按：貢川，在永安縣二十六都。有貢川堡市。曹學佺《大明一統名勝志·福建》卷九《延平府·永安縣》：『吉溪……一東自大梅溪，至塔下，與燕溪會流，過貢川，經沙縣，入劍溪。』

作《將至桃源洞，康汝易舟中偶躍一魚，戲柬》（《鼇峰集》卷二十六）。

按：〔順治〕《永安縣志》卷二《地理志·山川》『桃源洞』條：『在治北二十五里，下栟櫚寺對岸。邑人別駕陳公源湛創自萬曆初年。懸巖聳削，如鬼斧神工，仰視眩人心目。高懸石壁鐫「桃源洞口」四字……從鎖洞橋入，迤邐盤折，澗水潺湲。三月桃花盛開，光景殊絕。中有閬風臺、八角亭、一綫天等景。』

作《舟至安沙》（《鼇峰集》卷二十六）。

按：安沙，即安砂。〔順治〕《永安縣志》卷二《地理志·山川》『安砂』條：『三十二都。或曰聚砂成岸，春水衝擊，其岸不崩，故曰「安」；或曰以縣名「安」，故名。』

作《安沙陸行至鐵石磯》（《鼇峰集》卷二十六）。

作《遊永安桃源洞》（《鼇峰集》卷二十）。

陳鴻有《遊桃源洞》：『千尺丹巖百道泉，桃源風景宛秦年。寒雲過去方通路，細雨飛來不在天。水到斷橋分世界，花開別澗隔人烟。欲逃名姓成真隱，雙屐遲回出洞前。』（《秋室編》卷六）

作《遊栟櫚寺，宋鄧正言肅讀書其中，李忠定綱有詩牌存焉，法堂有熙寧碑刻》（《鼇峰集》卷二十）。

按：〔順治〕《永安縣志》卷二《地理志·山川》『栟櫚山』條：『治北二十里，多產栟櫚，故名。』

宋左正言鄧肅讀書其中，自號栟櫚居士。舊傳神仙往來其間，峰巒巖岫不可勝數，神刓鬼劃，高下相屬，烟雲出没無時，草木蒙茸，四時一色。宋李綱常目爲小武夷……李綱詩曰：「栟櫚百里遠沙溪，水石稱爲小武夷。列岫籠烟紅削玉，澄潭浸月碧生漪。猿猱飲水連修臂，樛木連雲擁老枝。天下幽奇多僻壤，直疑造化惡人知。」』又卷八《雜志·寺觀》『栟櫚寺』條：『晋天福五年建，宣德五年重建。』

陳鴻有《遊栟櫚寺》：『寺前鐘歇泊舟初，散步沙邊宿雨餘。漁唱一聲驚屬玉，禪棲十笏掩栟櫚。隔溪時見秦人洞，古壁猶存宋相書。安得上方高枕卧，風波不到四窗虚。』（《秋室編》卷六）

五月，由永安往清流訪王若。雨夜泊吉溪，阻漲，三日不得行，兀坐蓬窗。登永安觀音閣、貢川慧照寺。五日，至清流，與鄒時豊、曾玉立集王若別業酬倡。訪漁滄廟，過裴其爲南園。六日，與裴汝申等集王若文園。於王若樓中檢亡友林光宇遺墨。遊下東華寺、上東華寺。王若養痾文園，意外病卒，哭之。往遊寧化。與陳鴻各作《九龍灘歌》。

作《雨夜泊吉溪》《吉溪阻漲》（《鼇峰集》卷十一）。

按：（順治）《永安縣志》卷二《地理志·山川》『吉溪』條：『縣西南一里許。』

作《吉溪阻漲，登觀音閣》（《鼇峰集》卷十一）。

按：（順治）《永安縣志》卷八《雜志》『觀音閣』條：『東門内。一閣魏然，爲縣補空障缺。』

作《舟次吉溪，新漲驟至，三日不得行，兀坐蓬窗，悵然有述》（《鼇峰集》卷八）。

陳鴻有《吉溪觀漲歌》：『吉溪舟中忽阻水，尚隔劍潭二十里。三朝三暮不得行，濤崩雨作蛟龍起。

幾家架屋高于天，新漲茫茫没樹巔。商客維船防失路，漁人收網怯臨淵。蓬窗兀坐心悄悄，投林却羨南飛鳥。筆床茗椀且消閒，一望滄浪空浩淼。竹裹幽居憶故園，頻年溪水到柴門。滿城沉竈絶烟火，更聞零雨如翻盆。即今作客它鄉路，如此風波安可渡。萬里空懷破浪雄，千言已厭愁霖苦。處處雲山黯不開，驚心時節入黄梅。近來水患江南盛，漫説瞿塘灩澦堆。』（《秋室編》卷三）

作《貢川慧照寺》（《鼇峰集》卷十一）。

按：〔順治〕《永安縣志》卷八《雜志》『慧照庵』條：『在二十六都貢川。宋咸淳元年建，景泰三年重建。』

作《將至清流懷王相如》（《鼇峰集》卷二十六）。

按：李賢《大明一統志》卷七十七《汀州府》『清流縣』條：『在府城東北二百一十里。本唐長汀、寧化二縣地，宋置清流縣。』

作《舟中晝眠》（《鼇峰集》卷二十六）。

作《五日，集王相如别業，同鄒有年、曾玉立》（《鼇峰集》卷二十）。

按：鄒時豐，字有年（又作當年），時泰弟，清流人。萬曆四十六年（一六一八）舉人。歷任永福教諭、湯溪縣知縣。有《二雅篇》。

陳鴻有《五日，集王相如池館》：『閑窗寂寂晝遲遲，聒耳蛙聲避小池。九節又傳端午日，五絲難續少年時。颭波荷葉風初起，貼地桃笙暑不知。楚客獨醒成底事，一尊須盡故人期。』（《秋室編》卷六）

陳鴻有《談天室，爲鄒有年歌》：『漁滄灣前結一室，主人開尊每移日。客來且坐聽高談，勝簡牙籤五千帙。手中玉麈不停揮，口中玉屑何霏霏。三寸雌黄年尚少，片言名理世應稀。輕舟西掛九龍水，相訪柴門先洗耳。朝朝榻畔但懸河，夜夜燈前難對壘。搔首冥濛近九閽，五雲深處帝居尊。書空莫謂如殷浩，天問誰知類屈原。賓從紛紛一時起，我亦迴車避鄒子。錯落談鋒復見君，碣石休雲從衍始。』（《秋室編》卷三）

作《端陽後一日，裴翰卿携二妓載酒，同集相如文園分韻》《寓文園有作》（《鼇峰集》卷二十）。

作《漁滄廟》（《鼇峰集》卷二十）。

按：〔嘉靖〕《清流縣志》卷三《廟祠》『漁滄廟』條：『在縣東漁滄潭。神樊姓，名令宇，號甫，松江華亭縣人。唐末官至銀青光禄大夫，時贛寇曾常侍作亂，神奉命征討，戰死羅城，没於王事。鄉人義其死節，立祠祀之，殊有靈異。』

作《過裴其爲南園》（《鼇峰集》卷二十）。

作《宿王相如山樓》（《鼇峰集》卷十一）。

作《遊下東華寺》（《鼇峰集》卷十一）。

按：《大明一統名勝志·福建》卷七《汀州府·清流縣》：『東華山，在縣東三里，懸崖峭壁，前有斗臺，高聳入雲。』

按：〔嘉靖〕《清流縣志》卷三《寺觀》『東華下庵』條：『即上庵觀音巖也。正統間，江右僧隆祖者，愛其巖洞清幽，倡善士巫應良、曾覺貞、賴政開基鼎建，殿宇樓閣，巍然廣大，庵後一徑縈紆，建小禪關，亦甚清致。』

作《遊上東華寺》（《鼇峰集》卷十一）。

按：〔嘉靖〕《清流縣志》卷二《山川》『上東華庵』條：『在縣東五里，宋元符間邑人伍姓者建。高拔百仞，陡峻縈紆，松竹交翠，如立畫屏，登臺眺目，一邑形勝盡在目睫。』

作《相如樓中檢亡友林子真遺墨》（《鼇峰集》卷十一）。

按：林子真，即林光宇。詳萬曆五年（一五七七）。光宇父游宦清流，光宇隨侍，與王若結交。

作《王相如養疴文園，口占嘲之》（《連山廟》（《鼇峰集》卷二十六）。

作《清流哭王相如》：『幾年相別嘆離群，誰道尋君便哭君。淚眼屢揮雙袖濕，影堂空把束芻焚。漁滄舊社虛明月，馬鬣新阡滿白雲。從此何人能好客，九龍山水寂無聞。』（《鼇峰集》卷二十）

按：是歲初，王若遊吴，徐𤊹作《送王相如遊吴》（《鼇峰集》卷二十）。陳鴻有《哭王相如》：『漁滄分手後，見面即無期。我尚飄篷日，君先就木時。風前一灑淚，泉下可能知。肝膽平生在，中宵説與誰。』（《秋室編》卷四）

作《舟中偶入白魚，烹而佐酒，戲作短歌》（《鼇峰集》卷八）。

作《黄蔭華司理出餞龍門橋，次韻爲别》：『作客兩經旬，憐君念病身。』（《鼇峰集》卷十一）

按：黄蔭華，疑爲黄槐開。槐開，字子虛，蔭華其號，寧化人。萬曆二十二年（一五九四），爲山東青州推官。著有《天寶山人集》《在齊草》等。

又按：李世熊《寧化縣志》卷三《津梁志》：『其在邑治之正東者，曰「通安橋」，又東在龍門坊者，曰「龍門橋」。』

作《九龍灘歌》（《鼇峰集》卷八）。

按：〔嘉靖〕《清流縣志》卷二《山川》『九龍灘』條：『在縣東南一百里。上六龍屬本縣，下三龍屬延平府永安縣。九灘上下二十餘里，每遇一龍，兩崖石峽逼窄如關隘，寬僅丈餘，而石龍横截水中，可高數丈，乘舟下龍，如在高山跌下平地。』

陳鴻有《九龍灘歌》：『鐵石磯邊水東瀉，險阻相傳甲天下。驚灘吹雨起九龍，駭浪簸空奔萬馬。誰通此水鴻蒙初，瞿塘吕梁俱不如。篙師燒紙仗神力，稍有顛覆身其魚。削壁爲門豈堪狀，閉目魂飛膽應喪。雪濤震怒打船頭，一葉輕舟墜天上。非貪利涉緣好奇，風波何地更稱危。曉來如箭忽出峽，中宵高枕還憂疑。灘深亦有路，請君勿復渡。灘急本無情，烏鴉啼上樹。閩人生長向此中，從少放船今老翁。却笑荆門江上客，布帆無恙掛秋風。』（《秋室編》卷三）

夏、秋間，有詩送汀州同知熊茂松出守蘅皋。送清流鄒時豐會試。送福寧知州殷之輅入覲。

作《逢吴兆聖即别》《送僧之永豐博山寺》《送王阿隆下第還温陵》（《鼇峰集》卷十一）。

作《送關廣文還端州》《送余毓初廣文赴春試》（《鼇峰集》卷二十）。

作《贈汀州熊二守蘅皋》（《鼇峰集》卷二十）。

按：熊二守，即熊茂松，汀州同知。〔乾隆〕《汀州府志》卷二十《名宦》『熊茂松』條：『高安人。萬曆間任郡丞。不爲刻核嚴峻。兩署寧化篆，新文廟，造金山塔。衙齋蕭淡，恬如也。尋陞知府。』

作《送鄒有年會試》（《鼇峰集》卷二十）。

作《送福寧殷太守入覲》（《鼇峰集》卷二十）。

按：殷太守，即殷之輅。之輅，宛陵（今安徽宣城）人。萬曆四十一年（一六一三）進士。福寧州知州，撰有《福寧州志》。

曹學佺有《送秦川殷州守》：『專城連遠海，按部有名山。飲水味何淡，臨池心自閑。銓衡注高等，入覲躡清班。覺彼攀轅意，誰能願復還。』（《聽泉閣近稿》）

七月，爲青州司理、寧化黄槐開所刻鄭文寶《南唐近事》撰序。

作《送同爾上人東遊》：『詩情千嶂夕，禪意半江秋。』（《鼇峰集》卷十一）

作《南唐近事序》：『南唐李氏僭僞建國，祖孫相繼，垂四十年。宋主龍興，典章亡失，舊帙澌湮，史失求野，鄭仲賢先生《江表志》《南唐近事》所繇作也。二書世遠尠傳。先是，吴君希堯得余家抄本《江表志》，梓之家塾，而《南唐近事》則黄司理子虛嗣得而合刻之……史稱仲賢能詩，善篆書，工鼓琴，有集二十卷，《譚苑》二十卷，皆軼弗傳。惟此二書幸不終絶，二君先後授剞，廣布宇内。《詩》云：「維桑與梓，必恭敬止。」况先輩精神所寄，備一代之典章者乎。仲賢，汀之寧化人。陸游《南唐書》及《宋史》俱作福州人，相沿之誤也。萬曆戊午秋日，三山徐𤊹興公撰。』（馬泰來整理《新輯紅雨樓題記　徐氏家藏書目》，第一〇八—一〇九頁）

按：《南唐近事》，宋鄭文寶撰。萬曆刊本。

又按：文寶（九五三—一〇一三），字仲賢，一字伯玉，寧化（今屬福建）人。太平興國八年（九八三）進士，師事徐鉉，仕南唐爲校書郎，歷兵部員外郎。善篆書，工琴，以詩名世。

秋，同張蔚然、吳仕訓、張大光、康彥揚等集鄧慶寀烏石山石林。送吳仕訓、蔡達卿、鄭奎光、吳爾施等北上會試。宿曹學佺石倉園聽泉閣。題宋高登《高東溪先生文集》。

作《秋夜，同張維成、吳光卿、張叔弢、康仙客集鄧道協石林，分得六魚》《再用前韻送吳光卿北上》（《鼇峰集》卷二十）。

作《賦得玉河橋，送吳孝廉北上》（《鼇峰集》卷二十）。

崔世召有《送吳光卿北上春試》：『莫爲行藏發永嘆，擔頭霜擁一氈寒。十年賦草青箱重，滿路梅花錦轡看。易水風高聞擊筑，蘆溝春曉慶彈冠。兵戈眼底勞宵旰，好向承明策治安。』（《問月樓詩集》）

曹學佺有《送吳光卿廣文北上》：『無諸詘漢士，唐宋纔辟舉。前有薛令之，後有謝皋羽。薛君著耿介，苜蓿堆盈盤。謝子負慷慨，長嘯嚴陵灘。厥生問誰地，長溪峻以寒。兩崖如壁立，千仞落飛湍。夫子粵中彥，來茲寄一官。橫經既以遍，尚友亦何難。談詩追古趣，好客減朝飡。長溪留不住，挾策上長安。』（《聽泉閣近稿》）

作《送蔡達卿、鄭章甫北上》（《鼇峰集》卷二十）。

按：鄭奎光，字章甫，侯官人。萬曆三十四年（一六〇六）舉人，歷青田教諭，出爲處州知府。

曹學佺有《送蔡達卿》：『時事可於邑，因君重此行。長星誰勸酒，短劍欲論兵。薊北糧三日，遼陽哭幾城。關門天險在，祇少棄繻生。』（《聽泉閣近稿》）

作《送劉瞻白會試》《送鄭與交會試》《送雙林還匡廬》《送陳子潛遊擊赴瀾州，其尊人亦曾建牙此地》（《鼇峰集》卷二十）。

作《宿能始聽泉閣》(《鼇峰集》卷十一)。

題《高東溪先生文集》:『《文獻通考》載《東溪文集》二十卷,此乃掇拾殘篇,非全集也……戊午秋,徐興公題。』又:『宋漳浦高登,金人犯闕,上皇出走,登時爲太學生,謂國家爲蔡京、童貫、王黼、梁師成、李彥、朱勔所誤,請誅六賊以謝天下。朱文公爲《東溪祠堂記》。』(馬泰來整理《新輯紅雨樓題記 徐氏家藏書目》,第一三一頁)

按:《高東溪先生文集》,宋高登撰。嘉靖刊本。

又按:高登,字彥先,號東溪,漳浦人。宋宣和太學生,曾伏闕上書請誅蔡京、童貫等六賊,而用李綱等。南宋紹興二年(一一三二)成進士,歷富川縣主簿、古縣令,得罪當道,編管容州,卒。

冬,與陳宏己、王崑仲、周千秋、陳克端、鄭邦祥集曹能始石倉園夜光堂聞鶴。送謝肇淛參藩滇南,諸子餞行於法雲禪房。陳一元邀集,同謝肇淛、吴拭、陳鳴鶴、蔣子材、高景倩、陳鴻、李岳,時謝肇淛往粤西,吴拭至自新安。與謝肇淛經古田囦溪,逢商梅,同集林春秀樓居。次古田縣黄田驛,看梅,又次茶洋驛舍。至崇安,懷江騰輝。越過分水嶺進入江西,經鉛山車盤驛,讀壁上許天錫先輩詩。次弋陽城。經貴溪縣,夜行。次興安縣。經東鄉縣,至安仁縣;謝肇淛父謝汝韶曾任安仁知縣,建天池閣,懷之。至南昌,經眼朱孝穆家舊藏《文心雕龍》,孝穆曾見宋本,亟從孝穆録之。由南昌,送肇淛至進賢始别;肇淛行至豐城有詩懷興公。折回南昌,寓上藍寺。昭宗侯招同辟疆、嘉祐、夷庚、伯堤、貢父諸君集古雪齋。除夕,喻應夔齋中守歲。

作《冬夜同諸子集曹能始夜光堂聞鶴》(《鼇峰集》卷十二)。

萬曆四十六年戊午(一六一八) 四十九歲

曹學佺有《冬夜集夜光堂聞鶴》，題下自注：『陳振狂、王玉生、周喬卿、陳克端、徐興公、鄭孟麟并予七人。』詩云：『幽禽能好客，清響度巖隈。自覺天機動，非關露氣催。近人如有意，遠俗便無猜。澗水翻爲瀑，松陰叠作苔。入林增勝矣，於野轉悠哉。谷晦臨冬節，池光照劫灰。隱隨支遁去，遊續鄴中來。不是同聲者，虛言好爵開。』（《聽泉閣近稿》）

作《將遊豫章，諸同社邀集法雲禪房賦詩見送，分得潭字》（《鼇峰集》卷二十）。

陳一元有《雨後邀謝在杭藩伯、吴去塵山人、陳汝翔、徐惟起、蔣子材、高景倩、陳軒伯、李子山諸仝社，時在杭將赴粤西，去塵至自新安》：『門徑蕭蕭閉古藤，一尊何幸過良朋。風迴四座新寒迸，雨落空階夕氣凝。嶺表使星車漫促，山陰野興棹堪乘。與君卜夜燒銀燭，投轄休教笑未能。』（《漱石山房集》卷五）

按：李岳，字子山，大金所（今霞浦）人。與陳鴻、林寵、孫昭、林匯、徐延壽結社。有《湖草集》。曹學佺選其《湖草集》入《石倉十二代詩選》之《社集》。

作《困溪逢商孟和下第歸，同集林子實樓居，時孟和再納新姬，次韻》（《鼇峰集》卷二十）。

商梅有《到家旬餘，往困溪逢徐興公遊豫章，送之，兼寄朱鬱儀宗侯》：『春半辭家冬始還，送君仍不在家山。離心更積寒溪裏，無意相逢別路間。三徑莫遲新草色，十年空想故人顔。於今避世多賢者，倘任風波未得閑。』（《彙選那菴全集》卷二十《聞草》）

謝肇淛有《發困溪山行二首》，其一：『百折羊腸出翠微，林烟嵐氣濕人衣。中流却羨風帆穩，萬道寒灘一瞬飛。』其二：『短鋪長亭路渺茫，寒蟬千樹咽斜陽。霜前柏葉紅如火，不與離人照斷腸。』

（《小草齋集》卷二十八）

作《次黄田看梅》（《鼇峰集》卷二十六）。

按：王應山《閩都記》卷三十《郡西北古田勝蹟》『黄田驛』條：『上距滄峽二十里，至茶洋驛六十里，下通水口驛五十里。』

又按：〔乾隆〕《古田縣志》卷五引劉曰寧《金公遺愛祠志》：『黄田有驛，實當全閩之衝，環驛以居其衆，可指數也。』

作《夜雨次茶洋驛舍》（《鼇峰集》卷二十六）。

按：茶洋驛，詳萬曆二十九年（一六〇一）。

作《過崇安憶江仲魚》（《鼇峰集》卷二十六）。

按：江仲魚，即江騰輝。萬曆二十三年（一五九五），江騰輝導引興公游武夷三十六峰。詳該歲。

作《車盤驛懷許黄門先達》（《鼇峰集》卷二十六）。

按：《江西通志》卷三十五『鹽驛』：『車盤驛，在鉛山縣旌孝鄉，去縣治南六十里。』

又按：楊正泰《〈明會典〉所載驛考·江西》：『〔車盤驛〕屬廣信府鉛山縣。在今江西鉛山縣東南車盤。』（《明代驛站考》二）

又按：許黄門，即許天錫。天錫（一四六一——一五〇八），字啓衷，號洞江，閩縣人。弘治六年（一四九三）進士，轉庶吉士。官至工部給事中。撰彈劾劉瑾疏，自縊死。詔賜祭葬，墓碣書『賜一品祭葬洞江許公之墓』。有《黄門草》《旅途雜咏》。

謝肇淛有《車盤驛懷許啓衷先輩》，其《引》：『先輩許黄門天錫過車盤驛，題詩有「青山對面疑無路，黄犢出林知有村」之句，爲時膾炙。鄭吏部善夫有詩云：「風流不見許黄門，遺字丹青閣上存。却留詩句車盤驛，黄犢青山何處村。」余屢過其地，尋覓遺墨，了不可得，感而作此。』詩云：『古驛堂開鳥道邊，題名久已蝕蒼烟。孤村黄犢知何處，惟有青山似往年。』（《小草齋集》卷二十八）

作《次弋陽城》（《鼇峰集》卷二十六）。

按：李賢《大明一統志》卷五十一《廣信府》『弋陽縣』條：『在府城西一百二十里。本漢豫章郡餘汗縣地……隋改爲弋陽，以地有弋水，故名。唐初屬饒州，後改屬信州。宋元仍舊，本朝因之。』

謝肇淛有《宿弋陽》：『群峰迴合俯清溪，寂莫荒城古渡西。惟有女墻秋月在，只今猶照夜烏啼。』（《小草齋集》卷二十八）

作《貴溪夜行》（《鼇峰集》卷二十六）。

按：李賢《大明一統志》卷五十一《廣信府》『貴溪縣』條：『在府城西一百九十里。本漢餘汗縣地……唐永泰初置貴溪縣，以縣在須溪口，故名。隸信州。宋元仍舊，本朝因之。』

謝肇淛有《貴溪道中》：『林端雪霽北風寒，白草丹山路百盤。落日漸低郵舍遠，馬頭一點是天冠。』（《小草齋續集》卷一）

作《次興安縣》（《鼇峰集》卷二十六）。

按：興安縣，治今江西横峰。曹學佺《大明一統名勝志·江西》卷六《廣信府·興安縣》：『本弋陽縣之横峰鎮設丫巖寨巡司以守之。我正德間因窑民弗靖，巡撫孫燧請銓除通判一員……嘉靖庚申歲始立縣治。」

又按：興安縣與下條東鄉縣，設縣較晚。

謝肇淛有《宿興安》：「亂峰迢遞繞孤村，數尺寒城石結門。空館蕭條風雪裏，暗燈山鬼對黄昏。」（《小草齋續集》卷二）

作《東鄉道中》（《鼇峰集》卷二十六）。

按：東鄉縣，今江西撫州東鄉區。曹學佺《大明一統名勝志·江西》卷七《撫州府·東鄉縣》：「本臨川、金蹊、進賢、餘干、安仁之遠鄙。國朝正德八年始置縣，以地居府之東偏，故名。」

謝肇淛有《次東鄉》：「山徑高低水亂流，短衣羸馬不勝秋。數聲戍角孤城閉，無奈征人萬里愁。」（《小草齋續集》卷二）

作《同在杭過安仁，其尊人天池先生曾令是邑，有天池閣，在溪上》（《鼇峰集》卷二十）。

按：李賢《大明一統志》卷五十《饒州府》「安仁縣」條：「在府城南二百一十里，本漢餘汗縣地……宋開寶末置安仁場，端拱初陞爲縣，屬饒州。元仍舊，本朝因之。」

謝肇淛有《安仁望天池閣》：「山城茂宰古神仙，鶴去琴亡五十年。陵谷半遷遺老盡，獨留高閣錦江邊。」（《小草齋續集》卷二）

按：天池先生，即謝汝韶。汝韶（一五三七—一六〇六），字其盛，號天池，徐熥、徐𤍞姐丈；肇淛父，長樂人。嘉靖三十七年（一五五八）舉人。授錢塘教諭，歷安仁知縣、承天同知。有《天池山人存稿》。

作《留别安仁王孫》(《鼇峰集》卷八)。

作《豫章送謝在杭參藩滇南》(《鼇峰集》卷二十)。

曹學佺有《寄送謝在杭之滇》:『萬里滇南國,迢迢使節臨。親朋稀見面,夷漢共傾心。有水皆稱海,無花不作林。碧鷄金馬跡,到日一披尋。』(《聽泉閣近稿》)

按:題《文心雕龍》:『第四十《隱秀》一篇,原脱一版,予以萬曆戊午之冬,客遊南昌,王孫孝穆云:曾見宋本,業已抄補。予亟從孝穆録之。』(馬泰來整理《新輯紅雨樓題記　徐氏家藏書目》,第一七一頁)

作《别在杭至南昌》《徐橋别在杭》(《鼇峰集》卷十一)。

作《過徐橋》(《鼇峰集》卷二十六)。

謝肇淛有《鍾陵别徐興公》:『相逢宜喜劇,何事復成悲?共有思家淚,兼之臨路岐。劍光冲斗盡,棘道入雲危。已悔吾非策,君歸勿後時。』(《小草齋續集》卷一)

謝肇淛有《徐橋重别興公》:『千秋兩孺子,懷古即思君。榻是當年下,襟從此地分。短橋傳故址,空館閉寒雲。仲舉遥相待,無須立斷群。』(《小草齋續集》卷一)

按:鍾陵,江西進賢縣别名。

作《徐橋小憩》(《鼇峰集》卷二十二)。

作《樟樹鎮》(《鼇峰集》卷二十二)。

按：樟樹鎮，今江西樟樹市。

又按：謝肇淛有《豐城懷興公》：『相逢相送意依然，旅館懷人獨不眠。兩地中宵看劍氣，不知會合是何年？』（《小草齋續集》卷一）

又按：李賢《大明一統志》卷四十九《南昌府》『豐城縣』條：『在府城南一百六十里，本漢豫章郡南昌縣地……唐復名豐城，宋仍舊，元陞爲富州。本朝復爲豐城縣。』

作《送習生上人歸補陀》：『經行從五嶺，相遇在南州。去路孤踪遠，空江一葦浮。竹深祇苑夕，松偃寺門秋。方外難爲別，留詩贈惠休。』（《鼇峰集》卷十一）

作《泰和曾端甫過訪上藍寺即別，率爾爲贈》《臘月，以昭宗侯招集古雪齋，同辟疆、嘉祐、夷庚、伯堤、貢父諸君，共用寒字》（《鼇峰集》卷二十）。

作《旅寓洪都上藍寺》（《鼇峰集》卷二十）。

按：洪都，南昌别稱。

作《除夕，喻宣仲邀集齋中守歲》（《鼇峰集》卷二十）。

作《寄在杭滇中》二首，其一：『北風其涼，道阻且長。言念君子，遠在鬼方。』（《鼇峰集》卷三）

是歲，謝兆申卒，有詩哭之。

作《哭謝耳伯》：『托跡江湖無定居，一生精力爲躭書。』（《鼇峰集》卷二十）

按：謝兆申卒于江西建武。

曹學佺有《秋夜懷謝耳伯，因作古風輓之》：『秋至思友生，夜静步林樾。荷香迫新露，燈影避微月。時運久不常，容華坐消歇。家貧隔首丘，兒長耻干謁。他鄉有片石，藁葬鐫碑碣。藏書佚四方，神魂想飛越。平生費搜討，視此同肌骨。余家山水間，清音日以發。頗事絲竹歡，心性多所伐。假化且冥冥，書空徒咄咄。聊爲述此懷，仰視飛鴻没。』（《淼軒詩稿》）

王宇有《挽謝耳伯》：『自厭爲斯世，還尋古人語。一棺韞萬卷，賢聖相爾汝。麻源聽松風，長疑讀書所。纍纍爲鬣封，繁華在何許。』（《烏衣集》卷四）

商梅有《挽謝耳伯》：『入秋念我友，山川盈顧盻。客從麻姑來，道君捐筆硯。痛哭廢眠食，形神想聞見。積書滿人間，了了無繾眷。今葬麻源陰，幽深意所善。抔土藏榮名，清魂自遊衍。顧彼首丘徒，骨枯草木賤。』（《彙選那菴全集》卷二十四）

游適有《綏安謝耳伯積書好遊，卒于建武，遺命就麻姑之麓瘞焉，蓋有伯鸞之高矣，詩以當哭》：『離家三百里，寄骨在他山。意或存高曠，魂應自往還。奇書殉地下，才鬼避墳間。春草茸茸處，依稀憶舊顔。』（《遊草》，《石倉十二代詩選》之《社集》）

按：曹學佺詩『秋至思友生』，商梅詩『入秋念我友』，謝兆申當卒於是秋。興公入豫章，聞其訃。

是歲，羅源縣知縣倪千祼考績，代人作《贈序》。

作《［贈羅川倪］邑侯考績序代》：『邑侯姑蘇倪君，既治羅川三載，當奏偉績。邑以内文學茂才輩皆稽首致詞于不佞……丙辰，邑人不戒於火者三，廬舍半爲煨燼，侯三賑以金，用起焦爛于衽席，有古慈君惠化風……今且屈而爲令，又最不腆如羅川，未能盡抒其平昔之所藴抱……聊因次其語，以爲侯贈。』（《文集》册二，《上圖稿本》第四二册，第二二〇—二二四頁）

按：倪千禩，姑蘇（今蘇州）人（《縣志》作崇明人）。舉人。羅源縣知縣。

又按：據（道光）《羅源縣志》卷十六《政績志》，倪千禩萬曆四十三年（一六一五）任羅源知縣，三年考績，在是歲。

又按：（道光）《羅源縣志》卷十六《政績志》載興公此文。

又按：（道光）《羅源縣志》卷十六《政績志》載泰昌元年（一六二〇）邑人爲倪令所立碑之文，云：『侯以乙卯四月蒞任。立心正直，操行清潔。緩賦輕刑，遠絶傀贈。固城池，修黌序。籌補常平義倉穀額，以防饑歲。修造護國，應德橋樑，以利人行。敬教勸學，易俗移風，稂莠務去，善良獲伸。暮夜無呼，里甲安堵。德在人心，銘刻兹石。』可與興公文相發明。

是歲，協助編校謝肇淛《小草齋集》，校定卷二古樂府、卷十二五言律詩一、卷二十二七言律詩五，共三卷。

按：《小草齋集》收謝肇淛入滇前詩作。肇淛入滇在萬曆四十六年（一六一八），詳拙文《謝肇淛與〈小草齋集〉》（《謝肇淛集》卷首，江蘇古籍出版社，二〇〇三年）。徐𤊹所校《小草齋集》，見明刊本《小草齋集》相應卷次之卷首，題爲『友人徐𤊹校』。

是歲，寧德崔世召父卒。

按：《祭寧德崔太母文》：『戊午方整北轅，而太翁仙逝。』（《文集》册十，《上圖稿本》第四五册，第四一頁）

按：徵仲母卒於天啓二年（一六二二）。

萬曆四十六年戊午（一六一八）　四十九歲

萬曆四十七年己未（一六一九）　五十歲

謝肇淛五十三歲，曹學佺四十六歲，林古度四十歲，徐鍾震十歲，徐延壽六歲

元月，在南昌。初二日，同彭雲徵、朱夢得、夷庚、仲韶集喻應夔池上居。鐵柱宫訪秦鍾震。訪堅白宗侯菜薖園。初五日，同幼明、康侯、夢得、敬叔集喻應夔、仲韶古香堂看新月。初七日，孔陽宗侯招飲邸第，觀賞前代名賢墨蹟。初八日，堅白王孫招同秦鍾震、鄧玉笈、彭雲徵、黄沾之、幼晋、景叔、景周等集自性庵。雨夜，張曼胥、喻叔虞、安仁、仲韶過上藍僧舍。元夕，新晴，鬱儀宗侯（朱謀㙔）招同廖季符、姚旅、喻益夔並宗弟用升、康侯等集城書齋；當夕，履直宗侯招宴同喻應夔、益夔、季布、朱謀㙔、幼晋、幼明、安仁等賞燈。遊灌嬰城、東湖、龍沙，謁徐孺子墓、陳陶宅、蘇雲卿祠，登梅嶺、鐵柱宫、滕王閣。

作《初春二日，同彭雲徵、朱夢得、夷庚、仲韶集安仁池上居，同用初字》（《鼇峰集》卷二十一）。

按：朱統鍟，字夢得，統鈨（安仁）之兄，明宗室。崇禎七年（一六三四）進士。官行人。徐𤊹曾有書致之。

作《鐵柱宫訪秦伯起比部》（《鼇峰集》卷二十一）。

按：李賢《大明一統志》卷四十九《南昌府》『鐵柱宫』條：『在府城内市中。宫前有井，水黑色。其深莫測，與江水相消長，鐵柱立其中。相傳晋許真君所鑄，以息蛟害。』

又按：秦鍾震，字伯起，號耻蠱，晋江人。萬曆三十二年（一六〇四）進士。歷知府。

作《春日訪堅白宗侯菜薖園》(《鼇峰集》卷二十一)。

作《初春五日，集安仁、仲韶古香堂看新月，同幼明、康侯、夢得、敬叔分韻》(《鼇峰集》卷二十一)。

按：朱謀⿱雨晉，字康侯，改字公退，明宗室。有《羔雁》等集。

作《人日，孔陽宗侯招飲邸第，觀前代名賢墨跡》《穀日，堅白王孫招同秦伯起比部、鄧玉笈別駕、彭雲徵、黃沾之文學、幼晉、景叔、景周諸昆季集自性庵，分得開字》(《鼇峰集》卷二十一)。

作《幼晉遊麻姑山，携神功泉釀酒壽其尊人孔陽翁，索賦致祝》(《鼇峰集》卷二十一)。

按：麻姑山，在江西南城縣。李賢《大明一統志》卷五十三《江西・建昌府》『麻姑山』條：『在府城西南一十里，周迴四百里。即道書三十六洞天之一。山有五老、萬壽等峰。山麓有桃花源、尋真亭。』

作《送鄧玉笈赴大理別駕，兼寄謝在杭參藩》《雨夜，張曼胥、喻叔虞、安仁、仲韶過上藍僧舍，同用鐘字》《雨中余濳頴送酒，兼侑以詩賦答》(《鼇峰集》卷二十一)。

作《元夕，新晴，鬱儀宗侯集城書齋，同廖季符明府、姚園客、喻叔虞並宗弟用升、康侯，共限飛字》(《鼇峰集》卷二十一)。

按：姚園客，即姚旅。旅，初名鼎梅，號園客，莆田人。萬曆間布衣，遊四方，卒於燕。有《露書》。

作《元夕，履直宗侯招宴賞燈，同宣仲、叔虞、季布、欝儀、幼晉、幼明、安仁，共限風字》(《鼇峰集》卷二十一)。

作《灌嬰城》(《鼇峰集》卷二十一)。

萬曆四十七年己未(一六一九)　五十歲

按：李賢《大明一統志》卷四十九《南昌府》『灌嬰城』條：『在府城東，漢灌嬰所築，今爲黄城寺。』

作《徐孺子墓》（《鼇峰集》卷二十一）。

按：李賢《大明一統志》卷四十九《南昌府》『徐孺子祠』條：『南昌城西，歷白社，其西有孺子墓……吴太守徐熙於墓隧種松，太守謝景於墓側立碑，晋太守夏侯嵩於碑旁立思賢亭。』

作《梅嶺》《鐵柱宫》（《鼇峰集》卷二十一）。

作《滕王閣》（《鼇峰集》卷二十一）。

按：李賢《大明一統志》卷四十九《南昌府》『滕王閣』條：『在府城西章江門城上，西臨大江。唐高祖子元嬰都督洪州時建。閣成，命至封爲滕王，因名。』

作《寫韻軒》（《鼇峰集》卷二十一）。

作《龍沙》（《鼇峰集》卷二十一）。

按：李賢《大明一統志》卷四十九《南昌府》『龍沙』條：『在府城北江水之濱，白沙涌起，堆埠高峻，其形如龍。舊俗爲重九登高處。』

作《東湖》（《鼇峰集》卷二十一）。

按：李賢《大明一統志》卷四十九《南昌府》『東湖』條：『在府城東南隅。周廣五里，舊通大江……爲一郡之勝。』

作《陳陶宅》（《鼇峰集》卷二十一）。

按：李賢《大明一統志》卷四十九《南昌府》『陳陶』條：『本閩人，以儒名家。陶聲詩、曆象無不精究。南唐昇元中至南昌，將詣建康，不果，乃築室西山，日以詩酒爲事。』

作《蘇雲卿祠》（《鼇峰集》卷二十一）。

按：李賢《大明一統志》卷四十九《南昌府》『蘇雲卿』條：『漢廣人。少與宋丞相張浚爲友，靖康之亂，避地豫章東湖，治圃織屨。浚入相，貽書聘之，遂遁去，莫知所之。郡爲立祠。』

正、二月間，同幼晋、幼明、夢得集安仁王孫池上聽雨。同用升、康侯、安仁三王孫，秋水、匡雲二上人浴室寺訪聞谷上人房。過澤弘王孫書齋。題喻季布谷口草堂。彭次嘉招遊建安王園林。題孝穆緑天館。題竹林社贈希舉、彦成二王孫；二王孫招飲。訪希之宗侯清曠樓。禹錫、文翰、彦叔、誠甫、藩甫、辟彊諸宗侯招飲。敬叔、季友、茂深招同澤弘、孝穆、安仁集燃藜閣看垂絲海棠，題敬叔王孫燃藜閣。題辟彊王孫洪厓讀書處，辟彊王孫招飲驪珠堂。齊雲王孫自山居貽詩見贈。

作《春夜同幼晋、幼明、夢得集安仁池上聽雨，同用燈字己未》《浴室寺訪聞谷上人房，同用升、康侯、安仁三王孫，秋水、匡雲二上人，同用雲字》《春日過澤弘王孫書齋》《送匡雲上人遊南華》《題喻季布谷口草堂》（《鼇峰集》卷十一）。

作《春日彭次嘉招遊建安王園林》（《鼇峰集》卷二十一）。

按：彭會，字次嘉，新建（今南昌）人，大學生。宗室朱銃鋌岳丈。有諸稿六卷（《徐氏家藏書目》卷七）。曾選明律詩爲《明詩彙韻》。

作《過孝穆緑天館題贈》《題竹林社贈希舉、彦成二王孫》《希舉、彦成二宗侯招飲竹林社，同堅白、安仁，分得中字》《訪希之宗侯清曠樓，以詩見贈，次韻奉答》《禹錫、文翰、彦叔、誠甫、藩甫、辟彊諸宗侯招飲，同張魯叟比部，分得才字》（《鼇峰集》卷二十一）。

作《南州逢廖季符明府》（《鼇峰集》卷二十一）。

按：南州，此處指南昌。

作《貽姚園客》《壽仍祖王孫五十》《别晴所宗侯》《寄李玉赤參戎惠州》《留别彭雲徵》《敬叔、季友、茂深招集燃藜閣看垂絲海棠，同澤弘、孝穆、安仁分韻》《題敬叔王孫燃藜閣》（《鼇峰集》卷二十一）。

作《題辟彊王孫洪厓讀書處》（《鼇峰集》卷二十一）。

按：李賢《大明一統志》卷四十九《南昌府》『洪崖』條：『在府城西三十里西山左。右石壁斗起峭絶，飛湍奔注，下有洪井，乃洪崖先生得道之處。』

作《春日辟彊王孫招飲驪珠堂，分得樓字》《齊雲王孫自山居貽詩見贈，賦答有〈刻鵠集〉》《贈朱夢得茂才》《答贈朱伯堤，兼呈貢父有〈雄飛集〉》（《鼇峰集》卷二十一）。

作《題劉將軍〈逢僧話圖〉》《爲幼明王孫題程孟孺〈梅枝〉》《題元方王孫畫〈桂花〉〈芙蓉〉》《别太冲》（《鼇峰集》卷二十六）。

二月，南州喻季布出《捫虱新話》相贈，作題記。花朝前一夕，集朱孝穆緑天館。題澤弘王孫碧鮮亭。張曼胥、喻季布、朱孝穆、敬叔、安仁、仲韶、茂深、長庚餞别江樓，留别諸王孫。前往麻姑山，經進賢，至臨川。

題《捫虱新話》：『羅源陳善，登紹興庚辰梁克家榜進士，官終太學録。郡縣志自古未有爲之立傳，亦不談及《捫虱新話》，可知古人湮没者多矣……今年再遊南州，季布出此見贈。然多舛錯，尚俟請正博雅讎校，殺青行世，毋終泯泯耳。己未花朝，徐惟起識。』（馬泰來整理《新輯紅雨樓題記　徐氏家藏書目》第一〇五頁）

按《捫虱新話》，宋陳善著。此本喻應夔贈。

又按：陳善，羅源人。紹興三十年（一一六〇）進士。

又按：喻季布，疑爲比喻應夔（宣仲）、喻益夔（叔虞）年紀更輕的兄弟、族人或晚輩。故曹學佺有《泛舟詩喻公子季布招也》（《豫章遊稿》）詩稱其爲『喻公子』。曹詩作于萬曆三十二年（一六〇四）。

又按：參見萬曆三十七年（一六〇九）。

作《花朝前一夕，集朱孝穆緑天館，雨後見月，分得開字》（《鼇峰集》卷十二）。

作《出南州康侯王孫將遊吴，賦此爲别》《陳士業招集齋頭，賦别》《浴室寺訪道冲上人》《題澤弘王孫碧鮮亭》《留别仲韶王孫》《贈時卿王孫時著〈古史記〉初成》《總持寺訪庸道人戲贈》《大宗王孫招飲，不克赴，以詩見贈，賦答》《送淳公之羅浮，兼訪李參戎》《别張曼胥次韻》《别孝穆次韻》《别安仁次韻》、《張曼胥、喻季布、朱孝穆、敬叔、安仁、仲韶、茂深、長庚餞别江樓，分得林字》（《鼇峰集》卷二十一）。

作《留别安仁王孫》（《鼇峰集》卷八）。

作《和張曼胥〈蓬蒿園立夏雅集十二首〉，次韻》，其《序》云：『余以己酉臘月過豫章，始識曼胥，把臂歡甚，卒卒别去，忽復十載。今歲再入灌城，旅寓上藍僧舍。曼胥誼篤舊好，晨夕過從，因出《蓬蒿園雅集十二首》。開卷讀之，儼然河濮間想。同時屬和者五人，余亦次韻。如數風景，已非良遊，不再想像造語，烏足擬諸形容，聊爾效顰，因之投贈。時己未花朝也。』（《鼇峰集》卷十一）

作《進賢道中》：『春光已半花如繡，馬踏沿山躑躅紅。』（《鼇峰集》卷二十六）

按：李賢《大明一統志》卷四十九《南昌府》『進賢縣』條：『在府城東一百二十里，本漢豫章郡南昌縣東境……唐初復析置鍾陵縣，尋廢爲鎮，名進賢。宋始陞鎮爲進賢縣。元仍舊，本朝因之。』

作《自進賢芟橋至臨川》（《鼇峰集》卷二十六）。

三月，出章江，阻風不得發，長庚王孫招飲江上樓。黃聚垣招飲公署，因談薛叓篤、陳勳、魏誠甫、鄭承武、謝兆申、康彥登諸故友。宿梅慶生盧家邊新居。與梅慶生、游適遊麻姑山。訪游適，留宿鶴林館。別過杉關，月底抵家。題陳元綸嘯閣。晦前三日，倪獻子招集交蔭軒，時軒新成。

作《出章江，阻風不得發，長庚王孫招飲江上樓，賦詩見送，次韻奉答》（《鼇峰集》卷二十一）。

作《黃聚垣招飲公署，因談薛叓篤、陳元凱、魏誠甫、鄭承武、謝耳伯、康元龍諸故友，感而有作》《謁舒文節先生祠》《答雲西宗侯》《贈茂深王孫》（《鼇峰集》卷二十一）。

作《宿梅子庾盧家邊新居》（《鼇峰集》卷二十一）。

按：梅慶生，字子庾，南城（今屬江西）人。曹學佺爲之詩集撰序。萬曆三十七年己酉（一六〇九）刊注音本《楊升庵先生批點文心雕龍》列徐𤊹之名於首。

作《遊麻姑山同梅子庾、游勿羣作》（《鼇峰集》卷二十一）。

按：麻姑山，詳正月。

作《訪游勿畢留宿鶴林館話別》、《遊麻姑山》三首（《鼇峰集》卷二十一）。

作《度杉關》（《鼇峰集》卷二十六）。

按：杉關，在福建光澤縣西，爲閩贛間之關隘。（嘉靖）《邵武府志》卷二《地理》：『邑西之山，首曰「彬嶺」，距邑七十里，是爲甌閩西户。石山嶄絶，蹊位僅容單車，其關曰「杉關」。洪武三年，徙大寺寨巡檢司以扼其險。』

作《寄崔徵仲孝廉讀禮山中》（《鼇峰集》卷二十一）。

按：崔世召父卒於去歲。

作《題陳道掌嘯閣》（《鼇峰集》卷二十一）。

按：陳元綸，字道掌，閩縣人。名重士林，有《日箋》《五經涉録》。

作《暮春晦前三日，倪獻子交蔭軒新成招集，同用風字》（《鼇峰集》卷二十一）。

作《倪獻子贊》：『昔君與吾友子真氏遊也，行歌市中，人稱聯璧。今君與吾二三子友也，投交恨晚。又見鬚髯如戟，南遊楚粤，北涉江淮。翩翩裘馬，放浪形骸。翛然一室，琴書委懷。高談嶽嶽，東方詼諧，細數濁世之公子，誰能如吾獻子之佳哉！』（《文集》册十二，《上圖稿本》第四五册，第三〇四頁）

按：子真，林光宇，已見前。

又按：倪獻子，除《像贊》，徐𤊹詩文僅見《暮春晦前三日，倪獻子交蔭軒新成招集，同用風字》，故繫此文於此。

三、四月間，有書報寧化黄槐開，言《南唐近事》事。附贈椰杯六隻、水晶印三方、湖筆十枝、詩扇一把。

作《報黄子虛司理》：『去夏浪跡寧陽，辱長者盛情有加……不肖去冬有豫章之遊，近始抵舍。日聞遼事大潰，不無杞人之憂。雖竄伏山林，而時危可慮，祇恐不得老死太平耳。《南唐近事》，去秋鄒有年丈還家，已托其轉寄，詎意浮沉至今。今托賴友順途取板送上……薄附椰杯六隻、水晶印三方、湖筆十枝、詩扇一把侑緘。千里鴻毛，惟長者哂入。時下梅雨蒸濕，强飯爲佳。』（《文集》册七，《上圖稿本》第四四册，第一六一一七頁）

按：寧陽，即寧化。寧化之遊，參見去歲。

按：爲《南唐近事》作序在去歲七月。參見該歲。

四、五月間，送陳長文謁選赴京。送陳元綸遊吴越。

作《題〈東方朔圖〉》《新竹》《送陳長文謁選赴京》《送陳道掌遊吴越》《送吴中翰給假歸新安省墓》（《鼇峰集》卷二十一）。

作《汪烈婦挽詞》，其《序》：『烈婦，休寧汪懋賢太學之女，閩邑丞程逢明仲子燿如之妻。燿如歸新安應試，卒於京口。烈婦聞訃，遂絶食七日，不死，伺姑起梳洗，取帶繫頸以死，年僅二十也。』（《鼇峰集》卷二十一）

曹學佺有《新安汪烈婦傳》：『予閩程少府邸中有汪烈婦，以殉夫死，一時子衿人士聞而噪之，具其事于當道，咸旌異之。郡縉紳自葉相國而下，皆有傳記、歌咏，予獨後焉。』（《石倉文稿》卷之《夜光堂》）

五月，陳鴻過鼇峰，相與坐月。十七日，張燮下第過福州，同喻應夔、鄭爵魁集緑玉齋聽雨。十八日，張燮遊鼓山。

作《送喻宣仲》（《鼇峰集》卷十一）。

作《夏日，叔度過鼇峰山居，坐月而歸》（《鼇峰集》卷十一）。

陳鴻有《夏日過興公山齋，坐月而歸》：『一帶鼇峰路，依山祇數家。窗蟬鳴斷續，鄰樹過交加。涼入收晡雨，晴歸變晚霞。淹留到明月，别去影初斜。』（《秋室編》卷四）

作《喻宣仲、張紹和、鄭瓚思過集緑玉齋聽雨，同限生字》（《鼇峰集》卷十一）。

張燮有《夏日集徐興公緑玉齋聽雨，同喻宣仲賦，分得行字》：『避暑投幽徑，逢人識姓名。流雲酣石色，漏葉沸濤聲。破寂餐松子，迎涼度麴生。科頭衣半解，起踏緑苔行。』（《霏雲居續集》卷十一）

按：張燮《遊鼓山記》：『己未夏五望後三日也。余頃者决計爲鼓山遊，鄭瓚思每目攝之。先一日，集徐興公齋頭，驟雨如注。』（《霏雲居續集》卷三十九）十八日遊鼓山，前一日爲十七日。

六月，涌泉寺重興啓土，與曹學佺同上鼓山，喝水巖夜坐。登水雲寺亭址，摩朱晦翁墨跡。十五夜，與曹學佺、陳一元、鄭邦祥、方佳士、張鴻肩、林弘衍、陳德宷、張道羽過馬江。致書張睿卿，得知《峴山志》刻成，參纂者有己名；附寄道場山所作二律並新作扇頭詩。又致張鳳南。

作《鼓山涌泉寺重興志喜，呈曹能始觀察》（《鼇峰集》卷二十一）。

曹學佺有《鼓山涌泉寺重興啓土》：『泉涌無今古，山開有廢興。布金如地廣，薙草見臺層。了此

一多義，續將明滅燈。劫灰猶幻迹，何必問胡僧。』（《聽泉閣近稿》）

按：黄任《鼓山志》卷二《寺院》：『大雄殿，梁開平二年閩王建……嘉靖壬寅灾。萬曆己未郡人曹學佺重建，請僧道東住持。』

作《喝水巖夜坐》（《鼇峰集》卷十一）。

曹學佺有《同徐興公、倪柯古、鄭孟麐、陳叔度、趙子含、高景倩、林守易靈源洞夜坐》：『題刻半苔蘚，名公多紀遊。石橋横洞腹，茅屋掛泉頭。林氣初回霽，江容轉入幽。昔時宴坐者，應喜客淹留。』（《聽泉閣近稿》）

作《石淙庵贈僧太初》《登水雲寺亭址，摩朱晦翁墨跡》《常惺上人自龍泉移住鼓山》（《鼇峰集》卷十一）。

作《馬江夜泛次能始韻》（《鼇峰集》卷十一）。

曹學佺有《十五夜，由峽江乘潮而上，月色大佳，同舟者陳太始、徐興公、鄭孟麟、方佳士、張鴻肩、林守易、陳德宲、張道羽也》：『峽路不知遥，空明在此宵。櫓聲全擺月，樹影半遮潮。遠火來江口，微雲出嶺腰。居然人境絶，何必待仙招。』（《聽泉閣近稿》）

作《寄答張士原》（《鼇峰集》卷二十一）。

作《寄張穉通》（《鼇峰集》卷二十一）。

作《寄張穉通》：『丙午峴山舟中握手爲别，尚冀再過苕上，一登欣閣，快覩鄺鄴架新編，緣罹西河之變，形骨雖存，而神理憒憒，以故叔賓數入霅川，竟不能作一字報問故人……舐犢傷懷，視筆硯不啻桎梏之苦也。近聞長君亦爾玉折，老來遭此大故，得耗不勝慘沮。談虎色變，正弟之謂歟！《峴山志》忝附賤名，不足爲山靈之辱，何時遠寄一部，俾一翻閱，如身在窪尊逸老間也。道場僅得二律，録求郢削，衹蛇足耳。叔賓行，聊附八行，問故人眠食。漫成小律，題之扇頭，請正。辱暑困人，作疏厓略。」（《文集》册七，《上圖稿本》第四四册，第一七—一八頁）

按：『道場僅得二律』，疑爲《道場山拜孫太初墓》及《同顧道行學憲遊峴山憩滴翠軒》（《鼇峰集》卷十三）；『小律』，即上條《寄張穉通》詩。

作《寄張鳳南》：『台駕涖會城，貧交情禮兩闕，惟有此心而已……緬想台丈還山以來，福履尤勝。太姥、霍童，又爲籬壁間物……友人方伯坤向籍諸生，爲耿公所取士，素負投筆請纓之志。今謝青衿而服韎韐，新補崳山行營都護，久欽明德，願一登龍，幸進而教之。』（《文集》册七，《上圖稿本》第四四册，第一八—二〇頁）

按：張鳳南，福寧州人。官別駕。

又按：此書排列于《寄張穉通》之後，附繫於此。

七月，初二日初度，陳鴻、徐維翰、徐叔亨壽詩，答謝之。陪葉向高登馬尾羅星塔。

作《初度日叔度以詩見贈，次答》《初度日答徐維翰》《初度日答徐叔亨》（《鼇峰集》卷二十一）。

按：七月初二初度，詳隆慶四年庚午（一五七〇）。

作《喜秋》《陪葉相公登羅星山次韻》二首（《鼇峰集》卷二十一）。

八月，中秋，與陳鳴鶴、陳宏己、王毓德、張蔚然、崔世召、高景、陳鴻、趙子英、李時成、吴明遠、張粤肱、爾瘖上人等十數人集曹學佺石倉池泛舟，登聽泉閣，因宿夜光堂。集高景松雲齋，席上譚遼左事。

作《中秋夜曹能始石倉池泛舟，因登聽泉閣，分得藍字》（《鼇峰集》卷十二）。

曹學佺有《中秋夜，招集諸子泛舟山池，因宿夜光堂，分得五言排律體四豪韻》，題下自注：『客爲陳汝翔、陳振狂、王粹夫、張維成、崔徵仲、徐興公、高景倩、陳叔度、趙子含、李明六、吴明遠、張粤肱、爾瘖上人。』詩云：『由來玩賞地，難得並風騷。白露秋居半，青松月上高。巖深時露火，水闊可容舠。蟾魄暎波滿，虬枝扶岸牢。村童喧逐獺，詞客醉持螯。入洞雲方閟，聞泉夜益豪。藤蘿牽若綬，桂子落方袍。豈必枚乘賦，遥觀八月濤。』（《夜光堂近稿》）

按：張堯翼，字粤肱，杭州人。張蔚然仲子。

崔世召有《中秋，曹能始招集石倉池泛舟，因憩聽泉閣，分得從字七言律》：『佳節追歡客興濃，碧天秋水浸芙蓉。但逢選石波光媚，到處移舟月影從。佛火半林明露棹，泉聲雙耳答昏鐘。拍浮此夜還騷首，坐愛淒清一壑松。』（《問月樓詩集》）

李時成有《中秋，曹能始觀察讌集石倉池，同張維誠明府、崔徵仲孝廉、陳汝翔、陳振狂、王粹夫、徐興公、陳軒伯、趙子含、吴明遠山人、張粤肱、高景倩秀才、圓宗上人，得落字，限五言古》：『秋色了無端，幽期在岩壑。短棹弄微明，天水澹相薄。浮云割東西，孤魄忽中躍。不淺南樓歡，笑語還相錯。因之陟彼岡，泉聲雲外落。溯幽已不達，凴高廼有託。衆籟歸餘寂，碧宇何廖廓。杯静觀空機，何處乍歸鶴。』（《白湖集》卷四）。

作《聞遼事四首》（《鼇峰集》卷二十一）。

崔世召有《再集高景倩松雲齋，席上譚遼左事，分得八齋》：『松窗雲榻足幽栖，詞客清尊共品題。毛竹烟深秋月澹，羽書風急暮山低。席前有客諮籌箸，海上何時罷鼓鼙。見説聖明將耀武，不妨暫醉白銅鞮。』（《問月樓詩集》）

曹學佺有《社集高景倩齋頭，談及遼事，志感》：『歸田六七載，未曾閲邸報。從容談宴間，忽及遼陽道。邊庭如敗葉，隨風疾而掃。開原被圍急，鐵嶺傳賊到。羽書馳刺閨，一日三四告。主威既不測，臣年將及耄。安知紈袴士，陰不爲向導。所以堅城下，其斃應弦倒。狡仇遂啓疆，僭立僞年號。窺我山海關，恐漸入堂奥。人謀實不臧，胡然諉天造。召兵自遠方，風氣異寒燥。饋糧有饑色，没陣寡音耗。居人盡流離，枕籍紛相蹈。彼無所依歸，祇折入寇盜。何不招撫之，曰以仁易暴。壯者隸尺籍，老弱守田稻。訓以坐作法，因而添減竈。借筯若可籌，卮酒聊慰勞。』（《夜光堂近稿》）

九月，九日，安國賢招集平遠臺。翁君崇守合州。送徐震伯還浙江龍游。海寇袁進横行有年，開府王士昌諭以威德，投戈歸順，有詩志喜。茅維至閩，同社邀集平遠臺賦别，未赴。啓程之滇訪謝肇淛，别諸社友，别家。宿曹學佺石倉園，發洪江，别吴汝鳴。婿康守廉送至白沙，舟中夜别。

作《九日，安蓋卿招集平遠臺》（《鼇峰集》卷二十一）。

按：安國賢，字蓋卿，閩縣人。萬曆中蔭襲指揮使，署南日島。有《轂音集》《白雪集》等。多結賢豪長者，刻意學詩。

又按：是日，曹學佺與陳鴻等登妙峰山，有《九日登高石倉，因憩妙峰寺，同陳叔度、吴汝鳴、龔克廣二優三妓共成九人》（《夜光堂近稿》）。

作《送翁三英守合州》(《鼇峰集》卷二十一)。

按：翁三英，即翁君崇。

曹學佺有《翁君崇選合州守，乃予備兵巴東舊轄地也，賦此送之》：『驛亭樽酒映雙楓，情景相關迥不同。文舉通家原奕世，袁宏領郡自仁風。寺名夜雨巴山麓，城倚春江石鏡中。笑我舊遊無遠夢，空留詩句在川東。』(《夜光堂近稿》)

作《送徐震伯還姑蔑，兼懷楊賓夫、徐汝長》《别惟秦次韻》《别潘從參次韻》《别林叔寶次韻》《别劉世熙次韻》《答王爾誨次韻》(《鼇峰集》卷二十一)。

作《海寇袁進横行有年，開府王公諭以威德，投戈歸順，有異志者盡戮之，開府詩以志喜，恭和四章》(《鼇峰集》卷二十一)。

按：王公，即王士昌(一五五九—一六二四)，字永叔，號斗溟，士性弟，臨海(今浙江台州)人。萬曆十四年(一六八六)進士，官至福建巡撫。有《三垣摘疏》《投荒草》。

作《茅孝若至閩，諸同社邀集平遠臺賦别，予方楚遊未及預會，追和八韻》(《鼇峰集》卷十二)。

按：茅若，即茅維。見萬曆五年(一五七七)。

作《冠美人像贊，爲茅孝若題》：『彼美人兮朗如玉，丹頰豐兮翠眉曲。御風一接于茅君，吾不以爲杜蘭，則以爲蕚緑。』(《文集》册十二，《上圖稿本》第四五册，第二七九頁)

作《之滇别家》《石倉園與曹能始宿别次韻》(《鼇峰集》卷十一)。

曹學佺有《徐興公入滇訪謝在杭，過石倉山房宿别》：『去歲臨冬夜，山齋遞唱酬。今宵聞鶴唳，

偏感別君愁。地遠變寒燠，山多在上頭。渭陽情更切，豈但爲依劉。』（《夜光堂近稿》）

陳鴻有《送徐興公之滇南》：『去年與子渡汀水，日日同吟烟棹裏。今年送子向滇南，竹屋寒燈誰共談。出門何必悲遠道，此去應知逢舊好。寒風九月正蕭瑟，落日驅車見秋草。山川處處風景異，萬里人烟接蠻地。嶺上猶傳關索名，祠前曾奉王褒使。箐密林深瘴霧昏，殊音荒服易傷魂。作衣白氎隆冬暖，裹齒黄金舊俗存。點蒼山色圍官署，風遞薇香鳥啼曙。塵榻遍因孺子懸，新詩還共玄暉著。別後天涯歲又新，東風莫笑未歸人。應知旅况堪消處，開遍梨花滿眼春。』（《秋室編》卷三）據此詩，知往滇南在九月。

陳鴻還有《送徐興公之滇》：『遠遊那可定，况説是昆明。漂泊萬餘里，艱危十八程。俗經蠻地變，愁與瘴烟生。秋事悲方已，何堪更送行。』（《秋室編》卷四）

作《洪江別吴汝鳴次韻》《康婿不貪送至白沙，舟中夜別》（《鼇峰集》卷十一）。

秋，風雨夜，陳鴻過宿。題《文心雕龍》，討論《隱秀》篇。

作《風雨夜叔度過宿山齋，次韻》：『寒燈相對夜深時，門外雲生客不知。何必凉天與佳月，竹窗風雨更宜詩。』（《鼇峰集》卷二十六）

陳鴻有《秋夜雨中坐興公山齋》：『每值秋來夜雨時，幽窗夜静竹先知。與君莫戀今宵睡，對榻閑聽好賦詩。』（《秋室編》卷八）

作《題朱竹》《〈雪林圖〉贈僧》《題伯孺扇頭秋海棠》《題伯孺畫梅》《追和楊廉夫〈續奩〉二十首》《和〈廣續奩〉二十首》（《鼇峰集》卷二十六）。

題《文心雕龍》：『第四十《隱秀》一篇，原脱一版……予家有元本，亦係脱漏，則此篇文字既絶而復蒐得之，孝穆之功大矣。因而告諸同志，傳抄已成完書。古人云：書貴舊本。誠然哉。己未年秋日，徐興公又記。』（馬泰來整理《新輯紅雨樓題記　徐氏家藏書目》，第一七一頁）

按：此條叙補《隱秀》篇經過，云家中元本亦脱落。參見萬曆四十六年（一六一八）。

十月，過古田困溪，林春秀、商梅等訪之舟中，商梅題畫送之。題商梅吴姬所畫蘭。

作《困關與商孟和别》（《鼇峰集》卷十一）。

商梅有《嵩溪舟中，題畫送徐興公遊滇南》：『到兹成遠别，又是晚秋時。溪色寒如此，客情君所知。雁飛閩嶺信，峰過楚天疑。山水南中異，臨流寫入詩。』（《彙選那菴全集》卷二十一《秀情居》）

作《舟至尤溪口逢商孟和，再用前韻》（《鼇峰集》卷十一）。

商梅有《滄峽重逢徐興公舟宿，用前韻各賦》：『别君方三宿，相遇亦何期。泊向寒溪裏，欣然暮雨時。野航獨往易，水驛上流遲。不盡臨行語，今宵乃盡之。』（《彙選那菴全集》卷二十一《秀情居》）

按：《題子實遺稿》：『己未十月初二日，余過困溪，子實同商孟和、林臣芝訪余舟中。時余爲滇遊，子實戀戀不忍分手。』（沈文倬《紅雨樓序跋》卷一，第四五頁）

又按：參見萬曆四十八年（一六二〇）。

作《爲商孟和題吴姬畫蘭》（《鼇峰集》卷二十六）。

冬，出武夷山之後，經江西鉛山，訪費元禄甲秀園。過貴溪，豐城泊濂村午餉。由臨江至新喻。經宜春，登宜春臺，謁鄭谷墓。遊分宜洪陽洞。經萍鄉，遊湘東黄花渡公館，讀朱熹詩，過香水渡。過醴陵，舟次湘潭，至長沙，謁真德秀祠，訪賈誼故宅，又謁屈原、賈誼祠。出長沙，渡過湘江，過益陽，宿界亭驛。渡滄浪水，新店驛題壁。

作《訪費無學甲秀園話舊》（《鼇峰集》卷二十一）。

按：費無學，即費元禄。詳萬曆三年（一五七五）。甲秀園，費元禄園，在江西鉛山。

作《貴溪道中》（《鼇峰集》卷二十一）。

按：貴溪縣，屬江西廣信府。詳去歲。

作《次豐城》《泊濂村午餉，讀豐城舊令〈江如見紀功碑〉》（《鼇峰集》卷十一）。

按：豐城，屬江西南昌府。已見。

作《臨江至新喻》《過□□故相府第》（《鼇峰集》卷二十一）。

按：臨江府，治江西清江縣。李賢《大明一統志》卷五十五《江西·臨江府》「建置沿革」條：『宋淳化間，以清江縣置臨江軍，隸江南西路，元改置臨江路。本朝改臨江府。』

按：李賢《大明一統志》卷五十五《江西·臨江府》「新喻縣」：『在府西一百二十里……吴析置新喻縣，屬安成郡。本因渝水爲名，後聲變爲「新喻」……宋淳化中以縣屬臨江軍，元陞爲州。本朝復爲縣。』

作《登宜春臺漢袁高士有種桃亭》（《鼇峰集》卷二十一）。

按：李賢《大明一統志》卷五十七《袁州府·宜春縣》：『附郭，漢置……隋復改宜春縣，爲袁州治，唐以後俱仍舊。本朝因之。』

又按：曹學佺《大明一統名勝志·江西》卷十一《袁州府·宜春縣》『宜春臺』條：『《志》云：袁有五臺三峽，宜春臺其一也。在府治東南隅闤闠之傍，崛起數百尺，陰森竹樹，掩映棟宇，遠而望之，峻不可陟。按轡徐行，坦如平地，週覽川原，下望人烟，爲一州之壯觀。』

作《鄭都官墓》（《鼇峰集》卷十一）。

按：鄭都官墓，在今江西宜春。鄭都官，即鄭谷。李賢《大明一統志》卷五十七《江西·袁州府》『鄭谷墓』條：『在府城北二十里。』又『鄭都官祠』條：『在府城北七里，宋郡守祖無擇建，祀唐都官郎中鄭谷。』

作《遊洪陽洞》（《鼇峰集》卷十一）。

按：李賢《大明一統志》卷五十七《江西·袁州府》『洪陽洞』條：『在分宜縣西一十五里。相傳葛洪及婁陽所居。洞中深邃，嘗有人至其邃處，聞昌山渡篙聲。』

作《湘東黃花渡公館，讀朱晦翁詩篇》（《鼇峰集》卷十一）。

按：曹學佺《大明一統名勝志·江西》卷十一《袁州府·萍鄉縣》『黃花渡』條：『在縣西三十五里。相傳有隱者種菊橋榜，一名「黃華橋」。』

又按：朱晦翁，即朱熹。興公所讀詩爲《十一月二十六日，宿萍鄉西三十餘里黃花渡口客舍，稍明潔，有宋亭伯題詩，亦頗不俗，因録而和之》：『鼎足爐邊坐，陶然共一樽。道心元自勝，世味不須論。安隱三更睡，清明一氣存。雖無康樂句，聊爾慰營魂。』（《全宋詩》卷二三八七《朱熹》

五，北京大學出版，一九九八年，第二七五五六頁）

作《城西驛翁壽承見訪》（《鼇峰集》卷二十六）。

作《宿蘆溪候館，次壁間韻》（《鼇峰集》卷二十一）。

按：曹學佺《大明一統名勝志·江西》卷十一《袁州府·萍鄉縣》『蘆溪』條：『聖國廟側爲蘆溪，水源發羅霄山。去縣五十里，東流一百里入于府之秀江。蘆溪通舟楫，有小市，爲縣衝要。』

作《過萍鄉香水渡》（《鼇峰集》卷二十六）。

按：李賢《大明一統志》卷五十七《江西·袁州府》『香水渡』條：『在萍鄉縣西北七十里醴陵縣界。相傳即楚昭王渡江獲萍實處。』

作《醴陵縣己未年事》（《鼇峰集》卷五）。

按：李賢《大明一統志》卷六十三《湖廣·長沙府》『醴陵縣』條：『在府城東一百八十里，本漢臨湘縣地。東漢析置醴陵縣，屬長沙郡。』

作《舟次湘潭》（《鼇峰集》卷二十六）。

按：李賢《大明一統志》卷六十三《湖廣·長沙府》『湘潭縣』條：『在府城西一百里，本秦湘南縣，屬長沙郡……梁改湘南曰湘潭，因昭潭爲名。』

作《長沙過賈誼宅》（《鼇峰集》卷二十一）。

又按：李賢《大明一統志》卷六十三《湖廣·長沙府》『賈誼故宅』條：『在府城中濯錦坊。舊有太博井並廟，尚存。』

作《長沙真西山先生祠》(《鼇峰集》卷五)。

按:真德秀,號西山。

按:李賢《大明一統志》卷六十三《湖廣·長沙府》『真德秀祠』條:『在府城中,宋理宗時,德秀帥潭,有惠政,民立生祠祀之。』

作《謁屈賈二先生祠》(《鼇峰集》卷二十六)。

按:李賢《大明一統志》卷六十三《湖廣·長沙府》『屈原廟』條:『在湘陰縣北六十里,原事楚王,被讒見疎,投汨羅江以死。唐封昭靈侯,宋封忠潔侯,本朝復其號曰「楚三閭大夫」。』又『賈誼廟』條:『有二,一在府城南誼故宅,一在湘鄉縣治南柏木橋。』

作《洞庭湖》(《鼇峰集》卷七)。

按:李賢《大明一統志》卷六十三《湖廣·長沙府》『洞庭廟』條:『在磊石山,洪武初建。封洞庭湖龍神,命有司每歲四月八日致祭。』

作《登湘中城樓》(《鼇峰集》卷二十一)。

作《渡湘江》(《鼇峰集》卷二十一)。

按:曹學佺《大明一統名勝志·湖廣》卷十《長沙府》『湘水』條:『在城西,環城而下。』

作《晚次益陽縣》(《鼇峰集》卷二十六)。

按:李賢《大明一統志》卷六十三《湖廣·長沙府》『益陽縣』條:『在府城西北二百里,本秦舊縣,屬長沙郡。以縣在益水之陽,故名。』

作《宿界亭驛》(《鼇峰集》卷十一)。

按：楊正泰《〈明會典〉所載驛考·湖廣》：『［界亭驛］屬辰州府沅陵縣。在今湖南沅陵縣東北界亭驛。』(《明代驛站考》二)

作《橘洲道中》(《鼇峰集》卷二十六)。

作《渡滄浪水》(《鼇峰集》卷二十六)。

按：李賢《大明一統志》卷六十四《湖廣·常德府》『滄浪水』條：『在龍陽縣西一十五里。自滄、浪二山發源，合流爲滄浪之水。《楚辭》屈原行吟澤畔，遇漁父歌《滄浪》，即此。』

作《新店驛紀事題壁萬曆己未年事》(《鼇峰集》卷八)。

按：楊正泰《〈明會典〉所載驛考·湖廣》：『［新店驛］屬常德府桃源縣。洪武十四年(一三八一)置。在今湖南桃源縣西南新店驛。』(《明代驛站考》二)

十一月，十七日，長至夜宿桃源縣，謁桃源蘇老人祠，題桃源洞；鄭家驛，懷鄭邦祥。游沅江白霧洞，謁新息侯祠。至辰陽，得謝肇淛書，知黔中疾疫盛行，遂登返程。

作《長至夜宿桃源縣》(《鼇峰集》卷二十一)。

按：李賢《大明一統志》卷六十三《湖廣·常德府》『桃源縣』條：『在府城西八十里，本東漢沅南縣地……(唐)乾德中始析置桃源縣，以其地有桃花源，故名。』

又按：長至，十一月十七日。

作《桃源江伯通鍾情詩》(《鼇峰集》卷二十一)。

按：江禹疏，字中散，一字伯通，號中散，盈科之子，湖南桃源人。國子監生。盈科，字進之，萬曆四十年（一六一二）進士，纍官四川僉事，有《雪濤閣集》。

作《桃源蘇老人祠》，自序：『老人姓蘇氏，名彬，洪武中奏桃源邑浮糧，旨不下，尋再往上疏，擊登聞鼓，遂自縊鼓下。高皇帝覽疏，蠲浮糧二萬餘石，民至今賴之。萬曆初，邑令鄭天佐爲建老人祠，近里人江伯通爲作《塑像記》。予偶過其地，賦此。』（《鼇峰集》卷二十一）

作《題桃源洞》（《鼇峰集》卷二十六）。

按：李賢《大明一統志》卷六十四《湖廣·常德府》『桃源山』條：『在桃源縣南二十里，其西南有桃源洞，一名秦人洞，洞北有桃花溪。』

作《鄭家驛懷孟麟》（《鼇峰集》卷二十六）。

按：楊正泰《〈明會典〉所載驛考·湖廣》：『[鄭家驛]屬常德府桃源縣。洪武十四年（一三八一）置。在今湖南桃源縣西南鄭家驛。』（《明代驛站考》二）

作《遊辰州白霧洞》：『旅懷偶暫釋，勝情應有協。』（《鼇峰集》卷六）

按：辰州府，治湖南沅陵縣。李賢《大明一統志》卷六十五《湖廣·辰州府》『建置沿革』條：『隋開皇中廢郡置辰州……宋屬荆湖北路，元陞爲辰州路，本朝改爲辰州府。』

作《辰州新息侯祠》（《鼇峰集》卷二十一）。

按：李賢《大明一統志》卷六十五《湖廣·辰州府》『新息侯廟』條：『一在府城外江南，五代時馬氏建。』

按：以上二詩當作於得不果入滇消息之前。

作《至辰陽，得謝在杭書，知黔中疾疫盛行，苗蠻阻道，因不果入滇，却寄在杭二首》，其二云：『遠別皆從妄想生，畏途誰道不堪行。懷鉛已失依人計，解佩應知念母情。金馬碧鷄惟夢到，青猿白鶴待歸盟。空懷五岳平生志，從此無心學向平。』（《鼇峰集》卷二十一）

十二月，自辰州歸，訪江禹疏（伯通）小鏡湖，留宿書齋，同黄岡王孟侯及郎君茂弘賦詩。武陵訪張師繹郡守，城上看雪。過湘潭、新喻，至豫章，吊孔陽宗侯。朱謀墇宗侯留飲齋中，同康侯、朱統鉓宗侯賦別。除夕，舟次盱江。

作《自辰陽歸途中作》《雪夜訪江伯通小鏡湖，留宿書齋，同黄岡王孟侯及郎君茂弘，共限羅字》（《鼇峰集》卷二十一）。

作《湘中遇雪》（《鼇峰集》卷二十六）。

作《武陵城上看雪》（《鼇峰集》卷十一）。

按：武陵縣，湖廣常德府府治。李賢《大明一統志》卷六十四《湖廣·常德府》『武陵縣』條：『附郭，本漢武陵郡臨沅縣，東漢爲武陵郡治……宋初屬鼎州，後屬常德府。』

作《武陵訪張夢澤郡守》（《鼇峰集》卷二十一）。

按：張師繹，字夢澤，武進（今屬江蘇）人。萬曆二十六年（一五九八）進士。常德郡守，有《月鹿堂文集》。

作《別張夢澤使君時守常德》（《鼇峰集》卷十一）。

作《湘南旅思》(《鼇峰集》卷二十一)。

按：湘南，湘潭縣舊名。已見前。

作《宿荷塘驛》(《鼇峰集》卷十一)。

按：楊正泰《〈明會典〉所載驛考·湖廣》：『「荷塘馬驛」屬長沙府醴陵縣。隆慶四年(一五七〇)移改泗洲驛置。舊在今湖南株州市南泗州，隆慶四年移置今湖南醴陵縣城内。』(《明代驛站考》二)

又按：興公所宿在醴陵城内之荷塘驛。

作《袁江旅懷》(《鼇峰集》卷二十一)。

按：樂史《太平寰宇記》卷一百九《袁州·新喻縣》：『袁水，在縣南五十步。西至一灘，灘長二里，其地嶮峻，號曰「五浪灘」。其側立五浪館。』

作《過豫章吊孔陽宗侯，並唁幼晉、幼明》(《鼇峰集》卷二十一)。

作《鬱儀留飲齋中，同康侯、安仁賦別》(《鼇峰集》卷十一)。

作《己未除夕，盱江舟次》(《鼇峰集》卷二十一)。

按：李賢《大明一統志》卷五十三《江西·建昌府》『盱水』條：『源出血木嶺，流六十里爲盱水……至廣昌縣前，又三十里入南豐縣境，東北流百餘里至府城東南……又東北流二百餘里入撫州府境。』

又按：盱江由東南向西北流，興公出南昌後經撫州，往建昌(今南城)方向逆流行舟歸閩。

是歲，有題畫詩數首。

作《題〈蘭菊圖〉》(《鼇峰集》卷二十六)。

作《題畫送李子述》(《鼇峰集》卷二十六)。

按：李子述，四明(今浙江寧波)人。諸生。遊閩，讀書烏石山。

作《題〈楊妃春醉圖〉》《漢武帝思李夫人》(《鼇峰集》卷二十六)。

是歲，倡修九仙觀、玉皇閣。

按：《重建法雲寺募緣疏》：『萬曆己未，予輩倡建亭榭山巔，既又修九仙觀、玉皇閣，登臨者便之。』(《文集》册九，《上圖稿本》第四十四册，第三一一頁)

作《九仙觀建閬風堂疏》：『榕城有三山，而九仙據東南之勝，巖巒奇峭，磴道逶迤，南望江皋，北枕城郭，涼風時至，明月自來，古迹未湮，山靈永托。前爲寥陽寶殿，後爲玉皇高閣。泰昌初元，倡募修理，井然改觀。東隅雲房兩楹，僅足道流居止，而堂廡闕然。遊人載酒登山，上帝式臨，歡宴笑譚，未免褻嫚。左荒地一區，廣五丈，而深倍之，衆謂宜別建一堂，以爲遊人聚首之所，復謀于曹觀察、李光禄、洪中翰諸公，僉曰：「可。」而龔克廣毅然任營創之勞，首捐木石之費，甚盛舉也。凡我同志，宜助一臂之力。千秋勝事，不日成之矣，幸多勿讓。』(《文集》册九，《上圖稿本》第四十四册，第三〇七—三〇八頁)

按：龔克廣，即龔懋堅。懋堅，字克廣，狀元龔用卿孫，曹學佺内弟，懷安(今福州)人。

又按：佚名《福州通賢龔氏支譜》『龔懋堅』條：『懋堅，字克廣，號求如，又號元同，燿四子，明監生。』克廣以『書法擅名』(〔乾隆〕《福州府志》卷六十三),陳衎《閩中國朝法書記》:『龔克廣楷書如曲房畫棟,蘭茝風輕,若有佳人自題紈扇。』(《大江草堂二集》卷十三)

是歲,爲江仲譽作《〈火後稿〉序》。

作《〈火後稿〉序》:『江仲譽家建溪之濱,昔者陽侯作祟,宅舍盡没于波臣。仲譽有《波餘草》行于世,士林争膾炙之。越十年,稍稍復故業,居然有衡門泌水之致,乃祝融不仁,又灾及其室廬,圖書筆硯,俱屬煨燼,獨其年來所爲詩草無恙。昔人有云:「非窮愁不能著書。」又云:「詩以窮愁而工。」夫富貴,人所快意而膻慕者也,若以其語入詩,則不佳。窮愁,人所甚惡而不願逢者也,揚子逐之不去,韓子送之不行,然詩人得窮鬼力,往往有佳句,以故少陵、東野遇愈窮而詩愈工。仲譽本貴介子,所遭皆窮,輒罹水火之患不少貸,是天以窮愁裨仲譽,亦以詩名裨仲譽也,仲譽夫何尤焉。劉孝廉爲梓其詩,先函一帙寄予。予亦窮愁人也,敬爲之序。』(《文集》册一,《上圖稿本》第四二册,第三九—四〇頁)

按:江仲譽又有《波餘草》,徐𤊹爲之撰序。參見萬曆三十八年(一六一〇)。『越十年』,則爲是歲。

是歲,福寧州知州殷之輅入覲,爲作《贈序》。

作《贈福寧州守殷公入覲序》:『國家憲古述職典,每三載一大計吏。天子臨軒,冠裳雲集。十三行省方伯、藩臬,以及州、郡長吏,殿最有差。今上御宇四十有七年,坐享太平無爲之福,古所希覯。是歲又當大計期,我秦川刺史殷公驂驛,五馬摇曳,雙旌再覲闕。秦川之鄉士大夫、父老子弟,設祖帳於郊圻，而攀其轅，肩相摩，趾相錯也……薦紳先生歌曰：「如斗一州，海氛時起。作鎮剖符，侯亦勞止。遺我以安，與懷孔邇。」歌竟，相與舉手加額……有如聖天子坐明堂，召公而問海陬民隱若何，夷舶情形若何？公將條其治狀以答上聽，則必璽書增秩，褒寵賜金，侍班於股肱輦轂之下。吾閩雖欲借寇勢，不能奪公於國門之內，而固留之矣。公行矣，士大夫、父老子弟意稍解，述不佞之言以告公。公喜曰：「柱下史，其知我者歟！願載其言以北。」」(《文集》册一，《上圖稿本》第四二册，第九二一九五頁)

按：此篇多涉福寧州之海防，足見福寧海防地位的重要。

是歲，募千金爲修復神光寺。

按：《神光寺建鐘鼓樓募杉木疏》：『神光，古刹也。予曾募千金重爲修復，六年於兹，成偉觀矣，獨有鐘鼓二樓尚未創構……天啓甲子年。』(《文集》册九，《上圖稿本》第四四册，第三二〇頁)

又按：甲子，天啓四年(一六二四)，逆推六年，則爲本年。

是歲，古田林春秀卒。

按：興公與春秀有三十年交誼。參見次歲元月。

萬曆四十八年、明光宗朱常洛泰昌元年庚申（一六二〇） 五十一歲

謝肇淛五十四歲，曹學佺四十七歲，林古度四十一歲，徐鍾震十一歲，徐延壽七歲

元月，遊滇不果，至楚而返，初二日由盱江經南城，遊藍田鄉石佛庵。越過杉關，過邵武，遊壽昌寺。有詩贈别滄溟上人。元夕，訪天素麗人，觀其作畫，復聽彈琵琶，作歌送之。抵舍，聞林春秀臘月卒。

作《二日立春，遊石佛庵在南城縣藍田鄉，庚申》（《鼇峰集》卷十一）。

按：李賢《大明一統志》卷五十三《江西·建昌府》『南城縣』條：『附郭，本漢舊縣，以在豫章郡城南，故名。』

作《遊壽昌寺寺爲無名禪師重興，靈塔即在東堂》《樵川感舊》（《鼇峰集》卷二十一）。

作《與滄溟上人同入滇，行至辰陽而返，賦此爲贈》：『朝行聯轡暮同眠，歷盡風霜到楚天……閩地山川堪駐錫，願師相伴度餘年。』（《鼇峰集》卷二十一）

按：據此詩，興公入滇之行，滄溟上人同行同返，至閩而别。滄溟遂駐錫閩地。

作《元夕，訪天素麗人，觀其作畫，復聽彈琵琶，時將遊武林，歌以送之》（《鼇峰集》卷八）。

按：林天素，閩妓，居芝城（今建甌），善畫。崇禎五年（一六三二），曹學佺有《題天素畫蘭》（《西峰集詩》下）及《題天素畫跋》（《石倉三稿·文部》卷七）。

又按：據此條，興公至邵武後，經芝城下建溪返會城。

又按：《題子實遺稿》：『庚申孟陬，余遊滇不果，至楚而返，夜至囷溪，泝流而下，及抵舍，聞子實以臘月死矣。』（沈文倬《紅雨樓序跋》卷一，第四五頁）

又按：參見本年三月。

二月，送鄧汝實應貢之京。送吴汝鳴入太學。陳仲文聞鶯館社集，各成七言十韻，遊者共十一人，而詩成者僅半。與吴仕訓、康彦揚等集宿曹學佺浮山堂。曾熙丙招同陳一元、王宇、鄭邦泰等登平遠臺。集高景倩齋中。春分，十七日，高景齋中試鼓山新茶。

作《鼇江釣隱，贈單舍人》（《鼇峰集》卷十一）。

按：王應山《閩都記》卷三十一《郡東北連江勝蹟》『鼇江』條：『在縣治南百步許。亘欽平上、下二里，即連江也。源出羅源縣王土溪黄柏潭、懷安縣桃州密溪……又名「岱江」。』

作《送鄧汝實應貢之京》（《鼇峰集》卷二十一）。

作《送吴汝鳴遊太學，兼懷令兄子瑞》（《鼇峰集》卷二十一）。

曹學佺有《送吴汝鳴入太學》：『以君將話別，相就到城中。問字慚揚子，通家羡孔融。金臺聞買駿，玉塞佇來鴻。自有劉蕢策，誰和魏絳戎。』（《夜光堂近稿》）

作《聞鶯館社集詩序》：『莆友陳仲文讀書三山，帖括之餘，間事吟眺。春王下澣，適其初度之辰，乃約同儕，集陳孝廉東園聞鶯館，分韻操觚，各成七言十韻。園中有臺榭、林木、巖石之勝，而鶯聲宛轉如少姬按歌……是日，共遊者十一人，而詩成者僅半。刻羽流商，泠泠有韻，寧讓金衣公子載好其音也哉！庚申春日題。』（《文集》册一，《上圖稿本》第四二册，第四一頁）

按：陳仲文，莆田人。舉人。

作《同吴光卿、康仙客集浮山堂，次能始韻》（《鼇峰集》卷五）。

曹學佺有《吴光卿、徐興公、康季鷹集浮山堂，共賦五言古風，分得屐字》：『墐户時讀書，開尊爲迎客。不逢快意事，浮光祇虚擲。媿予詘草玄，展侍横經席。緑楊牽畫舫，青苔納遊屐。宿雨重林閉，新流四岸闢。異卉耀棼葩，仙禽拂羽翮。合坐揚清風，披陳皆古昔。眷言今日會，友者獲三益。』（《夜光堂近稿》）

作《曾用晦工部招同陳泰始侍御、曹能始大參、王永啓督學、鄭汝交孝廉諸子登平遠臺》（詩佚，題筆者所擬）。

按：鄭汝交，即鄭邦泰，詳萬曆四年（一五七六）。

曹學佺有《曾用晦工部招同陳泰始侍御、王永啓督學、鄭汝交孝廉、徐興公諸子登平遠臺》：『臺成朋侶數招尋，喜在城中愜遠臨。觴妓登山安石興，江湖戀闕子牟心。流鶯碧草原同候，落日歸雲共一林。遼左干戈猶未息，東望滄海氣陰陰。』（《夜光堂近稿》）

作《春夜同叔度、孟和宿浮山堂，分韻》（《鼇峰集》卷十一）。

曹學佺有《興公、叔度、孟和再宿浮山堂，分得春字》：『忽復池頭暮，都忘月色新。燈幽時驗雨，花重故勝春。濠濮此間想，禽魚恒覺親。但能留客宿，便不是家貧。』（《夜光堂近稿》）

按：小集，㶊當有詩，集不載。

作《春分日高景倩齋中賦鼓山新茶，同春字》《送江如見以工部左遷赴京》（《鼇峰集》卷二十一）。

按：春分日，二月十七日。

二、三月間，集商梅草堂看舊窑爐。

作《集商孟和草堂看舊窑爐，次韻》（《鼇峰集》卷五）。

陳衎有《商孟和哥窑爐詩賦此》：『天地生尤物，出處皆有數。感此千百年，得因君作主。冰紋隱幽潤，素質無苦窳。製造雖民間，鳳凰上下土。對之情自深，置之貴得所。璜何重於周，珩何輕於楚。』（《玄冰集》卷二）

按：商梅當有詩，佚。

三月，上巳，陳一元主社，與曹能始、鄭邦泰、陳衎、女郎林雪等集西園（薛園），效選體各賦詩。曹學佺招同吳興華大生、清漳黃維良、廣陵駱以狂，及陳一元、陳鴻、李岳、陳衎、吳汝鳴、林寵、商梅、女郎長君泛舟石倉園，憩琴香榭，夜宿夜光堂。安國賢招同張蔚然等社集西湖。王宇招集亦園。雨中王崑仲、康彥揚招集薛氏西園（洋尾園）。陳子行携酒過謝氏鏡瀾閣，因觀前朝墨蹟。穀雨，十七日，邀李子述集緑玉齋，陳鴻、高景、鄭邦祥、陳元綸作陪。集河上樓，送陳元綸之夏津。心珠上人自五臺至。題古田林春秀《遺稿》〔此前已爲林春秀（子實）梓《枕麯集》〕。

作《上巳日，社集西園，得十四寒陳泰始主社》（《鼇峰集》卷五）。

陳一元有《上巳，西園禊會，得五歌時予直社》：『上除恣遊娱，惠風扇清和。西圃泛羽觴，南陌鳴青珂。徑幽漪籙竹，林密垂薜蘿。石梁横曲水，芳沼冒新荷。妖姬理趙瑟，孌童謳吳歌。群木振靈籟，頳鱗泳澄波。頓覺苛慝滌，彌增感慨多。洛流既蕩漾，蘭亭亦嵯峨。兹焉具四美，不飲將如

何。』(《漱石山房集》卷一)

曹學佺有《上巳，薛園修禊，分得三肴，陳泰始直社》：『楊柳時依依，竹節亦始苞。暮春服既成，行樂與時交。游魚習在水，飛鳥戀其巢。凡物有恒性，于人匪獨淆。聲氣自求合，奚啻漆與膠。四海皆兄弟，何者爲同胞。』(《夜光堂近稿》)

鄭邦泰《上巳，西園社集陳泰始先生直社》：『方軌臨水涯，春雲油然迎。堤柳何濯濯，谷鳥偏嚶嚶。曲流列群彦，游鱗漾浮觥。玉橋宛轉出，艷姝輕盈並。秉燭續羲馭，鳴柝催春城。古人感愴多，此日舒其情。頹禊不在水，俯仰非榮名。年華嘆迅駛，爲樂尋芳盟。』(《蓼園集》卷四)

陳衎《上巳，陳待御社集，同效選體，得十蒸》：『林塘暢真氣，靄靄芳霽升。微風生灌木，飛花拂平陸。采蘭欲有贈，延佇情自矜。清池何蕩漾，南山復崚嶒。塵囂此俱往，鮮潔互標凝。豈必事祓滌，予心諒已澄。』(《玄冰集》卷二)

陳衎《又代女郎林雪，得十二侵》：『膏沐方委御，輜軿勞招尋。芳辰昔所尚，良會徵在今。衆妍感春日，秀色紛高林。落花淡容與，念之永予心。願言罷尊酒，爲君揮素琴。』(《玄冰集》卷二)

作《曹能始先生招集石倉泛舟，憩琴香榭，夜宿夜光堂，限韻和答》(詩佚，題筆者所擬)。

曹學佺有《吳興華大生、清漳黄維良、廣陵駱以狂，及社中徐興公、陳泰始、陳叔度、李子山、陳磐生、吳汝鳴、林異卿、商孟和、女郎長君再集石倉，初憩琴香榭，泛舟宿夜光堂，分得徑字》：『芳辰恣宴會，有客亦初訂。虚室聞玅香，曲堤鎖幽徑。鮮花牽柔蔓，點綴疑彩勝。白鶴林間鳴，空谷乃相應。畫檝弄湖水，當晝轉明瑩。茶竈揚輕烟，山堂拾危磴。美人遠如期，臨觴發佳興。松翠增薄

寒，江光稍遲暝。華燈燦以繁，縞帶獨有贈。寄宿雖隔林，流泉乃同聽。』（《夜光堂近稿》）

陳一元有《暮春五日同華大生、黄維良、徐惟起、李子山諸子集石倉，限韻》：『豫遊固余懷，况乃前期訂。紅妝曲迎郎，纖步候蘿徑。初憩琴香亭，已占兹園勝。徐聞指下音，林木若相應。客與上輕橈，天水互光瑩。岧嶢松雲間，丹樓隱青磴。憑欄俯長江，忽發謝公興。飛鳥亂斜陽，千山萬山暝。四座足歡娱，誰辨明珠贈。淙淙瀉泉聲，迸入松間聽。』（《漱石山房集》卷一）

陳鴻有《能始先生招遊石倉，先憩琴香榭，次復泛舟池上，是夜宿聽泉閣，次韻》：『春花落復開，客亦後先訂。欲知新雨多，池痕上莎徑。東風三月柔，林間鳴戴勝。幽人坐焚香，孤琴語誰應。隔竹瞰素波，淼淼何明瑩。輕橈載紅妝，垂楊亞迷燈。不但竟日歡，且續連宵興。泉聲滿石閣，月出忽以暝。襆被詎須携，主人互相贈。話久桑樹巔，晨鷄忽然聽。』（《秋室編》卷二）

陳衎有《曹能始先生招集石倉，泛舟次琴香社，夜宿夜光堂，限韻和答》：『春色隨所往，廼有佳期訂。入門心已閑，鶯聲引行徑。水窮花氣深，孤亭領其勝。誰彈花下琴，石泉遠相應。耳目既云曠，神理亦似瑩。微風信輕舟，平瀾拍山磴。几榻日烟波，客主俱清興。坐見蒼藹逼，松檜資空溟。美人侍揮毫，瑶篇謝留贈。隔竹高梵音，連類寂聞聽。』（《大江集》卷二）

作《暮春湖上社集，安蓋卿招同張維誠明府，共限平字》（《鼇峰集》卷二十一）。

曹學佺有《安蓋卿招集西湖泛舟，予因雨不赴，仍用諸君所拈平字韻，作以解嘲》：『春流臨泛畫船輕，雨裏千峰入座明。爲問驪珠誰句得，空傳琥珀有杯傾。闞門咫尺如天遠，湖水微茫接岸平。我亦迷花最深處，不然何以破愁城。』（《夜光堂近稿》）

作《春日集王永啓督學亦園同諸子分韻，得通字》（《鼇峰集》卷二十一）。

曹學佺有《集王永啓池館，同用一先韻》：『閑居門巷但蕭然，餉客恒愁乏酒錢。碧柳鶯聲酣霽日，清池塔影墮寒烟。交遊早已還初服，筆研多應有宿緣。眼底春光容易老，寧須惆悵落花前。』（《夜光堂近稿》）

作《王玉生、康仙客招同張維誠社集薛氏西園，共限池字》（《鼇峰集》卷二十一）。

曹學佺有《雨中王玉生、康仙客招集洋尾園，共用池字》：『亭臺掩暎柳垂絲，堤畔開尊欲暮時。雖獲野情還傍郭，待占山色倒看池。青苔白鶴行偏慣，片雨踈鐘到每遲。檀板底須催客散，西窗剪燭坐談詩。』（《夜光堂近稿》）

作《暮春陳子行携酒過謝氏鏡瀾閣，因觀前朝墨跡，分韻》（《鼇峰集》卷二十一）。

作《穀雨日邀四明李子述集緑玉齋，同叔度、景倩、孟麟、道掌，分得八齊》（《鼇峰集》卷二十一）。

按：穀雨日，三月十七日。

又按：李子述，子敏之弟，寧波（今屬浙江）人。

作《四明李惟遜茂才侍其尊人子述遊閩，讀書烏石山，歌以贈之》（《鼇峰集》卷八）。

作《暮春集河上樓，送陳道掌之夏津省少尹伯父》（《鼇峰集》卷三）。

曹學佺有《送陳道掌之夏津省其少尹伯父少尹之婿林子真與予友善，故及之》：『少尹綬仍黄，題詩一寄將。新交爲小阮，舊友憶東床。貰酒榆錢薄，攤書草帶長。聞歌齊右地，知必駐高唐。』（《夜光堂近稿》）

作《送道掌之聊城省伯父》(《鼇峰集》卷二十一)。

作《喜心珠上人自五臺至》(《鼇峰集》卷十一)。

作《題鄧道叶深樹齋》(《鼇峰集》卷十一)。

按：道叶，同道協，即鄧慶寀。

作《送王龍居遊吴寓法海寺》(《鼇峰集》卷十一)。

按：王龍居，王若弟，清流人。

題《子實遺稿》：『子實生平苦吟，人無知者，自余識子實爲之述，世乃知古田有詩人。余又爲之梓《枕麴集》行于世，予不負子實矣。此帙乃舟次示余者，中多警句，皆刻後所著，尚俟異日附梓集後，以待子雲之知。庚申暮春雨夜，興公收淚書。』(沈文倬《紅雨樓序跋》卷一，第四五頁)

按：《子實遺稿》，明林春秀撰。

又按：參見萬曆四十七年(一六一九)。

按：《筆精》卷四『林春秀』條：『古田隱士林春秀，字子實，號雲波，性嗜酒耽詩，家貧不能取酒，有友鄭鐸多良醞，日往飲焉。醉後則酒狂不可禁。鄭度其量，錫造一壺，刻「雲波」二字，至即盛酒飲之，三十年如一日也。林詩奇警不凡。』

謝肇淛有《〈枕麴集〉序》：『《枕麴集》者，吾友林子實所爲詩也。子實有雋才而不遇，教授山村水郭之間，好飲輒醉，醉輒烏烏微吟，久而盈軸，故自名曰「枕麴」也……余於戊申歲始識子實於囦溪，班荆相與言。又十年，始得其集，喜而爲之序。』(《小草齋文集》卷五)

按：謝肇淛《序》作于萬曆四十五年(一六一七)。

四月，送李子述還四明。錢塘沈朝焕見訪。十五日，洪士英修社西湖泛舟，招同曹學佺、陳一元、沈朝焕、李子述。

作《送李子述還四明，因寄令兄子敏》(《鼇峰集》卷二十一)。

曹學佺有《題商孟和畫送李子述歸甬東》：『夏日林樹榮，高低復蒙密。蒼蒼雲霧裏，多少山水窟。何處結茅茨，其人想遺逸。君但住山中，山中無得失。』(《夜光堂近稿》)

作《酬錢塘沈仲含見訪，次韻》(《鼇峰集》卷二十一)。

按：沈朝焕，字仲含，朝伯弟，仁和(今杭州)人。遊閩，入三山詩社。有《遊閩詩》。曹學佺有《沈仲含〈遊閩詩〉跋》(《夜光堂近稿》)。

作《初夏望日，洪汝含修社西湖泛舟，分得十九皓》(《鼇峰集》卷八)。

陳一元有《洪汝含社集西湖，分得一屋》：『正陽司令日南陸，玉宇清和風穆穆。蕩漾湖光繞郭迴，嵯峨峰勢連天矗。突浮孤島水中央，四望菁葱翠如沐。蒹葭亭畔荇初齊，澄瀾閣下荷方馥。薰風嫋嫋自南來，十里漣漪如縐縠。秘書開社盡名流，舊侶新知争駐轂。蘭橈桂檝鏡中移，嘈雜管絃絲間竹。湖北湖西逸興多，魚鳥相親想濠濮。佳人竝立絶代姿，明璫雜珮輕相逐。嬌鶯啼後每驚心，芳樹歇時還騁目。人生即景恣歡娱，墮葉飄花難再復。搦管相將和四聲，堂杯寧厭傾千斛。少焉圓月放清輝，長嘯一聲振林谷。』(《漱石山房集》卷二)

曹學佺有《四月望日社集西湖泛舟，共用七言古風，分得八霽時沈仲含、李子述自越中至》：『楊柳津頭木蘭枻，笳鼓齊鳴隨風逝。經旬雨潦飽新流，首夏清和暢初霽。有客居停嘆蓬梗，主人席饌調蘭桂。東湖西湖雄越疆，此地粗疎無點綴。繁華自昔聞偏安，風景於今尚迢遞。孤嶼中央有殿基，高城北去連山勢。芙蓉翠黛鬬鮮妝，水面峰頭稱並蒂。試聽滄浪歌濯纓，共醉鞠鞮唱連袂。何處王孫歸不歸，斜陽芳草柴荆閉。夜來寧須秉燭遊，月出餘歡爲可繼。』(《夜光堂近稿》)

五月，壽陳一元初度。曾文饒見訪，贈《百法明門論注》《龍灣文草》。

作《壽陳泰始侍御初度》(《蘺峰集》卷二十一)。

作《泰和曾堯臣持其尊人端甫書見訪，兼示〈百法明門論注〉〈龍灣文草〉，賦贈》(《蘺峰集》卷二十一)。

按：曾文饒，字堯臣，吉安人。善屬文，以明經謝去舊業，縱遊湖海中。

六月，同陳仲溱、陳鴻集野意亭。小暑，初八日，同鄭邦泰、鄭邦祥集于平遠臺納涼。

作《夏日集野意亭同惟秦、叔度》(《蘺峰集》卷十一)。

作《小暑邀同社集平遠臺啓》：『孤峰蘺涌，凉招四面薰風；曲榭翬飛，晴啓八窗新月。敢借丹丘勝境，僭攀白社高賢。小暑届期，名飲恰同河朔。大荒縱覽，佳吟遥答。山靈預拂石床，敬遲筇杖。』(《文集》册一，《上圖稿本》第四二册，第一七五頁；又《文集》册十一，《上圖稿本》第四五册，第二四六頁)

按：小暑平遠臺集，參見下條。

作《六月八日小暑，社集平遠臺野意亭納凉，分得十蒸》(《蘺峰集》卷二十一)。

曹學佺有《徐興公、鄭汝交、鄭孟麐直社平遠臺避暑，分得五微韻，臺傍亭榭時盡修復》：『法界清涼暑氣微，招尋無恙芰荷衣。層層粉堞穿林出，面面青山對雨飛。江海迴環成匹練，亭臺錯落似珠璣。酒酣卧向仙床上，消息應同静者機。』（《夜光堂近稿》）

作《送盧惟馨遊太學》（《鼇峰集》卷二十一）。

七月，二日，生辰，有才盡之嘆。同武昌米良崑集鄧慶寀齋。本月神宗薨，停社。

作《生朝自述》：『五十嘆始衰，况復又加一。耳目減聰明，心情轉蕭瑟。由來骨相屯，謀生信無術。一丘卧青山，隨意啓緗帙。江郎才欲盡，不夢生花筆。流光等逝川，來日短去日。于焉葆吾真，窮達何遑恤。』（《鼇峰集》卷五）

作《新秋同武昌米彦伯集鄧道協齋中》（《鼇峰集》卷十一）。

按：米良崑，字彦伯，蒲圻（今屬湖北）人。舉人。詩新異而彩。

八月，五日，安國賢主社（七夕社集以國喪故，移期至本月），集平遠臺。題安國賢聞鐘館。米良崑過山齋。

作《仲秋五日安藎卿主社，再集平遠臺，分得八庚》（《鼇峰集》卷十二）。

曹學佺有《安藎卿七夕直社平遠臺，值因國喪，移期八月初七日始成，各賦八韻》：『國制嚴初解，騷壇席更移。雖然非巧夕，總不外秋期。馬石隨江漲，鴉池似月規。登臺迎野盡，飛蓋惜荷衰。漫學何仙訣，驚看楚客詞。峰巒連不斷，晴雨互堪疑。妙曲投清籟，新凉起濯枝。何須憚泥濘，理屐任遲遲。』（《夜光堂近稿》）

作《題安藎卿聞鐘館》《過黃楨甫故居》(《鼇峰集》卷十一)。

作《神宗皇帝挽詞四首》(《鼇峰集》卷十一)。

曹學佺有《萬曆皇帝輓歌庚申年七月内事》四首,其一:『薄海聞遺詔,旻天號泣多。勵精時匪懈,法祖算還過。龍去徒留劍,烏傷不渡河。前星早有屬,臣庶已謳歌。』其二:『一日萬幾務,深宮三十春。流言終止智,徽號允稱神。坐照乾坤大,無言雨露均。更聞有三寶,曰儉與慈仁。』其三:『豈但誇文德,居然懋武功。四夷皆向化,小醜敢稱雄。干羽空懸久,茅茨不剪同。征遼諸將士,何以不和衷。時上躬不豫,召輔臣語曰:「遼左之敗,皆由文武將吏不和所致。」』其四:『御極之明歲,微臣寔始生。不才蒙豢養,弱冠忝科名。駛歷云何補,投閒賴薄畊。誰知擊壤咏,翻作斷腸聲。』(《淼軒詩稿》)

作《秋日米彦伯見過山齋,次韻奉答》(《鼇峰集》卷十二)。

九月,送米良崑還楚,到淼軒言別,同社陳子行、高景、陳仲溱、林寵、陳鴻出江渚送之。往福安修《縣志》。經連江縣黃岐鎮,與張蔚然坐月公署。過陀市,午憩新豐鋪,至寧德縣,訪崔徵仲問月樓,十四日,爲其《問月樓集》撰序。至福安,寓龜湖書院,同張蔚然知縣宿普照巖。吴仕訓陞任柳城知縣,送之。遊雙巖寺,次王十朋《宿雙巖寺》韻。過陳玄元道士園中看菊。

作《送米彦伯孝廉還楚》(《鼇峰集》卷二十一)。

曹學佺有《米彦伯孝廉還楚中,到淼軒言別,同社陳子行、高景倩、陳惟秦、林異卿、陳叔度出江渚送之予賦五言絶句四首,屬諸君和焉》四首,其一:『别緒常草草,誰能復躊躇。臨行君偶病,多得數朝居。』其二:『菊蕊自新移,蓮香猶不退。齋頭净如洗,兩點泉眼碎。』其三:『秋光信可步,參差來

友生。握手此相送，以君無世情。』其四：『薄遊難久住，況乃是歸心。體内乍云愈，天寒前路深。』（《夜光堂近稿》）

陳鴻有《送米彦伯歸武昌》：『氣候已寒衣，君方鄂渚歸。空將寸心在，遥逐片帆飛。知己今如此，故園無是非。明時當努力，未必獻書違。』（《秋室編》卷四）

商梅有《送米彦伯還楚》：『楚水不可極，秋天無限悲。我心幽感處，朋好聿歸時。自愛聊相贈，論交有獨思。倚閭聞已久，道里豈遲遲。』（《彙選那菴全集》卷二十三《秀情居》三）

作《送陳伯良赴四川行都司主帥》（《修明詩》（《鼇峰集》卷二十一）。

作《黄崎公署與張維誠坐月》（《鼇峰集》卷十一）。

按：黄崎公署，即連江縣黄崎鎮公署。福建鹽轉運副使二人，一駐困關，一駐黄崎。謝肇淛《長溪瑣語》：『黄崎鎮，在海堧，孤城數十家，周曹巨浸。』

作《夜渡黄崎鎮》（《鼇峰集》卷五）。

作《陀市》（《鼇峰集》卷十一）。

按：（民國）《連江縣志》卷十七《交通》『驛遞』條：『元至正十五年，設鋪遞八：羅崙、潘渡、陳山、陀市……』

作《午憩新豐鋪》（《鼇峰集》卷十一）。

作《望夜過崔徵仲問月樓次韻》：『度嶺入鄰封，尋君策短筇。城低環似雉，樹古矯于龍。肅客開三逕，推窗納衆峰。把杯同問月，露坐及晨鐘。』（《鼇峰集》卷十一）

崔世召有《喜徐興公至小樓》：『一徑緑苔封，高朋過短笻。榻惟懸孺子，樓豈傲元龍。似約月同到，疑添山數峰。燒鐙翻近草，不管暮烟鐘。』（《問月樓詩集》）

作《〈問月樓集〉序》：『蓋徵仲已三行其詩若文矣。當其爲諸生時，名大噪，與予結瑶華社於三山，詩筒往還無虚歲。既而舉孝廉，蓋工古文辭，又有《半囈集》行于世，海内争傳誦之。徵仲所居在寧陽城東後扆鶴峰，而前際鯨海，皓魄初上，委波如金。徵仲構一樓，洞開八闥，坐卧其中，每抽毫賦咏，輒把酒問月，大類李謫仙豪舉。凡騷人墨客過寧陽，無不邀登斯樓而賡和焉。昔人品第宇内三十六洞天，而霍童之山居首，仙靈窟宅，自古記之，雲霞吞吐，寔鍾偉人……兩度過從，與月巧值。徵仲句云：「似與月同到，疑添山數峰。」真境逸情溢於毫素，且《問月》新集殺青甫竣，遂出相訂。予即就月影中披誦之，不待濯魄冰壺，而心神具爽矣。因弁簡端。萬曆庚申杪秋望前一夕，社友徐𤊹興公譔。』（《問月樓詩二集》卷首）

按：崔世召《〈問月樓集〉自叙》：『先是業爲《問月樓集》行世時，家方四壁立，安能櫻蓋。隔二十年餘，始得結數楹，爲小樓於所居城角。東向恰受月，無夕不佳，因以問月，踐之凑趣，亦巧矣。居恒取酒相勞，明窗四射，恍如坐水晶宫，倚七尺琉璃屏風，與月姊問答也。』（《問月樓詩集》卷首）

又按：世召有《半囈集》《問月樓詩集》《問月樓詩二集》，此文云『已三行其詩若文』，則此文爲《問月樓詩二集》之序。

又按：『似與』兩句，見上條。

作《寓龜湖書院呈張令君》《同張維誠令君宿普照巖》(《鼇峰集》卷十一)。

作《送吴光卿令柳城》(《鼇峰集》卷二十一)。

崔世召有《吴光卿之任柳城，過余問月樓言别，用韻贈送》：『黄花開近小春陽，送子驅車過故鄉。六印淹來官舍冷，雙鳧飛去粤山長。交情衹問樓頭月，壯志休論鬢上霜。况是柳侯弦誦地，才名千古遠相望。』(《問月樓集·詩集二》)

按：世召所作時間可能比興公稍晚。

作《登黄崎鎮城樓，次壁間韻》(《鼇峰集》卷二十一)。

作《遊雙巖寺有王梅溪碑版尚存》(《鼇峰集》卷二十一)。

按：王梅溪，即王十朋。王十朋(一一一二—一一七一)，字龜齡，號梅溪，樂清(今屬浙江)梅溪人。紹興二十七年(一一五七)進士第一。官秘書郎。歷知饒、夔、湖、泉諸州。有《梅溪集》等。

作《雙巖寺次宋王梅溪先生韻碑版尚存》(《鼇峰集》卷二十六)。

按：王十朋《宿雙巖寺》：『崎嶇九嶺更雙巖，遥望閩山未見三。來訪神鐘隱見處，翠微深鎖古精監。』(《全宋詩》卷二〇四〇，北京大學出版社，一九九八年，第三六册，第二二九〇二頁)

又按：曹學佺《大明一統名勝志·福建》卷三《福寧州·福安縣》：『(獅峰)又三十里，爲雙巖。先是文殊寺有大鐘，唐末黄巢寇閩過此，欲取以烹牛，鐘忽飛入龍潭，後潭漸塞，復飛入六印江，每遇晦明，隨波出没，鏗然有聲。宋咸平三年，衆競迎，不動。惟雙巖寺僧以錫杖挑入寺中。宋王十朋《題雙巖寺》……』

作《周茂實賫大行皇帝哀詔至長溪，寓真慶觀，同過陳玄元道士園中看菊》（《鼇峰集》卷二十一）。

按：〔民國〕《霞浦縣志》卷二十四《祠祀志》『真慶宫』：『在西社上西坑。五代時始立祠，明初移祀於城西道堂。』

作《送張粤肱還武林因遊國學》（《鼇峰集》卷二十一）。

十月，在福安修《縣志》。題繆仲寀一瓢庵。初七日，與繆仲寀遊獅巖。此後，又與郭鴻照、劉中藻、繆仲寀、遊九潭五峰寺。遊靈巖寺，寺内霍谷草堂爲薛令之讀書處。

作《題繆醇之一瓢庵》（《鼇峰集》卷八）。

按：繆仲寀，字醇之，寧德人。

作《遊獅巖呈繆醇之》（《鼇峰集》卷八）。

按：曹學佺《大明一統名勝志・福建》卷三《福寧州・福安縣》：『獅峰在縣南四十里，宋《三山志》作「西峰」，有十奇，曰：獅子峰、金鷄石、卧牛石、鹿跑泉、雙髻峰、筆架峰、石梯峰及獅峰寺中之環翠亭、伏虎橋、廣化門。』

獅峰摩崖石刻：『泰昌改元仲冬七日，邑令張蔚然偕三山徐𤊹、門人郭三辰、鎦（劉）中藻、次兒堯翼來遊。時里人仲□、仲□、仲采。』

又按：仲采，應作『仲寀』，即繆醇之。

作《同郭時序、劉薦叔、繆醇之宿五峰寺》（《鼇峰集》卷二十一）。

按：郭鴻照，字時序，寧德人。

又按：劉中藻（？—一六四七），字薦叔，福安人。崇禎十三年（一六四〇）進士，唐王亡，拒清兵二年。服毒死。有《洞山九潭記》。

又按：黄仲昭《八閩通志》卷七十九《寺觀·福寧州福安縣》『五峰寺』條：『在縣南。宋元符六年建，國朝永樂十年重建。』

又按：劉中藻《洞山九潭志》卷三題作《宿五峰庵》。

繆仲寀有《宿五峰庵》：『劉子氣岸何崷崒，上凌華嵩瞰溟渤。讀書好入五峰巔，五峰九潭闢相連。石泉穿溜玉玲瓏，撲入主人雙碧瞳。噴波吐沫聲淙淙，奇情便欲擒螭龍。山鬼不至天門開，高臺晞髮信悠哉。林皋長嘯弄紫烟，湘蘭澧芷各芊芊。山窗欲卧松蘿月，武陵一徑留心骨。劉子劉子猿鶴主，多少潭頭望霖雨。』（劉中藻《洞山九潭志》卷三）

郭鴻照有《宿五峰庵》：『嵂崒萬山巔，一區平如砥。中有武陵源，由來謝塵趾。薜蘿蟠古洞，幽幻開人喜。水由石中行，石綱而水紀。夷廣不一狀，淙淙清入耳。懸崖忽崩瀉，練光落潭裏。潭静閟不流，倒影披紅紫。坐眺忘晨夕，周遊任徙倚。遥峰青未了，近嶂屹然峙。透迤多靈變，時見欻光起。惠色出喬林，嚶聲叶流徵。尋源認徑路，聞馥知蘭茝。藴璞幾何年，搜闢誰經始。奇哉劉叔子，眼識真無比。通塞隨行换，高深無匿美。結屋此中山，静觀悟玄理。讀盡世間書，覬破前朝史。每逢天口説，堪令混沌死。今日巨靈手，非君誰者是。』（劉中藻《洞山九潭志》卷三）

作《遊五峰三潭歌，潭爲劉薦叔始闢，贈之》（《鼇峰集》卷八）。

作《洞山記》：『由穆洋迤東，登嶺十里許，至最高處，復有腴田數頃，坦夷若平地。不知在萬仞之巔，寺裏衆山之坳，前面五峰，創自唐乾符六年，莫考廢于何代……此潭向未開闢，友人劉薦叔讀書寺中。闢之，自薦叔始。日既夕，有田父來邀晚餉，復由寺左行半里，地名彭洋。相傳宋代有進士居此，姓名無知者。田家竹籬茅舍，鷄過柵，犬吠竇，雅有桃源之致。予與時序、醇之不善飲，獨薦叔有公榮之達。田父出瓦觥勸客，予笑曰：「此非田家老瓦盆乎！」薦叔連舉八九觥，徑醉矣。遂别歸。是夜寒甚，霜月挂松林，如一片清水，沁人肌骨。乃煨榾柮共向，夜分始就寢。期旦日，爲靈巖之遊。時泰昌改元歲在庚申之十月也。』（劉中藻《洞山九潭志》卷一）

陳鴻有《劉薦叔貽〈九潭志〉》：『平生負幽癖，山水好奇邃。夜半竹窗間，讀君九潭記。使我身欲飛，惜哉慳兩翅。形勝何地無，誰能發靈秘。劉郎本仙儔，領略每留意。往往窮其源，深淵駭虬避。雲深路疑塞，瀑響巖與墜。遊人今始知，到之良不易。安得潭上遊，掩卷不成寐。』（《秋室編》卷二）

曾異撰有《劉薦叔以〈洞山九潭志〉索題，歌以答之》：『未至其地咏其勝，譬則於人未同言。好以文字附山水，亦等餘子趨龍門。名山大川惡夫佞，知己必在神氣接吐吞。未許草草未識面，徒以酬應文章相攀援。曾生幾乎把臂失，劉子豈無一時千古事，可論山更水换天地死。古來我輩人長存，何必隨聲載筆於洞山。拔地之秀削，與夫九潭高水之潺湲。或云山水以人重，或云人與山水傳。我今逢君竪雙眼，大瀆一勺嶽一卷。一丘一壑姑舍之未足展，踢翻鸚鵡之脚，搥碎黄鶴之拳。區區洞山志可焚，十千巨觥三寸燭。吾爲子歌壯遊之新詩，爾爲我誦平生之奇文。』（《紡授堂集》卷三）

按：曾異撰（一五九〇—一六四三），字弗人，原晋江籍，移居侯官。崇禎十二年（一六三九）舉人。與寧化李世熊友善，酬唱尤多，詩有奇氣。有《紡授堂詩集》《紡授堂二集》《綬紡堂文集》。

萬曆四十八年、明光宗朱常洛泰昌元年庚申（一六二〇）　五十一歲又按：曾氏此詩作於崇禎七年（一六三四）。王亹有《薦叔再過芝山，極譚九潭之勝，携圖索賦，適有餉新鮄者，取酺遥賞，檇李陳無功家渾伯同過，酣飲月下》：『春色不待人，凉凉淹旅晷。尚有同聲友，舄履時勤止。大言墳竺商，細語山水紀。已躡支提勝，又著九潭史。九潭秘靈奥，一朝爲君剞。興會謝客高，疏鑿靈威使。當其快抉剔，混沌不惜死。……』（《匪石堂詩》卷四，《上圖稿本》第四六册，第一二四—一二五頁）

作《遊靈巖寺》，題下自注：『薛補闕讀書于靈谷草堂，即在寺中。今祀焉。』（《鼇峰集》卷二十一）

按：曹學佺《大明一統名勝志・福建》卷三《福寧州・福安縣》：『（城山）上有靈巖，巖下有金印石、釣魚臺，前有雙劍水交流。唐薛令之居此，有靈谷草堂。令之嘗聞聲龍吟之聲，後登神龍二年進士。』

作《題李鱗伯齋壁》《薛濤像》《度杯溪嶺》（《鼇峰集》卷二十六）。

十一月，二十八日，客長溪。

作《至夜有懷》（《鼇峰集》卷二十六）。

按：至日，十一月二十八。

作《至日客長溪感懷》：『前年長至日，羈棲在豫章。去年長至日，驅馬行三湘。今歲復爲客，孤身寓韓陽。三載逢令節，漂泊皆他鄉。故園當此夕，兒女羅中堂。志士嘆日短，旅人愁夜長。別離豈在遠，睽隔自悽惶。俛仰憶往事，脈脈摧肝腸。』（《鼇峰集》卷五）

按：韓陽，福安縣別名。

又按：萬曆四十六年（一六一八）至日，興公送謝肇淛至南昌；次年至日，往滇依謝肇淛；今年至日，在福安修志。故云『三載逢令節，漂泊皆他鄉』。

十一、十二月間，謁薛令之墓。謁張蔚然新創三賢（薛令之、鄭虎臣、謝翱）祠。《福安縣志》成，歸。歸途，宿寧德鳳山寺。遊霍童山、支提寺；紫芝凈室贈大安上人，金燈凈室贈安和上人。遊鶴林廢宮。

作《白泉坡謁薛補闕墓》（《鼇峰集》卷二十一）。

按：黄仲昭《八閩通志》卷七十九《丘墓·福寧州福安縣》『薛令之』條：『在縣西里泉埔山。宋嘉祐八年長溪令周尹爲建亭立碑。後亭廢，碑亦不存。』

作《張令君新創三賢祠祀唐薛令之、宋鄭虎臣、謝翱有作》、《次韻留别陳季周》、《〈福安志〉成將歸三山，陳二石以詩見贈，次韻爲别》、《宿興慶寺》、《宿華巖莊》（《鼇峰集》卷二十一）。

作《宿鳳山寺》（《鼇峰集》卷二十一）。

按：曹學佺《大明一統名勝志·福建》卷三《福寧州·寧德縣》『鳳山』條：『在縣北一百二十里，卓立萬仞，傍分兩翼，如飛鳳之狀，上有鳳池及聖僧巖。相傳昔羅漢現其中，紫雲繚繞，天樂騰沸。其地有虚石巖，八面玲瓏。唐咸通四年，妙覺大師建寺於此。』

作《遊霍童山》（《鼇峰集》卷五）。

按：霍童山，在寧德縣。詳萬曆三十七年（一六〇九）。

作《宿支提寺》（《鼇峰集》卷五）。

按：支提寺，在寧德縣。詳萬曆三十一年（一六〇三）。

作《支提寺別繆淳之》（《鼇峰集》卷十一）。

作《遊霍童山》《宿支提寺》（《鼇峰集》卷二十一）。

作《紫芝浄室贈大安上人》（《鼇峰集》卷二十一）。

按：曹學佺《大明一統名勝志·福建》卷三《福寧州·寧德縣》『紫芝峰』：『在大童峰南，狀若普賢菩薩，趺坐於獅子之背，其東瞰海。宋大中祥符五年産紫芝一十五本，高各丈許，因以名峰。』

作《金燈浄室贈安和上人，爲天恩法師宗派》（《鼇峰集》卷二十一）。

按：曹學佺《大明一統名勝志·福建》卷三《福寧州·寧德縣》『金燈峰』條：『在支提寺南三里許。夜深常有佛燈起林間，初如升斗，漸高漸大，至如車輪照耀山谷，寺宇不異白日；或倏起倏滅，或至一時始滅。』

作《鶴林廢宫》（《鼇峰集》卷二十一）。

按：鶴林廢宫，在寧德霍童山。李賢《大明一統志》卷七十四《福建·福州府》『鶴林宫』條：『在霍童山，梁建。唐名鶴林，東有桃花洲。』

又按：《大明一統志》修於天順間，寧德縣屬福州府。

作《題香泉十二景》，其序云：『昔樂天守杭郡，於靈隱寺前得冷泉而奇之，自爲《亭記》，冷泉之名甲於千古。張維誠令長溪時，出郭尋香泉而樂之，又於泉之前後一一品題，括爲十二景，亦自爲《志》，長溪名勝由是因令君重矣。君，杭人也，肯以冷泉遜香泉耶？予賦詩以美之。』（《鼇峰集》卷二十二）

又按：香泉十二景：香泉流羽、玄石題詩、巽塔凌雲、溪橋步月、天馬松風、秦源梅雨、海關雄塹、峰庵古跡、亭俯全都、舟回二水、下池晚蔭、先路秋香。

作《泰昌庚申除夕》(《雚峰集》卷二十一)。

是歲，有書致王宇，以爲改元用『天啓』之名欠妥，永樂、正德、天啓三年號，歷史上皆亂賊年號。作《與王永啓督學》：『我朝文皇帝入正大統，改元永樂，襲用南唐賊張遇賢、宋方臘之號。英宗復辟，改元天順，襲用遼述律之號。武宗登極，改元正德，襲用宋西夏賊之號。儒臣失考，至今著書者譏之。不意今上創位，詔下改元天啓。予按：後魏元法僧反，改元天啓；梁永嘉王蕭莊僭僞稱帝，改元天啓；南詔蒙氏僭稱皇帝，改元天啓。三者皆亂賊年號。不知禮官何所見而襲用之？仁兄自是讀書人，以爲何如？』(《文集》册七，《上圖稿本》第四四册，第二二一—二二三頁)

按：《明史·熹宗紀》：『(萬曆)四十八年，神宗遺詔皇長孫及時册立，未及行。九月乙亥，光宗崩，遺詔皇長子嗣皇帝位……庚辰，即皇帝位。詔赦天下，以明年爲天啓元年。』乙亥，爲初一；庚辰，初六。本文當作是月之後。

是歲，趙子英(子含)卒，有詩哭之。作《哭趙子含》：『十年文雅洽襟期，滿目交遊爾最知。自是金蘭成臭味，更無冰炭稍差池。賞心每作詩中畫，博塞當敲酒後棊。寶地訪僧俱信宿，玉樓携妓亦相隨。尋君屢向河干步，過我頻於竹裏窺。古硯拭將因共玩，短簫拈到即教吹。』(《雚峰集》卷二十七)

按：子英能詩善畫，亦能鑒玩古硯、吹簫。

又按：是歲六月，趙子英尚與曹學佺諸子遊妙峰寺，曹學佺有《同米彦伯、陳叔度、鄭孟麐、陳道掌、趙子含、高景倩到妙峰寺》(《夜光堂近稿》)記之;刊本《鼇峰集》下限爲是歲,子含定卒於是歲六月之後無疑。

又按:謝肇淛《趙子含像贊》:『澤而癯矣,來清虛矣。褒而儒矣,技其餘矣。有時醉鄉逃居諸矣,有時雙鬢淑且都矣,有時盤礴卧遊不假舟車矣。咄咄王孫,龍種自與常人殊矣。』(《小草齋文集》卷二十三)

又按:謝氏《像贊》作年不詳,録以備考。

明熹宗朱由校天啓元年辛酉(一六二一) 五十二歲

謝肇淛五十五歲,曹學佺四十八歲,林古度四十二歲,徐鍾震十二歲,徐延壽八歲

正月,是月之後,所作詩大多已亡佚。

按:興公《鼇峰集》刊本,止於去歲。自本月起至興公卒,其詩除了鈔本《鼇峰集》保存了崇禎六年(一六三三)至八年(一六三五)三年間的律詩,以及極少數收入曹學佺、張燮等集作爲附録者外,可能都已亡佚。本月以下之《譜》,其素材大多來自其書信、題跋以及友人的詩文。

曹學佺有《泰昌皇帝挽歌上年九月内事》四首(《淼軒詩稿》)。

按:疑興公亦有作。

二月,借抄晋常璩撰古本《華陽國志》卷十二《先賢志》巴郡士女七十八人,並題記;花朝,觀兄徐熥詩卷,不勝人琴之痛,並題《伯兄詩卷》。

題《華陽國志》:『《先賢志》遺巴郡士女七十八人,故舊逸也……今歲偶見古本,而此七十八人具在也,乃借抄之,不勝愉快。但其中訛誤不少,俱已校對詳悉矣。天啓元年仲春,徐惟起識。』(馬泰來整理《新輯紅雨樓題記　徐氏家藏書目》,第七七頁)

按:《華陽國志》,晋常璩撰。天啓徐㶿抄本。

又按:此則言借抄並訂正原書訛誤。

題《伯兄詩卷》：『先伯氏年不稱德，時論歸美，卷中諸詩，大類劉文房、許丁卯，而書則效法《聖教》《興福》，稍雜以行草。林異卿喜摹古帖，得書家三昧，極賞伯氏書有古意，從王元直求爲珍玩。偶出相示，載一披咏，不勝人琴之痛，因爲之掩卷。天啓改元花朝題。』（沈文倬《紅雨樓序跋》卷二，第九一頁）

按：《伯兄詩卷》，明徐𤊹撰並書，林寵藏。

又按：參見閏二月。

謝肇淛有《〈徐唯和卷〉跋》：『唯和書初學鄭吏部，而後來稍變之，超超玄詣，未見其止。而天遽奪之年，惜也！此卷白沙舟中爲張道輔書者，雖未盡所長，亦足見一斑矣。道輔與唯和交厚，片紙隻字，寳之逾拱璧。嗚呼！箕裘堂構之遺，子若孫不能守，而徒令石交死友藏其遺墨，地下有知，詎能瞑目？』（《小草齋文集》卷二十四）

二、閏二月間，陳衎往南都應秋試，疑有詩送之。書徐𤊹哭林方壺詩，並作題記。陳鴻于鬱林道中，有詩憶興公。

曹學佺有《送陳磐生》（《淼軒詩稿》）。

商梅有《送陳磐生應試南都，兼寄遠雲上人，時戊午歲予與磐生同寓彼處》：『舊事那堪陳，送君今日新。亦知爲客慣，仍得與僧親。文字當呈佛，精思賴有神。禪房同宿處，臨別更諄諄。』（《彙選那菴全集》卷二十四《秀情居》四）

陳鴻有《石倉池上送陳磐生》：『兩積池尤曠，初晴更映人，草薰知岸暖，柳密覺園新。媚景淹行

路，離心畏及晨。宅時看花暇，相憶望江津。（《秋室編》卷四）

又題《伯兄詩卷》：『林方壺先生爲諸生日，與先伯兄有投分之誼。先生登第，出守茶陵，遂爾仙逝。先兄聞訃，有詩哭之云（詩詳萬曆十一年）……賦此詩時，先兄年纔有二十三也。先兄既歿，余爲選梓《幔亭全集》，盡棄其少作。偶檢存稿，書呈異卿，異卿又當愴然耳。閏二月十日又題。』（沈文倬《紅雨樓序跋》卷二，第九一—九二頁）

按：參見二月。

陳鴻有《春夜聽雨懷興公》：『春雨誰同醉裏聽，空齋幽竹夜冥冥。知君思我難成睡，我比思君更倍醒。』（《秋室編》卷八）

三月，同陳衎、陳鴻、林寵、鄭邦祥集謝園，觀謝氏所藏書畫。

陳衎有《同徐興公、陳軒伯、林異卿、鄭孟麐集謝園觀所藏書畫，分得花字》：『榆火巖泉穀雨茶，青山舊宅謝公家。無多隙地皆依水，尚有疎籬未落花。竟日清懷消筆墨，百年圖畫領烟霞。但將幽事閑心事，一任流光老歲華。』（《玄冰集》卷八）

作《同陳磐生、陳軒伯、林異卿、鄭孟麐集謝園觀所藏書畫》（詩佚，題筆者所擬）。

按：穀雨，閏二月廿九日，品穀雨前後茶當在三月。

春，讀元佚名《南溪詩話》，並題記。寧德崔世召母卒，祭之。

題《南溪筆録群賢詩話》：『前集皆采子美佳句，續集雜引各家。中有載謝疊山語，則知爲元朝人所輯。天啓元年春，徐興公識。』（馬泰來整理《新輯紅雨樓題記　徐氏家藏書目》，第一七四頁）

按：《南溪筆録群賢詩話》（《南溪詩話》），元佚名編。明刊本。

作《祭寧德崔太母文》：『嗟嗟，太母竟違吾徵仲之養耶！夫徵仲弱冠補諸生，文名大振。時太母偕太翁齒方壯盛，咸謂徵仲之才必早取高第，驟歷仕路，以爲父母榮，詎徵仲淹抑場屋二十載，迨己酉始薦賢書，則二尊人春秋高矣。徵仲三試禮闈，又復弗偶。戊午方整北轅，而太翁仙逝。猶冀母尚强健，聿觀徵仲，策名天府，享有三釜，服榮名以不替也。何期太母竟違吾徵仲之養耶！母之德孚于壼，以内外寔媲太翁而助之。子如徵仲負名世才，竟不及膺煌煌翟茀之寵，而天之所以裨母者，誠不可得而推矣！雖然，壽逾八旬，已目擊徵仲舉孝廉者十數載。文名鼎盛，海内賢其子必推其母，矧孫枝森森玉立，皆待時以鳴，五花追贈，他日稠疊而至，豈必身沐褒封而後爲顯榮哉！嗚呼！蘭死香存，星沉名在，徵仲行將圖石室，鎸母儀刑，子名不朽，母亦不朽，區區鼎養，又安足爲母惜也！某輩誼叨同社，與徵仲聯兄弟之雅，敬奠而告焉。母亦可以少慰於地下矣。尚享！』（《文集》册十，《上圖稿本》，第四五册，第四一—四二頁）

按：崔世召父卒於萬曆四十六年（一六一八）。

崔世召《暮春，送盧熙民還劍浦，時余初讀禮》：『崔盧原屬並家聲，與爾烟霞早結盟。囊挾鼎文皆鳥篆，劍携延水本龍精。山中白石歌中爛，筆裏青山醉裏生。淚眼不堪添别恨，明朝腸斷子規聲。』（《問月樓詩二集》）

四、五月間，與鄭邦泰、商梅集野意亭。聞遼報急。董崇相還京，葉向高被召朝還朝，疑均有詩送之。

商梅《徐興公、鄭汝交招集野意亭，雨後見月》：『遊興因人閑不閑，喜君當暑約登山。虚亭最好松聲上，遠雨將成野意閒。步步高林隨眺聽，層層古石共躋扳。何期月出偏如水，看履峰頭未肯還。』(《彙選那菴全集》卷二十四《秀情居》四)

曹學佺有《時聞遼報危急，相公轉次原韻見示，予再和之》二首(《淼軒詩稿》)。

按：相公，即葉向高。學佺對時局頗憂慮，有『雖然一戰敗，何異拱手送』和『即今薄海内，十室而九空』之句。

曹學佺有《送董崇相廷尉還京》(《淼軒詩稿》)。

曹學佺有《奉送葉相公被召還朝四十韻》：『昨聞遼陽陷，有心孰不痛。髑髏成丘山，戎騎皆飛鞚。雖然一戰敗，何異拱手送。華表無歸鶴，古城空集鳳。漸次窺廣寧，京師亦震動。賴有榆關險，山海此交控。相接豎無間，聲息如一縫……即今薄海内，十室而九空。』(《淼軒詩稿》)

夏，致書屠本畯，言及長子陸早夭，日惟撫孤孫鍾震煢煢相對。舊日交遊，半入鬼籙，尚有陳鳴鶴、陳仲溱、王崑仲、王粹夫，亦頭顱如雪。稱曹學佺園池甲於閩郡，抑且皈心白業，接引緇流。有詩書寄蘇弘家。崔世召往莆田，過緑玉齋，訪興公。

作《寄屠田叔》(詩佚，題筆者所擬)。

按：詳下條。

作《答屠田叔》：『普陀僧海谷捧瑶函至三山，兼拜佳刻，知明公老去詩律轉細……惟是奉別光儀廿有四載，閩越接壤，不能效千里命駕故事，又不能時時通尺素以申殷勤。野人踈節，不可云喻，然某所遭不辰，先兄早已見背，而老母、山婦相繼淪没。所差慰目前者，長兒弱冠能文，受馮景貞文宗之知，首拔應試，幾剖而刖，詎皇天降罰，於丙辰之春竟爾夭折，日惟撫孤孫煢煢相對。如此景況，如此懷抱，豈堪聞於故人哉！且也生平交遊，半入鬼籙，而陳伯孺、幼孺又復告逝，嚶鳴失侶，愈益孤陋。舊時與明公往還者，尚有陳汝翔、惟秦、王玉生、粹夫，亦皆頭顱如雪矣。曹能始謝事林居，園池之勝，甲於閩郡，抑且皈心白業，接引緇流，普陀海谷藉其外護爲多。第邇來敝鄉風景，較之廿年以前，大不相侔。海谷居此一載，因緣寥寥，良可嘆惋耳。友人陳子潛將軍，少年精鋭，詞翰兩工，久慕明公，如泰山北斗，茲參府舟山，去鄞江僅一衣帶水。明公鉛槧之暇，試與之授簡分題，當有奇語，不獨雅歌投壺而已。將軍約某秋冬之際爲洛迦之遊……舍甥謝在杭，向投梓書于門下，冀得引玉。近擢粤西總憲，不日自滇抵家。承惓惓垂問，當爲致盛念也。小詩題扇頭求政。』(《文集》册七，《上圖稿本》第四四册，第二四——二六頁)

按：屠本畯離閩往辰州在萬曆二十六年(一五九八)，至今二十四載。謝肇淛擢粤西總憲在此歲，自滇歸閩在八、九月間，參見《謝譜》。

作《寄蘇石水開府二首》(詩佚，題筆者所擬)。

按：詳下條。

作《寄蘇石水開府》：『𤊹落拓迂儒，無所比數……丙辰，台旆過三山，𤊹方病不知人。及戊午再遊石倉，𤊹又薄遊汀水，俱未獲侍左右，圖少日周旋，至今用以爲歉。去歲聞公開府兩浙，位愈崇而望愈重……謾成小詩二律，題之扇頭，聊布寸衷，幸祈賜正。至于當今國事多艱，邊烽警急，此非草茅賤士所當言者……茲因陳參戎之便，肅此奉候。』(《文集》册七，《上圖稿本》第四四册，第二六——二七

頁）

按：蘇弘家遊石倉，詳《曹譜》。

又按：陳參戎，即陳文煬（子濳）。

夏、秋間，崔世召過綠玉齋訪興公。

崔世召有《過徐二綠玉齋》：『從來高士榻，應對此君居。真不令人俗，能無與世疎。幽雲香徑宿，碎月夜窗虛。安得頻看竹，巡簷檢異書。』（《問月樓詩二集》）

按：四、五月間，世召至會城，之後往莆田。

九月，謝肇淛擢粤西總憲，由滇過家。九日，同曹學佺、謝肇淛、汪善卿、陳鳴鶴、周千秋、高景、陳鴻、李岳、商梅、康彦揚等石倉園登高。十九日，鄭邦祥招集陳玄藻等集謝肇淛積芳亭，兼送顧世卿、陳玄藻奉使還朝。有書致喻應夔，言王毓德病甚劇，言曹學佺、陳一元日在歌舞場中，津津有味，厭苦之，故杜門寡歡；最減趣者，『貧』之一字。又致書詩朱康侯王孫。

作《九日石倉登高，喜在杭自滇中遷粤西憲長至，各賦五言古風，分得某字》（詩佚，題筆者所擬）。

曹學佺有《九日石倉登高，喜在杭自滇中遷粤西憲長至，各賦五言古風，分得屑字》，自注：『客爲汪善卿、陳汝翔、周喬卿、高景倩、陳叔度、徐興公、李子山、商孟和、康仙客。』詩云：『君爲碧鷄使，我隱玄豹穴。相去萬里餘，中心何鬱結。兹歸欣明陟，百粤長群臬。眷言會晤辰，值此登高節。黄菊開素秋，白羽銷殘熱。絺綌已再御，山泉供一咽。三方氣候同，大抵少霜雪。紛如洞壑奇，丘園奚足屑。簡書信當畏，行行遽云别。曷以寫我懷，絲竹聲斯絶。』（《淼軒詩稿》）

謝肇淛有《辛酉九日，曹能始招偕同社石倉登高，分得四質》：『宦轍如蓬轉，終歲不得逸。滇紱乍可投，粤馭行當叱。幸因沐休暇，一造故人膝。良辰叶登高，名園欣邇室。蘭槳溯迴漪，荔亭逗修日。崇岫倚天開，飛泉當座出。趺共老僧閑，行任遊人密。何必聲與伎，黄花有佳質。清暉恣留連，晷移歡未畢。自憐風塵踪，思君烟霞疾。』（《小草齋續集》卷三）

作《重陽後十日，鄭孟麐招集謝在杭積芳亭，兼送顧世卿、陳季琳奉使還朝，共賦七律》（詩佚，題筆者所擬）。

按：《寄陳季琳方伯》：『憶在神皇辛酉之歲，翁台以禮曹赴闕，與吴江顧光禄同集謝在杭積芳亭。』（《文集》册八，《上圖稿本》第四四册，第一三一頁）

又按：陳玄藻，字爾鑒，又字季琳，莆田人。萬曆三十八年（一六一〇）進士，官禮部祠祭主事。

曹學佺有《重陽後十日，鄭孟麐招集謝在杭積芳亭兼送顧世卿、陳季琳奉使還朝，共賦七言律，分得一東韻》（《淼軒詩稿》）。

有《頤唫》。

作《答喻宣仲》：『今春劉孝則遊閩，先訪王永啓及弟，隨與林異卿、商孟和盤桓數朝，最後始出石倉致兄書於主人。此中交況，孝則必能述也。慈明上人遠來，所可賴者能始。然其本師已化，前緣都不譚及，竟虚此行，其相對景況，上人自能道之……孟麟、子含，各有俊子，今年俱以垂髫入泮。在杭轉粤西臬長，近始過家。粹夫病甚劇；永啓則有北堂之變；泰始近喪美姬，而長郎且青子衿矣。餘子俱無恙也。弟與仁兄同庚，雖未甚老，然意興索然，視觀察、侍御，日在歌舞場中，津津有味，弟厭苦之，以故杜門寡歡，自覺生趣。然所最減趣者，「貧」之一字耳。』（《文集》册七，《上圖稿本》第四四册，第二八—二九頁）

按：觀察，曹學佺；侍御，陳一元。

作《答朱康侯王孫》（詩佚，題筆者所擬）。

按：詳下條。

作《答朱康侯王孫》：『前歲古田令公菘閩，傳仁丈一札及長公惓惓情誼，見于尺素中……慈明遠遊閩中，冀得布施，敝鄉自曹觀察外，莫不以慳貪爲法門，寥寥無可問者。詎意能始以其本師物化，而中丞公又無片札相及，漠然不加之意。上人瓶鉢無資，只飽海上雲霞而歸矣……辱惠佳篇，讀之神王，勉爾效顰，題之扇頭請正。得無笑江郎才盡耶！先墓蒙賜表章，已刻成帙，附呈尊覽。能始草書請俟後命，不敢食言而肥也。僧歸，附此布復。』（《文集》册七，《上圖稿本》第四四册，第二九—三一頁）

按：此書與前《答喻宣仲》，廬山僧玆明爲書郵者。

冬，漳州張燮北上春官，有詩送之。有書致屠本畯，言秋冬之際擬作補陀遊；後未果。

作《辛酉冬送紹和丈北上》：『十上長安志未休，西風吹送孝廉舟。正當董子陳三策，謾擬張衡賦四愁。腹裹讀書多半豹，手中操刃少全牛。遼陽歲歲烽烟急，會向君前借箸籌。』（張燮《徐興公以詩贈行，用韻答之》附，《群玉樓集》卷十五）

按：張燮自萬曆二十二年（一五九四）至今已九上春官。

張燮有《徐興公以詩贈行，用韻答之》：『久矣逃名韓伯休，何因重問渡旁舟。雲移岫寢纏詩夢，霜落沙汀唤旅愁。追遡音書難繫雁，慣看世態任呼牛。暫時文史聊商榷，抽遍牙籤第幾籌？』（《群玉樓集》卷十五）

作《寄屠田叔使君》：『夏間，陳參戎莅舟山，敬裁尺一，奉候興居……不肖秋冬之際作補陀遊，且與明公叙廿年契闊，苦家累羈縻，弗克如願，仰懷大德，徒有鬱紆而已。海谷上人入閩二載，募化艱辛，已運材木抵舟山……林天迪民部已于丁巳之夏捐賓客，兒孫俱幼，向時厚積，今且蕭然矣……見聞仲連先生爲道徐生無恙。』（《文集》册七，《上圖稿本》第四四册，第三一—三二頁）

按：夏間《答屠田叔》見上。秋冬間未之云能成行，則已進入冬季。

又按：林天迪，即林世吉。已見。

十一月，與吴拭、陳仲溱、鄭憲、崔世召、高景等集陳鴻秋室，吴拭還新安。

作《同吴去塵、陳惟秦、鄭吉甫、崔徵仲、高景倩集陳叔度秋室》（詩佚，題筆者所擬）。

按：鄭吉甫，即鄭憲。詳萬曆二十九年（一六〇一）。

崔世召有《同吴去塵、陳惟秦、鄭吉甫、徐興公、高景倩集陳叔度秋室》：『僻巷秋爲室，孤吟雪是詩。多君豪爽處，對客醉喧時。貧豈能投轄，狂來盡倒卮，座中詞賦滿，誰不解人頤。』（《問月樓詩二集》）

曹學佺有《至日送吴去塵還新安》（《淼軒詩稿》）。

按：疑興公亦有詩送之。

十一、十二月間，謝肇淛往粤西任總憲，同社送之。疑興公亦有詩。

作《送謝在杭之粵西》(詩佚,題筆者所擬)。

曹學佺有《送謝再杭憲使之粵西》二首,其一:『成名昔共推年少,宦跡升沉嘆不同。今已五旬分上下,那堪兩地復西東。豸冠坐處群蠻伏,象郡開時八桂通。知爾公餘有清興,行穿巖壑盡玲瓏。』其二:『銅標曾識伏波軍,後有顔詩與柳文。好古不妨真癖性,摩崖還勝舊傳聞。山名獨秀平疇起,水解相思古驛分。欲訪湘君何處所,蒼梧愁隔萬重雲。』(《淼軒詩稿》)

王宇有《送在杭之粵西》二首,其一:『山勢嶙峋秀獨鍾,巖懸水月洞蟠龍。使君剩有幽探僻,作宦偏於勝地逢。樓訪逍遥顔字古,潭尋鈷鉧柳文封。干旄西指心隨往,桂海難忘舊日踪。』其二:『新息聲名標駱越,戈船勳業壯灕江。而今邊海危方孑,如爾干城信少雙。威震豺狼爭膽落,恩孚徭獞盡心降。休言萬死投荒地,會繭勞臣入殿邦。』(《烏衣集》卷四)

崔世召有《送謝在杭總憲之粵西二首》,其一:『別來烟水滯雙魚,目極滇池萬里餘。南國幾年勞保障,西窗重晤話居諸。烏飛臬府驚霜重,馬入蠻鄉近歲除。計日王程須叱馭,樽前分手莫躊躇。』其二:『樓船簫鼓發江濆,獨客悲歌遠送君。桂嶺渺連銅柱月,柏臺高切鐵冠云。威行羽檄殊方震,香散桄榔夾路聞。謝傳風流知不淺,山川到處借靈文。』(《問月樓詩集》)

謝肇淛有《之粵西留別同社》:『子舍棲遲二月餘,那堪萬里復脂車。離亭酒盡人將去,嶺嶠衙開歲已除。竹近蒼梧皆有淚,雁過衡岳更無書。故人贈我驪珠在,把卷時應慰索居。』(《小草齋續集》卷三)

十二月,曹學佺生辰,有詩賀之。曹學佺林亭初成。

作《贈能始初度》（原無題，題筆者所擬）云：『綺歲因君不失親，白頭俄見老成人。玉皇香案前爲吏，金粟如來後有身。勝水名山時樂志，藻江文海日留神。兕觥滿酌梅花下，夜夜笙歌醉錦裀。』（《淼軒詩稿》附）

按：曹學佺十二月望生日。［一］曹學佺有《初度酬徐興公見贈之什》：『昔云誕日不爲樂，張宴留賓轉覺煩。自料生涯惟草澤，空懸弧矢在蓬門。紅妝屢把新聲按，白首還將舊好敦。四十九年來歲是，知非應早似蘧瑗。』（《淼軒詩稿》）

曹學佺有《連鼂朋、陳叔度宿淼軒，適林亭初成，各題四韻》（《淼軒詩稿》）。

是歲，爲陳圳《宫閨組韻》撰序。

作《〈宫閨組韻〉序》：『原夫掖庭永巷，蛾眉興望之恩；翠幌妝樓，鴛偶起生離恨。是以更衣侍寢，極南内之夜情；織錦宣愁，迷兩窗之曉夢。琵琶雜曲，撥古調於昭君；破鏡雕章，寫深衷於淑媛。往往托微言以含諷，借曼聲以紓憂。此歷代宫閨之詞所繇作，而後世縹緗之帙所其傳也。友人陳長源氏，風流自賞，博雅有聲。想禁籞柔情，悵佳人之薄命；摹香奩艷態，有女子之懷春。並結念於愁腸，每銷魂於怨腑。於是錯綜三唐儁語，組織七字麗辭。辟若玉匕調羹，攪酥酪醍醐爲一味；洪壚爇炭，熔鉼盤釵釧爲一金。句既天成，對皆巧合。霓裳團扇，疑向説於内家；角枕錦衾，宛傳言於中媾。雲

［一］曹學佺有《臘月望夜社集陳泰始漱石山房看梅，值余初度，承諸君拈韻見存，余得蒸字》（《賜環篇》），知曹學佺生日在臘月望。

霞爛而星漢明，綺繡合而支機燦。可謂索頷探淵，已收照乘；攻瑕剖璞，妙得連城者矣。豈惟仲初《百篇》，流芳金屋；孝穆《新咏》，長價玉臺已哉！』（《宫閨組韻》卷首）

按：《宫閨組韻》初刻於是歲，崇禎三年（一六三〇）遭竊，崇禎九年（一六三六）重刻。二卷，各六十首，全爲集唐之作。興公序爲原序。

陳圳《綴刻自言》：『是集刻成，後越九載，爲歲庚午。時余浪跡入燕，行次虎林，忽爾心動。念及家藏書畫，臨發匆匆，位置未得其所。不圖是夕鄰人弗戒，敝廬雖未毁乎，而疇昔玩好爲宵人所掠殆盡。是刻固已亡其半矣。歸來悵惘，閣置久之。適林守易民部謬相鑒賞，命工綴闕，更序以言，又擬索余於文字外者。噫！中心藏之，何日忘之！爰搜原本，就逸稿中稍一竄定。付梓之竣也，則崇禎丙子冬杪，距天啓辛酉，恰歷十有五年，而始得復完云。書此志喜。因載歲月，並重嘉惠。陳圳長源識。』（《宫閨組韻》卷末）

是歲，代諸孝廉作候座師啓。

作《代辛酉科諸孝廉候座師汪給諫啓》：『某等襪線微才，綃紋薄質，自甘委棄，已分湮沉。幸逢師台拔之儔衆之中，弗遺菅蒯；收之門墻之内，忝植蓬麻。脱穎未期，運斤猶鈍，深恩匪報，厚誼難諼……近于同年陳生某處，捧誦華翰，始知太師母太夫人厭世而仙，某等呼天辟踊，籲地哀號。』（《文集》册二，《上圖稿本》第四二册，第一四九—一五〇頁；又《文集》册十一，《上圖稿本》第四五册，第二四三—二四四頁）

按：『陳生』，即陳肇曾，是科中式。徐𤊹既非孝廉，早棄童生，而能代筆作《啓》，足見其文名甚盛。

是歲，有書致江禹疏。

作《寄江伯通》：『雪中艤中訪戴，過辱下榻，高情言念……尊公先生佳集，如夜光火齊照映四壁，同調傳玩，韋編幾絶。尊公位不滿德，而斯集足以不朽千秋。然續篇尚夥，何日殺青，廣布宇内……謝武林舍甥，舊歲賫捧入京，道不由黔而由蜀，今仍在滇矣……外附詩扇一執，雲履一輛，《墓録》《社稿》各一册。』（《文集》册七，《上圖稿本》第四四册，第二一一—二一二頁）

按：『雪中艤中訪戴』，萬曆四十七年（一六一九）殘冬，徐𤊹在湖南小鏡湖訪伯通，作《雪夜訪江伯通小鏡湖留宿書齋，同黄岡王孟侯及郎君茂弘，共限羅字》。參見該年。

又按：『尊公先生』，禹疏父盈科；『佳集』，即《雪濤閣集》。

又按：去歲謝肇淛賫捧入京，由西路行。參見去歲。

是歲，有詩書致寄伯隄宗侯，言讀其《雄飛》新集，高懷雅韻，宛在目前。

作《漫次伯堤宗侯韻》（詩佚，題筆者所擬）。

按：詳下條。

作《寄伯隄宗侯》：『藍任夫槖中出《雄飛》新集，字含雲務，句叶宫商，又重以扇頭佳什，沐如清風，花晨月夕，一諷一吟，則高懷雅韻，宛在目前，益厪美人之思耳。漫次嚴韻，題之扇頭求政……任夫受橋梓之知最深，誦厚誼不去口，兹重遊南州，能下孺子之榻乎？』（《文集》册七，《上圖稿本》第四四册，第三二一—三二三頁）

按：萬曆四十七年（一六一九）正、二月間遊贛，作有《答贈朱伯隄兼呈貢父有雄飛集》，參見該歲。

是歲，有詩書致朱銃鈮宗侯，並贈《閩中海錯疏》。

作《漫次安仁宗侯韻》（詩佚，題筆者所擬）。

按：詳下條。

作《寄安仁宗侯》：『藍任夫歸閩，誦高誼不去口，展讀雄篇，朗秀類其爲人，用次嚴韻奉答……兹并《海錯疏》、曹石倉近草致上。雲姬無恙，弟熊夢杳然，奈何！方今遼、蜀多警，時事可虞，恐不能老死太平耳。念之悽然。』（《文集》册七，《上圖稿本》第四四册，第三三頁）

是歲，有詩書致甲源宗侯，言向歲遊麻姑事。

作《呈甲源宗侯》（詩佚，題筆者所擬）。

按：詳下條。

作《寄甲源宗侯》：『向歲尋真麻姑……復得台丈對榻，張燈一譚，千古高情，芳韻載之，而南別後，魚鴻杳然，未遑裁尺素用答知己，徒有此心而已。向成小律，無繇寄呈，兹因友人藍任夫之便，附通記曹。』（《文集》册七，《上圖稿本》第四四册，第三三—三四頁）

按：『尋真麻姑』在萬曆四十七年（一六一九），作有《遊麻姑山》三首。參見該歲。

又按：以上三書，藍任夫充書郵者。

是歲，致書陳冲虚參戎，言補陀海谷上人募杉木事。又致普陀了義上人，言遼烽報警，蜀變異常，時事驚心。

作《寄陳冲虚參戎》：『補陀海谷上人，募杉木造韋馱殿，拮据兩載，始得運木渡海。聞院禁戒嚴，非仁丈破例經畫，幾敗事矣……此木尚懸舟山，若得附戈船到山，則仁丈功德與海潮同其深矣。曹尊生、陳四游各有啓達，蘇開府、鄧海憲二公修造之禁，或因之而弛耳。遼烽報警，蜀變異常，時事驚心，可勝扼腕。』（《文集》册七，《上圖稿本》第四四册，第三四一—三五頁）

按：曹尊生，即曹學佺；陳四游，即陳一元。

作《復普陀了義上人》：『别吾師二十年，雲海茫茫……今年逾五旬，髮且種種，未知所究竟，爲之奈何！太虚居閩兩載，始得完滿勝因。吾鄉募化之事，較吾師向時光景大不相侔……兹於其歸，敬勒八行，問師眠食無恙。』（《文集》册七，《上圖稿本》第四四册，第三五—三六頁）

按：以上二書普陀僧海谷（太虚上人）爲書郵者。

是歲，陳肇曾舉孝廉，《序齒名録》字曰『昌基』，興公以爲不妥，爲之改爲『師魯』。作《陳肇曾字説》：『陳孝廉肇曾，太常公之曾嫡孫也。太常子孫衆多，晚歲得君，喜甚，命其名曰「肇曾」。肇者，始也；曾者，重也。猶言始生而重於亢宗也。天啓歲在辛酉，君以《尚書》舉孝廉，年纔二十有一，《同年序齒録》字曰「昌基」。朋類中俱以「昌基」呼之。予深服君才思敏贍，既工制義，復深於詩，有兼長焉。然於「昌基」二字，寔有未愜……予爲更字曰「師魯」，謂師子輿氏，可也；謂師魯之聖人，亦可也。』（《文集》册十二，《上圖稿本》第四五册，第三六四—三六五頁）

按：陳肇曾（一六〇一—？），字昌基，又作昌箕，閩縣人。天啓元年（一六二一）舉人。十上春官，不第，作《十罷公車草》（參見清順治十二年）。漳平教諭。有《佚句閑咏》，輯有《江田陳氏家集》。

天啓二年壬戌（一六二二） 五十三歲

謝肇淛五十六歲，曹學佺四十九歲，林古度四十三歲，徐鍾震十三歲，徐延壽九歲

二月，林寵贈《張秘閣誓願疏》，作題記，並回贈東坡《馬券》及米襄陽《龍井記》。爲婿康守廉題《彭道士畫》。

題《張秘閣誓願疏》：『天啓二年仲春晦日，林異卿見貽此帖。余正翻檢前代碑本，遂以東坡《馬券》及米襄陽《龍井記》酬之。徐興公識。』（沈文倬《紅雨樓序跋》卷二，第八二頁）

按：《張秘閣誓願疏》，林寵贈。

又按：此則記社友互贈書帖。

題《彭道士畫》：『《圖畫寶鑒》收先代能畫之士，略無遺漏，而句曲道士彭玄明姓氏獨不載。王弇州家藏名墨甚夥，而道士之畫亦闕焉……舊爲林民部所藏，余友康君元龍收得之，每一展玩，輒心賞焉。康君既歿二十年，不復再覩。比來康郎守廉爲余東床婿，始出諸篋笥，爲之重加裝潢，因考其事迹而題其端云。時天啓二年春仲，三山徐𤊹興公書于綠玉山房。』（沈文倬《紅雨樓序跋》卷二，第七八—七九頁）

按：《彭道士畫》，元彭玄明畫，康彥登原藏。彥登卒，歸其子守廉（興公婿）。此則考證圖畫作者名。

又按：彭玄明，楚人，出家茅山爲道士，精禪理，善畫。

二、三月間，蔡復一往山西，諸詩友有詩送之，疑興公亦有送行詩。

作《送蔡敬夫方伯之晋》（詩佚，題筆者所擬）。

蔡獻臣有《步韻送蔡敬夫方伯赴召之易州天啓辛酉》（《清白堂稿》卷十二下）。

曹學佺有《送蔡敬夫方伯之晋》（《林亭詩稿》）。

陳鴻有《送蔡敬夫方伯之太原》（《秋室編》卷六）。

商梅有《答蔡敬夫方伯之晋二首》（《彙選那菴全集》卷二十五）。

按：疑興公亦有詩送之。

三月，爲倪范題《王子北征卷》。

題《王子北征卷》：『吾鄉文獻之盛，莫世錦王氏若。石溪、雙林二公俱以春秋第四人魁閩省，同朝爲户禮二曹郎，名德並懋。維時與鄭吏部、林侍御、高、傅二山人交最歡，斯卷則嘉靖改元二公赴春官時贈行之言也……卷落倪氏，以拱璧珍之……《少谷文集》載此序，稍損益數字，不佞于王氏爲世好，故考其詳以歸柯古，蓋柯古尊人司理公曾受業于王懋宣先生，此亦騷壇之衣鉢也。時天啓二年壬戌暮春之望，溯自書卷之日，恰及百年矣。徐惟起題。』（沈文倬《紅雨樓序跋》卷二，第七六—七七頁）

按：《王子北征卷》，明倪范藏。此則爲倪范題。

又按：王子，王希旦、王昺。嘉靖元年（一五二二），王希旦、王昺北上春官，諸友送行賦詩，彙編爲《王子北征卷》。

又按：王希旦，字文周，號石溪，王佐之孫，侯官人。正德八年（一五一三）舉人，歷吏部、禮部二曹郎，有《石溪集》。

又按：王昺，字文晦，號雙林，王佐之孫，侯官人。嘉靖元年（一五二二）舉人，户部主事。有《晴川集》。

四、五月間，鍾惺訪曹學佺石倉園。鍾惺入閩，疑興公與鍾惺亦有交集。

鍾惺有《訪曹能始園居》（《隱秀軒集》卷十一）。

按：鍾惺時爲福建督學副使。

曹學佺有《伯敬以石倉詩見枉作此答之》（《林亭詩稿》）。

夏，張燮下第過省城，確知仲春喪次子。

按：張于壇，字升甫，張燮次子，生於萬曆二十九年（一六〇一）七月，卒於天啓二年（一六二二）二月。張燮《歸入霏雲居哭壇兒三十韻〈序〉》：『兒名于壇，字升甫，以辛丑七月生……榕城道上，知兒以仲春十二日化去，年過弱冠僅可二年。』（《群玉樓集》卷二十三）

八月，題《韓子五箴宋李寂小篆》。初十日，集野意亭。中秋，與王宇、鄭邦泰、林寵、臧幼惺、崔世召等詩友集野意亭。陳一元漱石山房落成，與曹學佺、崔世召、商梅等社集，遇雨。

題《韓子五箴宋李寂小篆》：『秦有斯，唐有陽冰，宋有寂，皆以小篆名家，亦一奇也。天啓二年中秋，徐惟起。』（沈文倬《紅雨樓序跋》卷二，第七一頁）

按：《韓子五箴宋李寂小篆》，宋李寂書。

作《中秋前五日，王永啓、鄭汝交、林異卿招同臧幼惺、崔徵仲集野意亭，時幼惺次日有九鯉之行》（詩佚，題筆者所擬）。

崔世召有《中秋前五日，王永啓、鄭汝交、林異卿招同臧幼惺、徐興公集野意亭，時幼惺次日有九鯉之行》：『去歲傳杯地，兹焉復勝遊。如何頻結社，未有不逢秋。漸與松風狎，還爲桂魄留。鯉湖山色好，同向月明收。』（《問月樓詩二集》）

作《中秋，陳泰始漱石山房落成社集，遇雨》（詩佚，題筆者所擬）。

按：漱石山房，在福州道山（烏石山）南。〔乾隆〕《福州府志》卷二十一：『陳京兆一元習静處。多巖石，有杏樹，大可十圍，亦名「杏臺」。』

又按：據崔世召《泰始先生園有四景，余業拈其一，復命賦其三，爰續殘馥，用紀勝遊》（《問月樓詩二集》），山房有四景，其中三景爲梁朝杏、天香臺、掛月蘭若。

曹學佺有《中秋，集陳泰始漱石山房遇雨，分得寒字》：『五株松樹立雲端，登陟何愁避雨難。倚石臨軒聊共語，銜杯望月强成歡。鐘聲已報諸天暝，燈影空懸古塔寒。詞客誰同枚乘賦，廣陵江上待潮看。』（《林亭詩稿》）

曹學佺有《代宛秋，分得魚字》：『山房秋日落成初，柱下堪藏柱史書。雨後姮娥空有約，食前賓客豈無魚。上方步畏輕羅濕，遠瀑看疑匹練舒。何事黄金誇取酒，已多詞賦是相如。』（《林亭詩稿》）

商梅有《中秋社日，陳泰始招集漱石山房遇雨，得一東韻》：『山館新成秋正中，何期社日偶相同。琴尊對客雲初合，烟水平林月未通。隱隱歌聲行片樹，層層燈影出深叢。休論勝事俱陳跡，勝集依然有古風。』（《彙選那菴全集》卷二十七）

崔世召有《中秋陳泰始漱石山房落成社集，分得十三覃》：『一丘贏得傍精藍，新引林鐘到石龕。秋半可能閑月色，雨中偏喜足烟嵐。家傳觴政原投轄，客是詞壇舊盍簪。莫唱淋鈴辜好景，驪珠如月手中探。』（《問月樓詩二集》）

八、九月間，曹學佺石倉醉芙蓉盛開，客集陳鴻、張廷範等十來人。

曹學佺有《石倉醉芙蓉盛開，而客在江上者偶集至十許人，夜分各尋伴侶別去，留者惟陳伯禹、范穆其、陳叔度、張范之三四君，作此記之》（《林亭詩稿》）。

按：張廷範，字范之，漳浦人。有《近草》。

又按：疑興公亦與是集。

十一月，十七日，吴汝鳴母卒，次日奔哭靈次。

按：《答吴汝鳴》：『去年十一月十七日，尊堂棄世，次早始聞凶訃，即奔哭靈次。』（《文集》册七，《上圖稿本》第四四册，第四二頁）

冬，陳鴻、林叔學北上遊燕。

曹學佺有《送陳叔度、林懋禮同遊燕四首》（《林亭詩稿》）。

按：林叔學，字懋禮，福清人。諸生。有《蒹葭集》，周之夔爲之序。

又按：疑興公亦有詩送之。

作《挽張叔弢》（詩佚，題筆者所擬）。

崔世召有《哭張叔弢六首，俱用十五刪韻》（《問月樓詩二集》）。

按：詳下條。

作《寄張公子叔弢之子》：『不佞荷尊公忘年之交三十餘載，通家契誼，同調歡情，愈久愈篤……去歲王喬老歸，聞尊公善病，心竊憂之，及倪君長溪歸，承尊公手札殷殷，纍紙不倦，足占神王，爲之色喜。不意天奪喆人，遽爾遊岱，哀訃開函，不覺號慟失聲……拉淚成挽詩一章，並侑瓣香之儀，寄奠靈次。』（《文集》册七，《上圖稿本》第四四册，第三六—三七頁）

按：張叔弢，即張大光。大光卒於是歲。此條言與大光結識三十餘年。

是歲，有詩並書致張師繹，論閩中鄒魯遺風。

作《懷張夢澤》（詩佚，題筆者所擬）。

按：詳下條。

作《答張夢澤》：『風雪中過武陵，一瞻台範，大快生平願見之私……閩越接壤，向與何无咎爲約，必窮盡龍湫、華頂之勝，苦于塵累。未忘咫尺，仙都不遑躡屐，深以爲恨。兹台翁駐節其地，瓊樓玉闕，絳雪青霞，皆壁籬間物。昔治桃源，今治赤城，自是神仙有緣人……敝郡雖僻海澨，頗稱鄒魯遺風。前輩著作毋論已，即今日薦紳先生，如葉相國與曹能始、謝在杭、陳元凱諸公，皆稱一時之盛。承委募索諸集，半抽架上，半市坊間，以復來命。至于元凱遺編，貧而不能授梓，今春始得吕翼軒公祖爲之鋟于姑蘇，其郎君近至吴，賫板還家，竟殞于吴，傷哉！獨此集尚容嗣致。蔡中丞雖有雜刻，家在温陵，一時難覓。今應所索，外更附閩刻數種呈覽……奉懷小詩，録之扇頭求政。更所請者，台州向有宋戴復古《石屏集》、李蘩《桃溪集》，及《台州府誌》，皆鏤板郡齋，各爲覓惠一部，不啻百朋之錫也。』（《文集》册七，《上圖稿本》第四四册，第三八—四〇頁）

按：張夢澤，即張師繹。萬曆四十七年（一六一九）殘冬，㶚雪夜訪張師繹，作《武陵訪張夢澤郡守》，詳該年。

又按：蔡中丞，即蔡復一。詳萬曆四年（一五七六）。

又按：陳勳子卒于蘇州。

是歲，作祭表兄陳茹谷文。

作《祭陳茹谷表兄文》：『月臺陳氏自有宋紹興以迄嘉靖之季，金紫蟬聯，推世族。予忝爲陳門甥，幼與兄稱中表昆弟者十有二人。歲時宴集，墳壟祭掃，無不肩隨，群然嘻嘻相樂也。廿年以來，諸表漸次淪謝，惟兄神最王，矍鑠如壯年，絶無耄態……何期無疾飄然仙去。』篇末注：『萬曆壬戌年卒，享年七十三，生於嘉靖庚戌。』（《文集》册二，《上圖稿本》第四二册，第二四七—二四八頁）

按：嘉靖庚戌，即嘉靖二十九年（一五五〇）。萬曆無壬戌年，天啓壬戌，即天啓二年（一六二二），自嘉靖二十九年至天啓二年，陳茹谷七十三歲。萬曆壬戌，爲天啓壬戌之訛。

是歲，龍溪顔繼祖重刻《蔡忠惠集》，附以《别紀》，蔣孟育爲之序。

蔣孟育有《〈再刻蔡端明别紀〉序》：『蔡公以文章氣節著於仁、英兩朝，與歐陽文忠友善。文忠評其文清遒粹美，舉世寶之。王龜齡先生謂後之人雖有善文辭、好議論者，莫能改是評也。其集凡三十六卷。龜齡守泉日刻於學宫，自南渡後屢遭兵燹，遂湮没不傳，祗《茘枝譜》《茶録》二卷行於世。晋安徐興公、謝在杭，好古君子也，遍搜遺稿不可得。興公姑摭公遺事，刻爲《别紀》。在杭爲水部時，意秘府中有之，因潛隨福唐相公入閣翻閲，但檢得其書目而無其書，僅抄《劉後村集》三十册以歸，則知《蔡集》不存已五百餘年矣。近盧觀察鉉卿忽得抄本于豫章喻氏，雖錯雜無首尾，如千年神劍，一旦出獄，即土花繡澀，光芒動世。鉉卿授其本於敝門人宋珏，令讎較分緝，將梓之於莆。未幾，而陳四游刻於南昌，蔡五嶽刻於温陵，皆依喻氏本，任其錯雜，不遑參訂也。宋生抱善本入金陵，將依向歲歐陽四門、黄侍御二集故事，而摶沙作塔，竟不能成。遂請先刻《詩集全編》及《别紀補遺》二册，以公海内同好，且以伸五百餘年湮没不彰之氣。《詩集》既分體編輯，復附入諸公和韻之作；而《别紀》搜括諸書，殆無剩義，比興公創始，不啻倍之。是《集》出，不獨補吾閩之缺典，寔以表宇内之奇觀，予甚壯焉。而因述其所以再刻《别紀》之意如此。清漳蔣孟育道力題。』（《蔡忠惠别記補遺》卷首）